Jugendbildnis der Königin Victoria (Gemälde von Winterhalter).

Albert, Prinz von Sachsen-Coburg-Gotha,
Prinzgemahl der Königin Victoria von England
(Gemälde von Winterhalter).

Knaur

Vollständige Taschenbuchausgabe 1989
Droemersche Verlagsanstalt Th. Knaur Nachf., München
Lizenzausgabe mit freundlicher Genehmigung des Diana Verlags, Zürich

Titel der engl. Originalausgabe »Victoria«
Deutsche Übersetzung von F. Bondy
Umschlaggestaltung Manfred Waller
Umschlagabbildung AKG, Berlin
Druck und Bindung Ebner Ulm
Printed in Germany 5 4 3 2 1
ISBN 3-426-02043-2

Evelyn Anthony:
Victoria von England

Roman

Knaur

VORWORT

So viel wurde über Königin Victoria geschrieben und so viele ihrer eigenen Schriften sind zugänglich, dass ein Romanschriftsteller, der ihr Leben nachzuschaffen versucht, durch die Menge an Material beinahe benachteiligt ist. So ist insbesondere Lytton Stracheys Biographie imstande, die eigenen Eindrücke von der Königin zu färben. In der Vorstellung der meisten Menschen ist das Bild Victorias das einer zähen, schrecklichen kleinen Frau in Witwentracht, hässlich, anmutslos und tatsächlich ziemlich langweilig – nur um einen Grad weniger langweilig als ihr erhabener Gemahl Albert. Vor dessen Vollkommenheit kann sich noch heute ein englischer Magen umdrehen. Wer aber dieses Buch liest, wird nicht die Witwe von Windsor darin finden; meine Geschichte beginnt mit ihrer Jugend und ihrer Ehe und endet mit dem Tod des einzigen menschlichen Wesens, das Victoria je geliebt hat.

Als ich der Geschichte ihres Lebens und der ersten zwanzig Jahre ihrer Herrschaft nachspürte, war ich immer wieder von den Widersprüchen ihres Charakters betroffen. Für eine im Grunde simple Frau waren ihre Gefühle in beunruhigendem Umfang übertriebener als die Wirklichkeit; sie war nicht fähig, irgend etwas mit Mass zu fühlen oder zu begreifen oder eine andere Ansicht anzuerkennen als ihre eigene. Victorias Ichsucht ist unleugbar, sowohl in ihrem privaten wie in ihrem öffentlichen Leben; diese Eigenschaft beeinflusste sogar ihr Verhältnis zu Albert und vernichtete es in der ersten Zeit der Ehe beinahe. In vielen Beziehungen war sie hartherzig und gefühllos und verkörperte dadurch das Paradoxon des Victorianischen Zeitalters. Der Fabrikant, der Kinder vierzehn Stunden im Tag arbeiten liess, empfand keineswegs, dass sich das nicht gerade mit dem Bibelwort «Lasset die Kindlein zu mir kommen» vertrug, das an der Wand seines Schlafzimmers hing. Seine Unempfindlichkeit war vollkommen im Einklang mit den Maßstäben seiner Königin.

Mein Bild Victorias ist nicht durch Erfindung verfälscht. Mag dieses Buch auch ein Roman sein, so sind die darin geschilderten politischen Ereignisse doch wahr und auch viele der Gespräche sind es und manche der schriftlichen Auszüge. Victorias Eheschliessung mit Albert ist keine Liebesgeschichte im herkömmlichen Sinn. Ironisch und tragisch ist sie darin, dass sie bis zum Ende einseitig blieb. Victorias Liebe ist nie erwidert worden. Während Albert ihr höchste Seligkeit schenkte, litt er unter einem Mangel an Verständnis und echter Freundschaft, und das machte ihm das Leben in England doppelt schwer. Wenn manche seiner Briefe diese Feststellung Lügen strafen, so bleibt doch die Tatsache bestehen, dass er als enttäuschter, aller Illusionen beraubter Mann starb. Die Anbetung seiner Frau konnte nie einen Ausgleich für die Feindseligkeit schaffen, die er in seiner Adoptivheimat fand.

Obgleich sie die Mutter von neun Kindern war, besass Victoria keine mütterlichen Instinkte, und der künftige Eduard der Siebente verbrachte eine klägliche Kindheit. Doch trotz ihren Fehlern und trotz dem Umstand, dass sie weniger klug war als ihr Gatte, blieb Victoria die beherrschende Persönlichkeit. Es wurde behauptet, er habe sie gemodelt und insofern, als er ihr Temperament zügelte und sie Ausdauer lehrte, stimmt das. Doch die innere Grösse einer Herrscherin und die Charakterstärke, mit der sie einige der fähigsten Staatsmänner ihrer Zeit beeindruckte, vermochte Albert ihr nicht zu verleihen. Wo er versagte, da setzte Victoria sich durch. Inmitten von Aufständen, Volkshass, Krieg und sogar Mordplänen blieb die Königin unerschütterlich – nur dem Mann gegenüber verwundbar, den sie anbetete. Ihre Liebe war ihre Schwäche und macht sie uns, trotz ihren Fehlern, menschlich. Grösse ist selten liebenswert.

Evelyn Anthony

I.

Ein Lakai hatte die Läden von zwei der langen Fenster in dem Grünen Salon im Kensington Palast geöffnet, und ein fahles Dämmerlicht verbreitete sich im Raum. Es verlieh den steifen, altmodischen Möbeln und den grossen Familienbildern an den seidenbespannten Wänden eine graue, gespenstische Atmosphäre. Zwei Männer, beide in Schwarz gekleidet, standen vor dem leeren Kamin; der grössere, Lord Conyngham, Lord-Kanzler von England, lehnte sich daran, und nach einer Weile zog er seine Uhr.

«Wann, zum Teufel, kommt sie endlich herunter? Es ist sechs Uhr vorbei.»

Sein Gefährte zuckte die Achseln.

«Man hat ihr die Nachricht wahrscheinlich so schonend wie möglich gebracht; schliesslich ist sie doch kaum mehr als ein Kind, und da kann es einiger Zeit bedürfen.»

Conyngham lächelte zynisch.

«Ein wahrscheinlicherer Grund dürfte es sein, dass ihre Mutter versuchen wird, mit ihr zu kommen.»

«Nein, das bestimmt nicht», rief der Erzbischof von Canterbury. «Selbst die Herzogin muss sich diesmal an das Zeremoniell halten!»

Conyngham gähnte und trat vom Kamin fort.

«Armer alter ‚Seemann Bill'... er ist mit mehr Würde gestorben, als er je etwas anderes getan hat. Doch am Ende ist ihm sein Wunsch erfüllt worden; er hat erlebt, mitanzusehen, dass Victoria grossjährig geworden ist. Jetzt wird es keine Regentschaft geben, und das ist ein Segen.»

«Ich glaube wirklich, dass es das war, was ihn am Leben erhalten hat», meinte der Erzbischof. «Christliche Milde oder nicht, Conyngham – ich hätte es nicht ertragen, wenn die Herzogin von Kent Regentin geworden wäre. Es war schon schwierig genug, ihren Einfluss in Schranken zu halten, als sie kein gesetzliches Recht hatte, sich in die Staatsgeschäfte einzumischen. Welch ein Jammer, dass die Prinzessin nicht älter ist!»

«Welch ein Jammer, dass sie kein Sohn ist!» erwiderte Conyngham. «Welch einen Unterschied hätte das ausgemacht, Mylord, welch einen Unterschied, wenn ein intelligenter, würdiger Mann vorhanden gewesen wäre, um die Thronfolge anzutreten! Ich will nichts Böses über den Toten sagen, aber, du guter Gott, sehen Sie doch die Monarchie unter den letzten drei Herrschern an! Georg III. manchmal jahrelang toll wie ein Märzhase! Mein Vater erzählte mir, er sei häufig nach Windsor gegangen und habe ihn im Zimmer auf und ab gehen gesehen und stundenlang wie einen Papagei schnattern gehört. Man konnte den Unterschied zwischen ihm und den verdammten Vögeln gar nicht merken, die er überall hatte! Dann der Prinz-Regent – nichts war ihm wichtig als der Schnitt seiner Weste! In den verflossenen hundert Jahren haben wir nichts als Idioten und Narren auf dem Thron gehabt; erinnern Sie sich an die Skandale der Königlichen Hoheiten und ihrer Heiraten? Jede Dirne der Londoner Theater konnte sich aufspielen und erklären, sie sei die Gattin von Clarence oder Sussex oder Kent, und, bei Gott, sehr oft war sie es auch und hatte ein Gewimmel von Kindern, für die gesorgt werden musste ... Selbst König Wilhelm, und er ist doch erst seit einigen Stunden tot, selbst König Wilhelm hat sich auf dem Achterdeck wohler gefühlt als je auf dem Thron.» Conyngham schüttelte den Kopf. «Victoria hätte ein Sohn sein sollen; das Letzte, was England nach dieser Reihe von Herrschern braucht, ist ein von ihrer Mutter am Gängelband gehaltenes Mädchen, das noch kaum das Kinderzimmer verlassen hat.»

«Der König hatte eine hohe Meinung von ihr», sagte der Erzbischof. «Doch er war imstande, Sympathien und Antipathien zu haben und völlig grundlos daran festzuhalten. Und jedenfalls hat er wenig oder nichts von ihr gewusst. Darauf hat die Herzogin schon geachtet. Kein Mensch weiss, wie sie ist; kein Mensch hat sie je gesehen, wenn sie nicht gerade durch das Land fuhr, und da sass sie auf der Estrade, die Hände im Schoss, und ihre Mutter hat die Reden gehalten. Ich beneide Melbourne nicht darum, dass er mit der Herzogin kämpfen muss.»

«Melbourne kämpft mit niemandem», sagte der Lord-Kanzler. «Sie kennen ihn. Wenn das Tempo zu hitzig wird, so seufzt er nur und schlägt den bequemsten Weg ein. Ein- oder zweimal habe ich ihn erregt gesehen, sonst aber hat er seine elegante Gleichgültigkeit so weit getrieben, dass sie ihm zur Gewohnheit geworden ist. Er wird die Aufgabe haben, die neue Königin zu erziehen und ihre Frau Mutter im Hintergrund zu halten, und offen gestanden vermag ich ihn nicht bei der Ausübung dieser Pflicht zu sehen. Und nicht nur das; da gibt's all diese verdammten Deutschen; die Herzogin ist von ihnen umgeben. Das Volk mag das gar nicht, und es wird das noch weniger mögen, wenn sich die Clique um den Thron schart.»

«Melbourne muss sich dieser Schwierigkeiten bewusst sein», sagte der Erzbischof. «Sehr viel wird davon abhängen, wie dieses Kind sich entwickelt. Dass sie eine Frau und dass sie so jung ist, wird sie wenigstens für eine gewisse Zeit beliebt machen. Vielleicht ist sie sogar unabhängiger, als wir glauben.»

«Dafür besteht auch nicht die leiseste Aussicht», erwiderte Conyngham. «Sie hat noch nie ein selbständiges Wort gesagt oder irgendwas getan, das nicht von jemand anderm gelenkt worden wäre. Sie ist eine Null; nichts mehr!»

«Sprechen Sie leiser», unterbrach der Erzbischof ihn rasch. «Ich glaube, sie kommt.»

Sie waren bis in die Mitte des Zimmers getreten und standen jetzt nebeneinander, als die Doppeltüre am Ende des Raumes sich öffnete. Sekundenlang konnten sie in dem Zwielicht nur sehr wenig sehen. Dann erblickten sie eine sehr kleine, sehr schmächtige Gestalt, die auf sie zukam. Sie trat in den Lichtkreis, den die geöffneten Läden schufen, und Conyngham ging sogleich auf sie zu. Sie war so klein, dass er erschrak; so klein, dass sie eher wie ein Kind als wie eine Frau wirkte, trug noch immer ihr Nachtgewand, hatte ein einfaches Wolltuch um sich geschlungen, und ihr blondes Haar hing ihr über den Rücken.

Langsam streckte sie die rechte Hand aus, und kniend küsste er die Hand. Er bemerkte, dass es eine warme und vollkommen ruhige Hand war.

«Der König ist tot. Gott schütze die Königin!»

«Gott schütze Eure Majestät!»

«Mylord-Kanzler, Mylord-Erzbischof, es war gut, dass Sie gekommen sind. Ihre Nachricht grämt mich mehr, als ich sagen kann.»

Die Stimme war hoch und sehr jugendlich, doch sie war ebenso ruhig wie die Hand. Conyngham stand auf und verbeugte sich.

«Ihr Onkel, der König, ist heute morgen um zwei Uhr verschieden, Madam. Der Erzbischof und ich sind hierher geeilt, sobald wir nur konnten. Es war ein wenig schwierig gewesen, den Türsteher zu wecken, sonst wären wir noch früher hier gewesen.»

«Es tut mir sehr leid», sagte die neue Königin. «War das Ende des Königs friedlich?»

Conyngham beobachtete sie scharf. Die blauen Augen waren ganz trocken, keine Träne war darin, kein Zittern liess sich merken, und sekundenlang empfand er eine so vollendete Haltung beinahe als unschicklich.

«Völlig friedlich», erwiderte Canterbury. «Ich war an seinem Bett, und seine letzten Worte waren an Königin Adelaide gerichtet; sie möge nicht verzweifeln.»

«Und wie geht es der Königin-Witwe?» fragte die kühle kleine Stimme. «Hoffentlich ist sie nicht vor Kummer gebrochen. Wenn ich etwas tun kann, um sie zu trösten, so werde ich es gern tun. Mein Onkel und sie hingen sehr aneinander.»

«Sie ist sehr aufgeregt, Madam. Wie Sie sagen, hingen sie sehr aneinander. Doch sie wird in ihrer Trauer Ruhe und Abgeschiedenheit haben können; und ich fürchte, dass sich das nicht auch auf Sie erstreckt.»

«Das habe ich auch nie erwartet. Ich weiss, dass ich sehr beschäftigt sein werde. Sie müssen mir sagen, was ich zu tun habe, Lord Conyngham, und wann ich zum ersten Male als Königin erscheinen soll. Ich weiss derzeit noch ziemlich wenig von meinen Pflichten, aber das werde ich bestimmt bald lernen.»

Der Lord-Kanzler hüstelte.

«Daran zweifle ich nicht, Madam. Ihr Premierminister, Lord Melbourne, wird ungefähr in einer Stunde hier sein, und er wird Sie über Ihre unmittelbaren Pflichten unterrichten. Das erste wird wohl eine Sitzung des Staatsrates sein; wahrscheinlich kann sie heute irgendwann stattfinden. In all diesen Dingen können Sie sich auf seinen Rat verlassen.»

«Das kann ich gewiss. Mylord-Kanzler, Mylord-Erzbischof, ich danke Ihnen für Ihr Kommen. Sie müssen beide müde sein; Sie haben meine Erlaubnis, sich jetzt zurückzuziehen.»

*

Sie waren gegangen. Die Doppeltüre hatte sich hinter ihnen geschlossen und Victoria, Königin von England, war zum ersten Mal in ihrem Leben allein in einem Raum des Kensington Palast. Allein. Sie sprach das Wort laut aus, und dann sah sie sich langsam um, betrachtete die vertrauten Möbel, die Bilder ihrer Ahnen in den verstaubten, goldenen Rahmen. Wie viele Abende waren in diesem Raum verbracht worden! Sie sass aufrecht auf einem der hochlehnigen Stühle, nähte und lauschte, während ihre Mutter sprach; während alle sprachen bis auf sie selbst. Sie hatte, so meinte sie, durch das Zuhören sehr viel gelernt. Die Menschen hatten sich daran gewöhnt, über sie zu reden, als wäre sie gar nicht vorhanden, und Dinge zu sagen, die für ihre Ohren nicht als passend angesehen worden wären. Sie war so jung – das sagte ihre Mutter immer – so jung und so ein Kind. Und so abhängig von der Herzogin ... Zu jung und zu klein, um die Treppe hinunterzugehen, ohne dass jemand ihre Hand gehalten hätte. Jetzt aber war sie zum ersten Mal in ihrem Leben allein hinuntergegangen, hatte das Geländer nur leicht berührt, hatte versucht, weder ihre Mutter noch ihre Gouvernante, Baronin Lehzen, den Ausdruck ihrer Züge sehen zu lassen.

Sie trat ans Fenster, schob den Riegel hoch und riss es weit auf. Die Sonne erhob sich, füllte den stumpfen Horizont mit rosigen, goldenen Streifen, und draussen auf den Bäumen sangen die Vögel.

Endlich war es vorbei. Jetzt würden keine Abende mehr stumm verbracht, keine Predigten ihrer Mutter angehört werden; wie sie sich würdig zu benehmen habe, wie sie gehorsam und bescheiden sein und sich taktvoll im Hintergrund halten solle, während die Herzogin sich geräuschvoll vordrängte. Sie war Königin von England. Und seit sie dreizehn geworden war und die Baronin Lehzen ihr gesagt hatte, sie sei König Wilhelms Nichte und Thronerbin, hatte sie auf diesen Tag gewartet. Um ihren Onkel tat es ihr leid; er war ein gütiger, wenn auch lächerlicher alter Mann gewesen, und sie hatte sehr wohl verstanden, dass er ihre Mutter gehasst hatte, die sich in die erste Reihe schob, Victoria hinter sich her schleppte und ihn beständig daran mahnte, dass er kinderlos und nur für das Grab bestimmt war.

Eine ganze Weile stand sie am Fenster und hatte das Wolltuch um sich gezogen, um die kühle Morgenluft fernzuhalten; und sie dachte daran, wie ungeduldig Mama und die andern Damen werden mussten, wenn sie jetzt auf das gehorsame Kind warteten, auf das liebe Kind, das doch hinaufspringen und ihnen erzählen sollte, was sich abgespielt hatte.

«Sie dürfte bestimmt nicht allein hinuntergehen! Bestimmt müsste ich, ihre Mutter, dabei sein, um ihr einen Halt zu bieten...» Die Worte und der grollende Blick kamen ihr in Erinnerung, und sie lächelte. Die Damen würden warten, und sie selber würde sie eben warten lassen. Sie war die Königin.

Drei andere Frauen waren vollberechtigte Königinnen von England gewesen. Mary Tudor, Maria die Blutige, die Papistin, die von den Geschichtsbüchern geschmäht wurde. Papisten waren schreckliche Geschöpfe; ihre recht lückenhafte Erziehung hatte dafür gesorgt, dass sie das begriff. Und dann Elisabeth. Elisabeth wurde gepriesen und verherrlicht, doch insgeheim sah Victoria ein Greuel in ihr, mehr einen Piraten in Weiberröcken als eine Frau. Irgendwer hatte das gesagt – bestimmt nicht die Baronin Lehzen, die ziemlich unwissend war, oder ihr

Hauslehrer, Mr. Davys, der Dekan von Chester; wo aber auch sie das Wort gehört haben mochte, es sass fest in ihr.

Nicht wie Maria; nicht wie Elisabeth und bestimmt nicht wie Königin Anna, eine erheblich nähere Vorgängerin! Anna war dumm und von Günstlingen beherrscht. Das Volk hatte sich über sie lustig gemacht, wie es das auch mit ihrem armen, wahnsinnigen Grossvater, Georg III. und ihren Onkeln, dem Prinzregenten und dem König Wilhelm getan hatte. Sie waren von ihrem Blut, und die Bilder hingen an den Wänden hinter ihr, doch sie waren Dummköpfe und unwürdig gewesen, und sie hegte nicht die Absicht, zu sein wie sie.

Conyngham hatte nicht viel von ihr erwartet; sie wusste das, als er ihr die Hand küsste. Er meinte, sie sei bloss ein Mädchen und dementsprechend schwach, und er war darauf vorbereitet, sie gering einzuschätzen. Doch er sollte andern Sinnes werden. Sie verstand, was die Krone bedeutete, besser, als irgendwer mutmasste, auch wenn sie zuletzt von einem Hanswurst getragen worden war, vor dem kein Mensch Respekt hatte.

Victoria zog das Fenster zu und verriegelte es methodisch; ihr war alles zuwider, was nur halb getan wurde.

Dann trat sie in die Mitte des langen Zimmers, und plötzlich drehte sie sich in einem fröhlichen kleinen Tanzschritt, der jäh abbrach, als sie die Türe erreichte.

Draussen waren sie alle versammelt; die Herzogin von Kent, die Baronin Lehzen, in ihren Schlafrock eingewickelt wie eine verängstigte Krähe, mit ihrer Hakennase und den blitzenden schwarzen Augen, Lady Flora Hastings, die von der Herzogin besonders bevorzugte Dame, und der staatliche Rechnungsprüfer, Sir John Conroy. Der Lord-Kanzler und der Erzbischof waren nun schon seit einiger Zeit fort, und sie alle waren heruntergekommen, um zu erfahren, was sich mit Victoria begeben hatte.

Als die Türe sich öffnete und sie vor ihnen stand, da machte die Herzogin eine Bewegung. Ihr rötliches Gesicht war stärker gefärbt als gewöhnlich, und ihr rasch entzündlicher Zorn, der ihr so viele Feinde zugezogen hatte, begann beim Anblick ihrer

Tochter aufzuflammen, die so völlig gelassen und ruhig war und unten die Zeit vertrödelt hatte, obgleich man ihr doch ausdrücklich eingeschärft hatte, sogleich hinaufzukommen. Sie öffnete den Mund, um eine Erklärung zu verlangen, doch die Worte erstarben ihr, als sie zum ersten Mal in ihrem Leben die volle Kraft des Blicks ihrer Tochter spürte. Sie sah diesen Blick an ihr vorüberschweifen, die leicht vorgewölbten blauen Augen, Victorias einziger Anspruch auf weiblichen Reiz, glitten über die Schar der Damen und Herren, und dann kniete irgendwer nieder. Die Herzogin entsann sich nachher nie, wer es gewesen war, so verwirrt war sie; aber die ganze Reihe, einer nach dem andern, begann in die Knie zu sinken, während die neue Königin überlegen wartend auf der Schwelle stand. Zuletzt sahen Mutter und Tochter einander noch einmal an. Und diese Minute bedeutete für die Herzogin von Kent einen Zeitraum von hundert Jahren. Und dann wurde sie dunkelrot und machte, auch sie, ihren höfischen Knix.

Tiefes Schweigen herrschte, während die Königin mit einem leisen Nicken an ihnen allen vorüberging und in unbefangener Haltung die Treppe hinaufstieg, um sich für die Ereignisse des Tages anzukleiden.

*

«Lord Melbourne, Eure Majestät.»

Sie sassen im Salon der Herzogin, eine kleine Gruppe in peinlicher Spannung. Die Herzogin mit steinernem Gesicht und roten Augen, nachdem sie einen Nachmittag in Tränen verbracht hatte, die Baronin Lehzen, in ihrem besten schwarzen Seidenkleid, den Stuhl so nahe an die bisherige Schülerin gerückt, wie sie es nur wagen durfte, und in dem stattlichen alten Lehnstuhl, der gewöhnlich ihrer Mutter vorbehalten war, Victoria in einem dunkelbraunen Kleid mit schwarzem Besatz. Das war das einzige Kleid, das halbwegs der Trauer entsprach.

Es war die dritte Begegnung mit ihrem Premierminister an diesem Tag. Zuerst war er um neun Uhr morgens in der vollen

Uniform eines Staatsrats erschienen, um ihr die Hand zu küssen und die Rede vorzulegen, die sie als Königin bei der ersten Sitzung lesen sollte.

Er war ein sehr hochgewachsener, vornehm aussehender Mann, sein Haar begann zu ergrauen, und er wirkte jünger, als er es mit seinen achtundfünfzig Jahren war. Victoria sah zu ihm auf und lächelte.

«Madam, Eure Königliche Hoheit». Er verbeugte sich zuerst tief vor ihr, und sie fing die Andeutung eines Verschwörerlächelns auf, bevor er sich zu ihrer Mutter wandte.

«Darf ich sagen, Madam, dass Eure Königliche Majestät heute früh im Staatsrat Aufsehen erregt hat? Ich habe nie eine so einstimmige Begeisterung vernommen. Der Herzog von Wellington selber hat erklärt, die Königin habe den Saal nicht betreten, sie habe ihn ausgefüllt! Das ist ein sehr glücklicher Tag für England, und es muss auch ein stolzer Tag für Sie sein.»

«Ich habe mich immer bemüht, meine Pflicht zu tun», stiess die Herzogin hervor und war den Tränen wieder sehr nahe. «Und, glauben Sie mir, ich hatte nie auf persönlichen Lohn gehofft. Wenn ich meine Tochter so erzogen habe, dass sie ihrem hohen Amt gewachsen ist, dann bin ich voll belohnt.»

«Eine wunderbare Berufung, Madam, und edel erfüllt», erwiderte Melbourne. Und dann warf er einen raschen Blick auf die schmächtige Gestalt im Lehnstuhl.

«Eure Majestät waren so gütig, anzuregen, dass ich Sie abends noch einmal aufsuchen sollte», sagte er höflich.

Victoria lächelte ihm zu.

«Ja, das habe ich. Sie waren unschätzbar, Mylord. Ich weiss nicht, was ich ohne Sie getan haben würde.» Sie wandte sich zu ihrer Mutter. Melbourne meinte erheitert, er habe selten einen so kühlen, unbefangenen Blick gesehen.

«Es ist ein denkwürdiger Tag gewesen, Mama, aber für Sie wohl auch ein anstrengender. Sobald Lord Melbourne mich verlässt, komme ich Ihnen gute Nacht sagen.

Da blieb der Herzogin nichts übrig, als aufzustehen, ihre Röcke mit zornigem Rascheln zu raffen – sie war eine Frau, die jederzeit raschelte; und nach dem kürzesten Gutenachtgruss für ihre Tochter schwebte sie aus dem Zimmer. Die Gouvernante blieb noch sitzen und sah der Herzogin mit unverkennbarem Triumph nach.

«Liebe Lehzen – gute Nacht!»

So war auch sie entlassen, obgleich er merkte, dass Victoria ihr die Hand beim Abschied recht zärtlich drückte. Und dann war er allein mit ihr. Sie sah in ihrem dunklen Kleid sehr mädchenhaft und zart aus; man sah die hellen blauen Augen und den rosigen Mund, der sich über den kleinen Zähnen nicht völlig schliessen konnte, und vergass darüber das hochfahrende Kinn und die energisch gekrümmte Nase. Sie errötete, streckte ihm plötzlich die Hand hin und schmolz zu einem Lächeln, das ihr ganzes Gesicht durchstrahlte und sie beinahe hübsch wirken liess.

«Lieber Lord Melbourne! Wie gütig sind Sie heute zu mir gewesen! Kommen Sie, setzen Sie sich neben mich; es gibt so vieles, worüber ich mit Ihnen sprechen möchte, und ich weiss nicht, wo ich beginnen soll.»

«Beginnen Sie mit dem Staatsrat», schlug er vor. «Wie ich schon Ihrer Mutter gesagt habe – Sie waren wunderbar, Madam. Ganz wunderbar!»

«Und hat der Herzog von Wellington das wirklich gesagt? Dass ich den Saal ausgefüllt habe? Was hat er damit gemeint?»

«Er meinte damit, dass Sie die ganze Würde der Monarchie mit sich in den Saal gebracht haben. Es war ein sehr gutes Wort – ich wünschte, ich hätte es gefunden. Und die Art, wie Sie Ihre Rede lasen, hat manche sonst recht wenig gefühlvolle Herren zu Tränen gerührt.»

«Aber es war doch Ihre Rede!» erwiderte sie. «Sie haben sie für mich aufgesetzt. Und ich weiss, dass es gut ging, und darum bin ich doppelt dankbar.» Sie lächelte. «Ich will zugeben, dass ich recht nervös war, aber ich bin froh, dass ich allein eintreten und abgehen konnte. Es soll keiner glauben, dass ich nicht selbständig bin.»

«Das glaubt auch keiner», versicherte ihr Melbourne. «Nicht

nach dem heutigen Tag. Soll ich Ihnen ein Geheimnis verraten, Madam?»

Sie nickte eifrig, und abermals fiel ihm der Kontrast auf, das Zeichen eines leicht erregbaren Temperaments hinter den ruhigen Zügen, denn das hatte auch bei ihren Ministern und Pairs keine geringe Überraschung verursacht.

«Bevor Sie heute früh den Saal betraten, gab es ein gewisses Murren. Die Königlichen Hoheiten, Ihre Onkel, waren anscheinend besorgt darüber, ob Sie die Fähigkeit besässen, sich mit Erfolg aus der Affäre zu ziehen – es ist keine kleine Prüfung für jemanden, der bisher mit dem öffentlichen Leben nicht in Berührung kam. Ich wusste, was manche unter ihnen dachten, denn, um ganz ehrlich zu sein, Madam, ich dachte es selbst, bevor ich zum ersten Mal hierher kam. Sie meinten, Eure Majestät könnten während der Rede versagen, in Tränen ausbrechen – sich eben benehmen wie eine Frau. Man hätte natürlich jede Entschuldigung für Sie gefunden; doch es war ein grosser persönlicher Triumph, dass Sie nichts dergleichen getan haben.»

«Die Angst meiner Onkel kann ich mir vorstellen», sagte Victoria. «Sie sind brave, gute Männer, aber ich spüre, dass es ihnen lieber gewesen wäre, wenn einer von ihnen heute die Rede gehalten hätte und nicht ich. Ist es nicht seltsam, Lord Melbourne, wie viele Menschen es danach verlangt, König zu sein...»

«Haben Sie so empfunden, Madam, als Sie wussten, dass es Ihr Schicksal war?»

«Doch», erwiderte sie. «Von dem Augenblick an, da ich wusste, was meine Geburt bedeutete, habe ich an nichts anderes gedacht, von nichts anderem geträumt. Wissen Sie, wie ich es erfahren habe?»

Er schüttelte den Kopf.

«Die Lehzen hat es mir gesagt. Nicht im gewöhnlichen Sinn mitgeteilt, aber eines Tages, als ich mein Geschichtsbuch aufschlug, um meine Lektion durchzugehen, da fand ich zwischen den Seiten einen Stammbaum eingeklemmt. Ich sah, dass mein

Vater, der Herzog von Kent, der älteste von den Brüdern des Königs war, und dass er, wenn er am Leben geblieben wäre, die Nachfolge angetreten hätte. Und ich war seine Tochter. Die Lehzen hatte meinen Namen unterstrichen. Ich wusste, wenn mein Onkel Wilhelm keine Kinder haben sollte, würde ich eines Tages Königin sein. Ich war dreizehn.»

«Und was haben Sie getan, als Sie das entdeckten? Vermutlich Ihre Mutter ausgefragt?»

«Ich habe meine Mutter nie etwas gefragt, wenn ich es vermeiden konnte. Später habe ich mit der Lehzen darüber gesprochen.»

Wieder die Lehzen! Die Lehzen, die der künftigen Königin ihr Schicksal voraussagt, die Lehzen, die mit offener Freude zusieht, wie die Herzogin sich zurückzieht, und selber sitzen bleibt, bis sie entlassen wird. Die Lehzen schien grossen Einfluss zu haben. Er würde wohl gut daran tun, mehr über sie zu erfahren.

«Die Baronin ist Ihnen anscheinend sehr ergeben, Madam», sagte Melbourne. «Und Sie müssen sie zweifellos gern haben.»

«Ja, ich habe sie gern.» Victoria nickte. «Sehr gern. Sie hat mich von meiner Kindheit an erzogen, und ohne sie hätte ich kaum gewusst, was das Wort Zärtlichkeit bedeutet.» Sie lächelte plötzlich. «Wissen Sie, Lord Melbourne, das ist sehr seltsam. So habe ich in meinem ganzen Leben noch zu keinem Menschen gesprochen. Ich habe nie von meinen Gefühlen geredet oder etwas über die Lehzen gesagt oder davon, dass ich Königin werde oder dergleichen. Hoffentlich finden Sie das nicht töricht.»

«Töricht, Madam? Ich hoffe nur zu Gott, dass Sie immer mit mir über die Dinge sprechen werden, die Sie beschäftigen. Wenn ich fühlen dürfte, dass ich Ihr Vertrauen besitze, so wäre das der glücklichste Augenblick meines Lebens.»

«Es wäre auch der glücklichste Augenblick meines Lebens», sagte sie ruhig. «Abgesehen von der Baronin habe ich zu niemandem je Vertrauen gehabt. Und obgleich sie das beste Geschöpf ist, kann ich doch jetzt mit einer Untergebenen nicht mehr allzu vertraut sein. Es würde sehr viel für mich bedeuten, wenn ich mich wirklich um Hilfe in allen Dingen an Sie wenden könnte, Lord Melbourne.»

Er war immer gefühlsselig gewesen; das war der Charakterzug, der von Anfang mit seiner Natur im Zwist lag, ebenso im Zwist mit der zynischen, überspitzten Atmosphäre des achtzehnten Jahrhunderts, in der er den grössten Teil seines Lebens verbracht hatte. Seine Mutter, die herrschsüchtige, ehrgeizige Frau, hätte ihrem Lieblingssohn William nie verziehen, wenn ihr klar geworden wäre, dass er einen so lächerlich bourgeoisen Zug in sich hatte. Seine Familie, seine Gefährten schätzten die Vernunft über alles und das Gefühl gar nicht. In ihm aber war das Gefühl lebendig, und sosehr er sich in der Vergangenheit auch bemüht hatte, es zu unterdrücken, lebte es doch in den Stunden der Krisen seines Lebens wieder auf, und obgleich er es nicht wusste, bedeutete dieser Augenblick, da die achtzehnjährige Königin ihm ihr Vertrauen anbot, einen Wendepunkt in seinem Leben und in seiner Laufbahn.

Das Gefühl überwältigte ihn; es drängte ihn, niederzuknien, wie er so oft vor den Frauen niedergekniet war, die er zu lieben geglaubt hatte, ihre Hand zu küssen und ihr zu sagen, dass er jede Minute ihrem Dienst widmen und nichts auf der Welt verlangen wolle als den Vorzug, ihre Gedanken zu hören.

«Meine teure Madam», sagte er schliesslich, «ich bin nicht nur Ihr Premierminister, aber auch Eurer Majestät hingebungsvoller Diener. Rufen Sie mich zu jeder Zeit, was es auch sein mag, und ich werde kommen.»

«Das will ich», versprach Victoria. «Ich werde mit allem zu Ihnen kommen, bis Sie es ermüdend finden werden. Ach, Lord Melbourne, welch ein Tag war das! So viel! Und ich bin nicht im geringsten erschöpft. Sind Sie es?»

Er erwiderte ihr Lächeln und wurde warm wie ein fröstelnder Mann vor einem Feuer. Gerade jetzt, da man sich den Sechzig näherte, müde wurde und, hatte man auch das höchste Amt erreicht, vom Leben eher enttäuscht, jetzt, da so viele bittere und abstossende Erinnerungen sich herandrängten, dass man sich oft genug nicht um die Zukunft scherte, denn sie würde sehr wahrscheinlich ebenso leer sein wie die Vergangenheit – nach all dem bot sich jetzt dies! Er war nicht ganz sicher, was ‚dies' war; er wusste nur, dass etwas Starkes, Gesundes, Lebensvolles in diesem Raum von dem Mädchen ausstrahlte, das seine Tochter sein konnte, von dieser jungen Königin, die er noch lange Zeit in ihren Pflichten zu leiten haben würde. Auch sie hätte eine Enttäuschung, hätte rührseligunddumm oder ungebärdig und unwürdig sein können – wie widerwärtig wäre ihm das gewesen! Wie auch immer seine Frau, Caroline Lamb, gewesen sein mochte, wie toll und tragisch und lächerlich, sie hatte immer Anmut besessen. Anmut der Bewegung, Anmut des Benehmens ... so wichtig war ihm das bei Frauen ... Und Victoria besass Anmut. Sie regieren zu lehren, sollte ein Vergnügen sein, keine stumpfe Tretmühle! Und sich ihrer Freundschaft zu erfreuen, sich in den Strahlen dieser klaren, frischen, bezaubernden, unverdorbenen Persönlichkeit zu sonnen – das war eine Aussicht, die seiner schwindenden Jugend winkte!

«Ich bin nie weniger müde gewesen, Madam», sagte er eifrig. «Und ich höre mit Entzücken, dass auch Sie es nicht sind. Doch Sie dürfen sich nicht überlasten. Ihre Mutter hat, wie mir schien, schon ziemlich müde gewirkt.»

Er hatte versucht, sie ins Gespräch zu ziehen. Er kannte die Herzogin seit langem, diese ungestüme Herzogin, die sich in alles einmischte. Um keinen Preis durfte ihr erlaubt werden, Victoria zu kränken, sie schlecht zu beraten oder einen Druck auszuüben. Er musste sich darüber klar werden, wie es um die Gefühle der Königin für ihre Mutter stand, bevor er ihr zeigen konnte, wie sie die Lage am besten behandeln konnte. Den Sinn jener rücksichtslosen Entlassung musste er genau ergründen.

«Da wir keine Geheimnisse voreinander haben werden», sagte Victoria, «mögen Sie nur wissen, dass sie durchaus nicht müde war. Sie war wütend. Sie ist den ganzen Tag wütend gewesen, und die arme Mama hat es nicht fertiggebracht, mir ein Wort darüber zu sagen!» Und sie lachte.

«Was ist denn geschehen, Madam?»

«Nun –» Sie lehnte sich in ihrem Stuhl zurück und kreuzte die Füsse sittsam auf dem Schemel. «Nun, nach der Sitzung des Staatsrats habe ich sie gefragt, ob ich wirklich und wahrhaftig Königin sei. Da war sie sehr verdrossen, denn sie hätte gern an der Zeremonie teilgenommen, und da gab es doch keinen Platz für sie. Und so fragte ich sie, obgleich ich es ja ganz genau wusste. Und als sie ‚ja' sagte, da erwiderte ich, dass es mir lieb wäre, wenn sie mich eine Stunde allein liesse. Das war meine erste Aufforderung als Königin an sie. Ich meinte, es wäre eine gute, nicht unfreundliche Form, ihr verständlich zu machen, dass die Dinge nun anders geworden waren. Was sie aber ganz aus der Fassung brachte, war, als ich anordnete, dass mein Bett aus ihrem Zimmer entfernt werden solle. Ich hatte immer in ihrem Zimmer geschlafen, wie Sie wissen, und ich konnte einfach nicht eine Nacht länger warten, um mein eigenes Zimmer zu haben. Sie dürstete den ganzen Tag danach, sich zu beklagen, aber ich habe ihr nie eine Gelegenheit geboten.»

«Das hatte ich mir gedacht», gab Melbourne zu. «Und noch etwas anderes – dass die Baronin sie nicht sehr liebt.»

«Sie hasst sie», erwiderte Victoria. «Während ich Mama nur nicht sehr liebe, hasst die Lehzen sie. Sie ist manchmal sehr hässlich zu der armen Lehzen gewesen. Doch all das ist vorbei. Mama muss lernen, dass sie nicht länger unfreundlich zu den Menschen sein darf, die ich gern habe. Ihr wahrer Kummer ist, dass sie gehofft hatte, der König würde sterben, solange ich noch minderjährig war; dann hätte sie Regentin werden können. Das hatte sie sich immer gewünscht. Halten Sie mich nicht für treulos, lieber Lord Melbourne; Mama ist eine sehr gute Frau mit den besten Absichten, aber sie macht alles falsch, und sie benimmt sich schrecklich würdelos. Ich kann ihr nicht gestatten, die Dinge an sich zu reissen und sich in die Pflichten meines Amts einmischen zu wollen. Das mag peinlich sein – für jede Tochter ist es das», sagte sie ruhig, «aber ich werde ihr beibringen müssen, dass jetzt, da ich Königin von England bin, unsere Beziehung sich völlig verändert hat.»

«Ich bin sehr dankbar dafür, dass Sie es in diesem Licht sehen, Madam. Einige unter uns waren besorgt über die Frage, inwieweit die Herzogin versuchen würde, sich einzumischen. Das wäre im Lande nicht gern gesehen worden.»

«Keine Angst, Lord Melbourne. Es wird meiner Mutter nicht erlaubt werden, sich in irgend etwas einzumischen.»

«Ich glaube Ihnen, Madam, und ich werde das auch meinen Kollegen in der Regierung mitteilen.»

Sie erhob sich mit jener erstaunlichen leichten Anmut der Bewegung, die er schon an ihr bemerkt hatte, und auch er stand auf. Die Audienz war zu Ende.

«Wenn ich auch nicht müde bin», erklärte Victoria, «glaube ich doch, dass ich mich jetzt niederlegen sollte. Ich möchte morgen, sobald meine Tätigkeit beginnt, ganz frisch sein. Es ist ein wunderbarer Tag gewesen, Lord Melbourne. Morgen müssen Sie wiederkommen und mir bei der Erledigung der Akten helfen, mir sagen, was ich zu unterschreiben habe, und was alles bedeutet. Ich habe sehr viel zu lernen, und Sie haben versprochen, mir zu helfen; denken Sie daran!»

«Ich werde mein Äusserstes tun, Madam. Und noch eines verspreche ich Ihnen – der Unterricht wird nicht langweilig sein.»

Sie lachte.

«Dessen bin ich gewiss. Ich freue mich auf den Lehrer und auf den Unterricht. Gute Nacht.»

Er küsste ihr die Hand, verbeugte sich und ging. Es war beinahe Mitternacht, als er durch Kensington zurückfuhr, und sein Wagen holperte über die rauhen Landstrassen auf London zu. Mit geschlossenen Augen sass Melbourne da; er war jetzt doch erschöpfter, als er geglaubt hatte, körperlich erschöpft, aber geistig angeregt. Nun gab es etwas, worauf er sich freuen durfte, etwas jenseits des Alltags seines Amtes, das ihn zumeist langweilte, etwas jenseits der Debatten des Parlaments, wo er nur selten einen Gegenstand fand, daran er seinen Witz üben konnte, etwas, das ganz verschieden von den Abendgesellschaften im Holland House war und von den Kartenpartien in den

Klubs, wo er mit derselben Gleichgültigkeit verlor oder gewann.

Mit dem verstorbenen König zu tun zu haben, war schrecklich gewesen; das gestand er sich; ob tot oder lebendig – es war reinste Heuchelei, zu behaupten, Wilhelm wäre etwas anderes gewesen als ein unberechenbarer Tölpel, und Dummköpfe waren das einzige im Leben, was Melbourne nie geduldig zu ertragen vermocht hatte. Dumm war die neue Königin nicht. Sie hatte einen klaren Verstand; auch entschlossen war sie. Merkwürdig bei einer Frau und doch unendlich reizvoll, denn es vereinigte sich mit Jugend und Unerfahrenheit. Als sie ihn bat, ihr zu helfen, war das so schlicht, so erfrischend aufrichtig gewesen. Er war wirklich gerührt. Nie vermochte er dieser besonderen Form eines kindlichen Hilferufs zu widerstehn; das war auch Carolines Geheimnis gewesen. Wieviel Unehre sie auch über ihn und sich gebracht hatte, ja, sogar wenn er den geistig minderwertigen Sohn betrachtete, den sie ihm geboren hatte, konnte er ihr doch nicht widerstehn, wenn sie wehmütig wie ein schlimmes Kind bat, er solle ihr doch noch eine letzte Gelegenheit geben. Darum hatte er sich nie von ihr scheiden lassen, darum war der Skandal wegen Byron, jener Skandal, der die Runde um die Welt und ihn selber zum Gelächter machte, irgendwie nichtig und entschuldbar, sobald sie sich ihm auf die Knie setzte, mit Tränen im Auge versprach, sie werde keine Szenen mehr machen, keinen andern Liebhaber nehmen ...

Es bestand keine wirkliche Ähnlichkeit zwischen Caroline – der haltlosen, törichten Caroline, die sich selber immer mehr wehgetan hatte als ihm – und diesem selbstsicheren, unbefleckten Mädchen, das Königin von England geworden war. Das Leben würde Victoria noch verwunden müssen, und sie trotzte ihm, gewappnet mit einer natürlichen Kraft. Nein, es gab keinen Vergleich zwischen den beiden Frauen bis auf jene seltsame Unschuld, die alle ihre Torheiten, alle ihre Überspanntheiten nie in Caroline vernichtet hatten, und jenes Talent zu einer strahlenden Aufrichtigkeit, die manchmal durch die Schlacke von Lügen und Selbstbetrug drang ... Victoria! Es würde einem

Mann möglich sein, diese Eigenschaften in ihr zu verehren, ohne Angst vor Enttäuschung, ohne entdecken zu müssen, dass hinter dieser Unbefangenheit Lug und Verantwortungslosigkeit lauerten. Das Leben, das ihn bei seinen Beziehungen zu Frauen so oft getäuscht hatte, bot ihm jetzt einen seltsamen Trost. Freundschaft. Freundschaft ohne Versuchung, eine Aussicht, Fraulichkeit verehren zu dürfen, ohne die Angst, das Idol könnte je von seinem Sockel steigen und zeigen, dass es auch aus Fleisch und Blut geschaffen war.

Lange bevor der Wagen vor dem Tor seines Hauses in St. James hielt, war er eingeschlafen.

*

Im Schlafzimmer der neuen Königin brannten noch die Lichter. Die Lehzen hatte auf sie gewartet, als sie jetzt heraufkam; die Lehzen hatte darauf bestanden, ihr beim Auskleiden zu helfen und dem langen Haar die hundert Bürstenstriche zu geben, die es allabendlich erhielt. Und die Lehzen hatte geredet und geredet, sprudelte in ihrer Erregung ihre deutsche Muttersprache heraus, kaute eifrig an ihren geliebten Kümmelkörnern, dass Victoria sich abwandte und lächelte. Die Baronin war in diesem Punkt empfindlich, weil die grossen englischen Damen im Hause der Herzogin sich immer über sie lustig machten.

Wie sich ihre kleine Victoria fühle, fragte sie drängend. War sie müde? Worüber habe sie denn mit dem Premierminister gesprochen? Man stelle sich doch vor, schwärmte die Lehzen. Ihre Kleine war schliesslich Königin geworden! All die Jahre, da man über sie gewacht, sie unterwiesen, auf diesen grossen Tag gewartet hatte ... und jetzt war ihre Kleine Königin und erwachsen! Die Baronin blinzelte, um die gefühlvollen Tränen nicht rollen zu lassen. Aber sie würde doch noch immer ihre alte Lehzen brauchen, um ihr beim Ankleiden und beim Frisieren zu helfen ... nein, das könnte, nach all diesen Jahren, keine so gut wie die Lehzen! Ach, wie entsann sie sich der Zeit, da die kleine Victoria ihr gerade nur bis zum Knie gereicht hatte... Und so schlimm war sie gewesen! Schon so eigenwillig!

«Es ist lange her, dass ich es nicht mehr war», meinte Victoria. Sie sass in ihrem Bett auf, und die Baronin hockte auf dem Ende des Bettes.

«Und jetzt kann ich so eigenwillig sein, wie ich Lust habe!»

Sogleich war die Lehzen entsetzt. Eigenwillig... Königinnen waren nicht eigenwillig... was für Ideen hatte dieser Lord Melbourne ihr in den Kopf gesetzt? Victoria lachte.

«Nun, nun, Lehzen, Sie dürfen mich nicht einschüchtern! Lord Melbourne hat mir gar nichts in den Kopf gesetzt; das alles war schon vorher da. Und was denken Sie von ihm? Ist er nicht ein schöner Mann?»

Die Baronin nickte. «Sehr schön, ja, wenn man Engländer und vor allem englische Lords leiden mag. Sie sehen drein, diese Leute, als wollten sie sagen: ‚Ausser meinesgleichen gibt es niemanden!' Ich mag ihren Stolz nicht, Victoria, und einige von ihnen...» Ihre magern Hände hoben sich missbilligend. «Einige von ihnen führen einen höchst schrecklichen Lebenswandel. Dieser Lord Melbourne mag ein grosser Lord sein und schön und was man will, aber er war ein sehr ausschweifender Mann. Es hat Skandale um ihn gegeben – Sie würden es gar nicht glauben!»

Victoria beugte sich vor.

«Erzählen Sie mir doch davon, Lehzen. Alles, was ich gehört habe, war ein Gerede über seine Frau.»

«Lady Caroline Lamb? Ach, das war das Schlimmste von allem! Aber es ist nicht passend für Sie, mein Kind», sagte die Baronin. «Glauben Sie nur dem Wort Ihrer Lehzen – er ist ein böser Mensch!»

«Liebe Lehzen!» Plötzlich war eine gewisse Schärfe in ihrer Stimme. «Ich selber kann darüber urteilen, was für mich passend ist und was nicht. Ich wünsche alles über Lord Melbourne zu hören. Fangen Sie, bitte, mit dem Anfang an.»

Die Lehzen hüstelte; das liebe Kind! Wie müde musste es sein, dass es so scharf sprechen konnte!

«Seine Mutter hatte einen schlechten Ruf, glaube ich», sagte sie. «Sehr schlecht. Sie war eine Zeitlang die Geliebte Ihres Onkels, des Prinz-Regenten, und man sagt, dass sie das ausgenützt hat, um eine hohe Stellung in der Gesellschaft zu erreichen. Sie hatte daneben noch viele Liebhaber; ich habe sogar gehört, dass einer von ihnen der Vater Lord Melbournes war ... Lord Egremont, glaube ich; aber das weiss kein Mensch.»

Sie zauderte; es war ihr nach der Erzählung so unmoralischer Geschichten ein wenig unbehaglich zumute, doch Victoria nickte ihr zu, sie solle nur fortfahren. In den früheren Zeiten, wenn die Herzogin solche Reden gehört hätte ... doch sie wusste, dass jetzt nichts mehr von der Herzogin zu befürchten war, und so machte sie es sich bequem, um sich an ihren eigenen Geschichten zu erlaben. Jeder Fetzen von Klatsch, den sie aus den Unterhaltungen der vornehmen Damen aufgepickt hatte, war in diesem aufnahmebereiten Gedächtnis zurückgeblieben, festgehalten durch den Umstand, dass sie sich alle Mühe geben musste, um zuhören zu dürfen. Der deutsche Titel war lediglich eine Ehrung, die ihr König Wilhelm zuerkannt hatte, als sie die Gouvernante seiner Nichte geworden war. Die Lehzen war die Tochter eines verarmten preussischen Geistlichen, und die hochgeborenen englischen Damen im Kensington Palace hatten sie immer dementsprechend behandelt.

«Der erste Lord Melbourne hatte gar nichts zu sagen; seine Frau war es, die sich mit der Politik beschäftigte und ihre Kinder mit allen möglichen Mitteln vorwärts schob; sie war es, die für ihren Sohn William, Ihren Melbourne, die Heirat mit dieser grässlichen Caroline stiftete. Sie war die Tochter Lord Bessboroughs, und auch ihre Mutter hatte den Prinz-Regenten besser gekannt, als sie gedurft hätte.»

«Erzählen Sie mir von Caroline», sagte Victoria. «War sie um so viel schlechter als die anderen Frauen?»

«O ja, viel, viel schlechter!» Die Lehzen nickte. «Zunächst einmal, mein Kind, war sie verrückt. Ganz verrückt. Sie zog sich gern an wie ein Knabe und streunte durch die Strassen; sie fing an, Liebhaber zu nehmen und Szenen zu machen, damit nur jeder wissen sollte, dass sie ihren Mann betrog, und dann lernte sie diesen Dichter Byron kennen, und was war das für ein Skandal mit den beiden! Nun, als Byron sie satt hatte, da erstach sie sich mitten in einem Londoner Ballsaal mit einer Schere.»

«Und ist sie gestorben?» fragte Victoria nach kurzer Pause.

«Gestorben?» höhnte die Lehzen. «Solche Frauen achten schon darauf, dass sie sich nicht wirklich etwas antun. Nein, sie hat aber einen Skandal gemacht, bis die Leute merkten, dass sie wirklich verrückt war. Dann schrieb sie ein Buch, schrieb alles über ihr Abenteuer mit diesem Byron, verspottete alle Leute in London, auch die Familie Melbourne, und damit war es dann zu Ende. Kein Mensch in der Gesellschaft hat sie je wieder empfangen», sagte die Lehzen triumphierend. «Das Geheimnis daran ist, wie Lord Melbourne ihr das verzeihen und sie nach so einem Benehmen behalten konnte ... er muss keinen Funken Ehrgefühl besitzen, das ist alles, was ich sagen kann. Wenn das einem Mann in seiner Stellung daheim in Deutschland widerfahren wäre, da hätte man die Frau sehr bald an ihren Platz verwiesen!»

«Armer Mann!» meinte Victoria nachdenklich. «Wie schrecklich für ihn! Ich kann nicht begreifen, warum er sie nicht fortgeschickt hat. Wenn sie verrückt war, hätte er sie einsperren lassen sollen ... es war vielleicht sehr gütig von ihm, aber es war ein grosser Fehler. Nun, immerhin habe ich Mitleid mit ihm!»

«Das sollten Sie nicht!» widersprach die Lehzen. «Er war ja selber der Mittelpunkt von vielen Skandalen, zwei mit verheirateten Frauen, deren Männer die Scheidungsklage erhoben haben! Lady Brandon und Mrs. Norton – ja, mein liebes Kind, Mrs. Norton – das war doch erst voriges Jahr –»

Voriges Jahr ... vor zwölf Monaten, während sie selber, Victoria, noch im Schatten der Herzogin lebte, ihre Lektionen lernte, nähte und stickte und ein Leben strenger Pflichterfüllung und noch strengeren Gehorsams führte! Und draussen ging die Welt ihren geschäftigen Lauf! Und Lord Melbourne, der so gütig, so bezaubernd war! Und schön... er hatte ein Liebesabenteuer mit einer Frau, die Norton hiess.

«Wie war denn diese Mrs. Norton? War sie hübsch?»

«Schön!» stellte die Baronin richtig. «Ich sah sie einmal im Park fahren, als wir auf dem Weg nach dem St. James Palace waren. Damals hat kein Mensch ein Wort gesagt, weil Sie solche Dinge nicht wissen sollten, aber ich habe sie ganz deutlich gesehen, und ich muss sagen, dass sie eine sehr schöne Frau war. Sehr dunkel und nicht gerade vornehm; ich glaube, dass es eine Familie von Komödianten war, und sie kamen aus diesem schrecklichen Irland herüber. Jedenfalls hat Mylord Melbourne sich mit diesem Weibsbild zum Gespött gemacht. Wie er so viele Skandale überleben konnte, das mag der liebe Gott wissen; ich weiss es nicht.»

«Er muss sehr klug sein», sagte Victoria langsam. «Vermutlich ist keine Beziehung zu dieser Kreatur mehr vorhanden.»

«Nein, das nicht», gab die Lehzen widerwillig zu. «Ich glaube doch, dass er vernünftig genug war, wenn er schon nicht den Anstand hatte, mit dieser Verbindung ein Ende zu machen.»

Sekundenlang sah Victoria sie an, ohne zu sprechen. Die Lehzen war ein liebes Geschöpf; viel Freundliches hatte Victoria in ihrer düsteren Kindheit erlebt, das der Baronin zu danken war. Ja, sie war ein liebes Geschöpf, aber sie durfte nicht derart gegen einen Mann voreingenommen sein, den sie gar nicht kannte; gegen einen Mann, der schliesslich so hoch über ihr stand und in einer vornehmen Welt gelebt hatte, von der die Baronin nur wusste, was sie gerade aufgeschnappt hatte. Und das Wichtigste von allem, dachte sie in diesen wenigen Sekunden, während die Baronin sie beobachtete, ohne zu merken, dass etwas nicht klappte, das Wichtigste von allem – Melbourne war der Premierminister der Königin, und jetzt, da Victoria erfahren hatte, wonach es sie zu wissen verlangte, würde sie der Lehzen nie mehr erlauben, so respektlos von ihm zu reden.

«Und jetzt, mein Kind», sagte die Lehzen zärtlich, «jetzt sollten Sie schlafen. Es ist seit langem Mitternacht vorbei.»

«Ja, ich bin recht müde», gab Victoria zu. «Nein, Sie können die Kerze stehen lassen; ich werde sie schon selber auslöschen.» Es wurde still, während die Baronin zur Türe ging. «Und dann, Lehzen...»

«Ja, mein Liebling?»

«Jetzt, da ich Königin bin», sagte Victoria freundlich, «wäre es doch besser, wenn Sie in Zukunft ‚Madam' zu mir sagen würden. Gute Nacht, meine liebe Lehzen. Schlafen Sie wohl.»

Von Zeit zu Zeit schlugen die Uhren des Palastes die frühen Morgenstunden, doch die Herzogin hörte die Schläge nicht, denn nach einem wütenden Tränenausbruch und einer Tirade über die Undankbarkeit von Kindern, an ihre Freundin, Lady Flora Hastings gerichtet, nachdem überdies ihre Hoffnung, Victoria würde kommen, gute Nacht sagen und die Klagen der Mutter über sich ergehen lassen, enttäuscht worden war, hatte der Schlaf sie übermannt. Auch die Lehzen schlief fest, nur einmal aus einem Traum aufgeschreckt, darin das kleine Mädchen, das sie geliebt hatte, als wäre es ihr eigenes Kind, sie plötzlich angesehen und verlangt hatte, sie solle ‚Madam' zu ihm sagen... und dann drehte sie sich brüsk um und wehrte sich dagegen, gekränkt zu sein. Sie war so oft gekränkt, so oft enttäuscht worden, und ihr einziger Trost war die Zärtlichkeit ihrer kleinen Prinzessin gewesen. Wenn das Kind nun ‚Madam' genannt werden sollte, gut und schön; die Lehzen wollte nicht um ihres Stolzes willen das Vertrauen Victorias verlieren. Sie konnte es sich nicht leisten, stolz zu sein. Sie schnupfte schmerzlich in ihr Kissen, verdrängte die Zurechtweisung aus ihrem Geist und schlief ein. Doch in Victorias Schlafzimmer brannte die Kerze bis zu Ende, während die junge Königin hellwach dalag und der Stille lauschte. Zum ersten Mal in ihrem Leben war sie nachts allein, und nun konnte sie über die Ereignisse des langen, überfüllten Tages nachsinnen. Wie sie in den langen Saal des Kronrats eingetreten war, sekundenlang auf der Schwelle verharrte, instinktiv der Theatralik ihres Auftritts bewusst ... und die dumme Lehzen, die über diese ‚Prüfung' geschwatzt und gejammert hatte ... nein, die Baronin würde sich keine wohlgemeinten Freiheiten mehr herausnehmen ... und sie alle hatten sich vorgestellt, sie sei nervös oder freue sich nicht auf ihr erstes Erscheinen als Königin, nicht darauf, dass sie die Huldigungen ihrer mächtigsten Untertanen empfangen sollte. Mit der Hingabe einer grossen Schauspielerin, die aus den Kulissen in die Mitte der Szene tritt, hatte sie jede Geste gemacht, jedes Wort gesprochen. Und das war keine Heuchelei gewesen. Es wurde erwartet; es war das, was eine Königin in jedem Augenblick ihres öffentlichen Lebens tun sollte, und was ihr Onkel Wilhelm und ihr ruchloser Onkel Georg IV. nie getan hatten. Es war nicht genug, von Rechts wegen König zu sein und sich dann mit der Würdelosigkeit und dem Mangel an Selbstbeherrschung zu benehmen, wie sie bei gewöhnlichen Menschen üblich sind.

Man war eben kein gewöhnlicher Mensch. Die Gouvernanten, die Jugendfreundinnen durften nicht länger den Vornamen gebrauchen; und Mutter und Verwandte, selbst wenn man an ihnen hing, mussten begreifen, dass die Herrscherin über persönliche Beziehungen erhaben war.

Das schien Lord Melbourne zu verstehen. Doch er wusste so unendlich viel, während sie überhaupt keine Erfahrung besass. Lehzens Erzählungen von seinem Leben waren recht bedrükkend, wenn seine Frau aber wirklich so schlimm gewesen war, machte das einen Unterschied aus ... Er musste sie geliebt haben, um sich damit abzufinden. Doch er sollte ja auch diese Mrs. Norton geliebt haben! Es war natürlich unrecht, Geliebte zu haben, die Leute hatten sie aber dennoch. Und es war ganz sinnlos, so sagte sie sich energisch, sich mit dem zu beschäftigen, was vergangen war, solange es vergangen blieb. Sollte er ihr Vertrauter werden, wie sie hoffte – wie unterhaltend würde das sein! – so durfte es natürlich keine Skandale mehr geben. Keine Mrs. Nortons, wenn er sich die Freundschaft seiner Königin zu erhalten gedachte ... sie hatte das Gefühl, dass er das wahrscheinlich auch verstand.

Morgen kam er wieder. Er musste ihr die politische Lage erklären; da gab es Whigs und Tories und Radikale, das wusste sie, aber sie hatte sich in Wahrheit keine Vorstellung davon gemacht, wofür sie eigentlich eintraten; oder was die Radikalen taten, die nach allgemeiner Ansicht unterdrückt werden müssten. Sie wollte alles wissen, denn von jetzt an hingen all die Leute, die im Parlament sassen und die Regierung bildeten, davon ab, dass sie die Gesetze sanktionierte, die angenommen wurden; ohne ihre Unterschrift konnten sie nicht Minister werden oder Verträge abschliessen oder sonst etwas tun... soviel hatte sie immerhin an diesem Tag den kurzen Erklärungen Lord Melbournes über ihre Pflichten entnommen. Wie erstaunlich... und wie wunderbar! Wie wunderbar, zu sein, was sie war! Es war nicht weiter erstaunlich, dass ihre Onkel Sussex und Cambridge enttäuscht dreingesehen hatten, als sie den Saal betrat, um dem Kronrat vorzusitzen. Natürlich beneideten sie sie; und wer täte das nicht?

Zwei Vorfälle unter so vielen waren symbolisch für die Veränderung in ihrem Leben. Der Augenblick, da der Herzog von Wellington, der grosse Krieger und erfahrene Staatsmann, vor dem jeder sich in Ehrfurcht beugte, niedergekniet war, um ihre Hand zu küssen, und rückwärts an seinen Platz gegangen war. Und dann die wenigen Worte, die der Herzogin von Kent die Schlafzimmertüre verschlossen.

Das erste Licht sickerte zwischen den Rändern der Vorhänge ein, und sie hörte die Uhr auf dem Korridor sechs schlagen. Morgen würde sie diese Uhr aus ihrer Hörweite entfernen lassen... bevor sie die Augen schloss, lächelte Victoria. Es war sechs Uhr, und es war der 21. Juni. Seit vierundzwanzig Stunden war sie Königin von England.

II.

Bei ihrer Proklamation vor dem St. James Palast am nächsten Tag bekam das Volk die neue Königin zum ersten Mal zu sehen. Die Menschen sammelten sich zu Hunderten an jenem leuchtenden Morgen, schwatzten, lachten, drängten sich, wiesen auf die Wagen der grossen Lords, die vorfuhren, jubelten dem Herzog von Wellington zu, als er einen Augenblick lang erschien, bevor das Tor des Palastes ihn verschluckte. Doch für Melbourne wurde keine Stimme laut.

*

Nur sieben Jahre war es her, dass die elend entlöhnten Landarbeiter sich erhoben hatten, und um sie für das Verbrennen der Getreideschober und der Ackerbaumaschinen zu bestrafen, die ihnen das Brot vom Mund raubten, hatte Lord Melbourne Gerichtshöfe eingesetzt, welche die Verantwortlichen zum Tode, zu langer Kerkerhaft oder – von allem das Ärgste – zur Verbannung und lebenslänglichen Abschiebung nach der Botany Bay verurteilten. Die Unruhen waren abgeflaut, und die Schiffe mit ihrer Ladung von kettenbeladenem, erniedrigtem menschlichem Jammer segelten in die Vergessenheit der australischen Strafsiedlungen. Die grundbesitzenden Stände aber seufzten erleichtert auf, beglückwünschten sich und den Premierminister zu ihrer festen Haltung, und das Leben in Behaglichkeit in den Palästen fern von den Landgütern nahm seinen Fortgang wie eh und je.

Die Zeiten waren hart, und das Gesetz war, seit Menschengedenken, unmenschlich gewesen. Man hätte Melbourne verzeihen können, wenn er nicht genau die gleichen Massnahmen auch auf sechs armselige Arbeiter aus Tolpuddle in Dorsetshire angewandt hätte, und das nur vier Jahre nach dem grossen Aufstand. Es war entdeckt worden, dass sie vorhatten, von ihren Brotgebern neun Shilling in der Woche zu verlangen statt sieben, und dieses hochverräterische Unternehmen wurde mit lebenslänglicher Deportierung bestraft. Melbourne, der duldsame, verzeihende Ehemann mit seinem kultivierten Geist, seinem freundlichen Wesen, hatte den Richter beauftragt, alle schuldig zu befinden und die schwerste gesetzliche Strafe über sie zu verhängen. Das Schicksal dieser sechs Menschen hatte ihm mehr Hass eingetragen als das Elend der Hunderte, die ihnen im Jahre 1830 nach der Botany Bay vorangefahren waren.

Gleichgültig gegen das Schweigen der feindseligen Menge eilte er hinauf in den Raum, wo Victoria wartete, und als die Herolde auf dem Balkon erschienen und dem Volk die neue Königin verkündeten, standen ihm Tränen in den Augen.

Auch in ihren Augen waren Tränen. Sie rundeten sich, als die Menge plötzlich die schmächtige Gestalt in Trauerkleidern am Fenster gewahrte und ihr zujubelte. Der Lärm wuchs immer mehr; überall, wohin sie schaute, wandten sich die Gesichter aufwärts wie Tausende von blassen Blumen, winkten ihr Hände zu.

Victoria, von Gottes Gnaden Königin von England, Irland, Schottland und Wales...

Das Volk sah eine Bewegung, sah ein Taschentuch, das sich zu den Augen hob, und eine Woge von Empfindungen überflutete die Menschen, liess den Schmutz, den Hunger, die Beschwerden, die lange von ihren Vorgängern verschuldete Verachtung für die Monarchie vergessen. Das war kein feister Wüstling wie der Prinz-Regent, der berufsmässige Faustkämpfer gedungen hatte, um seine Frau von der Abtei fernzuhalten, als er gekrönt wurde. Oder ein Hanswurst wie der tote König Wilhelm, der bei jedem Schritt über die eigenen Füsse stolperte. Das war ein Engel, schrie die Menge, ein süsser, blonder kleiner Engel... Gott segne sie! Gott schütze Victoria!

Und das waren die Rufe, die sie hörte, wenn sie ausfuhr, wie sie das häufig tat, nur um des Vergnügens willen, das Volk längs der Strasse stehen und winken und schreien und hinter ihrem Wagen herlaufen zu sehen. Sie war ungemein, geradezu wunderbar beliebt, und in den ersten Wochen wirkte dieses Gefühl des gemeinen Volkes ansteckend auf das Parlament und das Haus der Lords.

Der Innenminister, Lord John Russel, hielt eine Rede, die Melbourne der Königin bekannt gab; und er fügte trocken hinzu, sie werde hoffentlich nicht Russel vorziehen, weil er diese Rede gehalten hatte und nicht ihr Premierminister. Sie antwortete ihm mit einem leichten Fächerschlag; er solle sie nicht hänseln, sondern ihr mitteilen, was Russel gesagt hatte.

Es habe schon vor ihr glorreiche Herrscherinnen im Land gegeben; die Regierung Elisabeths, die Regierung Annas hatten das Land zu grossen Siegen geführt. Mochten die Menschen jetzt hoffen, dass eine weibliche Regierungszeit angebrochen sei, die in Taten des Friedens ihren Ruhm suchen würde, eine Elisabeth ohne ihre Tyrannei, eine Anna ohne ihre Schwächen. Durch die völlige Abschaffung der Sklaverei, durch erleuchtetere Verfahren der Bestrafung von Verbrechen, durch bessere Schulbildung des Volkes würde die Herrschaft Victorias unter den Nationen der Erde glänzen...

«Eine sehr schöne Rede», bemerkte Victoria. Wider Willen war sie vor Freude errötet. Der Hof war in Windsor. Jetzt, da sie zwischen mehreren königlichen Palästen die Wahl hatte, machte es der Königin Spass, von einem zum andern zu reisen. Buckingham Palast bevorzugte sie, wenn sie in London war, und er sollte bald bereit stehen.

Der Hof hatte eben zu Abend gespeist und versammelte sich in dem grossen Empfangssaal, der, obgleich ziemlich kalt und düster, doch ein prunkvoller Raum war und der einzige, der, ihrer Ansicht nach, dafür geeignet war, dass in ihm die Herrscherin abends ihren Hof um sich sah. Wie gewöhnlich war Melbourne neben ihr. Bei Tisch war er zu ihrer Linken gesessen; in den letzten Monaten war dieser Platz ihm stets vorbehalten worden. Die Königin hatte es zur Regel gemacht, dass, falls die Vertreter der fremden Mächte anwesend waren, der älteste unter ihnen zu ihrer Rechten sitzen sollte, doch wenn die Unterhaltung mit ihm langweilig wurde, konnte sie sich immer zu Melbourne wenden. Oder vielmehr zu Lord M., wie sie ihn nannte und auch in ihrem Tagebuch bezeichnete.

«Russell weiss ausgezeichnet, Phrasen zu drechseln, Madam, aber schliesslich hat er nur die Wahrheit gesagt. Es wird die glänzendste Regierungszeit werden, die England je gekannt hat – auch ohne diese lächerlichen Vorbehalte wegen der Bestrafungen und der Volksbildung und dergleichen.»

«Sind Sie nicht seiner Meinung?» fragte Sie. Oberflächlich betrachtet, vermochte sie an solchen Ideen nichts Unrechtes zu sehen. Sie tönten schön und natürlich, wenn Lord Russell von einer Revision des Strafsystems sprach, meinte er das mit grosser Mässigung ...

«Nein, das bin ich nicht», sagte Melbourne. «Ich halte dieses neumodische Verlangen nach Änderungen für eine wahre Bedrohung, Madam. Die Ordnung der Dinge sollte nicht angetastet werden. Ich bin nicht gegen das Prinzip der Reform an sich, es ist die Praxis, gegen die ich mich wende – diese Sehnsucht danach, Systeme umzustürzen, die ein Jahrhundert und länger gut für uns gewesen waren, die sich bewährt haben – und das zugunsten von ein paar Begriffen von Freiheit und Wahlrecht für Leute, die nicht lesen und schreiben können und sich nicht besser als wilde Tiere benehmen würden, wenn man sie mitten in den Salon Eurer Majestät versetzte.»

«Nun, für Tiere gibt es gewisse Entschuldigungen», sagte Victoria. «Ich hänge sehr an meinen Hunden – aber ich verstehe durchaus, was Sie meinen.»

Er fuhr jetzt mit grossem Ernst fort.

«Die niederen Klassen sind recht gut daran, wenn man sie an ihrem Platz hält, Madam. Glauben Sie mir, ich habe Erfahrung, ich habe den Schatten einer Revolution des Pöbels das Land verdunkeln gesehen, während diese Dummköpfe von Radikalen und sogar einige aus meiner eigenen Partei von kürzerer Arbeitszeit und besserer Volksbildung blöken! Volksbildung! Zu welchem Zweck, um Gottes willen? Muss ein Mann gebildet sein, um einen Webstuhl zu verwenden oder ein Feld umzugraben? Das ist nichts als Unsinn, Madam, und gefährlicher Unsinn obendrein. Das Land steht am Beginn einer neuen Ära, in einer Ära der Wohlfahrt; wir werden reicher sein als je zuvor, und gerade wenn wir jede Arbeitsstunde, jedes Stück Ware für unsere Märkte brauchen, versuchen diese Lumpen, die Arbeitszeit einzuschränken!»

Die Königin zog die Stirne kraus. «Aber sie begreifen doch gewiss, dass es für das Volk gut ist zu arbeiten? Wenn die Menschen arbeitslos wären und darbten, ja, dann wäre das etwas anderes. Ich arbeite, und das tun Sie auch, lieber Lord M. Denken Sie nur an die Menge von Akten, die ich unterzeichnen muss, und all die Arbeit, welche zum Regieren erforderlich ist. Und zudem, wann immer ich durch London fahre, gibt es anscheinend stets einen Haufen Leute, die müssig sind und nur darauf warten, mich zu sehen; sie können also nicht gar so hart bedrückt sein ... Nicht, dass ich sie nicht gern hätte», fügte sie schnell hinzu. Sie hatte sie wirklich gern. Sie war ihre Königin, und die Menschen waren gut und treu; sie waren eine lebendige Kundgebung der Macht, an der sie immer mehr Gefallen fand, je deutlicher sie den Umfang dieser Macht erkannte. Es war nur richtig, dass sie mit Zärtlichkeit auf ihre Untertanen blickte, ebenso richtig aber war es, dass ihr Gefühl durch Unparteilichkeit gemässigt, dass die Ansichten von Männern wie Melbourne auch ihre Ansichten sein sollten. Die Gesellschaft war eine Pyramide, die unbekannten Massen bildeten die Grundfläche, der Mittelstand die Seiten, die Aristokratie den Oberteil, und sie, die Königin, war die Spitze. Es war Sache des Volkes, gehorsam unter den Herren zu arbeiten, die Gott ihm gesetzt hatte, denn es war doch undenkbar, dass Gott, der das Weltall geschaffen hatte, nicht auch für das gesellschaftliche System darin verantwortlich sein sollte.

«Die Leute wissen gar nicht, was für ein Glück es für sie ist, Madam, so eine Herrscherin zu haben», versicherte ihr Melbourne. «Ich weiss, dass Sie Ihr Volk lieben, und Ihr Volk erwidert diese Liebe. Ich hoffe nur, dass es sie auch zu würdigen weiss. Das ist nämlich das Schlimme an all dem; die Menschen sind käuflich, von Natur aus feil, undankbar, einsichtslos, unzuverlässig. Und doch hatte ich immer den Eindruck, dass der Versuch, sie zu ändern – ‚zu verbessern' nennen es diese Idioten – die Dinge nur schlimmer machen kann. Man zähmt ein wildes Tier nicht dadurch, dass man seine Ketten bricht!»

Victoria lachte. Sie konnte es sich nie versagen, Melbourne

zu necken. Das befreite sie so sehr von der Steifheit, mit der sie alle andern behandelte.

«Sie reden weit mehr wie ein Tory als wie ein Whig, Lord M. Wenn ich Ihnen zuhöre, könnte ich glauben, es wäre der Herzog von Wellington, der spricht.»

Er lächelte, und der gereizte Ausdruck des trägen Menschen, der sich anstrengen muss, wich aus seinen Zügen; das Gesicht glättete sich, wurde wieder heiter, und seine schönen Augen zwinkerten ihr zu.

«Reden Sie nicht so laut, Madam, sonst werden Sie mich aus meinem Amt verdrängt sehen.»

«Ich bedaure den Mann, der versuchen sollte, Sie bei mir zu ersetzen», sagte sie schnell. «Er wird finden, dass es sehr schwer ist, mit mir auszukommen, das versichere ich Ihnen ... sagen Sie mir aber, Mylord, warum sind Sie eigentlich ein Whig und kein Tory, wenn Ihre Gefühle so stark sind?»

«Ach, jetzt habe ich Sie in Verwirrung gebracht!» erwiderte er. «Meine teure Madam, gestatten Sie, dass ich das erkläre. Die Tories sind dumme Kerle. Verdammt dumm, wenn Sie mir das Wort nachsehen wollen.»

Victoria, die sonst keine Freiheit der Sprache oder Nachlässigkeit anderer Menschen in ihrer Gegenwart duldete, nickte verständnisvoll.

«Sie widersetzen sich jedem Fortschritt – jeder Reform; aus dem Prinzip heraus, dass die Zeit still steht. Was für unsere Urgrossväter gut war, muss auch für uns das beste sein. Nun gibt es eine ganze Welt von Unterschieden zwischen diesen Ansichten und der Philosophie der Whigs. Wenn Sie die Tories anhören und vor allem den Herzog, so würden wir alle Perücken tragen und in Sänften reisen! Nein, Madam, es besteht ein Bedürfnis nach einem gewissen Ausmass an Reformen unter den gebildeten Ständen. Es ist nur gut, dass verantwortliche Männer es auf sich nehmen, da und dort Missbräuche abzustellen und Ungerechtigkeiten zu verhüten ... das ist immer unser Daseinszweck gewesen, Madam. Die Abschaffung der Sklaverei – ja, das war eine gute Idee! Es ist vielleicht nicht möglich, sie vollkommen zu erzwingen, zum mindesten aber steht sie im Gesetz. Und das zeigt den guten Willen ...»

«Dem Himmel sei Dank, dass Sie Premierminister sind», sagte Victoria überströmend. «Ich kann mir keinen andern vorstellen, der Reformgeist und Behutsamkeit so zu vereinen vermöchte wie Sie. Ich weiss wenigstens, dass, solange Sie an der Spitze meiner Regierung stehen, keine übereilten Schritte unternommen werden.»

«Dessen können Sie gewiss sein, Madam. Ich bin in diesem Spiel abgebrüht, und kein Mensch wird mich zu etwas Übereiltem zwingen.»

Doch die Königin hörte ihn nicht mehr. Irgendwer im Saal hatte sich so weit vergessen, laut aufzulachen. Die Sünderin war Lady Flora Hastings, die in einer Ecke mit ihrer Gebieterin, der Herzogin von Kent, beim Whist sass. Das Schweigen, das sich über den Raum senkte, war beinahe greifbar; die Unterhaltung jener, welche die Königin nicht mit ihrer Aufmerksamkeit begünstigte, wurde im Flüsterton geführt, denn Ihre Majestät hasste Lärm, und selbst diese Stimmen erstarben jetzt, und es herrschte eine beängstigende Stille, während Victoria Lady Flora mit einem kalten, bösen Blick musterte.

Es waren Damen und Herren versammelt, denn den Männern war es nicht mehr erlaubt, im Speisesaal bei ihrem Wein zu bleiben. Die Königin fand weibliche Gesellschaft langweilig, und die frühere Sitte hatte Lord Melbourne von ihr ferngehalten.

«Ich glaube, es wird spät», sagte sie vernehmbar. Sie stand auf, und im Nu wurde jeder Stuhl zurückgeschoben, und die Gesellschaft erhob sich. Die unglückselige Lady Flora war rot wie eine Pfingstrose, und das Rot verwandelte sich unter dem zornigen, unverwandten Blick rasch in Blässe. Langsam wandte Victoria sich wieder zu Melbourne, und ihr Ausdruck sänftigte sich.

«Lieber Lord M., ich habe diesen Abend sehr genossen. Morgen früh sehe ich Sie wieder, nicht wahr? Und dann können wir nachmittags in den Park fahren, wenn der Tag schön ist.»

Er beugte sich sehr tief über ihre Hand, die er küsste.

«Ich freue mich darauf, Madam. Gute Nacht.»

«Meine Damen!»

Die Herzogin von Sutherland, welche den Titel der obersten Kammerfrau Ihrer Majestät innehatte, Lady Tavistock und Lady Landsdowne kamen, die schwarzen Röcke anmutig schwingend, auf sie zu, und Victoria ging ihrer Mutter höflich entgegen und streifte die Wange der Herzogin. Nichts konnte die Bedeutungslosigkeit der Mutter stärker unterstreichen, als dass die Tochter diese Feinheiten in der Öffentlichkeit gewissenhaft einhielt.

«Gute Nacht, liebe Mama. Gute Nacht, meine Damen und Herren. Sie können sich zurückziehen.»

Die Männer verbeugten sich, die Frauen knixten, als der Zug der Damen, geführt von der kleinen, aufrechten Gestalt, den Saal verliess. Zuletzt kam die Baronin Lehzen, und Lord Melbourne grüsste sie und lächelte ihr zu, als sie an ihm vorüberging. Sie strahlte und drängte sich dann durch die Türe. Trotz ihrem strengen Urteil über den Mann, trotz ihrer Eifersucht auf ihn, für den ihr geliebtes Kind sich so begeisterte, war sie milder gestimmt. Er war so reizend zu ihr gewesen, so ehrlich aufmerksam und höflich, und er hatte so eine Art, ihr zuzuhören, dass sie fühlte, wie er ihre Wichtigkeit für die Königin zu schätzen wusste. Es schien doch, dass für sie beide Platz in Victorias Gunst sein könnte, und da die Besorgnis geschwunden, wärmte die Baronin sich in seiner Schmeichelei und pries ihn bald so glühend, wie es Victoria nur wünschen konnte.

Melbourne kannte das Besitzergefühl alter Jungfern, und ein paar Komplimente waren ein geringer Preis, den er für ihre Freundschaft zu entrichten hatte; er war fest entschlossen, dass nichts seine vertraute Beziehung zu der Königin stören dürfe. Es war ganz ausserordentlich, was diese Beziehung ihm bereits nach diesen wenigen Monaten bedeutete. Nun war es schon so weit, dass er überhaupt kein Fehl an ihr entdecken konnte. Ihr Beharren auf der Etikette erheiterte ihn. Sie war sich ihrer Stellung sehr bewusst, und, bei Gott, sie achtete darauf, dass auch alle andern es merken sollten ... der Hof fand das Leben verdriesslich und gehemmt; er wusste sehr wohl, dass nichts die verfeinerten Damen des Palastes mehr langweilte als die täglichen Ausfahrten, die musikalischen Darbietungen nach dem Tee und die steifen Mahlzeiten, gefolgt von noch steiferen Abenden ... Und die Männer? Er konnte Mr. Greville, den Sekretär des Kronrats, der sich oft als widerwilliger Gast in Windsor aufhielt, kaum ansehen, ohne ihm ins Gesicht zu lachen. Er konnte sich Grevilles Gereiztheit vorstellen, der nicht bei seinem Port verweilen, nicht rauchen, sich nicht in seinen Stuhl zurücklehnen durfte – die Königin bestand auf respektvoller Haltung – und die dümmste kleine Unterhaltung im Flüsterton führen musste! Das war wirklich verdammt spassig, meinte Melbourne, als er jetzt sein eigenes Zimmer aufsuchte. Verdammt spassig und ganz richtig ... und natürlich galt für ihn selber nur das Rauchverbot. Darüber hinaus konnte er sich ganz nach seinem Belieben verhalten, durfte laut reden, Scherze machen und mit ihr lachen, und immer hatte er den Sitz neben ihr und den Platz zu ihrer Rechten, wenn sie ausritten. Er genoss eine Sonderstellung, und immer wieder schaute er ihr in die Augen oder manchmal, wenn sie ein ernstes Gespräch führten, nahm er ihre Hand in seine; wenn er sie zum Lachen brachte oder ihr ein Kompliment entlockte, wie an diesem Abend, wichen seine früheren Vergnügungen immer mehr aus seinem Geist. Er vermisste nicht mehr die glänzenden Abendgesellschaften im Melbourne House, die Gesellschaft schöner, erfahrener Frauen mit den Verheissungen engerer Gemeinschaft. Mit all dem war er jetzt fertig; so meinte er. Zu alt und zu illusionslos, um Frauen auf solche Art zu benötigen. Und sein Erlebnis mit der armen Caroline Norton hatte ihn arg hergenommen. Nach der Scheidung war sie in Ungnade gefallen, und dem nichtswürdigen Ehemann waren die Kinder anvertraut worden. Die unglückliche Frau hatte ihm die peinlichsten Briefe geschrieben, ihn um Hilfe angefleht. Seine Beziehung zu ihr hatte sie zugrundegerichtet – das tat ihm natürlich leid, und er fühlte auch ein gewisses Schuldbewusstsein, weil er so billig davongekommen war. Doch so war es bei diesen Geschichten immer, wenn der Gatte Spektakel machte. Und nur ein Esel wie George Norton konnte, von seinen politischen Gegnern aufgehetzt, die Sache vor Gericht bringen und Privatangelegenheiten der Allgemeinheit preisgeben. Arme Caroline; das wenigste, was er tun konnte, war, ihr regelmässig Geld zu schicken. Und etwas später, wenn er ganz sicher war, dass er es sich leisten konnte, würde er Victoria bitten, sie bei Hof zu empfangen. Nur ein einziges Mal. Wenn sie das tat, war Mrs. Norton automatisch wieder gesellschaftsfähig. Das zum mindesten konnte er für sie tun; zumal da er nicht beabsichtigte, sie wiederzusehen. Jetzt, da er mit der Königin in so enger Beziehung stand, war es einfach nicht möglich, sie dadurch aufzubringen, dass er sich mit einer Frau wie Caroline Norton blossstellte ...

*

Unten, im Empfangssaal, waren noch drei Männer geblieben. Es war noch nicht elf, und für zwei von ihnen, für Charles Greville und für Lord Grey, begann der Abend gewöhnlich zu dieser Stunde. Keiner war geneigt, hinaufzugehen und durch die kalten, windigen Korridore den Weg in sein Zimmer zu suchen, und Greville meinte, er würde vor Ärger ersticken, wenn er seinen Gefühlen nicht Luft machen könnte. Der dritte Mann war durchaus bereit für das Bett, doch er verweilte absichtlich noch, denn er merkte sehr gut, dass die beiden Engländer vertraulich miteinander sprechen wollten. Er hatte sie den ganzen Abend beobachtet, und er erkannte deutlich, dass sie beide über das Verhalten der Königin missgestimmt waren. Mit einem Lächeln näherte er sich ihnen. Baron Stockmar war ein Deutscher, aber er hatte so viele Jahre zum Hofstaat der Herzogin von Kent gehört, dass er geradezu ein Inventarstück der höfischen Kreise geworden war, ein Mann, dessen offizielles Amt als Arzt sich seit langem zu einem Amt als inoffizieller Diplomat gewandelt hatte. Er war ein schmächtiger, blasser

Mann mit sehr höflichen Manieren und einem ausserordentlich scharfen Geist.

Es war ein Beweis seiner Fähigkeiten, dass er, der im Gefolge von Leopold von Coburg, dem Gatten der unglücklichen Tochter Georgs IV., nach England gekommen war, nach dem Tode der Prinzessin im Kindbett einen Platz als Freund der Herzogin von Kent und, im Hintergrund, als Hüter jener andern Thronerbin finden konnte, der kleinen Victoria.

«Aha, meine Herren», sagte er und verbeugte sich vor den beiden Engländern, sichtlich noch nicht bereit, sich zurückzuziehen. «Wie gut sich das trifft; ich hatte gehofft, eine kleine Unterhaltung, ungestört von den Damen, zu finden.»

«Sind Sie auch sicher, dass Ihre Majestät das billigen würde?» fragte Greville bitter. «Sie muss die einzige Frau in England sein, die einem Mann die wenigen Minuten nach Tisch bei seinem Glas Port missgönnt!»

Stockmar lächelte. Er hatte für Greville nichts übrig.

«Die Königin ist noch sehr jung», erwiderte er besänftigend. «Und vielleicht legt sie Wert auf männliche Gesellschaft. Sie hatte dergleichen sehr wenig, nicht wahr? Ihren Vater hat sie nie gekannt, und auch die Gemeinschaft mit Brüdern hat ihr gefehlt.»

«Ein einziges Kind zu sein, hatte auch seine Vorteile», meinte Lord Grey. «Es ist fraglich, ob die Königin die Kinderfreuden des Umhertollens mit Brüdern gegen ihre heutige glückliche Lage ausgetauscht hätte.»

Greville lachte hämisch.

«Gut gesagt, Mylord. Sie malen ein rührendes Bild, Baron, aber ich glaube nicht, dass Ihre Majestät irgendeines Menschen Mitleid benötigt.»

Auf der Zungenspitze lag ihm, hinzuzufügen, dass die Untertanen Ihrer Majestät, zumal er selbst, dessen weit mehr bedurften, doch das schluckte er.

«Ich glaube, dass Lord Melbourne die fehlende Verwandtschaft recht gut ersetzt; finden Sie nicht auch, Greville?» bemerkte Lord Grey. Sein Ton und der Ausdruck auf Grevilles

Zügen verrieten sehr deutlich, dass die beiden Herren wünschten, der Baron möge sich um seine eigenen Angelegenheiten kümmern und verschwinden. Doch der Baron rührte sich nicht. Victoria benahm sich nicht taktvoll. Sie wurde mit jedem Tag eigenwilliger und autokratischer, und der Baron, mit seinem tiefen Misstrauen gegen die Engländer und dem heftigen Wunsch, die Königin, trotz dem Charakter ihrer Untertanen, erfolgreich zu sehen, fühlte die Pflicht, sie zu entschuldigen.

«Sie stützt sich vollkommen auf Lord Melbourne», gab er zu. «Und was könnte eine glücklichere Fügung sein? Stellen Sie sich doch vor, meine Herren, wie bekümmert wir gewesen wären, wenn sie statt dessen einen Fremden zu ihrem Vertrauten gewählt hätte.»

Das war ein geschickter Stich, doch Greville parierte ihn.

«Es trifft sich gewiss sehr günstig, dass die Stimme, die in Ihrer Majestät Ohr flüstert, einen englischen Akzent hat; aber diese Lehzen, die Gouvernante, soll, wie es heisst, mehr als ihren Anteil an diesem Geflüster haben. Worauf es ankommt, mein lieber Baron, ist, dass man es für einen Herrscher von England immer als das beste angesehen hat, überhaupt keinen Vertrauten zu haben; das Vertrauen in gleichem Masse auf Minister und Hofstaat zu verteilen. Nicht, dass man etwas gegen Lord Melbourne einzuwenden hätte, verstehen Sie – oder auch gegen Sie selber, wenn ihre Wahl irgendwann auf Sie fallen sollte ...»

Der Baron schüttelte den Kopf.

«Ihre Majestät sieht in mir gewissermassen einen entfernten Onkel; glauben Sie mir, wenn ich irgendwelchen Einfluss auf sie hätte, würden wir jeden Abend bei unserm Port sitzen, Mr. Greville.»

Lord Grey lachte, und die Atmosphäre lockerte sich.

«Wenn dem so ist, dann um Gottes Willen versuchen Sie doch, Melbourne zu verdrängen! Ich kann mir gar nicht vorstellen, warum er der Königin nicht klar gemacht hat, dass eine gewisse Entspannung sehr geschätzt würde.»

«Vielleicht weil er selber unter den Einschränkungen nicht leidet», meinte Stockmar. «Königliche Gunst ist ein kräftiges

Getränk, und es ist schon in stärkere Köpfe gestiegen als in seinen. Nein, meine Herren, reden wir doch offen. Ich habe die Königin von ihrer Kindheit an gekannt, und ich bin ihr wirklich ergeben. Ich bitte Sie – seien Sie ein wenig geduldig. Sie ist so jung, und all dieses Beharren auf der Etikette, diese langweiligen Verhaltungsmassregeln sind nur die Mittel eines jungen Mädchens, sich selbst zu behaupten. Sie wird damit nachlassen, wenn sie sich unbefangener fühlt – ihrer Würde sicherer ist.»

«Derer ist sie, wie mir scheint, schon sehr sicher», fiel Greville ein. «Und da wir denn offen reden und ich weiss, dass ich auf Sie, Baron, als Ehrenmann zählen kann und Sie meine Bemerkungen nicht wiederholen werden» – er verbeugte sich – «ich glaube, dass die Königin es ausserordentlich fesselnd findet, unsere Lebensführung zu ändern, jede unserer Bewegungen zu regeln und darauf zu achten, dass wir ihr gehorchen, ob es uns recht ist oder nicht. Haben Sie die Zurechtweisung bemerkt, die Lady Flora heute abend nach diesem unglückseligen Lachen über sich ergehen lassen musste? Sie mag ein Kind gewesen sein, sie mag jetzt ein Mädchen sein, lassen Sie sich von dieser Vogelstimme und von den mangelnden Zoll an Höhe nicht täuschen. Die Königin hat jetzt bereits das Format einer sehr ausgewachsenen Frau. Sie glauben, die Jahre würden sie bessern, Baron. Ich meine, dass ihr Charakter sich jetzt erst richtig offenbart.»

«Wenn das, was Sie sagen, wahr ist, Mr. Greville», erwiderte Stockmar ruhig, «und ich möchte nicht mit Ihnen streiten, dann gibt es nur eine einzige Lösung, die Ihrer Majestät Beliebtheit erhalten und jede allzu eigenwillige Regung, die sie haben mag, hemmen könnte.»

«Und das wäre?» fragte Lord Grey.

«Die Königin muss den richtigen Mann heiraten», erwiderte der Baron. «Ich glaube, dass alles – ihre Herrschaft, ihr Glück, ja, das Glück Englands – davon abhängen wird. Das sage ich Ihnen heute.»

Greville lachte freudlos.

«Wenn sie irgendwen heiratet, so wird es, wie die Dinge liegen, Melbourne sein. Kommen Sie, meine Herren, gehen wir hinauf. Für einen einzigen Abend haben wir uns genug Indiskretionen zuschulden kommen lassen.»

Allein in seinem Zimmer begann Stockmar einen langen Brief an Leopold, den König der Belgier. Er war ausserordentlich müde, und er spürte, wie die Symptome seiner Verdauungsbeschwerden sich wieder einstellten; das war ein Leiden, das sich immer bemerkbar machte, wenn er sich übernommen hatte, und das Gespräch mit Greville und Grey hatte seine Säfte bestimmt wieder in Wallung gebracht. Er schluckte ein Getränk, aus dem wohlbestellten Medizinschränkchen gemischt, das er immer mit sich führte, und dann opferte er seinen Schlaf der Abfassung dieses Briefes. Er war Leopold sehr ergeben. Die Freundschaft zwischen ihnen war in der kurzen Ehezeit des Prinzen mit Charlotte entstanden, und in der Nacht ihres Todes hatte die Beziehung sich für ein ganzes Leben gefestigt, als der unglückliche Gatte sich Stockmar in die Arme geworfen und ihn gebeten hatte, immer an seiner Seite zu bleiben. Dieses Versprechen hatte Stockmar gehalten. Er war in England geblieben, um den königlichen Witwer zu trösten und hatte nicht zur Kenntnis genommen, dass die enttäuschte Hoffnung, Prinzgemahl der Königin von England zu werden, für den Gram Leopolds um seine Gattin der wesentlichste Beweggrund war. Begabung und Ehrgeiz des jungen Mannes blieben in England unausgenützt, und seine Stellung wurde um so unerträglicher, weil sein Schwiegervater, Georg IV., eine Abneigung gegen ihn hegte. Doch der tragische Tod der Prinzessin Charlotte und ihres Kindes hatte in weiten Kreisen Mitgefühl mit dem trauernden Gatten geweckt und ihm so grosse Beliebtheit verschafft, dass es Stockmar leicht fiel, Anhänger für den Prinzen zu werben.

Das Talent des Barons, sich am rechten Ort Freunde zu machen, erwies sich für den jungen Prinzen als unschätzbar; Stockmars Bemühungen, Leopold einen Trostpreis zu sichern, wurden durch den Umstand gestärkt, dass er selber dabei nichts zu gewinnen hatte. In ihm erkannte man die ausserordentliche Gabe, einem Fremden in einem fremden Land ein aufrichtiger, uneigennütziger Freund zu sein, und dank seinen unermüdlichen Bemühungen, dank seinen Beziehungen wurde der leere Thron von Belgien seinem Schützling angeboten.

Leopolds Anregung war es, dass Stockmar im Hofstaat von des Prinzen Schwester, der Herzogin von Kent, bleiben solle. Schliesslich würde seine kleine Nichte Victoria eines Tages den Platz einnehmen, der seiner verstorbenen Frau zugefallen wäre... es war also nur seine Pflicht, dank einem redlichen Bevollmächtigten, zur Hand zu sein und die Kleine, wenn es so weit war, richtig zu lenken. Und nun war es so weit; die kleine Nichte war tatsächlich Königin, und ihr zärtlicher Onkel schrieb lange Briefe mit Ratschlägen, und sie antwortete mit der gleichen Zärtlichkeit und Liebe. Der Baron aber überwachte taktvoll die Lage.

König Leopold hatte zwei Neffen, zwei vortreffliche junge Leute, die beide mit dem Ziel erzogen worden waren, günstige Heiraten zu machen, da der heimatliche Staat Sachsen-Coburg wenig Raum für politischen Ehrgeiz bot. Und Victoria war das begehrenswerteste Mädchen von Europa. Kam die Zeit, sie zu verheiraten, so war es, wie Stockmar eben betont hatte, von höchster Wichtigkeit, dass sie den richtigen Mann wählte. Und der richtige Mann war offenbar Ernst oder Albert von Sachsen-Coburg, ihre Vettern, die Neffen ihres vielgeliebten Onkels und gleichfalls Schützlinge Baron Stockmars, der einige Jahre der Hüter der beiden jungen Leute gewesen war. Sobald die Königin gekrönt, sobald die Hoftrauer zu Ende und eine schickliche Zwischenzeit verstrichen war, musste die Frage der Heirat ernsthafter behandelt werden.

Die Kerze auf dem Schreibtisch des Barons brannte herunter, während er mit seiner sauberen Schrift Seite um Seite mit den Nachrichten von Leopolds Lieblingsnichte, ihrem Land und ihrem Hof bedeckte. Die Unterhaltung mit Greville und Lord Grey wurde getreulich übermittelt; der Baron gab mit Bedauern zu, dass manche ihrer Klagen berechtigt waren, wenn sie auch, nach dem Brauch der englischen Aristokratie, mit einem höchst unerfreulichen Mangel an Respekt vor der Herrscherin ausgesprochen wurden. Zweifellos war sich die Königin dieser Haltung bewusst, und gerade darum hatte sie wohl ihre einigermassen selbstherrlichen Gewohnheiten angenommen. Die Feder zauderte sekundenlang, und dann schrieb sie weiter, denn sie musste auch eine peinliche Wahrheit berichten. Nicht ohne Schmerz schilderte sie Ihrer Majestät wachsenden Hochmut, der bei einem so jungen Wesen nicht ganz angebracht war, ihre Abneigung, ernste Geschäfte mit einem andern als mit Lord Melbourne zu besprechen, der ihr wohl offenbar sehr ergeben, doch kaum der richtige Mann war, um sie mit einer passenden Auffassung ihrer moralischen Pflichten zu erfüllen... ihre Beharrlichkeit, nur den eigenen Vergnügungen nachzugehen, so unschuldig sie auch sein mochten, aber ohne Rücksicht auf Wünsche oder Bequemlichkeit anderer Menschen, die unkindliche Art, mit der sie ihre Mutter fernhielt. Sie begünstigte ihre frühere Gouvernante, Baronin Lehzen, weit mehr, als es die Stellung oder die Intelligenz dieser Frau verdiente, und der Baron musste daraus schliessen, dass die völlige Unterwürfigkeit der Baronin Lehzen unter die kleinste Laune der Königin das Geheimnis dieser Begünstigung war... die Königin fand auch mehr Gefallen an Schmeicheleien als nützlich und reagierte mit unziemlicher Feindseligkeit auf die leiseste Kritik, wie es wohl leider auch Leopold selbst bemerkt haben mochte, wenn man nach den letzten Briefen urteilte. Er beeilte sich hinzuzufügen, dass trotz dieser Mängel, die bestimmt nur ihrer grossen Jugend zuzuschreiben waren, die angeborene Aufrichtigkeit, der Mut, die Unbefangenheit der Königin unverändert blieben, und je mehr er beobachtete, desto mehr wuchs seine Überzeugung, dass das beste Mittel, um Victorias Lebensglück zu sichern, die Heirat mit einem von Leopolds Neffen wäre. Für eine Frau war es wider die Natur, die schwere Bürde der Herrschgewalt allein zu tragen, ohne dass die Leitung und die Autorität eines Gatten sie stärkte, und nur ein Gatte könnte sie vor den Gefahren der Vertraulichkeit mit Männern wie

Melbourne schützen und vor der unvermeidlichen Einbusse an Würde, die so eine Verbindung mit sich bringen musste.

Unterdessen lege er Wert darauf, in guten Beziehungen zu dem Premierminister und zu der Lehzen zu bleiben, ja, zu allen Leuten, und er vertraue darauf, dass alle mit Leopolds Wünschen übereinstimmen würden. Nur eine gewisse Geduld sei erforderlich.

Mit voller Absicht verschwieg er Grevilles Äusserungen, dass Victoria Melbourne heiraten könnte, denn er sah sie als allzu kränkend und gehässig an, um wiederholt zu werden, und er fürchtete, dass sein geliebter Leopold, dessen Besorgnisse manchmal über seinen Takt siegten, dergleichen der Königin gegenüber erwähnen könnte.

Die Gerüchte über diese Heirat, die bald das Land überschwemmen sollten, hatte nicht Stockmar in Umlauf gebracht.

*

«Lady Tavistock! Lady Tavistock!»

Die Marchioness von Tavistock eilte so schnell in das Privatgemach der Königin im Buckingham Palast, wie sie es nur tun konnte, ohne gerade zu laufen. Sie hatte mit der Zeit gelernt zu erkennen, wann diese Stimme einen ärgerlichen Klang hatte; zu Beginn des Jahres 1838 war das schon der ganzen Umgebung Ihrer Majestät vertraut. Victoria stand in der Mitte des Raumes und hielt ein Exemplar der ‚Times' in beiden Händen. Ihre Hofdame sah beunruhigt, dass die Königin vor Wut zitterte und ihre Wangen sich scharlachrot gefärbt hatten.

«Ja, Madam», stiess sie atemlos hervor. «Ich bin sogleich gekommen, ich hatte nur im Nebenzimmer mit Lady Durham gesprochen.»

«Mir ist's gleichgültig, was Sie tun! Haben Sie diesen ... diesen widerlichen Artikel gesehen? Haben Sie ihn gelesen?»

«N .. nein .. Madam, das habe ich leider nicht ...»

«Dann hören Sie sich diese Schilderung Lord Melbournes an: ‚Nichts als ein gieriger Jäger nach den leichtfertigen Freuden von Ballsaal und Boudoir ...' Haben Sie je so eine Unverschämtheit gehört?»

«Nein, wahrhaftig nicht», stimmte Lady Tavistock schnell zu. Einen schrecklichen Augenblick lang hatte sie sich vorgestellt, der Grimm der Königin sei gegen sie selbst gerichtet. «Höchst ungehörig!»

«Ja, aber warten Sie nur!» fuhr Victoria sie an. «Das ist noch gar nichts. Nichts gegen die Beleidigung, die mir selbst angetan wird. Sie haben die Güte, diese Kreaturen, darauf hinzuweisen, dass meine Freundschaft mit Lord Melbourne mich selber in schlechten Ruf bringt! ‚Es gehen Gerüchte um,' heisst es da, ‚dass unsere geliebte und unschuldige junge Herrscherin eine Eheschliessung erwägt, welche ihre sehr getreuen Untertanen äusserst abscheulich fänden. Diese selben getreuen Untertanen leiden schon um ihrer Königin willen, wenn sie als Mrs. Melbourne bezeichnet wird ...' Mrs. Melbourne!»

Das führende Blatt der Tories wurde Lady Tavistock vor die Füsse geworfen, die zauderte, denn sie wusste nicht recht, ob es ihre Herrin nicht noch mehr aufbrächte, wenn sie die Zeitung aufhob.

«Schaffen Sie dieses Skandalblatt fort», sagte Victoria. «Wo ist die Lehzen, wo ist irgendwer, der mir raten kann, wie ich darauf erwidern soll?»

«Binnen einer Stunde ist Lord Melbourne hier», sagte die Hofdame besänftigend. «Regen Sie sich nicht auf, Madam, er wird schon wissen, wie man dergleichen behandelt.»

«Ich weiss, wie ich es behandeln möchte!» Die Königin drehte sich um, und der Ausbruch des gewalttätigen Temperaments ihrer Ahnen, des ‚Schlächters Cumberland' und ihres eigenen Vaters, wirkte seltsam unpassend in diesem Raum des neunzehnten Jahrhunderts. «Ich würde den Schmierer auspeitschen lassen!»

Diese Drohung war unmöglich, und das wusste sie; die Tage waren vergangen, da der selige Herzog von Kent einem straffälligen Soldaten neunhundert Peitschenhiebe verabreichen lassen konnte; doch in diesem Augenblick fand seine Tochter nichts, was eine gebührende Strafe für den Mann wäre, der es gewagt hatte, sie Mrs. Melbourne zu nennen.

«Wenn die Kerle glauben, dass sie mit solchen Mitteln meine Freundschaft mit Lord Melbourne zerstören werden, dann sollen sie nur zu bald ihren Irrtum erkennen», verhiess sie. «Von jetzt an sind sie ausgeschlossen! Kein Tory darf mehr den Fuss in meine Empfangsgemächer setzen, und wenn ich es vermeiden kann, werde ich auch an keinen mehr ein einziges Wort richten.»

«Aber, Madam, es ist doch unmöglich, sich einer so grossen Zahl Ihrer Untertanen zu entfremden», wandte Elizabeth Tavistock ein. Selbst sie war entsetzt über die Heftigkeit dieser Drohung und die möglichen Folgen. Das mochte bei der Königin hingehen, die straflos ihre Tyrannei ausüben konnte, wie peinlich aber würde das für die Lords der Whig-Partei und ihre Frauen sein, wenn sie bei dieser Haltung blieb ... einige von Tavistocks Freunden waren Tories – und jedenfalls kam bestimmt der Tag, da die Whigs durch die Wahlen aus ihren Ämtern gedrängt würden ...

«Ich glaube nicht, dass Ihr Amt Ihnen das Recht gibt, mir politische Ratschläge zu erteilen», sagte die Königin. «Loyalität gegenüber Lord Melbourne, Madam, kommt gleich nach der Loyalität mir gegenüber. Das wollen Sie in Zukunft gütigst bedenken!»

«Ich bitte Eure Majestät um Verzeihung», murmelte die Lady. «Ich habe nur versucht, um Ihrer selbst willen, nicht zu überschätzen, was da geschrieben wurde.»

«Vielen Dank!» erwiderte Victoria. «Und jetzt holen Sie, bitte, die Baronin Lehzen. Und schicken Sie mir ein Glas Wasser; ich fühle mich ganz schwach.»

Es verging einige Zeit, bevor die Baronin gefunden wurde, und Victoria wartete allein, ging auf dem neuen Teppich in ihrem neuen Palast auf und ab, zitterte vor Empörung und war den Tränen nahe. Schliesslich rollten ihr auch Tränen aus den Augen, doch es waren Tränen gekränkten Stolzes, Tränen des Zorns. Es war ein so harter Schlag, zu entdecken, dass in der Aussenwelt die Leute so respektlos von ihr dachten und redeten, dass ihre Würde von Menschen besudelt werden sollte, die zu bestrafen nicht in ihrer Macht war.

Die Tories! Seit ihrer Thronbesteigung hatten diese grässlichen Leute Dinge geschrieben und gesagt, die eine verhüllte Kritik an ihr waren. Sie hassten Melbourne ... nichts als Eifersucht natürlich, weil er so klug war und sie ihn so amüsant fand und keinen von ihnen in ihr Vertrauen gezogen hatte. Als im Parlament über ihre Zivilliste abgestimmt wurde, hatten sie doch die Unverschämtheit besessen, an ihrer Apanage von 380 000 Pfund im Jahr zu mäkeln, und ihre erbärmlichen Zeitungen griffen in jedem Artikel, den sie druckten, Melbourne und die Whigs an. Das war schon schlimm genug gewesen; jetzt aber wagten sie es, sie, die Königin, beim Namen zu nennen und anzudeuten, sie sei im Unrecht ... wütend wischte sie sich die Augen, und dann schob sie das Tuch in den Ärmel.

Im nächsten Augenblick war die Lehzen bei ihr, merkte die Spuren der Tränen, nahm sie in die Arme, als wäre sie wieder ein Kind und sie wären beide wieder im Kensington Palast.

«O Madam, Madam, mein geliebtes Kind ... regen Sie sich doch nicht so auf!» Es war, wie die Baronin wusste, nur ein Ausbruch von Zorn, aber sie behandelte es, als wäre ein Unglück geschehen.

Lady Tavistock hatte etwas von einem Artikel in der ‚Times' geflüstert, als sie die Baronin aus deren Zimmer aufscheuchte, wo sie nach dem Mittagessen auf ihrem Bett gedöst hatte. Die Königin sei ausser sich vor Ärger, und die Baronin sollte doch lieber gleich zu ihr eilen.

Eine eigenartige Freundschaft hatte sich zwischen den grossen Damen und der einst so unbedeutenden Gouvernante herausgebildet. Lady Tavistock schwatzte mit ihr, holte sich bei ihr Rat, wie sie mit der Königin umgehen solle, und nach und nach war die Lehzen aufgetaut. Sie wurde von allen Damen der Königin respektvoll behandelt, denn man wusste, dass der Wind königlicher Gunst in diese Richtung wehte; nur die Herzogin von Kent und ihre Umgebung blieben bei ihrer gewohnten Gleichgültigkeit, und die Lehzen litt noch immer unter den Kränkungen, die ihr gelegentlich angetan wurden. Die anmassendste von allen war diese unerträgliche Lady Flora Hastings...

Geduldig hörte sie zu, als ihr Victoria die Geschichte der Niedertracht, die von der ‚Times' im besonderen und den Tories im allgemeinen begangen worden war, ausführlich erzählte, und sie gluckste verständnisvoll. Armer Lord Melbourne! So angegriffen zu werden... dass man ihre geliebte Herrin Mrs. Melbourne nannte! Vor solcher Unverschämtheit verschlug es der Lehzen die Rede.

«Sobald er kommt, spreche ich mit ihm darüber», sagte Victoria. «Sich so etwas vorzustellen! Dass man klatscht, ich würde ihn heiraten! Wie peinlich muss ihm das sein!»

«Ihre Mutter wird sagen, er sei verantwortlich, fürchte ich», erklärte die Lehzen gehässig. «Sie wissen, Madam, dass sie Lord Melbourne nie gemocht hat, und ich glaube wirklich, dass sie eifersüchtig auf diese Freundschaft ist...»

Es war überflüssig zu hetzen, denn die Herzogin hatte seit langem aufgegeben, ihre Tochter beraten zu wollen oder irgendeine Einmischung zu versuchen. Doch sie beging noch immer den Fehler, die Lehzen kühl zu behandeln.

«Mama würde nicht wagen, mir so etwas zu sagen!»

In diesem Augenblick steckte der Lakai den Kopf zur Türe herein und trat behutsam in das Zimmer. Neuigkeiten flogen rasch durch den Palast, und jeder, von der Herzogin von Sutherland bis zu dem letzten Küchenmädchen, wusste, dass Ihre Majestät zornig war.

«Lord Melbourne lässt sich Ihrer Majestät melden», sagte der Lakai halblaut.

«Führen Sie ihn sofort hierher», befahl die Lehzen. Die Königin wandte sich nie unmittelbar an einen Diener, durfte nie von ihm angeredet werden, wenn sie es vermeiden konnte. Die Baronin war fort, bevor Melbourne eintrat; er fand die Königin allein, sie sass in einem Stuhl am Fenster, in sehr steifer Haltung, und ihre Augen waren noch immer gerötet. Sein

Puls beschleunigte sich stets, wenn er sie erblickte; seit einiger Zeit hatte er begonnen, sie sogar recht hübsch zu finden, von einer schlanken, anmutigen Gestalt zu träumen, die manchmal auf ihn zutänzelte und ihm beide Hände entgegenstreckte.

Sogleich merkte er, dass sie aufgeregt war, und sein Herz machte einen lächerlichen Sprung. Das tat es auch, wenn Caroline, seine Frau, ihm nach Entdeckung einer neuen Sünde weinend in die Arme eilte. Er war nie imstande gewesen, Frauen weinen zu sehen. Und er hatte natürlich die ‚Times' von diesem Morgen schon gelesen.

Sie stand auf, kam auf ihn zu, und impulsiv nahm er ihre Hand in seine beiden, küsste diese Hand und hielt sie eine Sekunde länger fest als notwendig.

«Sie brauchen mir gar nicht zu sagen, dass etwas nicht in Ordnung ist, Madam; das kann ich sehen, und ich weiss genau, was es ist. Es ist abermals diese verächtliche Zeitung.»

«Setzen Sie sich zu mir», bat sie. «Ich bin so verärgert, so wütend, dass ich gleich wieder anfangen werde zu weinen. Wie kann man nur so etwas drucken?! Wie wagt man es?!»

Er zog seinen Stuhl näher zu ihrem.

«Man kann es, und man tut es. Ich bin's gewöhnt, beschimpft zu werden, aber ich kann nicht ertragen, dass solche Dinge Sie berühren dürfen. Versuchen Sie, es nicht zur Kenntnis zu nehmen, darum bitte ich Sie. Behandeln Sie es mit der Verachtung, die es verdient.»

«Es nicht zur Kenntnis nehmen?» Victoria starrte ihn ganz verblüfft an. «Ja, aber mein lieber Lord M., wie soll ich dergleichen nicht zur Kenntnis nehmen? Diese Anspielungen auf meine Heirat... und dass man Sie in diesem Zusammenhang erwähnt! Es ist zu ungeheuerlich. Es ist doch ein wohlüberlegter Versuch, uns beide lächerlich zu machen!»

Sie merkte nicht, dass er zusammenzuckte, nicht, dass seine Wangen sich leicht färbten. Sie hatte natürlich recht; das sagte er sich nachdrücklich selber. Von ihrer beider Heirat zu sprechen, war wirklich lächerlich... es war nie die Rede davon gewesen, ganz bestimmt hatte er nicht daran gedacht... und wenn er nicht vorhergesehen hätte, wie sie das treffen musste, so war das nur seine eigene Schuld, und er hatte kein Recht, gekränkt zu sein.

«Überdies», fuhr Victoria fort, «welches Recht haben die Leute denn, über so persönliche Dinge zu reden? Das ist ja nicht die erste Anspielung auf meine Heirat, Sie wissen es, obgleich die andern wenigstens respektvoller waren. Es ist höchst unschicklich, dass mein Privatleben ein Thema der Diskussion von Parlamentsmitgliedern und Zeitungen ist.»

«Das ist nun leider der Nachteil Ihrer Stellung», sagte er. Wie gut verstand er ihre Entrüstung, ihren Groll gegen ein Eindringen in die Geheimnisse ihres Lebens. Armes Kind, dachte er zärtlich, wie ist sie der erbarmungslosen Neugier der Menge ausgesetzt! Doch das war der Preis, den sie zu zahlen hatte und ihr Leben lang für das, was sie war, zahlen müsste. Er konnte nur versuchen, ihr das zu erklären, ihr zu helfen, es zu ertragen.

«Sie sehen sich selbst als Privatperson an», fuhr er ernst fort. «Und das sind Sie natürlich auch. Das ist der Fluch und der Glanz des Königtums, meine teure Madam, dass Herrscher menschliche Wesen sind, mit Gefühlen und Hoffnungen und Neigungen wie jeder andere Mensch. Doch weil sie abseits, oberhalb des gemeinen Volks stehen, verlangt dieses Volk, dass die privaten Dinge öffentlich zur Schau gestellt werden. Alles, was Sie tun und sagen, wird für Ihr Volk wichtig sein; es werden Geschichten über Sie erzählt werden, viele darunter werden erlogen und grausam sein. Doch sie müssen versuchen, darüber zu stehen. Es ist die Natur des Menschen, auf die Grossen eifersüchtig zu sein und sie herabsetzen zu wollen ... was Sie essen und was Sie tragen und wen Sie mit Ihrer Freundschaft auszeichnen, ist von verzehrendem Interesse für Tausende, die Sie nie gesehen haben, Sie wahrscheinlich nie sehen werden. Und dieses privateste von allen Dingen, wen Sie mit Ihrer Liebe ehren und zum Gatten wählen – das vor allem muss mit Ihrem Volk geteilt werden. Der Gemahl der Königin von England muss von England gebilligt werden, denn er wird der wichtigsten Persönlichkeit von England am nächsten stehen. Er wird der Vater eines künftigen Königs sein. Betrachten Sie es in diesem Licht, Madam, und Sie werden nicht ganz so erzürnt über die ‚Times' sein.»

«Ich weiss zu würdigen, was Sie sagen», gestand sie zu, «aber ich halte es dennoch für eine Freiheit, die überflüssig gross geworden ist. Und die ‚Times' – nun, Sie mögen den gehässigen Artikel vergeben; ich werde es nie! Wenn ich Königin bin, Lord M., – » sie sah ihn an und klopfte ihm auf den Ärmel», – wenn ich abseits und oberhalb stehe, so sollte ich nicht missachtet werden! Jeder Mensch hat ein Recht auf ein Privatleben. Ich verlange nicht, alles von den Menschen zu erfahren, mit denen ich täglich in Berührung komme, und ich bestehe darauf, dass mir die gleiche Rücksicht zuteil wird. Die Leute mögen neugierig sein und Spekulationen anstellen, soviel es ihnen beliebt – ich werde es mir zur Regel machen, sie nichts wissen zu lassen!»

Er wusste, dass es zwecklos war, das Thema noch länger zu erörtern; und es war kaum wahrscheinlich, dass sie die öffentliche Meinung auf solche Art zu reizen gedachte. Natürlich war ihr Urteil durch diesen Angriff ungünstig beeinflusst; sie war noch immer verärgert, und – zum Teufel! – wer konnte erwarten, dass es anders sein sollte ...

«Und da wir gerade dabei sind», drang Victorias Stimme auf ihn ein. Er schaute auf und sah, dass sie aufgestanden war und ans Fenster trat. Ohne sich umzudrehen, spürte sie, dass auch er aufstehn wollte, und sagte schnell: «Lieber Lord M., stehen Sie, bitte, nicht auf. Sie wissen doch, dass Sie sich hier heimisch fühlen sollen, wenn wir allein sind. Bleiben Sie ruhig auf Ihrem Stuhl sitzen und lassen Sie mich herumgehen. Es hilft mir beim Nachdenken. Was ich von meiner Heirat gesagt habe – nun, ich habe wieder einen Brief von meinem Onkel Leopold.»

«Ja?» sagte Melbourne vorsichtig. Er hasste diesen Leopold, den er als einen Schwindler ansah, einen Ausländer, der noch immer aus der Erinnerung an seine tote englische Frau Kapital schlug. Und ein Mensch, der sich in alles einmischte, dachte er ärgerlich. Schrieb beständig diese verdammten Briefe an die Königin, voll mit Ratschlägen, deren sie nicht bedurfte. «Was hat er denn zu sagen, Madam?»

«Es war ein sehr netter Brief», erwiderte sie. «Mit einer Menge freundlicher Fragen – viel zu viele, denn mein Onkel ist leider imstande, sich auf die ungeschickteste Art nach Staatsgeschäften zu erkundigen, und das versetzt mich in die schwierige Lage, ihm so zu antworten, dass ich ihm im Grunde nichts mitteile... aber das ist eine andere Sache. Worauf er Wert legt, ist, dass meine Cousins Ernst und Albert nach England kommen sollen.»

Sie drehte sich um und stand ihm gegenüber, sehr klein, sehr gestrafft, hinter ihr strömte ein blasses Sonnenlicht durch das Fenster, und ihrer Stimme konnte er anmerken, dass sie gereizt war.

«Sie wissen, dass mein Onkel mich seit jeher mit einem von den beiden verheiraten will. Das wurde als eine fertige Sache angesehen, seit ich mich erinnern kann. Victoria wird Ernst oder Albert heiraten. Als ich noch ein Kind war und wir viel Zeit im Haus in Claremont verbrachten – mein Onkel wohnte dort, bevor er nach Belgien ging – da haben Mama und er immer davon gesprochen. Vermutlich habe ich mich damit abgefunden, ohne weiter nachzudenken. Jetzt aber, Lord M., jetzt bin ich nicht ganz so sicher.»

Er schämte sich dessen, dass sein Herz sich so erleichtert fühlte; er wusste nicht, ob seine Gefühle durchbrachen, und ob sie sie ihm an den Zügen ablesen konnte. Wahrscheinlich nicht. Wie alle sehr jungen Menschen hatte Victoria kein ganz klares Empfinden für die Reaktionen anderer Menschen.

«Das ist nur natürlich», meinte er. «Schliesslich, Madam, haben Sie doch eben erst den Thron bestiegen; das Leben öffnet sich Ihnen – ist es da nicht ein wenig verfrüht, daran zu denken, dass Sie Ihre Freiheit einem Gatten und Kindern opfern sollen?»

«Wie gut Sie das verstehen!»

Sie eilte zu ihm zurück, setzte sich neben ihn, und abermals hielt er ihre Hand in den seinen. Das war ein Trost für sie, dachte er glücklich und wagte einen leisen Druck, der warm erwidert wurde.

«Ich möchte noch nicht heiraten», erklärte Victoria energisch. «Mir ist gar nicht nach Heiraten zumute. Man kann als Kind sehr wohl etwas als gegeben ansehen, bevor man auch nur eine Ahnung hat, was so ein Schritt bedeutet. Ich – nun, wenn ich meinen Onkel Leopold nicht so gern hätte – ich würde sagen, dass es unkorrekt von ihm ist, mich an ein Versprechen zu binden, das ich selber nie gegeben habe, sondern nur meine Mutter, und mich mit Briefen zu plagen, bevor ich auch nur zwölf Monate Königin gewesen bin.»

«Unkorrekt oder nicht, meine teure Madam, alles, was er tun kann, ist, Sie plagen.» Melbourne lächelte. »Die Entscheidung steht bei Ihnen, und ich sehe nicht ein, warum Sie zu einer Heirat gedrängt werden sollten, bevor Sie selber bereit sind. Geniessen Sie doch zunächst noch das Leben! Denken Sie an Bälle und Gesellschaften, die Sie veranstalten können, und um wieviel heiterer es ohne einen würdigen Gemahl sein wird, der im Hintergrund lauert und jeden Tanz für sich beansprucht. Sie können sogar mir gelegentlich die Ehre erweisen ...»

Sie lachte, und er dachte abermals, wie ansteckend ein Lachen war, obgleich manche Leute fanden, es wäre zu laut und die Königin zu viel von Zähnen und Zahnfleisch zeigte. Aber er für sein Teil fand es unwiderstehlich.

«Gelegentlich die Ehre? Wenn Sie nicht vorsichtig sind, Mylord, werden Sie mich bei meinem ersten Ball zum Tanz führen; und stellen Sie sich vor, was die ‚Times' dann zu sagen haben wird! Aber im Ernst – wie schön wird das sein! Als Kind habe ich ja so wenig Gesellschaften mitgemacht. Mama war immer mit König Wilhelm verzankt, und dann ist sie nach Claremont davongefahren, um auf dem Land zu schmollen. Jetzt habe ich diesen schönen Palast, völlig neu hergerichtet, und eine Menge Geld ...» Sie lachte wieder und entzog ihm die Hände, um sie aufgeregt zu falten. «Mich dünkt, nun haben wir lange genug getrauert, und im Juni ist ja ohnehin die Krönung, tausend Vorbereitungen sind zu treffen – ja, ich finde, ich sollte einen Ball geben!»

«Das finde ich auch», bekräftigte er sie. «Und wenn ich mir einen Rat erlauben darf, Madam, so glaube ich, dass es den Brüdern Ernst und Albert gar nicht schaden wird, sich ein wenig abzukühlen und noch eine Weile auf die Hand der Königin von England zu warten. Das heisst, wenn sie sich schliesslich für einen von ihnen entscheiden sollte.»

«Ganz richtig!» Victoria nickte. «Gott sei Dank, dass das erledigt ist! Lieber Lord M.! Was sollte ich ohne Sie anfangen? Jetzt bestehe ich darauf, dass Sie zum Tee bleiben, und ich werde nachher die Akten durchsehen, die Sie von mir unterzeichnet haben wollen. Dann wird es beinahe an der Zeit sein, sich zum Abendessen umzuziehen, und ich erwarte Sie, wie gewöhnlich, an meinem Tisch.»

*

Das neue Jahr des neuen Regimes rückte durch den Winter des Missvergnügens vor und ging in den frischen englischen Frühling über. Durch die langen Fenster des neuen Buckingham Palast sickerte Licht und Musik in die Nacht hinaus, und in der Morgendämmerung wurde eine lange Reihe von Karossen sichtbar, darin die Damen und Herren in eleganter Hoftracht heimfuhren. Und manchmal stieg die Königin von England, in einen Pelzmantel gehüllt, mit ihren Damen auf das Dach des Palastes, um die Sonne über London aufsteigen zu sehen. Und dann erst zog sich Victoria zurück. Die schwarzen Kleider wurden abgelegt. Seide in jeder Farbe füllte die königlichen Garderobeschränke, scharlachrote Gewänder mit Hermelin gesäumt für festliche Anlässe, die Bänder und Sterne der verschiedenen Orden – Victorias Lieblingsorden war der Hosenbandorden, sie fand die blaue Schärpe so kleidsam – Kassetten mit Schmuck, Tiaren und Halsbändern und Brustlätzen, die meisten zu schwer für sie, Erbstücke von Jahrhunderten königlicher Herrschaft, darunter auch die fabelhafte Perlenkette, die einst der armen Königin Maria von Schottland gehört hatte und von den aufständischen Lords an die habgierige Rivalin Elisabeth verkauft worden war ... Victoria hatte befohlen, die meisten dieser Schmuckstücke neu zu fassen, die leichtesten und elegantesten sollten dem täglichen Gebrauch dienen, die andern verwahrt werden. Da gab es Schränke voll mit Hauben, unpraktischen und reizenden Hauben, überreichlich mit Bändern und Blumen geschmückt und mit den anmutigen Straussenfedern, welche die Königin liebte. Sie hatte viel zu viele Hauben machen lassen – doch immer, wenn sie eine probierte, schien es, dass ihr Spiegelbild gar nicht so ungünstig war, und ausnahmsweise hatte die angriffslustige ‚Times' ihr die Freude bereitet, ein neues Porträt von ihr zu loben, auf dem, wie der Reporter sagte, der Maler den königlichen Busen in wunderbarer Rundung dargestellt hatte. Ihre Züge waren nicht besonders schön, das wusste Victoria, und sie gab sich mit der lichten Hautfarbe und den hellblauen Augen zufrieden, doch wenn sie auch, wie sie einmal Melbourne gegenüber geklagt hatte, zu klein war, so waren doch Schultern und Busen sehr wohlgeformt, obgleich das natürlich niemand erwähnte. Und trotz dem Hohn der Zeitungen der Tories, die plötzlich beschlossen hatten, die körperliche Zartheit der Königin zu betonen und darauf zu bestehen, dass sie heiraten und England einen Erben schenken müsse – dahinter verbarg sich die Andeutung, dass sie wahrscheinlich bei Erfüllung dieser Pflicht sterben würde – blühte Victorias Gesundheit auf. Sie arbeitete schwer; die roten Aktentaschen mussten geöffnet, ihr Inhalt geprüft und, wenn nötig, unterzeichnet werden, die Zeitungen mussten gelesen, Abordnungen empfangen, Bittschriften und Briefe beantwortet werden; Minister kamen und gingen, und das Geschäft des Herrschens nahm Tag für Tag rastlos seinen Fortgang. Melbourne war natürlich immer bei der Hand; er prüfte mit ihr die Akten, erklärte ihr die Berichte des Aussenministers. Er sagte ihr, was sie gründlich lesen und was sie nur durchblättern musste; er sah die Liste der Audienzen durch und empfahl ihr, wen sie empfangen, was sie sagen sollte, und wies auf bestimmte Stellen in den Akten hin, die die Königin interessieren oder auch erheitern konnten. Manchmal meinte sie, es wäre mit einem Sekretär einfacher, aber Lord M. glaubte nicht, dass sie eines Sekretärs bedurfte, und es war natürlich viel angenehmer, die täglichen Geschäfte mit ihm selber zu besprechen. Und wenn gehässige Leute fanden, er verbringe mehr Zeit im Palast als im Parlament ... nun, sie konnte ihn nicht entbehren, und darauf kam es an. Dazwischen gab es grosse Mittagessen, und dann am Nachmittag eine Ausfahrt oder einen Ritt in dem Park von Windsor, wenn sie dort residierte, Näharbeit und Geplauder mit ihren Damen und Privatunterhaltungen mit der Lehzen, die ihr jetzt nie widersprach und die liebste ihrer Gefährtinnen war. Man hatte immer Zeit, eine grosse Schürze umzubinden und den Spaniel zu baden; es war so eine Erholung, mit Wasser und Seife zu planschen wie eine gewöhnliche Frau, bevor sie sich in ihre Gemächer zurückzog, um eines ihrer prächtigen Kleider für die Abendgesellschaft anzuziehen. Und häufig fand auch ein Ball in dem weissgoldenen Ballsaal statt, wo sie einen Blick in die langen Spiegel werfen und sich mit einem der stattlichsten und begehrenswertesten Herren von England tanzen sehen konnte.

Und in den ersten Monaten des neuen Jahres war alles, was sie sich wünschte, mit ihnen zu tanzen, ein wenig zu schwatzen, obgleich sie verlegen waren, denn ihnen fehlte es an der ungezwungenen Unterhaltungsgabe des lieben Lord M., und während er bejahrt und ungefährlich war, waren die Herren ledig und jung und daher öfters ein wenig befangen. Es war eine Befangenheit, die Victoria Spass machte, und es schuf einen Ausgleich für ihren Mangel an Schönheit, den zu leugnen, sie viel zu ehrlich war. Sie war vielleicht nicht hübsch, und die Männer seufzten und erröteten ihretwegen nicht wie um einiger anderer Damen am Hof willen, aber sie war die Königin, und jedermann war nur allzu sehr darauf bedacht, ihr zu gefallen. Es war bezaubernd, die Musik, die Tänze wählen zu können, die Unterhaltung zu lenken, so dass, was immer auch geschah, sie sicher sein konnte, sich nie zu langweilen, und wollte sie jemanden loswerden, so brauchte sie nur zu nicken und zu lächeln, und der oder die Betreffende musste sich verziehen, fassungslos oder nicht... Und ohne Rücksicht darauf, ob irgendwer müde war, dauerten die Lustbarkeiten an, bis die Königin entschied, dass es an der Zeit war, zu Bett zu gehen. Da sie nur wenig Schlaf benötigte und immer von Energie erfüllt aufwachte, wurde es gewöhnlich Morgen, bevor die Karossen, besetzt mit vielen, die weniger jugendlich und kräftig waren als die königliche Gastgeberin, davonrollen konnten.

Und als der Frühling verging und der Juni, der Zeitpunkt der Krönung, nahte, da begannen die Tory-Zeitungen und die Skandalblätter unfreundliche Bemerkungen über die von der Königin veranstalteten Bankette und Feste zu machen, während so viele ihrer Untertanen darbten, dass das Parlament darum kämpfte, einen Zusatz zum Armengesetz zu erreichen, um den Unglücklichen eine gewisse Hilfe zukommen zu lassen. Natürlich, sagten ihre Kritiker, müsse ein Teil der Schuld an solchen Verschwendungen und an diesem Mangel an Verständnis jenem älteren Staatsmann zur Last gelegt werden, der dauernd seine Füsse unter die königliche Tafel setzte und Ihre Majestät sehr wohl darauf hinweisen könnte, dass die Vergeudung von so viel Geld auf leere Vergnügungen ihrem Volk nur schmerzlich sein musste.

Der ältere Staatsmann, der sich gezwungen sah, nach einem aufreibenden Tag zwischen seinen Pflichten gegenüber der Königin und seinen Pflichten für sein Kabinett, bis fünf Uhr morgens wach zu sein, verwünschte die Zeitungen, weil sie versuchten, Victoria ihre unschuldigen Vergnügungen zu schmälern. Warum, zum Teufel, sollte sie nicht Geld ausgeben, brummte er. Wozu war denn das Geld da, wenn nicht, um sich die wenigen Freuden des Lebens zu erkaufen? Und Gott segne sie, sie war jung und sorglos, und die lumpigen etlichen tausend Pfund, die sie, nach der Ansicht ihrer Kritiker, sparen sollte, hätten für die Armen doch keinen Unterschied ausgemacht. Melbourne wurde nachgerade sehr gereizt gegen diese Armen und hatte das Volk satt, diese nebelhafte, ärgerliche Menge, in deren Namen beständig Veränderungen angestrebt wurden. Das Volk... was verstanden die Reformer unter dieser zusammengewürfelten Masse? Jeder gehörte doch dazu, wenn auch alle in Klassen geteilt waren und das mit vollem Recht. Gott, wenn es ihn gab – und seine geliebte Königin versuchte immer, ihn von dem Dasein Gottes zu überzeugen – Gott hatte die Welt geschaffen und das System, durch das sie gelenkt wurde. Und wenn Gott die Armen wie die Reichen geschaffen hatte, so wusste er vermutlich, was er tat. Keiner konnte Melbourne je davon überzeugen, dass die unteren Klassen nicht besser daran und glücklicher waren, wenn man sie in Frieden liess, geschützt vor den Gefahren einer Bildung, die sie ja doch nie schätzen könnten, zufrieden genug, wenn sie Arbeit hatten und entsprechend bezahlt wurden, solange es, zum Teufel, Arbeit gab.

Und wenn sie litten, dann war – dessen fühlte er sich sicher – wie bei Tieren ihre Fähigkeit zu leiden weit geringer als bei den höheren Ständen. Wenn Victoria in diesen Punkten Zweifel hegte, so war er schnell bereit, sie zu beruhigen. Auch würde die Krönung die wenigen Wolken der Unbeliebtheit zerstreuen, die sich seit dem Thronanstieg gesammelt hatten, auf den Himmel geweht von seinen politischen Feinden und von den berufsmässigen Spielverderbern, die es nicht ertrugen, wenn die höheren Kreise sich unterhielten.

Am 25. Juni weckte das Dröhnen der Kanonen Victoria um halb sechs. Es war der Morgen ihrer Krönung, und draussen konnte sie das Summen einer ungeheuren Menschenmenge hören, die sich vor dem Buckingham Palast gesammelt hatte und bereit war, viele Stunden zu warten, um mitanzusehen, wie sie die Fahrt zur Abtei antrat. Es war ein schöner Tag, sonnig und warm, und die Stimmung des Volkes war heiter und erwartungsvoll. Die Volksseele war gerührt beim Anblick des schmächtigen, zarten Mädchens, das an diesem Tag die feierlichen Gelübde des Königtums ablegen und, physisch und symbolisch, die Last der mächtigen englischen Krone auf sich nehmen sollte. Als sie endlich kurz vor Mittag, gekleidet in einen roten Samtmantel und ein weisses Kleid, das von Spitzen glitzerte, in der mächtigen Staatskarosse erschien, wie eine reizende Fee, da wurde die gefühlsselige Menge ganz toll vor Begeisterung. Sie jubelte ihr noch lauter zu als ihrem früheren Feind, dem Marschall Soult, einem Veteran aus den Napoleonischen Kriegen, der als Vertreter des Königs der Franzosen, Louis-Philippe, erschienen war. Die Augen des alten Mannes füllten sich bei der Wärme des Empfangs mit Tränen; und wenn er über die Geistesart eines Volkes staunte, das ihm lauter zuschrie als dem Herzog von Wellington, so behielt er diese Ansicht für sich. Auch Victoria war den Tränen nah, als sie nach der Westminster-Abtei fuhr, unbequem gerüttelt in der historischen, aber federnlosen Staatskarosse. Sie winkte der Menge zu und lächelte und meinte, wenn sie jetzt anfinge vor Erregung zu weinen, so würde sie nie aufhören können. Während der ganzen Zeremonie konnte sie das Brausen und Summen der Menge vor der Abtei hören, und ihr Herz war seltsam gerührt. An diesem Tag waren Lord M. zynische Lehren vergessen, die Treue und die Zustimmung der unbekannten Menge schienen ihr ausnahmsweise ebenso wichtig wie die formelle Huldigung ihrer Pairs, nachdem sie gekrönt worden war. Die kirchliche Feier war sehr wirr und wurde noch mehr verwirrt durch die Ahnungslosigkeit und Nervosität des Erzbischofs von Canterbury, der sie, verzweifelt flüsternd, fragte, was er jetzt zu tun habe. Die Musik war sehr schön und die Farben der Pairs und ihrer Gattinnen und ihre roten Gewänder, mit Juwelen behängt, verliehen dem grauen Innern der Abtei einen wunderbaren Glanz. Der Altar war mit goldenen Platten bedeckt, und die Gesänge zum Preis Gottes und der neuen Königin Victoria von England schienen, lange nachdem die menschlichen Stimmen verklungen waren, wie ein Dunst unter dem Dach zu hängen.

Die Krone des heiligen Eduard war so schwer, dass Victoria schon nach zehn Minuten Kopfschmerzen hatte, und kein Mensch hatte sie vor dem Gewicht des Reichsapfels gewarnt. Den Krönungsring quetschte der Erzbischof in seiner Verwirrung ihr auf den unrechten Finger, und minutenlang glaubte sie vor Schmerz ohnmächtig zu werden, als ihr Gefolge sich bemühte, ihr den Ring abzunehmen, nachdem sie sich zu kurzer Rast in die Kapelle des heiligen Eduard zurückgezogen hatte. Es missfiel ihr zu sehen, dass der Altar selbst mit einem Tuch bezogen war, darauf Weinflaschen und Brötchen standen. Es war eine Entweihung, die kleine Kapelle als Buffet zu benützen, doch andrerseits war es fast vier Uhr geworden und sie war verzweifelt hungrig.

Dann kam die lange Prozession durch die Kirche; sie hielt den Kopf unter dem schweren Gewicht des massiven Goldes, der Edelsteine des Hermelins aufrecht, trug Zepter und Reichsapfel, machte langsame, kleine Schritte, und ihr war es, als könnte sie das Westtor der Abtei niemals erreichen. Und draussen schlug ihr wie eine Flutwelle das Gebrüll der Menge entgegen. Trotz ihrer Ermüdung, trotz dem Gefühl der Enttäuschung infolge des unzureichend ausgeführten Zeremoniells, stieg ihr jetzt bei diesem brausenden Jubel die Farbe in die Wangen. Das dumpfe Dröhnen der Geschütze, die vom Tower her ihren Gruss feuerten, widerhallte den Fluss hinunter und durchdrang das Lärmen der Zurufe. Sekundenlang stand Victoria da, vergass die Hitze, die Unbehaglichkeit der schweren Schleppe, die Schmerzen in Kopf und Handgelenken unter der Last der königlichen Insignien, nichts war ihr bewusst als dieses wunderbare, herzwärmende Geschrei, das gleichzeitig aus hunderttausend Kehlen zu brechen schien und fast beängstigend anwuchs, als das Volk sie in dem dunklen Portal der Abtei erblickte.

Dann begann sie sich wieder zu bewegen, beugte unwillkürlich den Kopf, als sie in die Staatskarosse stieg und Reichsapfel und Zepter sekundenlang beiseitelegte, während ihre Pagen und ihre Damen die lange samtene Schleppe falteten und auf dem Boden zu ihren Füssen zurechtlegten. Dann schloss sich der Schlag der Kutsche, und das widerwärtige Geholper begann, als der Wagen über die Strassen rumpelte. Sie hatte Reichsapfel und Zepter wieder aufgenommen, schien kaum etwas zu bemerken, und ihr Herz pochte sehr schnell. Tränen brannten in ihren Augen, während sie aus den Fenstern schaute, sich zur Rechten, zur Linken wandte und lächelte, und sie wusste, dass ihre Tränen nur ein Ausdruck unerträglicher Seligkeit waren.

Das hätte sie überkommen sollen, als sie gekrönt wurde, doch da war nichts dergleichen geschehen; sie hatte sich nicht anders gefühlt als gewöhnlich und hatte zu dem Platz aufgeschaut, woher die Lehzen, dunkelrot vor Aufregung, sie beobachtete, und hatte mit ihr ein freundliches Lächeln gewechselt. Nichts hatte sie gefühlt, keine Aufwallung, keine Erregung, keine Hingabe an ihre gewaltige Pflicht und keine Liebe, nein, keine Liebe zu den zahllosen Millionen, denen zu dienen, die zu beschützen, sie im Namen Gottes geschworen hatte. Und jetzt überkam es sie, abgesondert von ihrer Umgebung, allein in der Karosse, und das Toben des begeisterten Volkes in den Ohren. Und mit einem Mal hatten die Worte, die in der Abtei gesprochen worden waren, einen wirklichen Sinn. Die Krone, die sie trug, war gesegnet, das Symbol höchster menschlicher Herrschgewalt, das Zepter in ihrer rechten Hand war Majestät und Gerechtigkeit, und der Reichsapfel war ein winziges Erdenrund. Und sie, am Ende doch nur eine Frau, war Königin des ganzen England. Dafür war sie geboren worden, und das allein war wichtig. Die nichtigen Fehden, die kleinen Tyranneien ihres behüteten Lebens und die dürftige Macht, die sie in ihrem engen Kreis ausübte – das alles war bedeutungslos neben der überwältigenden Bestimmung, die sie auf dieser Heimfahrt nach dem Buckingham Palace zum ersten Mal empfand. Sie hatte geschworen, ihre Untertanen zu beschützen, dasselbe Volk, dessen Menge ihr jetzt zurief und zuwinkte, und nun war es ihr persönlich und fühlbar nahe gerückt. Ruhm und Wohlfahrt des Volkes waren ihr Ruhm, ihre Wohlfahrt, denn sie war mit ihm durch das mystische Band des Königtums vereinigt. Sie war Königin von England, und in aller Zeit, trotz ihren eigenen Empfindungen, trotz der Blutsbande im Ausland, würde England zuerst kommen.

III.

Die Weihnacht ging vorüber; sie wurde in Windsor mit jener Mischung von Verschwendung und Naivität gefeiert, die zum Bild des höfischen Lebens geworden war. Es gab einen Ball, eine glänzende Festlichkeit, aber steif, weil die Etikette, in Übereinstimmung mit den Wünschen der Königin, strenger wurde. Und dann gab es lange Abende unendlicher Langweile für die Gäste, wenn Victoria Konversation machte, und dann spielte sie allerlei Spiele um den runden Tisch oder zog sich mit ihrem geliebten Melbourne zurück oder blätterte in einem Buch mit Zeichnungen.

Die Gelassenheit dieses Daseins wurde durch einen hässlichen Zwischenfall getrübt, der eine der Damen der Herzogin von Kent betraf. Die unglückselige Lady Flora Hastings, das Ziel des unbarmherzigen Hasses der Baronin Lehzen und des Missfallens der Königin, liess eine plötzliche Veränderung ihrer Gestalt merken. Das Gerücht, dass sie schwanger sei, erreichte Victorias Ohren, und es wurde eine scharfe Botschaft an Lady Flora gesandt, sie müsse eine medizinische Untersuchung über sich ergehen lassen und ihre Unschuld beweisen, bevor sie wieder bei Hof erscheinen dürfe. Nach einem demütigenden Zusammentreffen mit dem Hofarzt, Sir James Clark, konnte Lady Floras Jungfräulichkeit nicht bezweifelt werden, doch obgleich die Königin sie wieder in Gnaden aufnahm und erwartete, damit werde die Sache vergessen sein, brachte die Familie Hastings diese Behandlung ihrer Verwandten an die Öffentlichkeit. Allgemeine Empörung war die Folge, in den Zeitungen wurden Briefe abgedruckt, und der Skandal fand auch im Ausland einen Widerhall. Victoria wurde einerseits ihres harten Vorgehens wegen beschuldigt, andrerseits wegen des Schutzes, den sie einer Ehebrecherin gewährt habe. Die Forderung der Familie Hastings nach einer öffentlichen Entschuldigung und nach Entlassung des Arztes wurde nicht zur Kenntnis genommen; das war der verspätete Rat Melbournes, welcher der Königin zuerst empfohlen hatte, sich nicht um die Gerüchte zu kümmern, und dann vorschlug, Lady Flora mit irgendeinem ehrgeizigen Politiker aus den Reihen der Whigs zu verheiraten. Sir James Clark zu entlassen, bat er, der öffentlichen Meinung ein Opfer zu bringen! Damit würde sie der heftigen Kritik entrinnen, die nicht nur in England an ihr geübt wurde, sondern auch in Europa, wo durch den Klatsch die Geschichte ihrer Behandlung einer unschuldigen Frau keineswegs an Interesse verloren hatte. Zum ersten Mal musste Melbourne die Willenskraft, der er so freien Lauf gestattet hatte, an sich selber erfahren. Nichts, sagte Victoria kalt, könnte sie bestimmen, Sir James dafür zu bestrafen, dass er ihre Weisungen befolgt hatte. Nichts könnte sie dazu bestimmen zuzugeben, dass sie unrecht gehandelt habe, als sie ihren Ruf beschützte und sich vergewisserte, dass keine Frau von lockeren Sitten geduldet würde. Und nichts könnte sie veranlassen, dem Marquis von Hastings und Lady Flora zu vergeben, dass sie es gewagt hatten, einen Briefwechsel in den Zeitungen zu veröffentlichen und einen Skandal zu erregen. Sie habe sich persönlich entschuldigt, habe der Frau erlaubt, in der Umgebung der Herzogin von Kent am Hof zu bleiben, und das sei mehr als genug. Und an der Behauptung, dass die Lehzen, ihre liebe Freundin und vertraute Gefährtin, die Intrige angezettelt habe, weil sie Lady Flora Hastings verabscheute, sei kein wahres Wort. Die Königin vermute, so sagte sie scharf, dass die öffentliche Meinung die Entlassung der Baronin ebenso verlangen werde wie die Entlassung von Sir James.

Alle Überredungskunst Melbournes war vergebens; seine Bitten, seine vernünftigen Argumente stärkten nur den unbeugsamen Eigensinn der Königin, und hätte er sie weniger geliebt, wäre er weniger voreingenommen gewesen, so hätte ihre Gleichgültigkeit gegenüber dem Leiden und der Schmach einer unschuldigen Frau ihn empört. Es empörte aber viele, sowohl am Hof wie ausserhalb und zerriss den sentimentalen Schleier, der die kleine Königin umhüllte. Von einem Ende des Landes bis zum andern, in den ärmlichsten Heimstätten und in den Häusern der Grossen, wurde Victoria als ein herzloses Geschöpf hingestellt, das eine makellose englische Dame der Bosheit ihrer deutschen Vertrauten geopfert habe. Während dieses ganzen Sturms verbarg die Lehzen sich hinter den Röcken ihrer Herrin, war trotzig, kaute noch mehr Kümmelkörner als je und versicherte der Königin, dass sie im Recht sei und nicht nachgeben dürfe – es sei denn, weinte die Baronin, die Königin wolle ihre arme alte Lehzen entlassen, wie das ihre Feinde forderten. Sir James Clark, unwissend, von sich eingenommen, ein Mann von notorisch schlechten Manieren, bewahrte gleichfalls seine Stellung bei Hof, während die Ursache all der Misshelligkeiten immer mühsamer ihre Pflichten als Dame der Herzogin erfüllen konnte, und die verhängnisvolle Schwellung und das veränderte Aussehen, die das Gerücht von einer Schwangerschaft entfesselt hatten, wurden von Tag zu Tag ausgeprägter. Binnen weniger Monate wurde festgestellt, dass Lady Flora keineswegs die Folgen eines unerlaubten Liebesabenteuers zu erdulden hatte, sondern an einer bösartigen Nierenkrankheit dahinsiechte. Der Sturm von Schmähungen und Unbeliebtheit, der jetzt über das Haupt der Königin hereinbrach, erschreckte Melbourne und ihre Ratgeber. Einige waren sogar noch mehr beunruhigt durch die eiserne Gleichgültigkeit, mit der die neunzehnjährige Königin diesem Sturm standhielt, durch das trotzige Kinn, die harten Augen, darin Zorn und Widerstandskraft blitzten. Die allgemeine Verurteilung erreichte ihren Gipfel, als Victoria, als sie zum Rennen nach Ascot fuhr, mit Zischen begrüsst wurde. Doch was auch gesagt werden mochte, es wurde keine öffentliche Erklärung abgegeben, der Arzt, dessen Rolle in der Affäre masslos übertrieben worden war, blieb im Dienst der Königin. Und als Flora Hastings starb, war das einzige Zugeständnis der Königin, dass sie für jenen Abend einen Ball im Buckingham Palace absagte.

Die Wolken der Unbeliebtheit, die vor der Krönung gedroht hatten, ballten sich jetzt wie ein Gewitter um den Thron, und der geplante Besuch ihrer beiden Cousins, der Herzöge von Sachsen-Coburg, trug nichts dazu bei, die Atmospähre zu klären oder Victorias Stimmung zu bessern. Sie hätte aufgeregt sein mögen, doch sie war erbittert und auch überrascht, denn ein höflicher, aber sehr deutlicher Brief ihres jüngern Vetters, Albert, hatte sie dahin unterrichtet, dass er, wenn sie ihm nicht erlaubte, nach England zu kommen, und zu einem Entschluss gelangte, seine eigene Stellung vor den Augen der Welt klarzustellen gedachte. Mit andern Worten, er hatte es satt, hingehalten und gedemütigt zu werden, und wenn sie sich nicht so oder so entschied, würde er seine Werbung zurückziehen. Diese Drohung war wirksamer als alle Bitten und Vorwürfe Onkel Leopolds. Es war undenkbar, dass der junge Mann sie, Victoria, verschmähen sollte. Da war es schon besser, dass er und Ernst zu einem kurzen Besuch nach England kamen, und dann wäre sie es, die ihn abwies.

Mit einem sehr geringen Aufwand an Höflichkeit bestimmte sie ein Datum im Oktober, doch lange vorher war dieser Besuch mit all seinen Hintergründen vergessen, denn eine politische Krise traf unmittelbar Victorias Herz.

Im Mai 1839 stürzte Melbournes Regierung.

Ihre Machtstellung war immer unsicher gewesen; die Amtsführung der Whigs war kennzeichnend für die widerstreitenden Elemente in der englischen Politik. Es hatten sich etliche Lords der Whig-Partei zusammengefunden, die sehr individualistisch veranlagt waren und durchaus nicht miteinander übereinstimmten. In einer Zeit, da die extremen Tories, unter der Führung des Herzogs von Wellington, jede Reform bekämpften und ihre Gegner, die Radikalen, fast republikanische Massnahmen forderten, versuchte die Whig-Partei, einen mittleren Kurs zu steuern. Doch Melbournes Regierung wurde beständig von den beiden streitenden Gruppen geplagt und war, schlimmer noch, in sich selbst uneinig. Männer wie Lord John Russell, der zu den Gemässigten gehörte, lagen im Kampf mit Männern, die fast radikal waren, wie Lord Durham; der gesunde Menschenverstand eines Individualisten wie Lord Althorp prallte auf das rücksichtslose Temperament des Aussenministers Palmerston. Und an ihrer Spitze war Melbourne ebenso sehr ein Widerspruch in sich selber wie die andern zusammen. Die Amtspflichten des Premierministers langweilten und entmutigten ihn. Die Hälfte der Reformpläne, die er im Namen der Partei gutheissen musste, schien ihm gefährlich und wertlos; er empfand das Drängen von Palmerston und Durham und ihren Freunden als eine Feindseligkeit gegenüber seiner eigenen gemächlichen Philosophie, die, aus Gleichgültigkeit und Verzweiflung zusammengesetzt, jedes Problem dadurch löste, dass sie es unangetastet liess.

Oft genug wäre Melbourne nur zu gern zurückgetreten und auf seinen prachtvollen Landsitz in Brocket zu seinen Büchern übersiedelt, hätte sich mit gelegentlichen Ausflügen nach London, Abendessen im Holland House und von Zeit zu Zeit einem Erscheinen im Haus der Lords begnügt, wenn er den Eindruck hätte, dass es etwas Interessantes zu hören gab, oder wenn seine müssige Lust, Zwietracht zu stiften, ihn veranlasste, in eine Debatte einzugreifen.

Doch Victorias Thronbesteigung hatte all das geändert; wie es auch seine Lebensform geändert hatte. Der Verlust des Amtes würde die Verbannung aus ihrem Angesicht bedeuten. Der Ärger über John Russell, dessen eigenartige Manieren und tiefe Überzeugungen ihm mehr Feinde als Freunde machten, die unerträgliche Grosssprecherei Durhams, der seine Stimme immer zur Unterstützung der Extremisten erschallen liess, die kecke Selbstsicherheit Palmerstons, der sich weigerte, irgendein Problem in Ruhe zu lassen, und ständig Schwierigkeiten verursachte, die erbitternde Untüchtigkeit Glenelgs, der nach Herzenslust Dummheiten begehen konnte, weil Melbourne das Kolonialministerium nicht für wichtig hielt – all diese Nadelstiche bedeuteten nichts im Vergleich mit der Freude, der Anregung jener Stunden, die er bei der Königin verbrachte. Je weniger liebenswert sie sich in der letzten Zeit erwies, desto mehr vergötterte Melbourne sie, ebenso unzweideutig und schrankenlos wie er eine Caroline geliebt hatte, seine Frau, und er beschützte sie, wenn es keine Entschuldigung für sie gab. Er stellte sich vor, dass er die Königin beschützte, obgleich er irgendwie zugeben musste, dass ihr die närrische

Ungezügeltheit Carolines fehlte, dass die Füsse seines Götzenbilds aus Eisen geformt waren und nicht aus Lehm. Doch sie erfüllte sein Leben und sein Herz, und wenn das bedeuten sollte, dass er die mühsame Bürde des Amtes noch unbestimmte Zeit ertragen musste, so war er, nur um sich nicht von ihr trennen zu müssen, freudig dazu bereit. Beinahe hatte ihn eine Katastrophe ereilt, als er zu Beginn des Jahres den ungestümen Durham ausgeschickt hatte, um einen Aufstand in Kanada zu unterdrücken, und seine Regierung von den Tories heftig angegriffen wurde, weil sie zu viel zugestand, und von den Radikalen, weil sie zu wenig zugestand. Und Durham, der den Kopf völlig verlor, hatte keineswegs hilfreich gewirkt, als er auf die Selbstregierung für die Kolonien drängte. Die meisten Ministerien wären vor diesem Sturm zurückgetreten, doch die Whigs blieben und klammerten sich an ihre dürftige Mehrheit im Parlament. Die falsche Behandlung der Hastings-Affäre versorgte Melbournes Feinde mit einer starken Waffe, und sie benützten sie unbarmherzig. Radikale und Tories beschimpften den Premierminister, weil er seinen Einfluss auf ein unerfahrenes Mädchen nicht ausgeübt, weil er nicht verhindert hatte, dass die Episode zu so unglückseligen Ausmassen gewachsen war! Denn jetzt wurde die Königin und ihr Hof auch im Ausland verleumdet! Es sei ungerecht, schrieben die Zeitungen hinterhältig, zu tun, als wäre Victoria für die rauhe Behandlung einer Frau verantwortlich, deren Ruf durch einen schrecklichen Tod gründlich gereinigt war ... Melbourne und ihre Berater bei Hof träfe die Schuld.

Kaum war die Kanada-Krise erledigt, als eine neue ausbrach. Sehr gegen seinen Willen hatte Melbourne der Befreiung der Sklaven in der Kronkolonie Jamaica zugestimmt. Er sah die Massnahme als verfrüht an, und sie würde Aufstände und Störungen verursachen, doch der Druck der Radikalen im Parlament und der Reformer in seiner eigenen Partei zwang ihn nachzugeben. Seine bösen Ahnungen erwiesen sich gerechtfertigt, denn binnen weniger Wochen war die ganze Insel in Aufruhr. Glenelg, eitel und unzulänglich wie gewöhnlich, beging Fehler nach rechts und nach links, John Russell wiederholte seine Drohung, zurückzutreten, weil seine Kollegen nicht seiner Ansicht waren, Althorp erboste Melbourne dadurch, dass er beharrlich erklärte, trotz den Unruhen sei die Emanzipierung grundsätzlich richtig und müsse es auch in der Praxis sein, und das Ergebnis war, dass die Behandlung der Lage durch die Whig-Regierung niemanden befriedigte. Die Radikalen betrachten sie als ungeeignet und unliberal, und so enthielten sie sich der Stimme, und Melbournes Regierung entging nur mit fünf Stimmen Mehrheit der Niederlage. Es war die kleinste Mehrheit, welche die Regierung je gehabt hatte, und nach diesem Beweis dafür, dass sie das Vertrauen des Landes verloren hatte, blieb ihr nichts übrig, als zu demissionieren.

Diese Nachricht wirkte lähmend auf Victoria. Melbourne schrieb einen formellen Brief an die Königin, um ihr den Rücktritt seiner Regierung mitzuteilen, und wenige Stunden später kam er, um ihr die Lage zu erklären und um Abschied zu nehmen.

Sie empfing ihn in ihrem Wohnzimmer und eilte ihm, blass und vor Erregung zitternd, mit ausgestreckten Armen entgegen.

«Ich kann's nicht glauben! Ich will's nicht glauben!»

Er spürte ein höchst ungebührliches Verlangen, sie in die Arme zu schliessen und zu vergessen, dass sie die Herrscherin und er nicht einmal mehr das Haupt ihrer Regierung war. Hätte er je eine Tochter gehabt, so meinte er, dann wäre ihm bei einer Trennung von ihr ähnlich zumute gewesen.

«Von dem Augenblick an, da mir Ihr Brief gebracht wurde, habe ich geweint», erklärte sie. «Und ich hoffe nur, dass Sie gekommen sind, um mir zu sagen, Sie hätten sich eines Besseren besonnen und würden diesen schrecklichen Schritt doch nicht tun.»

«Ich habe keine Wahl,» erwiderte er sanft. Er war es, der sie zu dem kleinen Sofa führte, auf dem sie gewöhnlich sassen, und er rieb ihre kalten Hände, während er ihr so ruhig wie nur möglich auseinandersetzte, dass er sie verlassen müsse.

«Mich im Stich lassen!» warf Victoria leidenschaftlich ein. «Wie soll ich ohne Sie fertig werden? Das bedeutet, dass ich eine andere Regierung, einen neuen Premierminister haben werde. Lord M., das will ich nicht. Ich erlaube nicht, dass ein anderer Mann Ihren Platz einnimmt.»

«Es wird nicht so schwierig sein, wie Sie sich das vorstellen», beruhigte er sie. «Wie die Dinge liegen, war es ein grosser Glücksfall, dass es so lange dauern konnte. Und jetzt können wir nicht bleiben – jetzt nicht. Teuerste Madam, fünf Stimmen ... Sie müssen begreifen, was das heisst. Wir haben nicht das Vertrauen des Hauses; kein Ministerium kann unter solchen Umständen an seinem Amt kleben und entsprechend zu regieren hoffen.»

«Mir ist's gleich, was das Haus meint!» fuhr Victoria auf, und die Tränen strömten ihr über die Wangen. «Es bedeutet einfach, dass die Abgeordneten Sie nicht zu schätzen wissen; sie sind Idioten, und das ist kein Grund, weshalb ich darunter zu leiden haben soll.»

«Aber ich verspreche Ihnen, dass Sie nicht leiden werden!» betonte er. «Alles, was sich ereignen wird, ist, dass Sie den Herzog von Wellington berufen und auffordern müssen, eine Regierung zu bilden.»

«Eine Tory-Regierung! Ich werde nichts dergleichen tun!»

«Sie werden, und Sie müssen», sagte Melbourne gütig. «Ich bezweifle, dass der Herzog bereit sein wird, die neue Regierung selber zu bilden; er ist alt und wünscht sich kein Amt – ich kann nicht sagen, dass ich ihm daraus einen Vorwurf mache», fügte er hinzu. «Er wird Ihnen Sir Robert Peel empfehlen, und Sie werden ihn empfangen und die nötigen Formalitäten erfüllen.»

Sie wandte sich brüsk zu ihm, die kleinen, vorspringenden Zähne bissen in die Unterlippe, und jener unheilvolle Ausdruck, den er so gut kannte, trat in ihre Augen.

«Ich hasse Sir Robert Peel!»

«Das werden Sie nicht, wenn Sie ihn besser kennen», versicherte ihr Melbourne. «Er ist ein sehr scheuer Mensch; ich gebe zu, dass seine Manieren nicht sehr erfreulich sind, dahinter aber ist er voll von gesundem Menschenverstand und unbedingt vertrauenswürdig. Er wird Ihnen ebenso ergeben dienen wie nur irgendein Mensch in England.»

«Sein Dienst wird mir nichts bedeuten», erklärte Victoria. «Und was die Vertrauenswürdigkeit angeht – ich werde nie einem Tory vertrauen. O, ich werde nie einem Menschen vertrauen, mich nie auf einen Menschen verlassen, wie ich es bei Ihnen tun konnte!»

Und sie brach in Tränen aus.

Das war zuviel für Melbourne; in dem Zyniker hatte der gefühlsselige Mensch lang genug gekämpft, um sich zur Geltung zu bringen und in der nächsten Sekunde wischte er sich selber die Augen, der Kopf der Königin von England ruhte eine zeitlose Weile lang auf seiner Schulter und die königlichen Tränen wurden mit seinem Taschentuch abgewischt. Nachher bewahrte er dieses Taschentuch als einen Schatz, als wäre es das Schweisstuch der heiligen Veronika.

«Machen Sie es mir nicht noch schwerer», flehte er. «Ich sage Ihnen, Madam, dass mein Herz bei dem Gedanken, Sie zu verlieren, bricht – ich meine, bei dem Gedanken, von Ihnen getrennt zu sein.»

«Wir brauchen doch nicht völlig getrennt zu sein», meinte sie. «Selbst wenn es zu dieser unglückseligen Situation kommt, und das wird es nicht, solange ich es verhindern kann – Sie werden doch nach wie vor abends bei mir speisen und das Wochenende in Windsor verbringen!»

«Nein, Madam, das werde ich nicht. Ich kann es nicht, wenn ich nicht mehr Premierminister bin. Mein Nachfolger darf in Ihrem Vertrauen keinen Rivalen haben. Ich darf Sie nur gelegentlich besuchen – wenn überhaupt.»

«Heisst das, dass unsere Freundschaft nicht andauern kann wie bisher?» fragte sie entsetzt.

Melbourne schüttelte den Kopf.

«Nur in unseren Herzen», sagte er.

Etwas an ihrem Ausdruck verstörte ihn nun; sie sass ganz

straff, die weichen Händchen, die er so liebte, falteten sich nicht mehr in Kummer, sie ballten sich zu zwei entschlossenen Fäusten.

«Wird etwa vorausgesetzt, dass ich Sir Robert Peel zu meinem Vertrauten mache?» fragte sie ruhig. «Erwartet er, an meinem Tisch ein Gast zu sein? Lord M., ich habe einmal, nicht lange nach meiner Thronbesteigung, etwas zu Ihnen gesagt. Ich habe gesagt, dass der Mann mir leid tut, der versuchen sollte, Sie bei mir zu ersetzen. Und wenn er der charmanteste, der liebenswürdigste Mensch auf dieser Welt wäre. Und ich glaube nicht, dass Sir Robert gerade wegen seiner Liebenswürdigkeit bekannt ist. Wenn man mir mein Leben auf solche Art vergällen wird, so werde ich darauf bedacht sein, dass nicht nur ich zu leiden haben soll!»

Da war er wirklich sehr beunruhigt. Seine eigenen Gefühle verwehten, und nur die Besorgnis blieb, zu verhindern, dass sie um seinetwillen etwas täte, das sie in eine falsche Lage bringen könnte. Es war sehr schön, Königin zu sein, aber sie war doch nur ein Kind und keine Gegenspielerin für den erfahrenen Staatsmann, mit dem sie bald zu tun haben würde.

«Ich versichere Ihnen, Sie werden Peel ebenso schätzen, ihm ebenso zu vertrauen lernen, wie es bei mir der Fall war», sagte er schnell. «Bitte, Madam, hören Sie auf mich und vertrauen Sie mir! Ich würde ihn Ihnen nicht empfehlen, wenn ich ihn für einen unanständigen Menschen hielte – ich würde Ihnen raten, sich in acht zu nehmen. Aber ich habe grossen Respekt vor ihm und Bewunderung für seine Fähigkeiten. Beurteilen Sie ihn nicht nach den wenigen Gelegenheiten, bei denen er vor Sie treten durfte; jedermann weiss, dass er bei der ersten Begegnung steif ist wie ein Stock; vor Ihnen aber wird er rasch schmelzen. Wie könnte er auch anders? Und was immer Ihre Gefühle sein mögen – er wird Ihr neuer Premierminister sein und verantwortlich für die Regierung Ihres Landes. Ich bitte Sie, unvoreingenommen zu denken und Ihre Pflichten als Herrscherin zu erwägen. Schicken Sie zuerst um den Herzog, und warten Sie ab, was daraus wird.»

Victoria stand auf und ging ans Fenster. Sie zog den Vorhang zurück und schien auf das Gelände des Palastes zu blicken, bevor sie sich wieder zu ihm wandte.

«Gut, Lord M., ich werde tun, wie Sie sagen. Ich werde am Morgen den Herzog berufen. Und jetzt muss ich Ihnen Lebwohl sagen.»

Er küsste ihr die Hand und beugte sich tief.

«Leben Sie wohl, Madam. Dieses Jahr ist das glücklichste meines ganzen Lebens gewesen...»

«Bitte», unterbrach sie ihn. «Sagen Sie kein Wort mehr, sonst fange ich wieder an zu weinen. Gehen Sie jetzt–schnell!»

Er verliess sie, trotz allem ein wenig gekränkt, denn so viel gab es noch, was er ihr gern gesagt hätte, doch sie hatte es nicht erlaubt; nach Tränen und Stürmen war dieser letzte Abschied eine Enttäuschung gewesen. Er bemerkte, dass sie ihn nicht gedrängt hatte, zu bleiben und abends bei ihr zu speisen; sie hatte auch nicht gefragt, wann er wiederkommen werde. Als er müde in seine Zimmer im Parlament zurückkehrte, um den Schreibtisch für seinen Nachfolger auszuräumen, nahm er an, dass sie sich mit dem Unvermeidlichen abgefunden hatte.

Am nächsten Morgen stellte sich der Herzog von Wellington im Palast ein. Der Sieger von Waterloo war ein alter Mann, gebeugt und in seinen Bewegungen zaudernd, doch die Wirkung seiner Persönlichkeit hatte sich mit den Jahren nicht verringert. Er hatte den Eindruck, dass die Königin davon wenig beeindruckt war, und ihr Nicken, als er das Amt des Premierministers ablehnte, war betont kurz. Sekundenlang schauten die kühnen blauen Augen des grössten Soldaten und zähesten Staatsmanns seiner Zeit in jene andern Augen, die gleichfalls blau und in ihrer Starrheit seltsam verwirrend waren. Er empfahl ihr, Sir Robert Peel zu berufen und ihn zum Haupt der neuen Tory-Regierung zu ernennen. Abermals nickte sie; sie hatte eine merkwürdige Härte, vor der sich der grosse Mann unbehaglich fühlte.

Sie sprach ihr Bedauern über seinen Entschluss aus und war

bereit, Sir Robert nachmittags zu empfangen. Dann reichte sie ihm die Hand zum Kuss, und die Audienz war beendet.

An jenem Tag begnügte Victoria sich mit einer Suppe, sehr zum Missvergnügen ihrer Damen und der Lehzen, denn sie waren alle hungrig und dennoch zum gleichen Menu verurteilt; und dann eilte sie in ihr Zimmer, um sich umzuziehen. Sie empfange den neuen Premierminister, und da würde ein einfaches Kleid nicht entsprechen. Kein Mensch erwähnte Melbourne. Wenn man sie bemitleidete, so konnte sie das nur abermals zum Weinen bringen; sie war tatsächlich zusammengebrochen und weinte, nachdem er gegangen war, beinahe zwei Stunden lang, umgeben von der Lehzen, von Lady Tavistock und der Herzogin von Sutherland, deren Mitgefühl alles nur noch schlimmer machte. Jetzt musste das Thema ausgeschaltet bleiben. Sie hatte Sir Robert Peel zu empfangen, und damit war es erledigt.

Sie wählte ein Kleid aus hellgoldenem Samt mit einem Saum von feinen Brüsseler Spitzen um die Schultern, trug die blaue Schärpe des Hosenbandordens und auf der Brust dessen edelsteingeschmückten Stern. Zwei Armbänder mit Miniaturbildern der Könige Georg III. und Wilhelm IV. in Diamanten gefasst und ein Haarschmuck in Brillanten vervollständigten ihre Toilette.

Es war eine sehr königliche Gestalt, die Sir Robert Peel im Weissen Salon des Buckingham Palastes antraf.

Der Weisse Salon war riesig lang und verhältnismässig schmal. Die Königin wartete, als Peel gemeldet wurde, am Ende des Raumes, und so hatte er einen langen, stummen Weg zurückzulegen, bis er vor ihr stand. Er war ein kleiner, blasser Mann, dessen schroffes Wesen durch seine Nervosität noch betont wurde, und die Wanderung durch den langen Raum, zwischen den Porträts missbilligend blickender Vorfahren in verschiedenen majestätischen Posen, tat nur wenig, um ihm seine Sache leichter zu machen. Als er endlich die kleine, goldene Gestalt erreicht hatte, verbeugte er sich.

Das gleiche scharfe, leichte Nicken, das an diesem Morgen

den Herzog von Wellington begrüsst hatte, war das einzige Zeichen dafür, dass sie sein Kommen zur Kenntnis nahm, und er musste sich räuspern, wich dem unfreundlich festen Blick aus und betrachtete eingehend den Teppich. Es schien eine Unendlichkeit vergangen zu sein, als die Königin ihn endlich aus seiner peinlichen Lage befreite und zu ihm sprach.

«Da Lord Melbournes Regierung zurückgetreten ist», sagte sie, «und Seine Gnaden, der Herzog, es ablehnt, ein Ministerium zu bilden, habe ich Sie gerufen, Sir Robert, um Sie zu fragen, ob Sie das Haupt der neuen Regierung sein wollen. Dies ist aus zwei Gründen eine schwere Prüfung für mich. Zunächst weil ich mit dieser Prozedur keine Erfahrung habe, und dann wegen meines tiefen Bedauerns, dass ich die Hilfe eines so ausgezeichneten und vertrauten Dieners verliere, wie es mein lieber Lord Melbourne war.»

Peel errötete. Jede Spur von Selbstsicherheit, die noch übrig gewesen war, hatte sich bei dieser letzten Bemerkung verflüchtigt.

«Ich fühle mich geehrt, Madam. Und natürlich weiss ich die Gefühle Eurer Majestät zu würdigen. Ich hoffe nur, dass ich imstande sein werde, Lord Melbourne in Ihrer Schätzung zu ersetzen.»

«Das hiesse viel zu viel von Ihnen zu erwarten. Würden Sie so freundlich sein, mir mitzuteilen, welche Ministerien Sie an einzelne Personen zu vergeben gedenken sowie alles andere, was ich, Ihrer Meinung nach, von der neuen Regierung wissen sollte.»

In einer seiner häufigen indiskreten Abschweifungen hatte Melbourne die Königin mit der Mitteilung erheitert, dass sein glänzender Rivale im Lager der Tories als Tanzmeister bezeichnet wurde, weil Peel, wie er sagte, hin und her rückte, als wollte er zur Quadrille antreten, und als ob seine Füsse ein Eigenleben besässen ... sie hatte über diese Schilderung sehr gelacht, und jetzt erinnerte sie sich ihrer, als sie beobachtete, wie Sir Robert errötete, während sie ihren Blick spöttisch auf seine Fussspitzen richtete. Tanzmeister! Ein affektierter, widerwärtiger, kalter kleiner Mann nach dem lieben Lord M.! Und er wagte zu sagen, er werde Melbourne in ihrer Schätzung ersetzen! Sie hörte höflich zu, und ohne dass sie ein Wort gesagt hätte, strahlte Feindseligkeit von ihr aus, während er eine Liste von Namen für das neue Ministerium vorlegte. Sie konnte gegen seine Vorschläge keinen Einwand erheben. Es waren aber durchwegs Tories und ihr verhasst. Nur einmal unterbrach sie ihn, um anzuregen, der Herzog von Wellington sollte doch auch dem Kabinett angehören. Es war undenkbar, dass dieser jämmerliche kleine Mann den grossen Staatsmann zur Seite schob. Wie es auch um die politische Richtung des Herzogs stand, hatte sie doch ehrlichen Respekt vor ihm und vertraute ihm, und in diesem abscheulichen Ministerium sollte wenigstens ein Mensch sein, mit dem sie sich verständigen könnte ...

«Und jetzt, Madam –» Peels Spannung hatte sich sichtlich gelockert, denn er meinte, das Schlimmste wäre nun vorüber. Auch die Unterredung würde bald zu Ende sein. Gott sei Dank, sagte er bei sich. «Jetzt, Madam, wegen der Damen Ihres Hofstaats ...»

«Meine Damen? Was ist mit ihnen?» Die dünnen Brauen der Königin hoben sich erstaunt.

«Ja, ich muss Sie natürlich bitten, gewisse Veränderungen vorzunehmen», sagte Peel linkisch.

«Veränderungen? Was für Veränderungen, wenn es Ihnen beliebt?»

Eine leichte Zornesröte färbte ihre Wangen, und die blauen Augen blitzten ihn an.

«Alle Damen Ihrer Umgebung sind Whigs», sagte Peel steif; er fühlte sich so unbehaglich, dass seine Worte nur um so brüsker klangen. «Einige, wie Lady Sutherland, sind Frauen früherer Kabinettsminister. Es ist üblich, dass die Königin Mitglieder ihres Hofstaats entlässt und andere wählt, die der Partei des amtierenden Ministeriums angehören.»

Victorias Augen glühten.

«Sie sprechen von der Gemahlin eines Königs, nicht von einer regierenden Königin. Das ist ein grosser Unterschied, Sir

Robert. Von dergleichen Ansinnen habe ich nie gehört. Welchen Präzedenzfall können Sie dafür nennen?»

Peel war in seiner Schlinge gefangen, und er wusste es. Es gab keinen Präzedenzfall, einfach darum, weil die letzte regierende Königin Anna gewesen war, und wenn man etwas von ihr mit Sicherheit wusste, so war es, dass einige ihrer weiblichen Vertrauten unabsetzbar blieben...

«Madam», bat er, «Madam, gestatten Sie, dass ich Ihnen meine Lage erkläre. Als Ihr Premierminister muss ich fühlen, dass ich Ihr Vertrauen geniesse. Wie kann ich das erreichen, wenn Sie Tag und Nacht von meinen politischen Gegnern umgeben sind?»

«Sir Robert! Wollen Sie etwa andeuten, dass ich von meinen Damen beherrscht werde?»

«Nein, Madam! Da sei Gott vor, dass Sie von irgendwem beherrscht werden sollten; es ist durchaus nicht, was ich gemeint habe.»

«Was also haben Sie gemeint?»

Schweisstropfen standen auf seiner Stirne. Er hatte ganz vergessen, dass in diesem Zusammenstoss zweier Willenskräfte ihm ein neunzehnjähriges Mädchen gegenüberstand. Verzweifelt suchte er nach einem andern Argument.

«Vorausgesetzt, Lord Melbourne wäre in meiner Lage. Hätten Sie von ihm erwartet, dass er die Regierungsgeschäfte übernehmen sollte, wenn er wüsste, dass sich der ganze Hofstaat Eurer Majestät aus Anhängern der Tories zusammensetzte, und dass es Ihnen unmöglich wäre, volles Verständnis für die Ziele der Whig-Politik zu haben? Madam, Sie selber werden feststellen, dass ihm das unmöglich gewesen wäre.»

«Lord Melbourne», erwiderte Victoria triumphierend, «hätte nie verlangt, dass ich etwas so Unmenschliches tun sollte; welche Schwierigkeit es auch für ihn bedeutet haben mochte, für Lord Melbourne kam immer meine Zufriedenheit, mein Glück an erster Stelle. Das, Sir Robert, war das Geheimnis des Vertrauens, das er genoss. Für mich ist es undenkbar, dass ich mich von meinen Freundinnen trennen und die Gesellschaft

Fremder erdulden soll, die für mich bestimmt sehr unangenehm wäre. Für so eine Forderung gibt es kein Beispiel, und darum muss ich sie zurückweisen.

Peel holte tief Atem.

«Eure Majestät gedenken also, alle Ihre Damen zu behalten?»

«Alle.»

«Die Oberste Kammerfrau und die Damen der Schlafkammer?»

«Alle!»

«Dann weiss ich nicht, wie ich eine Regierung bilden kann. Ich werde, mit Ihrer Erlaubnis, Madam, den Herzog von Wellington zu Rate ziehen.»

Er verbeugte sich, und sie nickte. Sie sah ihn durch den langen Saal gehen und sobald die Türe sich hinter ihm geschlossen hatte, lüftete Victoria die Röcke und lief beinahe in ihr eigenes Gemach. Dort schrieb sie einen Brief an ihren lieben Lord M. und schilderte, mit viel zornigen Unterstreichungen, die Infamie, die Peel ihr vorgeschlagen, und die Antwort, die sie ihm darauf erteilt hatte. Wenn sie beim Schreiben vor Ärger zitterte, so wandelte sich das schnell in freudige Erregung. ‚Dann kann ich keine Regierung bilden!' Das waren die Worte des Tanzmeisters gewesen, und wie schön, wenn sie der Wahrheit entsprachen! Beharrte sie, widerstand sie dem Druck, der von vielen Seiten auf sie ausgeübt würde, sogar von Melbourne selbst, denn er war seinen Feinden gegenüber so edel, so gerecht – zwang sie den greulichen kleinen Mann in diese Lage, dann konnte sie Melbourne berufen! Eine Sekunde lang zauderte ihre Feder und suchte die richtigen Worte. Dann schrieb Victoria mit jener flüssigen, festen, kräftigen Handschrift, die so viel von ihrem Charakter preisgab:

‚Ich war ruhig, aber sehr entschieden, und ich glaube, es hätte Ihnen Freude gemacht, meine Haltung und meine grosse Festigkeit zu sehen; die Königin von England wird sich nicht solchen Kniffen unterwerfen. Halten Sie sich bereit, denn Sie werden vielleicht bald benötigt werden.'

Binnen weniger Tage, da weder Melbournes Bitten noch die Argumente Peels und Wellingtons auch nur den leisesten Einfluss auf sie hatten, brachte die Schlafkammerkrise die Whigs wieder an die Regierung. Die Herzogin von Sutherland, Lady Tavistock, Lady Normanby und die übrigen sassen in Sicherheit unter dem Dach der Königin, und die Lehzen flitzte aus ihrem Zimmer zu Victoria, um mitternachts vertrauliche Mitteilungen anzuhören. Lord Melbourne war auf seinem alten Platz an der Tafel zurück, und das Land stand unter einer Whig-Regierung. Um ihr Glück zu feiern, veranstaltete die Königin einen Ball und ein Konzert um die Mitte des Monats Mai und lud nur jene Tories ein, die sie unmöglich ausschalten konnte.

*

Trotz ihrem Sieg oder, wie manche unfreundliche Stimmen sagten, gerade wegen ihres Sieges, trat eine ungünstige Wandlung in dem Wesen der Königin ein, ihre Zunge wurde schärfer, ihr Auge kälter, wenn sie den leisesten Anstoss nahm. Lord M. gegenüber war sie in so zärtlicher Besitzerlaune wie immer, doch auch hier war ein angriffslustiger Ton in ihrer Stimme, wenn er nicht mit ihr übereinstimmte; er sollte anscheinend daran gemahnt werden, dass er überhaupt nur dank ihrer Seelenstärke an seinem Platz war... Die schmächtige Gestalt schien um einige Zoll gewachsen, so straff hielt sich die Königin, so überlegen war ihre Art. Selbst ihre gute Freundin, die Herzogin von Sutherland, bekam den Stachel von Ihrer Majestät Missfallen zu spüren, als sie zu Ehren der Königin einen Ball in Stafford House veranstaltete und die Königin in einem prachtvollen Kleid, von Brillanten funkelnd, an der Türe empfing. Die Königin erschien in einem einfachen Musselinballkleid, und nachdem sie die prunkvolle Umgebung gemustert hatte, den Ballsaal, der von Uniformen und reizenden Toiletten glänzte, wandte sie sich zu der Gastgeberin.

«Ich komme», sagte die kalte, kleine Stimme, «aus meinem Haus in Ihren Palast.»

Bis zum Sommer 1839 hatte das Missvergnügen Ihrer Majestät sich auch auf einige unter den Whigs erstreckt, und Baron Stockmar schrieb besorgt an Leopold, dass Victoria dringend des dämpfenden Einflusses eines Gatten bedürfe. Melbourne, der bejahrte Lebemann, war der Persönlichkeit der Königin völlig hörig geworden und anscheinend ausserstande, ihr zu widersprechen, auch wenn es zu ihrem Wohl gewesen wäre. Er bitte zu Gott, erklärte er, dass die beiden Cousins Ernst und Albert, wenn sie im Oktober kämen, ihre Cousine in weiblicherer Stimmung fänden. Zumal Albert, der so empfindsam war und solchen Wert auf weibliche Liebenswürdigkeit legte! Stockmars böse Ahnungen schienen in dem Ton eines Briefes ihre Bestätigung zu finden, den Victoria an den lieben Onkel schrieb, denn sie erklärte in keineswegs zärtlichen Ausdrücken, dass der bevorstehende Besuch ihrer Cousins sie zu nichts verpflichte. Sie habe kein Versprechen gegeben und sehe sich in keiner Weise als gebunden an. Unter dieser Bedingung freue sie sich auf ihr Kommen. Seltsam genug, dass ein einziger Mensch die Zeichen richtig deutete. Melbourne, mit all seiner Weltkenntnis, war verwirrt durch die raschen Stimmungswechsel, durch die Temperamentsausbrüche, durch die Neigung, grundlos zu weinen, durch die Mischung von Zorn und Heiterkeit, mit der Victoria ihr Leben angriff. Stockmar, der mit seiner gründlichen teutonischen Art ständig beobachtete und Notizen machte, sah in ihrem Benehmen nur Eigensinn und Mangel an Disziplin.

Die Baronin Lehzen war es, die alte Jungfer, die begriff. Aus Instinkt wusste sie, was andere, erheblich klügere, nicht enträtseln konnten; sie wusste es aus ihren eigenen, verblassten Erfahrungen von früherer Zeit her – das unbefriedigte Sehnen nach Erfüllung, das sich in ihrer Sorge um das Kind Victoria vergeistigt hatte. Die Königin war im wahren Sinn des Wortes reif zur Ehe. Sie war unstet und verdrossen und ruhelos, weil die zärtlichen Aufmerksamkeiten eines Mannes, der alt genug war, um ihr Vater zu sein, sie nachgerade mehr enttäuschten, als dass sie ihrer Eitelkeit schmeichelten. Das Leben, das scheinbar so heiter, so verheissungsvoll gewesen war, wurde durch eine schwer zu benennende Reizbarkeit verdorben, und das Mädchen, das noch vor wenigen Monaten bis zum Morgengrauen getanzt und dann vom Dach ihres Palastes den Sonnenaufgang beobachtet hatte, kam jetzt aus dem Ballsaal und setzte sich auf das Bett der Lehzen und gestand, dass all die Gesellschaften sie ermüdeten und unbefriedigt liessen.

Die Lehzen sagte nichts; sie war wieder eifersüchtig, denn es war offenbar, dass sie ihrer lieben Victoria nicht genügte und nie genügen würde, und dass die harmlose Ergebenheit Melbournes eines Tages dem Schwung eines jüngern, kräftigern Nebenbuhlers den Platz räumen müsste. Sie war eifersüchtig, und gleichzeitig hatte sie Mitleid, denn sie wusste, das die Unabhängigkeitsliebe der Königin und ihr Widerwille gegen die Unterwerfung in einer Ehe mit all ihren weiblichen Bedürfnissen bitter im Kampf lagen. Der bevorstehende Besuch der beiden Cousins hatte diesen Konflikt auf die Spitze getrieben, und nur zwei Abende vor ihrer Ankunft sass Victoria in ihrem Nachtgewand da und schwatzte mit der Baronin. Die Lehzen war müde und hatte sich auf ihr Bett gefreut. Das Bett war ein warmer, tröstlicher Ort, und im Verlauf der Jahre sehnte die Lehzen sich immer mehr danach; doch seit kurzem hatte ihre geliebte Victoria die Gewohnheit angenommen, sie mitten in der Nacht holen zu lassen, wenn die Königin nach einem Ball oder einem offiziellen Bankett in ihre Gemächer ging. Lord Melbourne war an diesem Abend, wie gewöhnlich, an ihrer Tafel gesessen, der Hof war in Windsor, und die Herzogin von Kent, deren Beziehungen mit ihrer Tochter sich seit dem Tode der Lady Flora Hastings sehr verschlechtert hatten, war aufgefordert worden, ihre Neffen zu empfangen und den Anschein von Familieneinigkeit zu geben. Es war ein sehr stilles Beisammensein gewesen; die Königin hatte Melbourne in eine Ecke des Raumes gezogen und sass schweigend da, während er in einem Buch mit Bildern blätterte. Seine Versuche, sie aufzuheitern, waren offensichtlich derart fehlgeschlagen, dass er es aufgegeben hatte, und als die Königin aufstand, um sich zurückzuziehen, zerstreuten sich die Anwesenden mit einem Seufzer der Erleichterung.

«Es war langweilig heute abend», sagte Victoria plötzlich. «Ich habe mich nie zuvor gelangweilt. Selbst Lord M. war ein wenig langweilig. Haben Sie das nicht auch gefunden?»

Die Baronin zuckte die Achseln.

«Ich fand es sehr angenehm, sehr beruhigend, Madam, Liebste. Sie sind übermüdet, das ist mein Eindruck. Sie werden von übermorgen an die ganze Last der Unterhaltung mit Ihren beiden Cousins von Sachsen-Coburg zu tragen haben, und da sollten Sie sich lieber ausschlafen, als noch immer wach zu bleiben.»

Victoria sah sie an.

«Ich bin nicht müde, liebe Lehzen. Ich wünschte, ich wäre es. Und schlafen? Wenn ich jetzt zu Bett ginge, würde ich die ganze Nacht kein Auge schliessen. Ich wünschte, sie kämen nicht!»

Die Baronin zog ihr Halstuch zurecht und spitzte die Lippen.

«Sie müssen kommen», sagte sie. «Ein für allemal und damit es vorüber ist. Ihr Onkel, König Leopold, wird Sie nicht in Ruhe lassen, bevor Sie sich nicht entschlossen haben; so oder so. Und wenn sie Ihnen nicht gefallen, dann hat die Sache ein Ende. Zudem wird vielleicht der eine oder der andere Ihnen zusagen», setzte sie mit einiger Anstrengung hinzu.

«Aber ich will ja nicht heiraten!» Victoria wandte sich so heftig zu ihr, dass die Baronin aufsprang. «Ich will meine Freiheit nicht verlieren, will meine Rechte nicht an einen Gatten abtreten. In den ersten achtzehn Jahren meines Lebens habe ich immer nur ‚ja' zu Mama gesagt, und jetzt erwartet man von mir, dass ich meine Unabhängigkeit aufgebe und heirate und anfange, zu einem Gatten ‚ja' zu sagen. Ich will es aber nicht; ich will bleiben, wie ich bin!»

«Sie können bleiben, wie Sie sind», sagte die Baronin schnell. «Ob Sie heiraten oder nicht. Sie sind die Königin; Sie sind keine gewöhnliche Frau, mag sie noch so hoch geboren sein. Die Königin! Das ist etwas anderes. Jeder, den Sie heiraten, teuerste Madam, wird Ihnen untertan sein; lassen Sie sich von niemandem etwas anderes weismachen! Sie werden eines Tages wählen müssen», fuhr sie fort, «ob es nun Prinz Ernst oder Prinz Albert oder sonstwer ist; fürchten Sie aber nicht, dass Sie Ihre Freiheit verlieren. Wenn einer – dann ist es der Bräutigam, der sie verliert. Wählen Sie darum sorgfältig. Wählen Sie einen Mann, der das begreifen und sich fügen wird.»

«Sie sind sehr klug, liebe Lehzen», sagte Victoria langsam. «Es würde nicht gehn, wenn einer meiner Cousins selber regieren wollte. Ich könnte es nicht ertragen. Da bliebe ich lieber unverheiratet.»

Die Baronin schüttelte den Kopf und lächelte.

«Oh nein, Madam, das würden Sie am Ende doch nicht tun. Hören Sie auf mich, denn ich war nie verheiratet und weiss, was das bedeutet. Ich bin glücklich gewesen, weil ich Sie hatte, die ich lieben, für die ich sorgen konnte, doch so ein Ersatz ist nur für bescheidene Frauen da, nicht für Königinnen. Wenn Sie ein Kind pflegen, darf es nur Ihr eigenes sein!»

«Liebe Lehzen ... arme Lehzen!»

Plötzlich streckte sie die Arme aus, und die Baronin, dunkelrot und den Tränen nah, trat auf sie zu und wurde mit grosser Wärme umarmt.

«Sie sind so gut zu mir gewesen», flüsterte die Königin. «Glauben Sie nicht, dass ich das je vergessen habe. Sie waren wirklich meine Mutter, in allen Dingen – bis auf den Namen. Und ich habe Sie sehr lieb. Weinen Sie aber nicht, sonst fange ich auch an zu weinen!»

«Nein, Madam», murmelte die Lehzen und wischte sich die Augen. «Und quälen Sie sich nicht wegen eines Gatten; Sie tun, was Ihnen Ihr Gefühl eingibt, und immer, wenn Sie einen Kummer haben, kommen Sie zu mir! Versprechen Sie mir das!»

«Das verspreche ich», erwiderte Victoria. «Und ich werde auch wegen dieses Besuchs nicht nervös sein. Ich werde zu jedem von ihnen höflich und nett sein und wahrscheinlich alle beide wieder fortschicken. Solange ich Sie habe und Lord M., brauche ich keinen anderen Menschen.

«Und wenn Sie heiraten», bat die Baronin, «werden Sie doch immer Ihre alte Lehzen brauchen, nicht wahr? Sie werden nicht erlauben, dass ein Gemahl mich fortschickt?»

«Kein Mensch darf Sie fortschicken», versprach Victoria. «Das sollten Sie jetzt schon wissen; und es ist sehr hässlich von Ihnen, dass Sie so etwas auch nur sagen. Haben Sie denn all die Unannehmlichkeiten wegen Lady Flora vergessen? Und die Fragen, die Ihretwegen im Parlament gestellt wurden? Wenn das mich nicht irre gemacht hatte, warum sollte ich auf einen Gatten hören? Seien Sie nicht töricht, und reden Sie nicht mehr davon!»

«Gewiss nicht!» Die Lehzen lächelte. «Und Sie dürfen nicht schlaflos liegen und heute nacht an Ihre Cousins denken, sonst wären Sie, wenn Sie sie sehen, nur grob und unangenehm.»

Victoria lachte.

«Sehr wahrscheinlich! Nun, jedenfalls habe ich sie ja schon einmal kennen gelernt, wenn das auch Jahre her sein mag, und damals waren sie ganz nett. Ich glaube nicht, dass sie sich sehr verändert haben. Natürlich hat der liebe Stockmar mehr für Albert übrig; er lobt ihn immer vor mir. Was wahrscheinlich bedeutet», fuhr sie energisch fort, «dass er mir auf den ersten Blick unsympathisch sein wird. Nun, wir werden ja sehen ... und jetzt sollten Sie lieber zu Bett gehen! Es ist spät, und ich bin müder, als ich gedacht hatte.»

Sie seufzte; ihre Stimmung war wieder bedrückt, obgleich das Gespräch mit der Baronin eine Erleichterung gewesen war. Sobald die Kerzen abgebrannt wären, würde sie wahrscheinlich weinen, meinte sie gereizt. Nur noch ein Tag blieb ihr, bevor die beiden kamen und sie der ganzen verwünschten Geschichte standhalten müsste.

*

«In zehn Minuten sollten wir dort sein.» Prinz Ernst von Sachsen-Coburg-Gotha steckte die Uhr wieder in die Tasche und wandte sich zu seinem Bruder. Albert hatte aus dem Wagenfenster geschaut und das ziemlich flache grüne Land betrachtet. Es war schwer zu entscheiden, ob er en face schöner war als im Profil. Die Züge waren makellos, eine hohe Stirn, beschattet von dichtem, braunem Haar, schöne, sehr blaue, ausdrucksvolle Augen, Nase und Mund waren edel geformt, über der Oberlippe sprosste ein weicher Schnurrbart und, selbst auf dem Sitz in der Kutsche zusammengekauert, war seine Gestalt sichtlich wohlgebildet... Nur der englische Geschmack mit seinem Misstrauen gegen jede allzu regelmässige Männlichkeit hätte sein Äusseres weniger vollkommen gefunden. Ernst bildete einen armseligen Gegensatz zu seinem Bruder; er hatte ein heiteres Gesicht, dem die gemeisselte Schönheit Alberts völlig fehlte; sein Ausdruck war mehr lebendig als empfindungsvoll, und er redete auch viel mehr.

«Was für ein hässliches Land!» Albert wies mit dem Kinn nach der Gegend, die sie durchfuhren. «So flach, so ohne jede Anregung!»

«Lass es nicht gar zu sehr an Begeisterung mangeln», warnte Ernst. «Einer von uns wird vielleicht hier leben müssen, und wahrscheinlich wirst du es sein.»

«Warum ich?» fragte Albert rasch. «Warum nicht du, Ernst? Unsere Cousine wird dich mir wohl vorziehen – du bist ein viel besserer Gefährte, und wie ich höre, liebt sie fröhliche Stimmung und will sich amüsieren.»

Ernst lächelte ihm zu.

«Mein lieber Bruder, in gewisser Beziehung hoffe ich, dass sie sich mit mir anfreundet, denn ich habe das Gefühl, dass du schon verdrossen genug bist, bevor du sie auch nur gesehen hast. Nun, nun, Albert, sei nicht so griesgrämig! Ich sollte mir vor Eifersucht die Nägel kauen, weil ich auf dem Heiratsmarkt einen so schönen Bruder als Rivalen habe. Denk nur daran, was sie für eine begehrenswerte Partie ist! Und flach und nicht anregend – das ist nun einmal England! Ist es nicht ein paar Coburger Berge wert, König zu sein?»

Albert lachte.

«Prinzgemahl», stellte er richtig. «Und wenn mir Coburg

jetzt schon fehlt, da ich nur ein oder zwei Tage hier bin, um wieviel schlimmer wär's mir zumute, wenn ich für alle Zeit hier bleiben sollte. – Wie lange dauert es noch?»

«Nicht mehr lang», erklärte Ernst. «Sieh nur dort rechts! Diese grauen Türme müssen die Türme von Windsor sein!»

IV.

Victoria war ihnen auf die Treppe des Schlosses entgegengekommen. Dieses Zugeständnis war Stockmars taktvollem Hinweis darauf zu danken, dass die beiden jungen Cousins schüchtern und nach der langen Reise müde sein würden, und eine Begrüssung ohne jede Förmlichkeit würde dazu beitragen, dass sie sich heimisch fühlen könnten. Es entspreche doch nicht der nahen Verwandtschaft, sie wie Fremde in Audienz zu empfangen ... Widerstrebend hatte sie zugestimmt, weil es Stockmar gelungen war, ihr begreiflich zu machen, dass ihr Plan mehr nach Feigheit als nach Würde schmecken würde, und Feigheit war es auch; das wusste sie. Und so sah Albert seine königliche Cousine zum ersten Mal vor dem Hintergrund des Schlosses von Windsor, umgeben von Damen in farbigen Kleidern und von den Herren ihres Gefolges, und sein erster Eindruck war Erstaunen, denn sie war so schmächtig, und dennoch stellte sie in dem einfachen blauen Kleid und der federngeschmückten Haube alle andern in den Schatten. Sonst verlief die Begegnung recht verwirrend, er erinnerte sich nachher daran, dass er die Herzogin von Kent geküsst und sie ihm die Hand allzu kräftig gedrückt und sich dann abgewandt hatte. Irgendwie spürte er, dass sie aufgeregt war und sich unbehaglich fühlte. Er wusste, dass Ernst sich gut hielt; er hörte ihn etwas zu Victoria sagen und war erstaunt, dass sie laut auflachte. In Deutschland lispelten die grossen Damen nur, wenn sie sich amüsierten; und eine Königin sollte gewiss nur lächeln ...

Nachdem er und Ernst sich umgezogen und ihre Zimmer besichtigt hatten, tranken sie im Blauen Salon mit der Königin, der Herzogin und einigen andern Damen und Herren Tee. Der Blaue Salon hatte lange Fenster, die sich auf eine schöne Aussicht öffneten, den ersten angenehmen Blick, den er seit seiner Landung vor Augen bekam. Das Schloss stand auf einem Hügel, und darunter war ein Panorama von Feldern und Wäldern und der Stadt Windsor, die im Schatten der Schlossmauern wie ein Pilz wuchs. Es war alles in sehr kleinem Massstab gehalten, aber es erinnerte ihn an die Heimat. Albert schaute hinaus und vergass sekundenlang, dass man ihn neben seine Cousine gesetzt hatte, bis ihre hohe Stimme ihn in seinen Gedanken unterbrach. Es war wie eine Vogelstimme; das runde Gesicht mit der scharfen, kleinen Adlernase und den schwerlidrigen, vorgewölbten Augen gemahnte ihn an einen kleinen Adler. Als er sie vor drei Jahren zum letzten Mal gesehen hatte, war sie eine angenehmere Erscheinung gewesen, und hübsch war sie wohl nie.

«Wie finden Sie die Aussicht, Cousin?»

«Ich finde sie reizend. Wir haben in meinem Heim in Coburg eine ähnliche Aussicht, aber die Berge sind höher.»

«Wir haben nur wenige Berge in England. Ich ziehe Hügel wie diesen hier vor. Hoffentlich gefallen sie Ihnen auch besser.»

Er hatte keine Ahnung, was er antworten sollte, ohne unhöflich zu sein, und so lächelte er nur und war verdutzt, denn er sah seine Cousine erröten, als hätte er ihr ein Kompliment gemacht.

Nach kurzer Pause begann sie wieder; sie hatte den Kopf zurückgelegt und sah zu ihm auf.

«Ich selber finde Gärten sehr langweilig. Das habe ich Lord Melbourne gesagt, und er sagte, er sei ganz meiner Meinung. Er finde auch, dass ein Garten langweilig sei. Aber er liebt Blumen und weiss sehr viel von ihnen. Sie werden ihn heute abend kennen lernen, Cousin. Ich weiss, dass er Ihnen gefallen wird; er ist klug und so witzig. Ich bin ihm sehr zugeneigt.»

«Ich freue mich darauf», erwiderte er feierlich; in Wahrheit war ihm die Aussicht auf eine Begegnung mit diesem skandalumwitterten alten Mann, der im Leben der jungen Königin eine so fragwürdige Rolle spielte, ausgesprochen peinlich. Er war überzeugt, dass sie nichts gemeinsam haben konnten, und dass er, wie gewöhnlich, wenn er schüchtern und linkisch war, sobald er dem englischen Staatsmann gegenüber stand, kein Wort zu sagen imstande sein würde. Und Victoria war ihm sehr zugeneigt. Welch einen erschreckenden Nachdruck hatte sie auf dieses Wort gelegt! Mit einem Mal spürte er, dass eine Neigung Victorias ein bezwingendes Erlebnis sein konnte, und er begann hastig den Tee zu trinken, der ihm nicht schmeckte. Er war erst zwanzig und sozusagen zur Erprobung bei diesem kleinen, selbstbewussten Geschöpf, das ihn beständig mit den hellen Augen musterte und dessen Wangen mit jeder Minute röter wurden. Er wünschte, sie würde sich abwenden und mit Ernst reden.

Victoria spürte nichts von seiner Verlegenheit, denn er liess sich nichts anmerken. Sein ungewöhnlich schönes Gesicht war blass und gesammelt; wenn er ihr keine unmittelbare Antwort gab, so lächelte er, und so empfindlich und auf ihre Würde bedacht sie auch anfangs gewesen war, konnte sie doch nicht leugnen, dass sein Lächeln sehr reizvoll wirkte. Wenn er aus dem Fenster schaute, statt ihr seine Aufmerksamkeit zuzuwenden, hatte sie nicht übel Lust, ihn am Ärmel zu zupfen.

Die Teegesellschaft dauerte eine Stunde. Die beiden jungen Leute widmeten sich auch der Herzogin von Kent, erkundigten sich nach gemeinsamen Verwandten und machten eine Weile Konversation mit ihr, bevor sie wieder ihre Plätze neben der Königin einnahmen. Ernst redete ziemlich viel; er war lebhaft und freundete sich rasch mit einigen der Hofdamen an, doch nach einigen scherzhaften Bemerkungen wandte Victoria ihre Schulter einige Zoll von ihm ab, und er verstand den Wink. Was sie sagte – über das Wetter, die Landschaft, über die Einzelheiten ihrer Reise – war zumeist an seinen Bruder Albert gerichtet.

*

«Nun, Bruder, es ist wohl kein Zweifel daran, wen von uns sie begünstigt.» Ernst gähnte, und aus seinem Gähnen wurde ein Lächeln. «Keine Spur von einem Zweifel. Nie habe ich eine ausdrucksvollere Schulter gesehen; ja, ich kenne ihre Schulter besser als ihr Gesicht, denn die Schulter hat sie mir ungefähr den ganzen Abend lang zugewandt.»

«Du solltest keine Witze machen, Ernst. Ich bin überzeugt, dass sie das nicht so gemeint hat.»

Albert liess sich in einen Sessel sinken und betrachtete die Spitzen seiner Ballschuhe. Nach dem Tee war ein kleiner Spaziergang durch den Garten unternommen worden, und dann folgte eine kurze Rast, in der die Königin und ihre Damen sich zurückzogen und die Herren ihre Zimmer aufsuchten. Das Abendessen war endlos gewesen; Albert zählte die Gänge gar nicht mehr, die gereicht wurden, und bemerkte nur, dass seine Cousine Victoria keinen ausliess, und dass ihre Tischmanieren, wie ihm das schon hinterbracht worden war, sehr individuell waren. Nach Tisch versammelte man sich in dem Gelben Salon, einem riesigen Raum, dessen Einrichtung eine Mischung des Stils der Régence und Louis XVI. bildete. Er hatte das als schrecklich steif und veraltet empfunden und fragte sich, wie eine Frau sich, von soviel Prunk umgeben, behaglich fühlen konnte. Auf Victoria aber hatte das keine ersichtliche Wirkung, sie war während der Mahlzeit sehr heiter gewesen, hatte ihn mit Fragen überschüttet, hatte ihm vom Besuch ihres Onkels Leopold erzählt, der im August in England gewesen war, und tat alles, um ihren Nachbarn zu unterhalten. Er würdigte das, und sie gefiel ihm besser als am Nachmittag. Und ihre Schuld war es nicht, dass er sich einsam und gehemmt fühlte.

Nach Tisch hatte er sich mit Lord Melbourne unterhalten. Er merkte, dass Victoria sie beobachtete, und spürte, wie sehr ihr daran lag, dass er Melbournes Billigung finden sollte. Und dieses Bewusstsein schüchterte ihn nur noch mehr ein. Es war nicht möglich, den Engländer unsympathisch zu finden oder zu argwöhnen, dass dessen Freundlichkeit unaufrichtig sein könnte. Es war nur schwierig, weil ihm die heitere Konversation nicht lag, die an diesem eigentümlichen Hof die Regel zu sein schien, und weil Melbourne jeden Versuch eines ernsthaften Gesprächs mühelos abwehrte. Er hatte sich von dem Premierminister mit dem unbehaglichen Eindruck getrennt, dass Melbourne ihn harmlos, aber langweilig fand; beinahe konnte er ihn das sagen hören.

«Wenn sie mir mehr Aufmerksamkeit geschenkt hat als dir, so kann ich das nicht verstehen», sagte er zu seinem Bruder. «Wahrscheinlich hat sie versucht, nett zu sein, weil sie spürte, dass ich mich nicht sehr behaglich fühlte.»

«Unsinn!»

Ernst trat zu ihm. Er hatte seinen schönen Bruder sehr lieb; keiner wusste besser als er, wie angestrengt Leopold und Stockmar tätig gewesen waren, um die Heirat mit der Cousine in England zustande zu bringen, und wie pflichttreu Albert sich auf den Fall vorbereitet hatte, dass er erwählt werden sollte; er wusste aber auch, dass alles, was in seinem Bruder an Empfindlichkeit, an Stolz, an Unsicherheit war, sich gegen diese Aussicht wehrte.

«Du unterschätzt dich, Albert», sagte er fest. «Und vielleicht überschätzst du die Gutmütigkeit unserer kleinen Cousine. Sie war ganz offenbar entzückt von dir, ebenso wie ich ihr gar keinen Eindruck gemacht habe – hör mir einen Augenblick lang zu ... mein lieber Bruder, wir haben doch nie Geheimnisse voreinander gehabt, nicht wahr?»

Albert schüttelte den Kopf und lächelte.

«Nie. Du bist mein bester Freund gewesen, Ernst, und das wirst du immer sein.»

«Dann wollen wir doch offen über die Sache reden. Seit unserer Kindheit wurden wir mit der Voraussetzung erzogen, dass einer von uns die Königin von England heiraten solle. Wir haben das als gegeben erachtet, aber ich selber habe auch erkannt, dass die allgemeine Meinung sich eher dir zuwendete als mir. Du wusstest es auch, denn du hast ihr geschrieben, du würdest deine Bewerbung zurückziehen, wenn sie nicht zu einem Entschluss käme. Daran erinnerst du dich doch!»

«Ich weiss, dass ich das getan habe!» Albert seufzte. «Ich weiss, dass alles, was du sagst, wahr ist. Als ich ihr diesen Brief schrieb, hatte ich es ernst gemeint. Ich hatte mich zurückgezogen. In meinem Herzen hoffte ich vielleicht, dass ich es tun könnte. Und seither habe ich sie nie wiedergesehen.»

«Und jetzt, da du sie gesehen hast – wie ist dir zumute? Angenommen, dass ich recht habe und sie sich entschliesst, dich zu heiraten ...»

Ernst sass auf der Armlehne des Stuhls und legte die Hand auf die Schulter seines Bruders. Langsam schüttelte Albert den Kopf.

«Ich weiss nicht; ich kann mir nicht vorstellen, dass es dazu kommt.»

Ernst sah auf ihn hinunter, und als Albert den Kopf hob und seinen Bruder ansah, sagte Ernst: «Du magst sie nicht! Stimmt's?»

Sekunden vergingen, bevor Albert antwortete.

«Nein. Nicht sehr.»

Danach sagte keiner von beiden ein Wort. Sie umarmten einander, und Ernst ging durch den Korridor in sein Zimmer. Alberts Kammerdiener erschien, half ihm beim Auskleiden und löschte die Kerze aus. Aber es dauerte lange, bis er eingeschlafen war.

*

Zum ersten Mal war Victoria zurückhaltend, als die Lehzen kam, um ihr gute Nacht zu sagen. Sie begriff nicht völlig, warum sie persönlichen Bemerkungen über ihre Cousins auswich, während sie doch sonst so frei über alle andern Menschen sprach. Vielleicht rührte es daher, dass die Baronin ein allzu grosses Interesse zeigte und sie allzu eifrig ausfragte; vielleicht war sie auch durch ihre eigenen Gefühle ein wenig verwirrt. Es war ein langer, überfüllter Tag gewesen, aber nicht schwierig oder ermüdend, wie sie vermutet hatte. Ja, sie habe sich gut unterhalten, erzählte sie der Lehzen, es sei recht heiter gewesen, und die beiden Prinzen, Ernst und Albert, seien sehr nett. Ja, jeder sei nett gewesen, die Unterhaltung während des

Abendessen sei gut und mühelos verlaufen; und nachher im Salon war die Stimmung doch auch durchaus angenehm gewesen. Die Lehzen hatte das ja selber miterlebt ... sei sie nicht auch dieser Meinung? Ja, die Baronin war auch dieser Meinung. Es hatte sie sehr interessiert, zuzusehen, wie die beiden jungen Prinzen sich mit Lord Melbourne angefreundet hatten. Prinz Ernst habe sich anscheinend behaglicher gefühlt als sein Bruder, sagte sie leichthin; und ihre Vermutung wurde durch Victorias rasche Zurechtweisung nur bekräftigt. Ernst sei sehr sympathisch, aber mit Albert könne er nie an Charme wetteifern. Ihrer Ansicht nach, habe Lord Melbourne Albert vorgezogen, obgleich er zu taktvoll war, um das merken zu lassen. Und jetzt, da morgen wieder ein geschäftiger Tag sie erwartete, wolle sie ihrer liebsten Lehzen gute Nacht sagen ...

*

Als sie allein war, ging Victoria an ihren Schreibtisch und schlug ihr Tagebuch auf. Mindestens eine Stunde jedes Tages wandte sie daran, ihre Tätigkeit, ihre Gedanken und ihre Gefühle in allen Einzelheiten hier einzutragen; das Tagebuch empfing Geständnisse, die selbst vor der Baronin geheim blieben. Wie neugierig war die Lehzen gewesen ... sonst hätte sie das gereizt, heute abend aber fühlte sie sich zu glücklich, um gegen irgendwen grob zu sein. Und nicht nur glücklich, sondern aufgeregt, als müsste etwas Wundervolles geschehen. Victoria legte die Feder hin und drückte eine Hand gegen die Wange. Die Wange war wieder rot geworden.

Ja, es war ein entzückender Tag gewesen. Wie seltsam, sich vorzustellen, dass sie Angst davor gehabt, dass sie versucht hatte, ihn aufzuschieben. Jetzt schien es unglaublich, dass sie sich nur zwei Abende vorher bei der Lehzen bitter beklagt und in den Schlaf geweint hatte, weil ihre Cousins erwartet wurden. Sie waren doch so nett. Nach Kräften bemühte sie sich, an Ernst zu denken, und wie sympathisch er war; doch Alberts Züge verdrängten ihn beständig. Ernst war wie eine Menge junger Leute, gesprächig und heiter und durchschnittlich, wenn aber Albert sprach, so hörte man zu, weil man wusste, dass, was er sagte, von Bedeutung war. Er war so anders. Anders als die jungen Engländer, die an den Hof kamen, anders als der russische Grossfürst, der ihr vorher in diesem Jahr einen Besuch abgestattet und eine romantische Wallung bewirkt hatte, die sich aber in Heiterkeit auflöste, denn er war tatsächlich ein Barbar und an eine Verbindung war nicht zu denken ...

Es war so schwer, sich über Albert klar zu werden oder zu verstehen, warum der Anblick dieses edlen Profils oder der Charme seines seltenen Lächelns einen so nagenden Schmerz in ihrem Herz wecken sollte – sie schon jetzt veranlasste, Ausreden zu erdenken, um den Besuch zu verlängern, der doch eben erst angefangen hatte.

Sie tauchte die Feder in das goldene Tintenfass, denn die Tinte war angetrocknet, während sie vor dem Tagebuch sass und nachdachte. Langsam begann sie zu schreiben, bedeckte die Seiten mit der Schilderung der Ereignisse des Tages; der Tee, der Spaziergang durch den Garten, die Abendgesellschaft, da sie ausnahmsweise nicht Melbournes Gesprächen lauschte, weil sie lebhaft damit beschäftigt war, mit einem andern zu reden. Und schliesslich ihre eigenen Gefühle; die Gefühle, die sie der Lehzen nicht mitteilen konnte und selber kaum begriff.

‚Ernst ist sehr nett und sehr liebenswürdig.' Mit diesen wenigen Worten verdrängte die Feder ihn aus Victorias Leben.

‚Aber Albert – Albert ist schön.'

*

In den folgenden drei Tagen wurde es offenbar, dass eine Wandlung mit der Königin vorgegangen war. Da bedurfte es nicht des ängstlichen Flehens der Lehzen noch der Seitenblicke der Damen. Es hatte keinen Sinn, dass die Herzogin von Kent sich beklagte, sie sei bei diesem persönlichsten Problem der Zukunft ihres Kindes die letzte, die unterrichtet würde; die Ankündigung, wenn sie käme, könnte nur noch eine Enttäuschung sein. Die Königin war offen und rückhaltlos in Albert verliebt. Die königliche Gesellschaft unternahm lange Ritte durch den Park von Windsor, und eine stille Vereinbarung erlaubte, dass Victoria und der Prinz weit voran galoppierten. Sie verschwanden für verschwiegene Spaziergänge in den Gärten des Palastes und das trotz dem ungünstigen Oktoberwetter; Abend für Abend ging sie an seinem Arm zur Tafel, und der Platz neben ihr auf dem Sofa, der einst Melbournes Vorrecht gewesen war, gehörte jetzt Albert. Sie schien immer zu lachen, immer zu erröten, schaute zu seinem Antlitz auf wie ein verzückter kleiner Vogel; sie arbeitete an ihren Akten, las, machte Notizen, unterschrieb mit wütender Energie, weil sie darauf brannte, ihren Cousin aufzusuchen.

Wenn jemand bemerkte, dass der Prinz seit seiner Ankunft blasser sei, oder dass sein Benehmen keineswegs mit der Rolle eines glühenden Bewerbers in Einklang stand, so war das bald vergessen. War er ruhig und niedergeschlagen, so achtete kein Mensch darauf. Er gab sich alle Mühe; er lächelte über Victorias Spässe, machte ihr schüchterne kleine Komplimente und sagte sich immer wieder, dass dies sein Geschick sei und er nicht das Recht habe, davor zurückzuweichen. Sie war zärtlich, gütig, nachdenklich ... sie hatte viele Vorzüge, sagte er sich bekümmert; es war ja nicht ihre Schuld, wenn sie ihn kalt liess. Und sie liebte ihn. Auch sich selber wollte er nicht eingestehen, dass es ihre Liebe war, was ihn am meisten beunruhigte. Ernst und er hatten offen darüber geredet und Ernst hatte auf die ungeheuren Vorteile einer Ehe hingewiesen, bei der zum mindesten bei der einen Seite echte Neigung vorhanden war. Die meisten Heiraten in Herrscherhäusern waren kaltblütig abgeschlossene Geschäfte; es war geradezu erfrischend, Victorias Liebe zu beobachten. Und es würde seine Stelle als Prinzgemahl so sehr erleichtern, wenn er eine liebende Frau hatte. Sie würde alles tun, um ihn glücklich zu machen; dessen war Ernst gewiss. Schon jetzt gab sie sich unendliche Mühe, ihm zu gefallen, hing an seinem Munde, fragte ihn nach seiner Ansicht. Und war sie andern Leuten gegenüber ein wenig hochfahrend, so war sie zu Albert die Güte selbst. Er stimmte allem zu, was sein Bruder sagte, denn es war wirklich so, und doch machte es ihm die Aussicht nur noch schwerer. Wenn sie weniger eifrig wäre, sagte er unglücklich, weniger blind in ihrer Verliebtheit ... eine Heirat ohne Liebe, das war es, worauf er gefasst gewesen war, mit Ruhe und Würde geschlossen, eine Ehe, bei der er, in seiner fürstlichen Eigenschaft, als künftiger ‚Gehilfe' gewählt worden wäre. Er hatte nie gewünscht oder vermutet, dass er der Gegenstand einer romantischen Leidenschaft sein würde. Leidenschaft war das Wort, über das er stolperte, und zum ersten Mal begriff Ernst die Angst, die sich dahinter verbarg. Albert gab unglücklich zu, dass er nichts für Victoria empfand. Nicht das Geringste – ausgenommen Dankbarkeit, weil sie sich solche Mühe gab, ihm zu gefallen, ihm einen herzlichen Willkomm zu bereiten. Seine Gefühle blieben unberührt, und was er am ersten Abend nach der Ankunft in Windsor gesagt hatte, galt noch immer. Es gab Dinge an ihr, die ihm ausgesprochen missfielen. Sie war eigensinnig. Sie war hochfahrend. Sie liebte den Prunk und genoss ihre Stellung. Sein weibliches Ideal war in all diesen Punkten völlig entgegengesetzter Art. Demut, Weiblichkeit, Bescheidenheit, Sanftheit. Das Landleben langweilte sie, früh zu Bett zu gehn, war lächerlich, ein schlichtes Leben war für das gemeine Volk, nicht aber für Hochstehende. Ihre Geschmacksrichtungen kontrastierten heftig mit seinen. Ruhe und geistige Beschäftigung, das Studium der Wissenschaften und der Philosophie – kein Hauch von all dem war in Victoria und in den Menschen, die sie umgaben. Die Unterhaltung war entweder leichtfertig oder aus Gemeinplätzen zusammengesetzt. Sie war schrecklich unwissend; das wenigstens vermutete er. Wann immer er versuchte, sie für ein ernstes Thema zu interessieren, wandte sie das Gespräch auf andere Dinge. Die ganze schottische Geschichte hatte sie überschlagen; es seien zu viele James darin und zu viele Morde. Und lachend erklärt sie ihm, das sei auch die Ansicht ihres lieben Lord Melbourne. Und sei das nicht ebenso wahr wie witzig?

Am Ende wusste Ernst nichts zu sagen, was ihn aufheitern konnte. Er würde zur rechten Stunde eine Weisung erhalten und dann seinen Antrag vorbringen. Und wenn dieser Augenblick kam und Albert sicher war, dass sie ihn gewählt hatte, dann müsste er sein Bestes tun, um seine Familie nicht zu enttäuschen.

*

Am 13. Oktober liess Victoria Melbourne rufen. Er kam zu ihr in das kleine Boudoir, das nach der selben Landschaft blickte, die Albert bewundert hatte, und traf sie dort an, wie sie auf ihn wartete und ihm zulächelte. Ach, wie jung sie aussah, dachte er schmerzlich. Noch keine zwanzig und schon im Begriff, diesen gewaltigen Schritt ins Leben zu tun; denn er wusste genau, weshalb sie ihn gerufen hatte.

Ohne ein Wort streckte sie die Hand aus und zog ihn neben sich.

«Mein lieber Lord M., ich bin so glücklich, und ich möchte, dass Sie es als erster wissen sollen. Ich habe mich entschlossen, meinen Cousin Albert zu heiraten.»

«Darf ich sagen, dass ich nicht überrascht bin, Madam? Und darf ich auch sagen, dass er, meiner Ansicht nach, der glücklichste junge Mann auf der ganzen Welt ist?»

Er küsste ihr die Hand, und als er aufsah, merkte sie, dass ihm die Tränen in den Augen standen.

«Sie haben ihn doch auch gern, nicht wahr?» fragte sie. «Es ist so wichtig für mich, dass Sie beide Freunde werden.»

«Ich habe ihn sehr gern», erwiderte er feierlich. «Und ich glaube, dass Sie einen sehr weisen Entschluss gefasst haben. Es ist undenkbar, dass Sie, in Ihrem Alter, weiterhin allein die Bürde tragen sollten. Er wird ein ausgezeichneter Gatte sein, und er wird immer an Ihrer Seite stehen. Nicht wie ein Premierminister. Das sind, wie wir beide wissen, zeitgebundene Geschöpfe.»

Ihre Augen öffneten sich weit.

«Ach, in diesem Licht sehe ich Albert nicht», sagte sie. «Von der Politik sollte er nichts wissen. Aber es wird so reizvoll sein, die Mussestunden mit ihm zu teilen. Er ist der vollendetste Gefährte und, Lord M., ich werde nie müde, ihn anzusehen. Halten Sie mich für sehr töricht?» fragte sie scheu.

«Nein, gewiss nicht.» Er lächelte. «Er ist ein ungewöhnlich schöner junger Mann und, Gott sei Dank, kein Narziss. Das wäre keinesfalls das Richtige gewesen. Jedermann wird Ihre Wahl billigen. Und ich selber? Nun, alles, was ich wünsche, ist, dass er Sie glücklich machen soll. Und ich habe die Überzeugung, dass er das tun wird.»

«Ich auch», sagte Victoria selig. «Das Leben ist doch wirklich wundervoll; nicht wahr? Gerade das, was ich am meisten gefürchtet habe, ist jetzt der sehnlichste Wunsch meines Herzens. Wenn ich nur daran denke, dass ich gesagt habe, ich würde nie heiraten!» Sie lachte zu ihm auf. «Vielleicht bin ich unmädchenhaft, aber ich kann es gar nicht erwarten, ihn die ganze Zeit bei mir zu haben. Ich liebe ihn so sehr, Lord M., und ich bin so glücklich!»

«Wenn Sie es sind», sagte er gütig, «dann bin ich es auch. Gott segne Sie, Madam!»

Langsamer verliess er das Zimmer, als er es betreten hatte. Sie war glücklich, und weil er selber sie so zutiefst liebte, musste er sich für sie freuen, ob er wollte oder nicht. Doch um seiner selbst willen war er traurig. Natürlich würde sie heiraten und ihre Liebe auf einen Mann ihres Alters übertragen; das harmlose Idyll, das sein leeres Leben erfüllt hatte, musste ja eines Tages ein Ende nehmen; das hatte er immer gewusst. Sie war energisch und leidenschaftlich und in der einzigartigen Lage, selber ihre Wahl treffen zu können. In seinem Herzen aber hatte er gehofft, sie würde doch nicht so bald zu einem Entschluss gelangen. Und gemischt mit seinen eigenen Gefühlen regte sich auch ein ganz uneigennütziges Bedauern. Er hätte gern gefühlt, dass die Liebe, der sie sich so grossherzig erschloss, auch erwidert würde. Und das war nicht der Fall. Das hatte er gesehen, und das verdross ihn. Doch er verdrängte diesen Groll.

Albert war kein Abenteurer; er war vor allem überempfindsam, und wie all diese Deutschen war er erzogen worden, als ob es eine Sünde wäre zu lachen. Er war scheu und vereinsamt und von der Pflicht beherrscht. Und vielleicht, so dachte Melbourne, schüchterte der starke Charakter seiner Cousine ihn ein. Waren sie erst einmal verheiratet, so würde er sie zu schätzen lernen; die Liebe zu ihr würde wachsen. Und um ihretwillen, um ihr Glück zu sichern, würde er Albert auf jede mögliche Art helfen.

Am nächsten Morgen war es Albert, der das kleine Boudoir betrat und sich neben Victoria auf das Sofa setzte. Ihr Gesicht war stark gerötet, sonst aber war sie ruhig. Sie sassen nebeneinander, Victoria sehr gestrafft, die Hände im Schoss gefaltet; doch ihr entschlossenes Wesen strafte diese spröde Haltung Lügen. Und dann machte Victoria ihm ganz unverhohlen einen Heiratsantrag.

«Mein lieber Cousin», begann sie, «ich habe Ihnen etwas zu sagen und Sie auch etwas zu fragen. Hoffentlich werden Sie Geduld mit mir haben, denn es ist nicht leicht.» Sie zauderte sekundenlang, und das Rot ihrer Wangen vertiefte sich. «In diesen Tagen, seit Sie hier sind, haben Sie mein Herz vollständig erobert. Und es würde mich ausserordentlich glücklich machen, wenn Sie bereit wären, mein Leben zu teilen.»

Er hätte nie ablehnen können; nie hätte er vermocht, sie zu kränken und zu sehen, wie der erwartungsvolle, beinahe schüchterne Ausdruck ihrer Züge sich in Schmerz und Enttäuschung wandelte. Es war unmöglich, etwas anderes zu tun, als ihre Hand zu heben und zu küssen.

«Nichts könnte mich glücklicher machen», sagte er.

«Für Sie wird es ein Opfer sein», fuhr Victoria fort. «Es wird bedeuten, hier zu leben, Ihre Familie und Ihre Heimat zu verlassen, und ich weiss, wie sehr Sie beide lieben. Das einzige, was ich befürchte, ist, dass ich Ihrer nicht würdig sein könnte.»

Das alles war, wie es sein musste; hohe, adlige Gesinnung war immer Triebfeder seines Wesens, und in einem Impuls, darin sich Rührung und Mitleid mischten, beugte er sich zu ihr und küsste zum ersten Mal ihre Wange.

«Ich bin es, der versuchen muss, Ihrer würdig zu sein», sagte er. «Liebe Cousine – ich werde immer mein möglichstes tun.»

Er merkte, dass sie ihre Arme um seinen Hals gelegt hatte, und dass ihr Kopf auf seiner Schulter ruhte. Gütig küsste er sie auf die Stirne.

«Ich bin so glücklich, Albert, so schrecklich, schrecklich glücklich!»

Und abermals blieb ihm nichts anderes zu sagen übrig als: «Liebste Victoria, auch ich bin glücklich.»

*

Und auch eine Menge anderer Leute war glücklich. König Leopold weinte Tränen gefühlvoller Freude; Stockmar, auf Ferien in Deutschland, dankte Gott dafür, dass alles gekommen war, wie er es erhofft hatte, und las nochmals Alberts Brief, worin der junge Prinz den Heiratsantrag der Königin schilderte und schrieb, wie sehr ihn das gerührt habe, und wie grossherzig und liebenswürdig sie sei. In Deutschland und in der nähern Umgebung der Königin waren alle entzückt. Victoria las vor dem Parlament eine Erklärung, darin sie ihre Absicht kundgab, und schrieb lange Liebesbriefe an Albert, der zu einem letzten Besuch vor der Heirat nach Coburg zurückgekehrt war. Sie wünschte, er wäre hier, schrieb sie leidenschaftlich, sie wünschte, er hätte den Jubel des Volkes hören, die Atmosphäre allgemeiner Genugtuung spüren können. Vor allem aber brauche sie ihn neben sich und zähle die Tage, bis er zurückkehrte, um sie nie – dieses Wort unterstrich ihre Feder – wieder zu verlassen.

Zu ihrer Tante, der gefürchteten alten Herzogin von Gloucester, sagte sie, sie habe nie erwartet, so glücklich zu sein, und sie habe jede Scheu vor ihrem Auftreten im Parlament überwunden. Was hätte schliesslich eine härtere Prüfung sein können, als dass sie Albert selber einen Heiratsantrag gemacht hatte? Und sie hatte es tun müssen, denn er hätte nie gewagt, die Hand der Königin von England zu verlangen...

Als sie das hörte, lächelte die alte Herzogin grimmig. Die Coburg-Partei mochte triumphieren, die alte Dame aber hatte das Gefühl, dass die Coburger bei ihrer Nichte nur wenig zu gewinnen hätten.

In überströmendem Gefühl hatte die Londoner Volksmenge Victoria zugejubelt, und als die Neuigkeit verkündet wurde, liefen freundliche, loyale Botschaften ein. Doch wie Sonnenstrahlen vor einem Wolkenbruch, wurden sie bald verdüstert. Die Tory-Partei und -Presse und ein grosser Teil der Bevölkerung wartete nur auf eine Gelegenheit, um ihre Verdrossenheit gegenüber der Königin und allem, was mit ihr zusammenhing, merken zu lassen.

Die Männer, die durch die Weigerung der Königin, die Damen ihrer Umgebung zu entlassen, um Ämter gekommen, von allen Einladungen ausgeschlossen, durch wiederholte Zurückweisungen gekränkt waren, schlossen sich zusammen, um sich zu rächen.

Melbourne, durch seine Überheblichkeit verblendet, hatte keine Ahnung, wie verhasst sein Idol war. Er brachte vor das Parlament das Gesetz, das für den künftigen Gatten der Königin eine Apanage von fünfzigtausend Pfund vorsah, und erwartete zuversichtlich, dass die Angelegenheit glatt erledigt werden würde.

Doch das Gesetz stiess auf die heftigste Opposition; der Bräutigam der Königin wurde als ein Hungerleider, eine Null verhöhnt. Alberts Religion sei nicht ganz deutlich erkennbar, meinte ein Abgeordneter, und der Argwohn wurde laut, dass Victorias Auserwählter insgeheim Papist sei. Sein Onkel Leopold hatte, als er König der Belgier wurde, eine Papistin geheiratet – wie könnte das Land sicher sein, dass nicht auch dies eine römische Verschwörung sei, um das Pfaffentum in England einzuführen?

Alberts Protestantismus müsse zur Befriedigung des Volkes eindeutig festgelegt werden; und die Summe, die Ihrer Majestät Regierung ihm zu bewilligen vorschlug – Ihre Majestät erkannte doch bestimmt, wie unangemessen sie war. Wofür sollte

sie denn ausgegeben werden? Der betreffende Herr mochte wohl der Gatte der Königin sein, aber dass er für das Land auch in anderer Beziehung ein Gewinn war, müsste er doch noch beweisen ...
Sogar einige Bischöfe, von den Gerüchten eines verborgenen Hangs zum Pfaffentum angestachelt, sprachen im Oberhaus mit unchristlicher Heftigkeit. Über die Apanage wurde in sämtlichen Zeitungen kritisch geschrieben, Bilder des zukünftigen Prinzgemahls mit geflickten Hosen und mit ausgestreckter Hand wurden auf den Strassen verkauft, und als die Frage seines Vortritts sich stellte, da erhoben sich die königlichen Onkel, deren Hoffnung auf ein Erbrecht durch die bevorstehende Heirat zum Scheitern verurteilt war, zu gemeinsamem Protest. Es war selbst für Melbourne offenkundig, dass das Parlament sie gegen die Wünsche der Königin unterstützen würde; und so zog er das Gesetz zurück. Alberts Stellung müsste durch einen Ratsbeschluss geregelt werden; auf diese Art konnten wenigstens die Einzelheiten der Sache geheim bleiben.

*

Mr. Greville, der in seiner Eigenschaft als Sekretär viel Zeit im Buckingham Palast und in Windsor verbrachte, nahm die Wut und die Demütigung der Königin mit wenig gütiger Erheiterung zur Kenntnis. Er merkte auch, dass Melbourne unter dem Druck zu leiden schien. Er wurde immer grauer und magerer; seine Bewegungen waren langsamer geworden, als spürte er eine unerträgliche Erschöpfung. Es war sehr wohl bekannt, dass Victorias Laune und ihre Zunge keinen Menschen verschonten. Die Herzogin von Kent war heftig gescholten worden, weil sie unaufgefordert die Gemächer ihrer Tochter betreten hatte. Es gab Tränen und schlimme Szenen, wenn die Zeitungen kamen, und das Gerücht wollte sogar wissen, dass auch der begünstigte Minister einige Male gereizte Worte über sich ergehen lassen musste. Eines Tages, als Greville in einem Korridor des Buckingham Palace Melbourne begegnete, hielt er ihn an. Victoria war überredet worden, sich mit einer auf dreissigtausend Pfund herabgesetzten Apanage für Albert zufrieden zu geben und auf den Anspruch eines Vortritts vor ihren Onkeln zu verzichten. Das war ein Triumph für ihre Feinde, aber auch für Melbourne. Greville hatte ihn nie gemocht, doch er konnte sich vorstellen, welcher Takt, welche Geduld aufgeboten worden sein musste, um die Königin davon abzuhalten, auf ihren Wünschen zu bestehen und noch weitere Schwierigkeiten herbeizuführen.

«Guten Morgen Mylord. Sie sind ja schon sehr früh hier!»

Mit einer müden Geste strich Melbourne sich das Haar von der Stirne.

«Ich komme gerade von der Königin», sagte er. «Der Teufel hol's, Greville – ich hatte keine Ahnung, dass so viele Fäden miteinander verknüpft werden müssten, wenn eine Königin heiratet.»

«Die wichtigeren Probleme scheinen doch gelöst zu sein», erwiderte Greville. «Und hoffentlich ernten Sie auch den Lohn, den Sie verdienen. Sie haben mit der Lenkung der Königin wahre Wunder vollbracht.»

«Bei Gott», sagte Melbourne, «ich bin morgens, mittags und abends damit beschäftigt.»

Greville sah ihm nach und lächelte. Sie musste ihm die Hölle heiss gemacht haben! Und wenn Melbourne mit seiner Erfahrung, seinem Charme es aufreibend fand, wie würde erst dieses steife junge deutsche Prinzlein abschneiden, sobald einmal die ersten Freuden des Ehelebens vorüber waren...

*

Zum zweiten Mal in diesem Jahr fuhr Albert vor dem Schloss Windsor vor. Doch diesmal war Ernst nicht mehr bei ihm, und er wusste, dass es keine Rückkehr nach Coburg mehr gab. Als Victoria ihn empfing, war sie allein, und statt der üblichen verwandtschaftlichen Begrüssung, trat sie auf ihn zu, errötete und bot ihm ihre Lippen dar. Er entdeckte, dass an diesem ersten gemeinsamen Abend noch ziemlich viele Küsse von ihm erwartet wurden; er merkte, dass ihre Hand beständig nach seiner suchte, ihre Augen immer mit jenem Ausdruck unschuldigen Eifers auf ihn gerichtet waren, den er so verwirrend fand. Er war schrecklich müde, und seine Stimmung sank; jede Erinnerung an die glücklichen, in seiner Heimat in Coburg verbrachten Monate, an die Zärtlichkeit seiner Familie, an das stille Landleben, vor allem an die Einsamkeit, die er liebte, überfiel ihn jetzt, quälte ihn mit Heimweh und mit der Angst vor der Zukunft. Wer war denn dieses heissblütige kleine Geschöpf, das sich so an ihn drängte und redete und redete und sich die Herrenrolle anmasste? War es möglich, dass sie binnen weniger Monate wirklich seine Frau sein sollte, dass der Trost, sich in seine eigenen Gemächer zurückzuziehen, ihm dann versagt wäre? Dass sie ihm auch dorthin folgen würde?

Er kannte sie ja nicht einmal. Und doch sollte das ganze übrige Leben an ihrer Seite verstreichen. Er würde sie umarmen müssen, nicht wie es sich ziemte und mit einem Auge nach der Türe, sondern auf eine Art, die er tief unschicklich fand, weil jede Liebe fehlte; ja, fast ohne jede Neigung.

«Du hast mir so schrecklich gefehlt, Liebster», sagte sie. «Und ich war so aufgeregt bei dem Gedanken, dass du heute kommen würdest! Ich habe diese Nacht überhaupt nicht schlafen können. Ach, Albert, bist du nicht auch froh darüber, dass wir wieder beisammen sind?»

«Natürlich bin ich froh, liebe Cousine», sagte er schnell. «Und wenn du nicht geschlafen hast, musst du ja müde sein. Ich möchte dich nicht aufhalten. Es ist schon spät...»

«O nein, jetzt bin ich nicht müde!» Ihre Augen glänzten vor Tatenlust. «Nicht, wenn du hier bist! Und du darfst mich auch nicht länger Cousine nennen. Du musst ‚Victoria' sagen, oder was du sonst gern sagen willst... in kurzer Zeit sind wir doch Gatte und Gattin», fügte sie hinzu.

«Ja, Victoria.»

«Ich habe dir so viel zu sagen, dass ich gar nicht weiss, womit ich anfangen soll! Zunächst ist die Frage deiner Apanage erledigt worden. Du bekommst von der Zivilliste dreissigtausend Pfund. Das Parlament hat das Gesetz angenommen.»

«Ich weiss», erwiderte er, «aber Stockmar hat mir auch gesagt, dass es üblich sei, dem Gatten einer Königin mehr zu bewilligen.» Er wandte sich zu ihr, und seine Stirne runzelte sich. Stockmar hatte ihm in aller Unschuld gesagt, was der Prinz zu erwarten habe, und das, bevor die Diskussion bis nach Deutschland gedrungen war. Das Geld selbst war nicht so wichtig, aber die Vorstellung, dass das englische Parlament ihm weniger bewilligt hatte, war doch sehr bezeichnend.

«Die Zeiten haben sich geändert», sagte Victoria schnell. «Und wie Lord Melbourne meint, wäre es töricht, nicht zu nehmen, was man kriegen kann. Zudem wirst du ja auch mit dieser Apanage kein armer Mann sein.»

«Ich bin nie reich gewesen», betonte er. «Und das macht mir nichts aus. Aber ich möchte lieber gar nichts haben, als fühlen zu müssen, dass dein Volk mir gegen seinen Willen ein Zugeständnis macht.»

‚Dein Volk'. Er hatte das nicht sagen wollen, und er sah, wie sie sich aufreckte.

«Es wird auch dein Volk sein, Albert. Nicht in demselben Sinn, wie es mein Volk ist, weil ich die Königin bin, aber sobald du mich heiratest, wirst du zum Engländer werden.»

«Ich weiss das zu schätzen.» Auch er verhärtete sich. «Aber bis dahin habe ich noch meinen persönlichen Stolz.»

«Und ich auch!» antwortete Victoria so scharf, dass sie selber erstaunt war. Aber nachdem sie sich so sehr bemüht hatte, alles mögliche für ihn zu erreichen, nach all den Kämpfen, nach den Kränkungen, die sie allein zu tragen gehabt hatte, und von denen er nichts wusste, war es wirklich allzu aufreizend, dass er sich beschwerte.

«Da du mein Gatte sein wirst, ist mein Stolz ebenso sehr getroffen. Glaub mir, genau wie du hätte ich vorgezogen, dass mein Parlament die übliche Summe bewilligt hätte. Ich habe alles getan, was in meiner Macht stand. Und da wir über diese Frage sprechen, Albert, mein Lieber, muss ich dir auch gleich sagen, dass die Tories für diese Herabsetzung der Apanage verantwortlich sind. Ich wünsche nicht, dich in die Politik hineinzuziehen, das wäre sehr unkorrekt gegen dich, aber die Tories sind ganz unerträglich. Ich habe nichts mit ihnen zu tun, und ich weiss, dass du die gleiche Haltung einnehmen wirst.»

«Ich hatte noch keine Zeit gehabt, zu erwägen, welche Haltung ich einnehmen werde.» Seine Stimme zitterte vor Ärger. Keine Frau hatte je in seinem Leben so zu ihm geredet. ‚Ich wünsche nicht, dich in die Politik hineinzuziehen!‘ Als ob er ein Kind wäre! ‚In die Politik hineinzuziehen!‘ Der grösste Teil seiner Schulung unter Stockmar hatte sich mit den politischen Gebräuchen Englands befasst; es war immer angenommen worden, dass er, einmal Victorias Gatte, einen aktiven Anteil an ihrer Regierung des Landes nehmen würde.

«Nun, Albert, du darfst mich nicht missverstehn.»

Er sah so verdrossen und gereizt drein, dass mit einem Male ihr eigener Ärger sich abkühlte, und sie nur unglücklich war. Das war ihr erster Abend allein nach Wochen des Wartens und all der langen zärtlichen Briefe. Beinahe war es, als wären sie in Streit geraten.

«Natürlich kannst du nichts gegen die Tories machen», sagte sie geduldig. «Wenn ich dir die Sache einmal erklärt habe, wirst du bestimmt meiner Meinung sein. Du musst dich darauf verlassen, dass ich mich in solchen Dingen am besten auskenne. Und jetzt sprechen wir nicht mehr davon. Du wirst nach der langen Reise schrecklich müde sein, und ich hatte gar nicht daran gedacht...»

«Ja, ich bin müde», gab er zu. Wie gewöhnlich verwandelte sich der Ärger in Verzweiflung; ihn drängte es, zu gehn, sich abzuschliessen. Er empfand das höchst unmännliche Verlangen, in Tränen auszubrechen, mit einem Mal war er so furchtbar unglücklich. Ernst hätte an seiner Stelle sein sollen, dachte er jammervoll; Ernst hätte das nicht so viel ausgemacht, er wäre nicht so empfindlich auf seine Stellung bedacht gewesen. Er hätte die Apanage angenommen und die Beleidigung übersehen; er hätte gelacht und seiner zukünftigen Gattin gesagt, dass es doch wohl besser sei, sich für die Politik zu interessieren – wenn auch zurückhaltend – als für reizende Damen, wie das Prinzgemahle täten, die eben nichts anderes zu tun hatten. Ernst hätte die Lage gemeistert, ohne dass Zorn und Groll ihm die Kehle zugeschnürt hätten, ohne den Wunsch, seine Koffer bringen zu lassen, den ersten Wagen an die Küste zu besteigen und sich nach Deutschland einzuschiffen, bevor es zu spät war.

«Dann will ich dir gute Nacht sagen, liebster Albert ...»

Sie waren aufgestanden, Victoria hob das Gesicht und legte ihre Arme um seinen Hals. Sie musste auf den Fußspitzen stehn, um zu ihm hinaufzureichen. Er sah den gierigen Mund, leicht geöffnet, die Zähne zeigend, und es fehlte ihm der Mut, das nicht zur Kenntnis zu nehmen und sie nur auf die Wange zu küssen.

Sie küssten einander, und er spürte, wie der schmächtige Körper sich an ihn presste.

«O Albert!»

Es war vorüber, und sie stand wieder vor ihm, den Kopf an seine Brust gelehnt, errötend und atemlos.

«Albert, ich liebe dich!»

Er sagte nichts; seine Seele war leer, sein Körper kalt und steif, so fern war ihm jedes Gefühl.

«Albert?» Flehend, mit Tränen in den Augen schaute sie zu ihm auf. «Albert, warum antwortest du nicht? Bist du noch immer verärgert? Albert, wie kannst du das sein? Nach diesem wunderbaren Kuss ... Bitte, ärgere dich nicht. Es wird schon alles gut werden; ich will ja nur, dass du glücklich wirst. O Albert, mein Liebster, nie in meinem Leben habe ich etwas so Schönes gefühlt.»

Sekundenlang erwartete er, sie werde ihn abermals küssen wollen, und er trat rasch einen Schritt zurück und griff nach ihren beiden Händen.

«Auch für mich war es schön», sagte er. «Und ich bin gar nicht ärgerlich, Victoria, wirklich nicht. Warum sollte ich auch?»

Sie lachte erleichtert.

«Natürlich bist du's nicht – verzeih mir, dass ich so dumm war, mein Schatz. Warum solltest du ärgerlich sein? Ach, liebster Albert, jetzt sollte ich dich vermutlich gehn und dich ausruhen lassen.»

«Ja, ich bin müde», erwiderte er sanft. «Wirklich sehr müde. Ich sage dir jetzt nur ungern gute Nacht, liebe Victoria, aber es dürfte wohl besser sein. Morgen können wir den ganzen Tag miteinander verbringen.»

«Ja, das können wir», sagte sie selig. «Ich habe mir so viele nette Dinge ausgedacht, die wir tun könnten; aber davon erzähle ich dir noch nichts; es soll morgen eine richtige Überraschung sein. Gute Nacht, Liebster, schlaf wohl!»

Er küsste ihr die Hände, berührte leicht ihre Wange, zwang sich zu lächeln, damit sie nicht merkte, wie dringend er wünschte, allein zu sein.

Er las seine Bibel, betete inständig um Stärke und schlief darüber ein. Er sollte eine Frau heiraten, die er nicht liebte und nie lieben konnte, und er sollte in einem Land leben, das ihm so fremd war wie eine wüste Insel. Gott, der sein Leben gelenkt hatte, musste ihm helfen, es nach besten Kräften weiterzuführen.

*

«Ich kann nicht anders», sagte die Baronin Lehzen beharrlich, «ich fühle, dass der Prinz mich nicht mag.»

«Unsinn!» Victoria setzte die Tasse Schokolade hin, ohne sie zu kosten. »Unsinn, Lehzen, natürlich hat er Sie gern. Er weiss ja, wie gern ich Sie habe!»

«Das macht keinen Unterschied aus.» Die Lehzen schüttelte den Kopf. «Ich kann nicht umhin, gewisse Dinge zu bemerken, und in den letzten Wochen habe ich es mehr und mehr gespürt. Ich habe bisher nichts davon gesagt, weil ich hoffte, es würde anders werden, und dann hätten Sie es nicht erfahren müssen, Madam, mein Liebling. Aber ich bin so unglücklich darüber, dass ich ihm wohl besser aus dem Weg gehen sollte.»

«Lehzen!» Victoria lehnte sich in ihr Kissen zurück. Es war noch früh am Morgen, und die Baronin sass bei ihr, während sie ihre Schokolade trank und heisse Gipfel mit Butter ass.

«Lehzen, Sie wollen doch nicht behaupten, dass Prinz Albert unfreundlich gegen Sie gewesen ist. Das glaube ich nicht.»

Sie hatte Lust in Tränen auszubrechen. Natürlich hatte die Lehzen recht; sie wusste, dass Albert die Baronin nicht mochte, und sie hatte versucht, das zu übersehen, weil sie die Lehzen sehr lieb hatte und es sie aufregte, daran zu denken, dass Albert der Baronin feindlich gesinnt war.

«Nein, nein, Madam; nicht unfreundlich. Der Prinz ist viel zu gütig, um unfreundlich zu sein», sagte die Lehzen. «Ich habe mir nur so grosse Mühe gegeben, liebenswürdig zu ihm zu sein, weil ich eben wollte, dass er mir gut gesinnt sein sollte. Aber er ist wie ein Stein.»

Sie rieb sich die Augen und quetschte ein paar Tränen hervor. Selbstgefällig! Dieser eingebildete junge Geck mit seiner Vornehmtuerei! Wie sie ihn hasste! Ein Niemand, der sich in die Höhe schwang, weil ihre Madam einen Affen an ihm gefressen hatte ... meinte, er könne sich zwischen sie beide drängen! Ja, bestimmt! Ein Mann war doch wie der andere! Wahre Freundschaft zwischen Frauen konnten sie nicht ertragen. Sie hatte Victoria grossgezogen wie ein eigenes Kind, und da sollte kein Emporkömmling sich einschleichen mit seiner schönen Fratze und ihr ihre Madam mit ein paar lüsternen Küssen weglocken. Und Gott weiss, mit welchen andern Kniffen, dachte sie erbost; nie hatte sie ein Mädchen in so einem Zustand gesehen wie Victoria, seit er aus Coburg zurückgekommen war; so nervös, so ruhelos, so empfindlich. Der Lehzen schnürte sich die Kehle zusammen, wenn sie daran dachte, dass Victoria so hingegeben in seinen Armen lag; und noch vor dem Hochzeitstag. O ja, er hatte seine Waffen, und er wusste sie zu gebrauchen! Während sie nur die Jahre ihres Dienstes und ihre Liebe anzubieten hatte. Aber er sollte seinen Willen nicht haben! Ach Gott, nein! Victoria mochte eine Welfin sein, und die waren heissblütig; doch mit der Zeit kühlten sie sich ab ...

«Vielleicht wäre es besser, wenn ich abends nicht in den Salon käme», sagte sie bekümmert. «Ich möchte nicht den Eindruck haben, dass ich mich dem Prinzen aufdränge.»

«Warum sollten Sie sich mehr aufdrängen als meine andern Damen und meine Mutter und Gott weiss, wer noch?» sagte Victoria scharf. «Zudem sind Sie abends immer bei mir, und ich will solchen Unsinn überhaupt nicht hören. Ein für allemal, meine gute Lehzen, ich bin überzeugt, dass der Prinz Sie gern hat. Und jedenfalls werde ich ihm sagen, dass er Sie gern haben muss. Ich kann keine Spannung zwischen euch beiden ertragen; das macht mich ganz unglücklich.»

«O, wenn er weiss, dass Ihnen so daran liegt, dann wird er bestimmt freundlicher zu mir sein», sagte die Baronin. Aber das würde er nicht sein, dachte sie. Es würde ihn nur reizen, und das würde er auch merken lassen. «Eines weiss ich sicher; er würde nichts tun, was Sie aufregen könnte, Madam. Aber sagen Sie ihm um meinetwillen nichts. Schliesslich – was liegt schon an mir? Ich bin nur die arme alte Lehzen, und solange ich Ihr Vertrauen und Ihre Liebe habe, kann ich es ertragen, wenn der Prinz gegen mich eingenommen ist.»

«Wollen Sie gleich aufhören», rief Victoria, «zu sagen, dass er gegen Sie eingenommen ist? Und wenn Ihnen nichts daran liegt, und wenn es nicht wichtig ist, warum erzählen Sie es mir dann? Noch ein Wort, und ich werde ernstlich böse sein. Ich will mit dem Prinzen reden, und damit ist die Sache erledigt.»

«Regen Sie sich nicht auf!» Die Lehzen eilte, ehrlich besorgt, aber gleichzeitig nicht unzufrieden, auf sie zu. «Regen Sie sich nicht auf ... wir werden schon eines Tages Freunde werden ... das werden Sie sehen ...»

*

An jenem Morgen, während des langen Ritts durch den Park von Windsor, sprach sie mit Albert. Sie waren in raschem Galopp geritten, und er hatte ihr zugerufen, sie solle vorsichtig sein, denn er fürchtete, das Pferd könnte durchgehen oder sie abwerfen. Er hatte bemerkt, dass ihre Augen gerötet waren, er hatte eine gewisse Spannung bemerkt und wusste, dass der wütende Galopp gewissermassen eine Lösung bedeuten mochte, dennoch aber meinte er, es sei ein wenig unweiblich, so zu reiten.

«Oh, jetzt ist mir wohler!»

Sie war ganz ausser Atem, und ihre Wangen hatten sich stark gerötet.

«Dein Hut sitzt nicht richtig», sagte er.

Die Pferde gingen jetzt im Schritt, und Victoria zog ihren hohen Seidenhut zurecht. Es war der gleiche Hut, wie ihn die Männer in der Oper trugen, und Albert hielt es für eine sonderbare englische Affektiertheit, dass den Frauen gestattet wurde, irgendetwas zu tragen, das zur männlichen Kleidung gehörte, und sei es auch nur ein Hut. Er war ein ausgezeichneter Reiter, doch das Reiten um des Reitens willen hatte er immer sinnlos gefunden; Victoria aber ritt sehr gern, und wenn sie in Windsor waren, unternahmen sie täglich längere Ritte.

«Du solltest nicht so wild reiten», sagte Albert. «Wenn das Pferd dich abwirft, könntest du ernstlich verwundet werden. Ich bitte dich – tu das nicht wieder.»

Sie lächelte ihm zu; es war so angenehm, sich vorzustellen, dass er um sie besorgt war. Selbst wenn sie seinen Rat nicht immer annahm, machte es sie glücklich zu wissen, dass ihm daran lag. Er war so rücksichtsvoll, so gütig! Und er war viel weniger scheu, als er es anfangs gewesen war; obgleich sie manchmal, wenn er zurückhaltend war und ihr zu erklären versuchte, dass allzu viele Küsse vor der Heirat nicht klug seien, tagelang gereizt und aufgeregt war. Es zeigte die Empfindsamkeit seines Wesens – seine Seele war wirklich so rein und schön wie seine Züge – und wenn sie nicht besonders gut schlief und manchmal fühlte, dass er abgestossen wäre, wüsste er wie stark das Bedürfnis nach Zärtlichkeit in ihr war, nun, all das würde ja bald vorüber sein. Weihnachten war nahe, und im Februar sollte die Trauung stattfinden.

«Wenn ich verspreche, nicht so wild zu reiten, wirst du auch etwas für mich tun?» fragte sie plötzlich.

«Natürlich – wenn ich kann. Was ist es denn?»

«Sei nett zu der Lehzen!» platzte Victoria heraus. «Das arme Ding; sie glaubt, dass du sie nicht leiden kannst, und sie ist ganz aufgeregt darüber.»

«Oh!» Alberts Stimme war kalt. Was war das für eine seltsame Forderung! Er konnte diese scheeläugige alte Frau, die sich in alles einmischte, ausdrücklich nicht leiden, und er fühlte instinktiv, dass sie ihn hasste. Er war höflich, aber distanziert gewesen, und er wusste nicht, was er noch mehr tun sollte.

«Es tut mir leid, wenn sie das glaubt», sagte er. «Ich werde ein wenig mehr mit ihr reden; schliesslich ist sie ja eine alte, vertraute Dienerin von dir.»

Das war nicht die Antwort, die Victoria hören wollte; es verdross sie, die Lehzen als Dienerin bezeichnet zu hören. Die Lehzen hatte sie grossgezogen, hatte sie auf ihren Knien gewiegt, ihr den Gutenachtkuss gegeben und ihre Gebete gehört. Und sie hatte der Lehzen mehr von ihren Geheimnissen anvertraut als irgendeinem andern lebenden Menschen. Nein, die Lehzen war keine Dienerin... Doch er hatte das bestimmt nicht herabsetzend gemeint, dachte sie. Und er hatte versprochen, netter zu ihr zu sein. Damit tröstete sie sich, und sie ritten in leichtem Galopp zum Schloss zurück.

An jenem Abend, als die Damen und Herren sich nach dem Abendessen versammelten, beobachtete Victoria den Geliebten und ihre vertrauteste Freundin sehr genau. Gewiss, Albert sprach mit der Baronin, doch die Wärme und Unbefangenheit, mit der Melbourne sie behandelte, war nicht vorhanden. Er war steif und kalt und sehr förmlich, und plötzlich spürte sie einen heftigen Ärger aufsteigen. Warum konnte er die Lehzen nicht leiden? Warum gab er sich nicht ein wenig Mühe, wenn er doch wusste, wie wichtig sie für Victoria war? Rasch wandte sie sich ab und sagte zu der Herzogin von Sutherland, alle sollten sich um den grossen, polierten Salontisch setzen und ein Briefspiel spielen.

In den folgenden Wochen hatte bereits ein heftiger Streit ihr Glück umwölkt, doch sie zweifelte nie, dass sie im Recht war, und sie bestand darauf, dass es nach ihrem Willen zu gehen habe. Der neue Prinzgemahl sollte seinen eigenen Hofstaat haben, und die Königin begann sogleich, jedes einzelne Mitglied dieses Hofstaats zu wählen, ohne ihren Bräutigam zu fragen. Es war durchaus nicht nötig, seine Meinung zu hören, denn er kannte ja kaum einen Menschen in der englischen Gesellschaft, während sie zweifellos in der Lage war, zu beurteilen, wer sich für diese Ämter eignete und wer nicht. Als er dieses ihr Recht in Frage stellte, war sie sehr erstaunt. Anfangs blieb sie geduldig und merkte gar nicht, dass sie ihm die Sache von oben herab und begönnernd auseinandersetzte, als wäre er ein Kind. Albert war immer kühler und steifer geworden, ein Zeichen seines Unmuts, das sie mit der Zeit bereits kannte; als er auf den Namen George Ansons stiess, der sein Privatsekretär werden sollte, röteten sich seine Wangen. Die Stelle des Privatsekretärs war die wichtigste von allen. Der Mann, der sie einnahm, müsste sein volles Vertrauen geniessen und seine Gesinnung teilen; sie würden stundenlang miteinander zu arbeiten haben, und die Wahl eines verhältnismässig fremden Mannes für einen solchen Posten war ihm höchst widerwärtig. Er wünsche nicht, dass Anson sein Sekretär werden solle, sagte er. Sekundenlang begegneten ihre Blicke sich in wirklicher Feindseligkeit. Victorias Lippen zogen sich zusammen, und ihre Stimme wurde scharf. George Anson sei der einzige geeignete Mann; überdies sei er früher Lord Melbournes Sekretär gewesen, und welche bessere Empfehlung könne man sich wünschen?

Das, sagte Albert, sei ein Grund mehr, warum er nicht einverstanden war. Die Krone sollte neutral sein, wenn sie überhaupt eine Funktion ausüben könnte. Der Prinzgemahl dürfe keinen Whig als Sekretär haben. Abermals musterten sie einander schweigend, und Victoria spürte den Zusammenstoss mit einem Willen, der stark genug war, um ihrem eigenen Willen zu trotzen. In diesem Augenblick vergass sie, dass sie ihn liebte, dachte sie nicht an den Kummer, der immer folgte, wenn eine Spannung zwischen ihnen entstanden war; sie vergass, wie schön er war, selbst wenn er zürnte, sie vergass seine berückenden Küsse, sie vergass alles, nur nicht, dass er es wagte, an ihrer Autorität zu rütteln, indem er darauf hinwies, was die Monarchie tun sollte und was nicht.

Sie müsse ihn daran erinnern, sagte sie, dass sie die Königin sei und darum berufen, über solche Fragen zu entscheiden. Sie müsse auch darauf hinweisen, dass er auf dem Gebiet der englischen Politik weder Erfahrung noch Kenntnisse besass, und dass sein Urteil von keinem praktischen Wert sei. Sie hielte es für richtig, sagte sie nachdrücklich, wenn er sich von ihr leiten liesse. Und die Liste sei endgültig. Sie hatte das Zimmer sehr schnell verlassen und mit ihrem Spaniel Dash einen langen Spaziergang unternommen. Das war das beste Mittel, um den spähenden Augen der Lehzen zu entrinnen, denn wenn die Lehzen Mitleid mit ihr hätte oder fragen würde, was denn nicht in Ordnung sei, oder wenn sonst ein Mensch ein Wort verlauten liess, würde sie wirklich die Fassung verlieren...

Als Victoria zurückkehrte, war sie müde, aber ruhig. Der Ärger war einer freundlichen Entschlossenheit gewichen, zum Teil auch, weil sie ja mit Albert speisen und den Abend mit ihm verbringen würde und nicht wollte, dass ihr Beisammensein durch eine kühle Atmosphäre verdorben würde. Sie hatte ihm, während er sich umkleidete, eine kurze Botschaft gesandt, eine sehr zärtliche und versöhnliche Botschaft. Wie unglücklich dieser Streit – hastig verändert sie den Ausdruck in ‚diese Unstimmigkeit' – sie gemacht habe. Sie sei doch nur um sein Glück und seine Wohlfahrt besorgt und wolle, dass er in diesem ihm fremden Lande die bestmögliche Leitung habe. Darum hoffe sie, dass er sich mit ihrer Wahl befreunden würde, zumal mit Anson, der doch so ein angenehmer Mensch sei und den er bestimmt auch liebgewinnen werde... Und sie freue sich auf das Wiedersehen bei Tisch.

Weihnachten war sehr nahe, und Albert, der sich aus andern Gründen nicht weniger unglücklich gefühlt hatte, gab sich mit dieser Botschaft und der Entscheidung zufrieden, dass in diesen Dingen Victoria das richtigere Urteil hatte...

Das Weihnachtsfest verging; nach aussen hin war es das heiterste seit Victorias Thronbesteigung. Es wurde in Windsor verbracht, wo sich eine Schar deutscher Vettern einstellte, eine Anzahl begünstigter Freunde und natürlich der Premierminister. Ein gigantischer Baum war mit allerlei Zierat und farbigen Lämpchen geschmückt, es war eine deutsche Sitte, und sie wurde allgemein beliebt; Geschenke gab es für jedermann, und die persönlicheren waren von der eigenen Hand der Königin verpackt und adressiert. In der St.-Georgs-Kapelle wurde ein Gottesdienst abgehalten, der Victoria zu Tränen rührte. Während Albert die Musik lobte, hatte er an dem Ritual einiges milde zu beanstanden; je einfacher die Formen der Frömmigkeit seien, desto besser, sagte er. Sich vorzustellen, dass er ein Papist wäre! Er hasste die Papisten ja geradezu! Dagegen argwöhnte sie, halb amüsiert, halb verärgert, dass Lord Melbourne den grössten Teil des Gottesdienstes verschlafen hatte... Doch trotz der Päckchen, des üppigen Abendessens, bei dem der erstaunte Bräutigam es für unmöglich hielt, dass irgendeine Frau, gar eine so schmächtige, solche Mengen vertilgen konnte, und trotz des Umstandes, dass einige der Vettern aus Deutschland sich recht geräuschvoll benahmen, weil sie wohl vergassen, dass ihre Verwandte die Königin von England war – trotz all dem blieb die Atmosphäre gespannt.

Oberflächlich war ihr Zank mit Albert wohl beigelegt, doch er grollte unter der dünnen Kruste weihnächtlicher Eintracht wie ein bedrohlicher Vulkan. Das Lachen der Königin war ein wenig zu laut, ihre Augen glänzten zu stark, ihr Wesen war zu nervös, als dass die zwei Menschen getäuscht werden konnten, die sie am besten kannten. Sie war nicht wirklich glücklich, und die beiden, Melbourne und die Lehzen, wussten das.

Die Lehzen nützte die Gelegenheit weidlich aus, als der Prinz es versäumte, ihr für ihr Weihnachtsgeschenk zu danken. Sie richtete es so ein, dass Victoria sie in bitteren Tränen aufgelöst fand, und ein Strom von Klagen, von Mitleid mit sich selbst brach sich Bahn. Er konnte sie nicht leiden, und daran würde nichts, was sie zu tun vermochte, etwas ändern. Ach, sie sah schon voraus, dass er gleich nach der Trauung auch ihre geliebte Madam gegen sie aufreizen werde... Victoria, die ihr glaubte, verbot ihr, auch nur noch ein einziges Wort zu sagen; und sobald die Königin fort war, trocknete die Lehzen ihre Augen und genoss eine ruhige Siesta in ihrem Lehnstuhl. Der Same von Verdacht und Groll war nicht eitel verschleudert worden, was auch Victoria sagen mochte. Spielzeuge hatten kein Recht, jemanden zu lieben oder zu hassen, und just ein Spielzeug war dieser junge Fant. Ein hübsches Spielzeug, mit dem ihr Liebling sich beschäftigen mochte, und je früher er das einsah und sich dementsprechend benahm, desto besser. Die Lehzen wusste, dass er die Königin durch Anzeichen seines Drangs nach Unabhängigkeit aufgebracht hatte, und dessen freute sich ihr eifersüchtiges Herz. Das würde Victoria nie zulassen. Sie machte viel mit ihm her, sie bildete sich ein, ihn zu lieben – ein romantischer Unsinn, aus Büchern geschöpft – und sie würde ihn heiraten, weil sie natürlich einen Erben haben musste. Wenn der junge Herr sich aber einbildete, dass sie die Rolle einer gehorsamen Gattin spielen werde, wie irgendeine beliebige Frau, so sollte er bald eine rauhe Enttäuschung erleben. Und die Lehzen würde da sein und darauf achten, dass die Königin auf ihren Rechten bestand und Seine Königliche Hoheit von Sachsen-Coburg-Gotha auf den entsprechenden Platz verwies.

Melbourne tat, wie gewöhnlich, gar nichts. Er beobachtete Victoria bekümmert, weil er spürte, dass eine Spannung über ihr lag und sie sich nicht ganz wohl fühlte; und die peinliche Fähigkeit, auch jene, die er liebte, unparteiisch zu beurteilen, zwang ihn, anzuerkennen, dass er an Albert, je mehr er von ihm sah, desto weniger Mängel finden konnte, während seine geliebte Königin zahlreiche Fehler beging. Sie sei natürlich unerfahren, sagte er sich, doch das war der Prinz schliesslich auch. Sie war heftig verliebt und so überströmend und leidenschaftlich, dass sie vergass, wie wenig anziehend und befeuernd ein Sturm auf einen Mann von Alberts Art wirkte. Und sie war auch in aller Unschuld diktatorisch veranlagt, denn die Gewohnheit zu befehlen, hatte sie sich früh angeeignet. Nur wenige Männer und nur wenige Könige hatten die Gabe zur Autorität so stark besessen, wie sie sie schon in ihrer Jugend besass ... sie schien den Stolz ihres Bräutigams und seine heikle Stellung überhaupt nicht zur Kenntnis zu nehmen. Manchmal war sie unsäglich taktlos gegen ihn, und zu andern Zeiten wiederum so freundlich, so gewinnend, dass Melbourne sich sehr gut vorstellen konnte, wie verwirrt Albert war. Und wenn Albert würdig und ernsthaft und ganz offenbar langweilig war, so war er doch auch von einwandfreier Aufrichtigkeit gegen sich und gegen andere, völlig ohne Arglist oder Bosheit, redlich bemüht zu tun, was er für recht hielt. Nie würde er gegen Victoria grausam sein oder sie ausnützen. Melbourne hatte ihn scharf beobachtet, und dessen war er sicher. Der Prinz liebte sie nicht, und auch das vergab ihm Melbourne. In der Erinnerung an frühere Beziehungen zu Damen, deren Begeisterung nicht so rasch abgekühlt war wie seine, vermutete er, dass die Lage ziemlich peinlich sein konnte, zumal da eine Möglichkeit zu entrinnen ja nicht vorhanden war ...

Die Voraussetzungen zu einem glücklichen Zusammenleben waren gegeben. Gute Absichten, Pflichtgefühl, Selbstzucht und ein schlichter Glaube an den schliesslichen Triumph des Guten, den Melbourne recht rührend fand. Solche Eigenschaften in einer Ehe hätten ihn binnen einer Woche aus dem Haus getrieben, doch das Gegenteil hatte ihn auch nicht glücklich gemacht, und so war es kaum gerecht, ein Urteil zu fällen. Sie sollten glücklich werden. Sie sollten sich nach der Hochzeit aneinander anpassen, wenn Victorias Gefühle durch ihren gesunden Menschenverstand gezähmt wären und der Stolz des Prinzen durch ein tieferes Verständnis für seine Frau und durch die Erkenntnis, wie er sie zu behandeln hatte. Wenn man den Dingen ihren Lauf liess, würde sich schon alles einrichten.

V.

«Willst du, Alexandrina Victoria diesen Mann zu deinem gesetzlichen Gatten nehmen?»

«Das will ich.»

Es war ein Wispern, das nur der Erzbischof von Canterbury vernahm, der auf den Altarstufen in seinem goldbestickten Priesterrock und mit der hohen Mitra vor ihr stand. Es war so schwach, und die Stimme zitterte derart, dass nur Albert die Worte gehört haben konnte.

Sie dachte dauernd daran, wie schön doch der Altar aussah, und fragte sich ganz nebenbei, ob Albert der gleichen Ansicht war, denn da brannten sehr viele Kerzen, und soviel Gold funkelte, und sie wusste, dass er das Theatralische in der Kirche nicht liebte. Ihr Blick haftete an kleinen, beiläufigen Dingen und gab die Botschaft an ihr Denken weiter. Der Erzbischof war erkältet, seine Stimme war heiser, und er hatte die Gewohnheit, inmitten eines Satzes einzuhalten, um sich zu räuspern. Die Sonne war aufgegangen und verstreute majestätische Farben durch das Rot und Blau des Fensters oberhalb des Altars. St. James' Palast! Wie froh war sie, dass sie in der kleinen Kirche getraut wurden und nicht in der weitläufigen Abtei! Und wie seltsam, dass sie bei dieser schlichten Zeremonie so eingeschüchtert und so sehr den Tränen nahe war, da sie doch bei ihrer eigenen Krönung so ruhig gewesen war!

Albert sah wunderbar aus. Unbeschreiblich! Sie war so stolz auf ihn, so froh, dass er die volle Uniform eines englischen Feldmarschalls mit Kniehosen und den goldenen Tressen und dem Stern des Hosenbandordens angelegt hatte. Einige der Blumen ihres Strausses hatten sich am Rand ihres Hochzeitsschleiers verfangen. Sie versuchte, sie zu lösen, während die Stimme des Erzbischofs weiterknarrte; was er sagte, war jetzt belanglos. Sie waren verheiratet, sie war Alberts Gattin. Für gute und böse Tage, ob reich, ob arm, ob krank, ob gesund. Für immer und immer bis zum Tode. Sie konnte das nicht richtig erfassen; selbst als sie diese schwerwiegenden Gelübde ablegte, schien es ein wenig unwirklich, als ob diese Endgültigkeit nicht gar so bindend war, wic cs klang. Und doch war sie glücklich. Tränen füllten ihre Augen, und der zarte Strauss zitterte. So glücklich, wenn sie auch gleichzeitig verschüchtert war. Vor der Zeremonie hatte sie ihm eine Botschaft gesandt, eine törichte, gestelzte kleine Botschaft, hatte vom Wetter gesprochen, weil sie plötzlich scheu war und nicht imstande, zu Papier zu bringen, was ihr Herz an diesem Morgen bewegte. All diese Dinge blieben unausgesprochen, ihr Bedauern wegen etlicher Missverständnisse, die leidenschaftliche Hoffnung, dass er sie so sehr liebte wie sie ihn, und die Verheissung, dass sie das möglichste tun werde, um sein Leben in Zukunft glücklich zu machen. Vielleicht konnte sie ihm das sagen, wenn sie später am Tag in Windsor allein wären. In ihrem Honigmond! Ein Jammer, dass die Zeit so kurz bemessen war! Doch als er Einwände erhob, hatte sie ihm erklärt, dass zwei oder drei Tage Einsamkeit alles waren, was eine Königin sich von ihrem pflichtbeladenen Leben absparen konnte. Bis dahin aber wären sie bestimmt völlig vereint als Gatte und Gattin...

Es heisst, dass Bräute an ihrem Hochzeitstag reizend aussehen, als könnte der Zauber dieser grössten Feier in ihrem Leben alle ihre Mängel auslöschen und ihnen Schönheit verleihen. Sie hatte sehr reizend ausgesehen, als sie an diesem Morgen vor dem hohen Spiegel stand, reizender als je zuvor – wirklich sehr hübsch. Und sie war auch imstande gewesen, ihrer Mutter und ihren Verwandten und den Brautjungfern zu glauben, die es ihr sagten. Ihr weisses Seidenkleid war über einem halben Dutzend steifer Unterröcke gerafft und liess sie grösser erscheinen; die Spitzenvolants waren zart wie Spinnweb, zwei weisse Straussenfedern neigten sich vor dem Diadem, das den Schleier zusammenhielt und die Umrisse ihres Gesichtes sänftigte.

Wie lächerlich, in so einem Augenblick an sein Aussehen zu denken! Oder zu wünschen, sie könnte, ohne dass man es bemerkte, die Feder zur Seite schieben, die ihre linke Wange kitzelte... Albert war so würdig. Er hatte seine Antworten mit so fester, deutlicher Stimme gegeben, als verstünde er, als erfasste er die Feierlichkeit von allem, was sie sagten und taten. Nein, er war bestimmt nicht so betäubt, so töricht wie sie selber.

Wann endlich würde der Erzbischof mit seiner Ansprache fertig sein? Sie hatte kein Wort davon gehört, und sie hätte sich doch so gern umgewandt, um Alberts Gesicht zu sehen, bevor sie miteinander durch die Kirche schritten. Er würde glücklich dreinschauen ... er musste ...

Nun wurde die Hymne angestimmt, triumphierend, leuchtend sang sie der Chor, und das Dröhnen der Orgel widerhallte in der dunklen, alten Kirche. Und die beiden Gestalten vor dem Altar schienen zu verschmelzen. Victoria gab ihrem Gatten die Hand, und sekundenlang zauderten sie. Jene, die in der Nähe standen, sahen, wie die Königin ihm ein rasches, verzücktes Lächeln schenkte, und die romantischer Veranlagten erklärten nachdrücklich, das Lächeln sei mit der gleichen Wärme erwidert worden. Dann schritt der Zug langsam durch die Kirche hinaus in den winterlichen Sonnenschein.

Im Wagen auf der kurzen Fahrt nach dem Buckingham Palast sagten sie kein Wort zueinander. Als der Jubel der dichtgedrängten Menge zu ihnen drang, griff Victoria nach seiner Hand und drückte sie; die Welt war ihr wieder vertraut, sie selber war wieder an ihrem Platz, lächelte und winkte zum Fenster hinaus, die Königin, die an ihrem Hochzeitstag von ihrem Volk stürmisch begrüsst wurde. Und weil die Sonne schien und die Gestalt in der Karosse, in dem weissen Kleid und mit den funkelnden Diamanten wie eine zarte Fee aussah, vergass die Menge die Skandalblätter, die Karikaturen des neuen Prinzgemahls und die Gerüchte von Unstimmigkeiten; sie schrie und winkte und drängte sich in einem Rausch flüchtiger Treue.

Nun folgte ein langes, steifes Bankett im Palast, wo die richtigen Dinge gesagt werden mussten, und wo es kaum eine Gelegenheit für mehr als einige geflüsterte Worte zwischen Gatten und Gattin gab. Der Herzog von Sachsen-Coburg beugte sich sehr tief über die Hand seiner neuen Schwiegertochter, und

Ernst machte ihr ein liebenswürdiges Kompliment, bevor er seinem Bruder Glück wünschte. Sie waren sehr lieb, die beiden; es war doch schön, in so einer Familie vereinigt zu sein, dachte Victoria, während sie sie beobachtete, und sie war bereit, sich jeder übertriebenen Vertraulichkeit ihrer eigenen Mutter zu widersetzen, als die Herzogin sich näherte. Doch das war nicht notwendig. Die Gäste nahmen ihre Plätze ein, und das Bankett begann. Es wurden viel zu viele Gänge aufgetragen; ausnahmsweise hatte Victoria keinen Appetit, und sie bemerkte, dass auch Albert die meisten Speisen unberührt liess. Er müsse müde sein, dachte sie zärtlich, und es gelang ihr, sich zu ihm zu wenden und ihn zu fragen, wie er sich fühlte. Sehr glücklich murmelte er, aber er brenne darauf, sobald das Mahl beendet wäre, nach Windsor aufzubrechen.

Jetzt hatte er keine Angst davor, mit ihr allein zu sein, keinen Widerwillen gegen die Erfüllung seiner ehelichen Pflicht, nichts empfand er als eine schmerzliche Entsagung und ein leidenschaftliches Verlangen, fort vom Hof zu sein, selbst von seinem Vater und seinem Bruder, und sich seiner Zukunft zu weihen, von keinem Menschen beobachtet als von der Frau, der er eben erst gelobt hatte, sie für den Rest seines Lebens zu lieben und zu hegen. Der Gottesdienst hatte in ihm ein merkwürdiges Gefühl der Vereinigung mit Victoria geweckt; wahrscheinlich war das nur ein Trugbild seiner Gefühle, aber es half ihm, es schenkte ihm eine Gefährtin in dem einsamen, ungewissen Dasein, dem er sich verpflichtet hatte. Er würde in einem fremden Land unter Fremden leben, sein Heim wäre immer ein Palast, der einem andern gehörte und mit fremdem Geschmack eingerichtet war, und sein Leben würde sich den Gebräuchen eines fremden Volkes zu fügen haben. Alles würde englisch sein, seine Kleidung, seine Liebhabereien, seine Umgebung, sein Essen. Und in ihm hatte sich eine Abneigung gegen diese Menschen entwickelt, unter denen er leben müsste; er hatte sich grosse Mühe gegeben, sie zu verstehen, ihre Liebe zum Sport richtig einzuschätzen – es war schon mehr eine Leidenschaft – ihr Misstrauen gegen alles Ausländische, ihre Verachtung für geistige Interessen, für die Künste und die Wissenschaften, ihre laxe Moral und ihre harten Köpfe. Er hatte es sehr redlich versucht und war gescheitert, und an der Wurzel dieses Versagens war das Wissen, dass auch sie sich bemüht hatten, ihn zu verstehen, und gleichfalls enttäuscht waren. Er würde allein sein – nur die Frau blieb ihm, die er geheiratet hatte. Jede Hoffnung auf Glück oder Ruhe war bei ihr, und das wusste er. Ja, es drängte ihn wirklich, nach Windsor zu entkommen.

Als die Mahlzeit zu Ende und der Nachtisch abgeräumt war, gab Victoria das Signal, die ganze Gesellschaft erhob sich, und ihr Lakai zog ihren Stuhl zurück. Sie nahm Alberts Arm, verliess den Bankettsaal, lächelte nach links und nach rechts, und hinter ihnen begannen sich die Gäste, in strenger Einhaltung des Rangs, zum Abschied zu ordnen.

«Es wird nicht lange dauern, Liebster», flüsterte sie Albert zu. «Sobald ich mich umgezogen habe, fahren wir.»

Er küsste ihr die Hand und lächelte; abermals merkte sie, wie müde er aussah, und eine neue Zärtlichkeit in ihren Gefühlen für ihn stellte sich ein. Und sie spürte, dass sie beide, trotz der Schar von Damen und Herren, die sie umgab, allein waren.

«Ich bin bereit – bis auf dies hier», sagte er und klopfte auf seine Uniform. «Ich warte auf dich, liebste Victoria, und nicht allzu geduldig!»

Sie lief beinahe die grosse Treppe hinauf. Ach, nur fort zu sein! Fort aus diesem Palast, fort von dem umfangreichen Gefolge, selbst von der Lehzen – wie aufgeregt war sie gewesen, als sie erfuhr, dass sie zwar mitgenommen wurde, ihre Zimmer aber drei Tage nicht verlassen dürfe! Doch Victoria hatte fest sein müssen. Albert hatte taktvoll darauf hingewiesen, dass sie nicht die gewünschte Absonderung hätten, wenn die Baronin mitkäme. Und Victoria hatte ihm recht gegeben. Die Lehzen war so eine alte Freundin und würde es nicht begreifen; und natürlich durfte man sie nicht zurücklassen. Ach, wie sehnte Victoria sich danach, in Windsor zu sein und die drei Tage zu geniessen, die sie sich von ihren Regierungspflichten abgespart hatte . . . und wie glücklich war sie, dass auch Albert sich danach sehnte.

In ihren Gemächern überwachte die Lehzen den Wechsel der Kleider, wischte sich die Augen und sagte immer wieder, Madam sei ganz gewiss die schönste Braut der Welt gewesen. Das Diadem wurde abgenommen, und zum ersten Mal merkte Victoria, wie schwer es war; vor dem Haaransatz war ein dünner roter Strich, der mit Rosenwasser benetzt werden musste. Ihr Halsband, ihre Ohrringe wurden aufbewahrt, sie trat aus dem jungfräulichen Hochzeitskleid aus Seide und Spitzen, vertauschte die kleinen juwelenbesetzten Schlüpfer mit einfachen Schuhen und zog ihr Reisekleid an. Auch das war weiss, und dazu gehörte ein kurzer hermelinbesetzter Pelz und ein weisses Häubchen mit einem zarten Besatz von Orangenblüten unter dem Rand. Als sie ungefähr fertig war, kam ihre Mutter mit den Tanten, den Königlichen Hoheiten, und einigen ihrer Cousinen.

«Ich möchte nicht zudringlich sein, Madam», sagte ihre Mutter linkisch, «aber Sie wünschen gewiss, dass ich, wie es Sitte ist, von Ihnen Abschied nehme.»

Victoria wandte sich ihr mit einem Lächeln zu. Sie hatte sie in der Aufregung und dem Schwatzen völlig vergessen.

«Liebste Mama, wie gut von dir! Die Zeremonie hat dir hoffentlich gefallen. Es ist doch alles sehr gut gegangen!»

Sekundenlang schob sich der Mund der Herzogin von Kent vor, als wäre sie noch ein Kind, und ihre Augen füllten sich plötzlich mit Tränen. Sie hatte während der ganzen Trauung in ihr Taschentuch geweint, als sie sah, wie ihr einziges Kind einem Gatten vermählt wurde. Und jetzt stand das Kind vor ihr, eine Braut, die bald eine Frau sein sollte, war im Begriff, mit dem Mann, den sie erwählt hatte, fortzugehen und sich noch weiter von ihr zu entfernen . . .

«Mein Kind», brach es aus ihr aus, «meine kleine Victoria!» Sie öffnete die Arme weit, und die schmächtige Gestalt glitt hinein, liess einen kühlen Kuss auf der roten Wange der Herzogin und war im Nu wieder ausser Reichweite.

«Liebste Mama», sagte die Königin leichthin, «ich muss jetzt gehen. Kommst du mit hinunter?»

Vor der Seitentüre drängten sich die Menschen; die Türen standen offen, und sie konnte den Wagen sehen, der vorgefahren war, die Gesichter der Hofleute aber verschwammen, ihre Gestalten wurden undeutlich. Schliesslich erblickte sie Albert, der ein wenig abseits stand und wartete; er trug einen einfachen Reiseanzug, den Seidenhut hatte er in der Armbeuge, und ihre Augen wichen nicht von ihm, während sie die Treppe hinunter schritt.

Doch das war nur ein kurzer Augenblick, denn sogleich war sie von den gesichtslosen, gestaltlosen Menschen umringt, die sich versammelt hatten, um ihrer Abreise beizuwohnen; und einige von ihnen erwarteten, dass sie ein paar Worte sprechen werde. Plötzlich sah sie Lord Melbourne, der in einem pflaumenfarbenen Rock mit goldenen Tressen grossartig aussah, straff und elegant, irgendwie köstlich altmodisch in seinem Hofgewand, wie ein schönes altes Bild.

Sie erinnerte sich an diesen Rock; sie hatten darüber gescherzt, und er hatte sie geneckt und gesagt, die meisten Leute würden bei diesem Anlass seinen Rock als die grösste Sehenswürdigkeit betrachten. Sie wandte sich zu ihm, er kam sofort auf sie zu und küsste ihr die Hand; in seinen Augen schimmerten Tränen, und sie fühlte eine Zärtlichkeit für ihn, als wäre er der Vater, den sie nie gekannt hatte, und es tat ihr leid, dass sie nicht ihm die Wange küssen durfte statt etlichen ihrer Verwandten, für die sie gar nichts übrig hatte.

«Lieber Lord M.»

«Meine teuerste Madam. Was kann ich Ihnen sagen? Nur – alles Glück sei mit Ihnen und gute Fahrt!»

«Und ich? Was kann ich Ihnen sagen?» erwiderte sie. Wie konnten die zwei Jahre ihrer vertrauten Beziehung sich in wenige Worte pressen lassen – ihre Gespräche, ihr Lachen, die ironischen und manchmal recht unpassenden Dinge, die er zu sagen pflegte, und die sie, trotz ihres Protestes, doch erheitert hatten; die Ritte durch die Wälder von Windsor, wenn die

Blätter braun und golden wurden, und sie nebeneinander so wild galoppierten, wie es ihnen beliebte. Er war ein glänzender Reiter und versuchte nie, sie zurückzuhalten, wie das Albert tat. Und die Stunden, die sie über den Depeschen und Akten verbracht hatten, wenn sie seinem Rat folgte und die langweiligen Angelegenheiten von sich schob; seine Anekdoten und ihre vertraulichen Geständnisse. Sogar ihre scharfen kleinen Wortwechsel. All das war zwischen ihnen, und doch war es schon in der Vergangenheit, köstlich und wehmütig und verlor rasch an Wesenhaftigkeit. Er sah aus wie das Porträt eines seiner eigenen Ahnen. Ja, wirklich...

«Was kann ich Ihnen sagen, Lord M.? Nur dass ich Ihnen danke», fuhr sie fort. «Nicht nur für Ihre guten Wünsche, sondern für all Ihre Güte gegen mich, vom ersten Tage an, da Sie zu mir in den Kensington Palast kamen. Ich werde das nie vergessen. Dies ist der glücklichste Tag meines ganzen Lebens, und er wird dadurch vollständig, dass ich Sie hier sehe. Leben Sie wohl, Lord M. und nicht vergessen – Sonntag speisen Sie mit uns in Windsor. Wie gewöhnlich!»

Und sie lachte und reichte dem Gatten die Hand und trat in die helle Februarsonne hinaus, um mit ihm davonzufahren. Melbourne mochte nach Windsor kommen und am Tisch der Königin sitzen, wie er es in diesen letzten zwei Jahren so oft getan hatte. Aber es würde nie mehr dasselbe sein, und das wusste er.

Der Wagen fuhr aus dem Schlosshof, und abermals erhob sich der Jubel der wartenden Menge zu beiden Seiten der Strasse. Wo sie hinschauten, waren Leute, ein Wall von Köpfen und Händen und Taschentüchern und Hüten, und alle riefen und winkten, und da und dort wurde ein Kind in die Höhe gehoben, um die Königin und Prinz Albert zu sehen. Mit der rechten Hand winkte Victoria zurück, bis ihr das Handgelenk weh tat; die linke Hand aber wurde von Alberts Fingern umschlossen, und das blieb so, bis sie endlich durch das graue Steinportal von Windsor einfuhren.

«Liebster – ist es nicht seltsam, ganz allein zu sein? Ich meine immer, es müsse jeden Augenblick jemand kommen.»

«Das ist eines von den Dingen, die mich meine Geburt bedauern lassen, Victoria – dieser schreckliche Mangel an Abgesondertheit. Gott sei Dank, dass wir wenigstens ein paar Tage vor allen Eindringlingen sicher sind!»

«Deine Geburt bedauern? Ach, Albert, du weisst, dass das nicht dein Ernst ist. Ich finde es doch wunderbar, zu sein, was man ist – ich würde es um nichts auf der Welt eintauschen, und du auch nicht, du schlimmer Mensch! Das Leben ist doch so aufregend, es gibt so viel zu tun, und hier bin ich, im Mittelpunkt aller Staatsgeschäfte, höre alles, weiss alles und bin die Königin von England. Leg deinen Arm um mich, Liebster! So! Das ist gemütlicher. War das Abendessen nicht gut? Ich war ja so hungrig! Bei dem Bankett habe ich kaum einen Bissen essen können.»

«Ja, das Abendessen war gut; und ich muss zugeben, dass ich auch hungrig war. Ich meinte schon, das Bankett würde nie ein Ende nehmen. Manchmal finde ich, dass die Würdenträger einen zu mehr Zeremonien zwingen als notwendig. Hast du das nicht auch schon bedacht, Liebste?»

«Nie. Zudem gefällt es mir, wie das alles erledigt wird; und am Ende ist es immer so gewesen. Aber darin bin ich deiner Meinung, Albert, es war wirklich langweilig. Jetzt ist es vorüber, und nun sind wir für drei ganze Tage hier allein mit dem besten Koch auf der Welt – ich muss unten bestellen lassen, dass uns das Abendessen geschmeckt hat – mit dem Park, in dem wir reiten können, mit den Gärten, den Büchern, dem Klavier – mit allem! O ich bin so glücklich! Und du bist hoffentlich doch auch glücklich?»

«Sehr glücklich! Wirklich sehr glücklich.»

«Vor einer Minute hast du so traurig dreingeschaut. Fehlt dir Ernst? Fehlt dir dein Vater? Bald siehst du sie wieder, denn in drei Tagen kommt der ganze Hof heraus, und wir haben alle um uns wie gewöhnlich.»

«Gewiss, Ernst fehlt mir ein wenig – aber jetzt kaum, weil

ich ja weiss, dass er eine Weile in England bleibt. Und ich war auch nicht traurig, Victoria. Meine Liebste, glaub mir, ich bin ausserordentlich glücklich.»

«Sag mir, Albert, was hast du empfunden, als wir getraut wurden?»

«Empfunden? Wie meinst du das?»

«Nun, was hast du dabei gedacht? Oder hast du überhaupt an nichts gedacht? Ich konnte mich nicht sammeln. Das war gewiss gar nicht fromm, aber ich konnte nur daran denken, wie aufreizend es war, dass der Erzbischof sich dauernd räuspern musste, und ob meine Schleppe richtig lag, und was die Leute hinter mir taten ... es war so merkwürdig, Albert, es war wie ein Traum. Und war es auch für dich so etwas?»

«Ein wenig. Bis auf die Trauung selbst. Die war reinste Wirklichkeit.»

«Liebster! Wie süss von dir! Auch für mich ist es reinste Wirklichkeit. Das Wirklichste und Glücklichste, das ich je erlebt habe. Und diesmal frage ich nicht, ob es dir auch so geht, denn jetzt weiss ich, dass es so ist.»

Albert drückte ihr die Hand.

«Deine Mutter sah wohl ein wenig unglücklich aus. Sie hat mir eine Menge nette Dinge gesagt, und ich glaube, dass sie dich sehr liebt.»

«Mütter weinen bei solchen Gelegenheiten immer – das wird von ihnen erwartet. Ich bin froh, wenn sie nett zu dir war, Albert; und sie hat dich bestimmt sehr gern, aber manchmal kann sie recht taktlos sein. Ich hatte, als ich Königin wurde, solche Schwierigkeiten, weil ich ihr begreiflich machen musste, dass sie sich nicht vordrängen dürfe. Sie kam, ohne Erlaubnis, in meine Zimmer! Sie hat es abermals getan, als wir uns verlobt hatten, und ich musste ihr sehr scharf meine Meinung sagen.»

Er konnte nicht umhin, die Herzogin zu bedauern. Sie sah in Anwesenheit ihrer Tochter so gekränkt, so unbehaglich drein. Und schliesslich war sie doch Victorias Mutter!

«Jetzt begreift sie das sicher. Vielleicht könntest du, wenn sie herkommt, etwas weniger förmlich zu ihr sein; das würde sie gewiss sehr zu schätzen wissen.»

«Lieber Albert – was du für ein gutes Herz hast? Darum habe ich dich so lieb! Aber reden wir nicht von Mama. Hör! es schlägt elf! Wie rasch die Zeit vergeht!»

«Elf ist spät! Es war ein sehr ermüdender Tag. Willst du noch hier mit mir sitzen, oder bist du müde? Wenn du sehr müde bist, Victoria, und dich ausruhen willst, so werde ich das sehr wohl verstehen. Wenn du das Gefühl hast, dass du lieber allein wärst ...»

«Aber nein! Nur – ich gehe vielleicht zuerst hinauf ... das wäre mir lieb, und du hast doch hoffentlich nichts dagegen. Liebster Albert! Mir ist plötzlich so heiss! Als wären wir mitten im Sommer! Ach, mein Schatz! Jetzt gehe ich. Und ich werde wach sein, wenn du kommst.»

*

Vor der Morgendämmerung wachte sie auf; das Schlafzimmer war ganz dunkel, und alles war sehr still, sie lag da, ohne sich zu rühren, und spürte Alberts Arm an ihrer Seite. Sie war verheiratet. Wirklich und richtig verheiratet. Verheiratet mit dem liebenswürdigsten, dem vollendetsten unter allen Männern! Keine Frau – mochte das lächerlich klingen oder nicht! – keine Frau hatte je solche Seligkeit gekannt, würde je solche Seligkeit kennen! Die Menschen hatten ja keine Ahnung, wie wunderbar die Ehe war. Jetzt bekam das Gemurmel des Erzbischofs einen Sinn. Die Ehe! Sie war geheiligt. Sie war eine Gabe Gottes. Man konnte verheiratet sein und diese Seligkeit sein ganzes Leben lang geniessen, abgesehen von den andern Freuden des Daseins. Es war möglich, Königin zu sein und darum abgesondert und dennoch einen Gatten zu finden wie Albert und in einem warmen, dunklen Raum zu erwachen, sich von Liebe und von dieser herrlichen Stille durchflutet zu fühlen und zu wissen, dass es solches Erwachen jetzt Jahre und Jahre geben werde. Als das graue Morgenlicht an den Rändern der Vorhänge einsickerte, konnte sie, wenn sie sich umwandte, sein Gesicht sehen und seinen ruhigen Atem hören. Ja, Gott war gütig zu ihr gewesen...

*

«Und sind Sie glücklich, Madam, mein Engel?»

Die drei Tage waren allzu schnell vergangen; der Hof hatte sich in Windsor eingefunden, und die Lehzen, die ihre Zeit, von Eifersucht verzehrt, zugebracht hatte, beeilte sich, die alte Vertraulichkeit wiederherzustellen.

«Sehr, sehr glücklich, liebe Lehzen.»

«Gott sei Dank», sagte die Baronin, die Augen zum Himmel erhoben. «Ich habe jeden Augenblick für Sie gebetet und an Sie gedacht. Ihr Wohlsein ist für mich das Wichtigste auf der Welt. Sie sehen ein wenig blass aus. Fühlen Sie sich auch wirklich wohl?»

Victoria lachte. Ihre Augen strahlten, und ihre Wangen blühten vor Gesundheit; sie war dem Hübschsein so nahe, wie sie das nur je in ihrem Leben sein konnte.

«Vollkommen wohl. Liebe Lehzen, Sie müssen nicht so töricht sein und ein Wesen machen, als wäre ich noch im Kinderzimmer. Ich bin so gut gestimmt, dass ich rund ums Zimmer tanzen möchte. Und ich freue mich so sehr, Sie wiederzusehen...»

Ja, sie freute sich wirklich, alle Leute wiederzusehen. Wer so glücklich war wie sie, konnte nicht anders, musste auf die ganze Menschheit Wohlwollen ausstrahlen, selbst auf Leute, die sie sonst nicht leiden konnte, und die gute alte Lehzen zumal hatte sie sehr gern, und sie war tief gerührt darüber, dass die brave alte Frau sich um sie Sorgen gemacht und für sie gebetet hatte. Sie war doch so gut und ehrlich! Und Albert würde ihren Wert jetzt auch bestimmt zu würdigen wissen. Ach, der liebe Albert! Wenn er bei der Aussicht auf die Wiederaufnahme des normalen Lebens nicht so bedrückt gewesen wäre! Sie konnte nicht länger allein bleiben, und schliesslich, wie lustig war es doch, alle Leute zu empfangen und ihr Glück zur Schau zu stellen; selbst ihre Pflichten wurden zur Freude, weil sie wusste, dass sie nach der Arbeit zu Albert zurückkehren konnte. Und die grossen Abendgesellschaften hatten ihr immer Spass gemacht, zumal seit sie nachher mit ihm über die Gäste und ihre Gespräche reden konnte. Es war doch sehr eigenartig, im Bett zu sitzen und mit einem Gatten zu sprechen und nicht mit der Lehzen...

«Und wie geht's dem Prinzen?» fragte die Baronin.

«Der Prinz ist ein Engel! Ach, Lehzen, wenn Sie wüssten, wie vollendet er ist! Ich bin die glücklichste Frau auf der Welt!»

«Sie sind so grossherzig, Madam», murmelte die Lehzen. «Er hat jedenfalls ein grosses Glück, so eine Frau bekommen zu haben. Er ist ein braver junger Mann, und hoffentlich wird er Ihrer würdig sein – ja, ich weiss, dass er es sein wird. Und ich hoffe, es geht ihm auch gut; er hat ein wenig bedrückt gewirkt. Aber vielleicht habe ich mir das nur eingebildet», fügte sie hinzu. Verdrossen war das richtige Wort. Verdrossen und kalt und steif. Er wollte die Königin für sich allein haben, um sie gegen ihre Freunde beeinflussen zu können. Sie hatte vorher kein Vertrauen zu ihm gehabt, und jetzt, da sie die Königin so behext sah, hatte sie noch weniger Vertrauen zu ihm. Es war ihr zuwider, an diesen bösartigen Menschen zu denken, der sich in die Zärtlichkeit ihres geliebten Kindes einschlich.

«Schliesslich ist es ja nur natürlich, wenn er es jedem verübelt, der schon so bald in Ihre Nähe kommen darf.»

«Verübelt?» Victorias Lächeln verblich sekundenlang. «Er verübelt es natürlich nicht. Warum sollte er auch? Er weiss sehr wohl, dass ich die Königin bin und nicht nach meinem Belieben handeln kann.»

Nein, er verübelte es nicht, so ungerecht konnte er nicht sein, er musste begreifen, dass sie nicht eine gewöhnliche Frau war. Warum aber hatte er so bedrückt ausgesehen, während sie so glücklich war? Die Lehzen hatte es auch bemerkt, es war also keine blosse Einbildung. Sie konnte es nicht ertragen, wenn nach diesen drei wunderbaren Tagen die Atmosphäre von Spannungen geladen sein sollte. Wenn sie sich schliesslich mit der Unterbrechung abfinden und ihren Hof willkommen heissen konnte, warum nicht auch er? Sie spürte, wie ein Ärger in ihr aufstieg und war betroffen über die Schnelligkeit, mit der ihre Gefühle umschlugen. Eben noch war sie unglaublich glücklich, wärmte sich im Sonnenschein des jungen Ehelebens, war bereit, alles für Albert zu tun, und dann brauchte sie nur zu vermuten, dass er mit ihren Wünschen nicht übereinstimmte, um in eine wahre Wut zu geraten...

«Ich will ausfahren.»

«Ja, Madam.»

Sie wandte sich um und sah, wie die Baronin sie hoffnungsvoll beobachtete; und mit einem unerklärlichen Groll gegen ihren Gatten sagte sie kurz:

«Und ich will, dass Sie mitkommen.»

Als sie von der Ausfahrt zurückkehrte, hatte ihre Laune sich wieder geändert. Die Baronin hatte sich als Gefährtin selber übertroffen. Sie war taktvoll, amüsant, zärtlich, und sie erwähnte den Namen des Prinzen überhaupt nicht mehr. Die Entspannung, die Freude an der frischen Luft und an der Unterhaltung wurde durch das Bedauern beeinträchtigt, dass sie eine Missstimmung gegen Albert gefühlt hatte; ach, der liebe Albert – nun, sobald sie wieder im Schloss war, würde sie ihn aufsuchen und eine Stunde mit ihm allein verbringen.

Sie eiferte sich in ein derartiges Fieber von Selbstvorwürfen hinein, dass der Prinz, der ruhig bei einem Buch in der Bibliothek war, sehr erstaunt den Ausbruch von Zärtlichkeit zur Kenntnis nahm, mit dem sie ihn begrüsste. Er legte sein Buch zur Seite, und Victoria setzte sich ihm aufs Knie und legte einen Arm um seinen Hals; sie seufzte erleichtert und küsste ihn, als wollte sie einen Zank beilegen, der nur in Victorias Gedanken stattgefunden hatte. Es war so ein Jammer, sich uneins mit ihm zu fühlen, wäre es auch nur ganz im geheimen. Jetzt, da sie beisammen waren, so friedlich in der alten Bibliothek sassen, schien es unmöglich, beinahe eine Tempelschändung, dass sie ihm gegrollt haben sollte, wenn sie jetzt daran dachte, wie nahe sie einander waren und wieder sein würden; die Dinge änderten sich, wenn man verheiratet war, und Reibungen und Zwistigkeiten schmolzen in dieser neuen Beziehung dahin. Ach, der liebe Albert! Als wollte sie es sich selber beweisen, begann sie mit voller Absicht, von der Lehzen zu sprechen. Als sie aufstand, um in ihre Gemächer zu gehen und sich zum Abendessen umzuziehen, war ihr Schritt so rasch, leuchteten ihre Augen ebenso, wie vorhin, als sie zu ihm in die Bibliothek gekommen war. Noch immer war sie vollendet glücklich, darauf beharrte sie; und er war keineswegs verstimmt oder abweisend gewesen, als sie die Baronin erwähnte. Sie wollte sich nicht die Vorstellung erlauben, dass sie ihn so liebte und alles getan hatte, um diese Liebe zu zeigen und er eine grundlose Abneigung gegen eine Frau nähren sollte, von der er doch wusste, dass sie für Victoria so viel bedeutete. Nein, das hatte sie sich nur eingebildet!

An jenem Abend war die Unterhaltung an der Tafel der Königin sehr lebhaft. Lord Melbourne war da, sass zu ihrer Linken, und plötzlich war sie so froh darüber, ihn zu sehen, dass sie fast in Tränen ausgebrochen wäre. Er war in besserer Stimmung als je, er liess das Gespräch nie verstummen, beinahe als wollte er ihr zeigen, dass sie ihn nicht täuschen konnte; denn er wusste, dass sie aufgeregt war.

Ihr Kopf hatte zu schmerzen begonnen, als die Damen und Herren sich im Weissen Salon versammelten, und sie war überrascht, als Melbourne plötzlich um die Erlaubnis bat, sich zurückziehen zu dürfen.

«Wenn Sie mich nicht für treulos halten, Madam, so möchte ich mit Seiner Königlichen Hoheit sprechen. Darf ich Sie verlassen?»

«Natürlich Lord M.! Ich bin so selbstsüchtig gewesen und habe Sie während des ganzen Abendessens für mich allein behalten.»

Sie wandte sich zu Greville. Der Sekretär war ihr nicht sympathisch, und das Gespräch beschränkte sich auf Fragen und Antworten, die sich auf ihren morgigen Ausritt bezogen. Dann sah sie Melbourne und Albert auf sie zukommen; die beiden lachten und redeten miteinander, und so befreite sie Greville mit einem kurzen Nicken aus seiner unangenehmen Lage.

«Der Prinz und ich haben uns ausgezeichnet unterhalten, Madam», sagte Melbourne. «Ich habe ihm bewiesen, dass ich kein so unwissender alter Weltmann bin, wie er gemeint hatte.»

«Wirklich? Da müssen Sie mir doch erzählen, worüber Sie gesprochen haben.»

«Lord Melbourne hat theologische Fragen erörtert», erklärte Albert. Er lächelte, und ihr war es, als sähe sie ihn seit dem Ende der kurzen drei glücklichen Tage zum ersten Mal in heiterer Stimmung.

«Ich fürchte, dass ich der Unwissende war. Sie müssen sich sehr eingehend mit diesen Dingen beschäftigt haben, Mylord.»

«Nur als Steckenpferd», gab Melbourne zu. «Wie Ihre Majestät Ihnen bestätigen wird, bin ich keineswegs religiös. Sie hat mehrere Versuche gemacht, mich zu bekehren, aber ich muss leider bekennen, dass meine Seele so schwarz ist, wie sie es immer war.»

Er war es zufrieden, die beiden einander näher gerückt zu sehen, auch durch ihre Moralbegriffe vereint. Beide waren fromm, besonders der Prinz, beide waren ein wenig schockiert durch seine Bemerkung und infolgedessen einer Meinung. Das verübelte Melbourne ihnen nicht; im Gegenteil, er war dankbar dafür, dass der gespannte Ausdruck aus den Augen der Königin gewichen war. Albert nahm ihre Hand.

«Sie übertreiben bestimmt», sagte er freundlich. «Nicht wahr, Liebste?»

«Natürlich übertreibt er», erwiderte Victoria. «Lord Melbourne hat das gütigste Herz auf der Welt.»

Sekundenlang fragte sie sich ein wenig schuldbewusst, ob Albert schon von Caroline Norton wusste, und was er davon hielt, dass sie so eine Frau empfing. Er wäre schrecklich entrüstet; sie war ja bereits selber unzufrieden mit sich. Doch sie hatte Melbourne versprochen, dass sie Caroline empfangen würde, sobald sie verheiratet war.

«Ich beneide Sie beide um Ihren Seelenadel», sagte der Premierminister liebenswürdig. «Und insbesondere Sie, Sir. Ein so reiner Geist ist bei einem jungen Mann etwas sehr Seltenes. Ich wünschte, ich hätte ihn auch besessen!»

Er trat unbemerkt zurück, denn gerade jetzt hatte Victoria sich zu ihrem Gatten gewendet und drückte ihm rasch die Hand. Wie recht hatte doch Melbourne mit dem, was er Albert gesagt hatte! Er war wirklich edel – und rein; zum zweiten Mal an diesem Tag war sie gerührt, und die Saat des Argwohns, die von der Lehzen so schlau gesät worden war, verlor ihre Wirkung. Aber nicht einmal Melbourne konnte ahnen, welcher Art dieser Argwohn war, noch wer ihn in der Königin geweckt hatte. Und doch hatte die Saat schon Wurzel gefasst.

*

Hinter der schimmernden Oberfläche des Hofes und des aristokratischen Lebens war ein vulkanisches Donnerrollen und eine Unrast im Lande zu spüren. Das Brummen war weniger stark als in den vorangegangenen Jahren; Tod und Verbannung hatten die Chartistische Bewegung geschwächt, und die verwässerten Massnahmen der Schulreform und die Einführung des Penny-Posttarifs hatten den extremen Tories ebenso wie den Radikalen die Möglichkeit genommen, die Regierung auf einem bestimmten Gebiet anzugreifen. Doch innerhalb des Kabinetts haderten die Parteien nach wie vor; der Zwang, mit einer so geringen Mehrheit vor das Parlament und das Oberhaus zu treten, war nervenaufreibend, und die Persönlichkeit Lord Palmerstons, des Aussenministers, war nicht geeignet, eine Übereinstimmung herbeizuführen. Er hatte sogleich gegen Prinz Albert Stellung genommen, den er merken liess, dass er ihn für altmodisch in seinen Ansichten, unerfahren, einen Fremden und einen Langweiler hielt. Albert wiederum, den die Widersprüche in Leben und Verhalten der englischen Staatsmänner noch immer verblüfften, und der sich von ihrer Anmassung ständig gekränkt fühlte, sah in Palmerston die Personifizierung der schlimmsten Seiten des fortgeschrittenen Whigtums. Victoria erzählte ihm von den politischen Ereignissen wenig oder nichts; die Wochen seit ihrer Trauung waren vergangen, und er sah sich eindeutig dazu verbannt, in den Mussestunden der Königin ihr Gefährte und, wenn es dunkel wurde, ihr Gatte zu sein. Er hatte geduldig auf irgendein Zeichen einer Verantwortlichkeit gewartet, auf die Verheissung eines wirklichen Sinns in seinem neuen Leben, hatte sich von Stockmar und von seinem Sekretär George Anson unterrichten lassen, dessen Wahl er selber bald begeistert gut hiess, und hatte sich im allgemeinen damit begnügt, Victoria zu helfen, wenn sie sich bei ihm einen Rat holte.

Doch sie fragte ihn nicht um seine Ansichten, noch äusserte sie ihre eigenen Ansichten. Sie stritten sich wegen Kleinigkeiten und versöhnten sich wieder; sie war liebevoll und entzückt wie immer, doch wenn die Akten gebracht und die Minister zur Beratung berufen wurden, war sie die Königin und zog sich in ihre Sphäre zurück. Der Hof war nach London zurückgekehrt, das er hasste; hier gab es endlose Bälle und Abendgesellschaften bis in späte Stunden, und er nickte gelangweilt in seinem Stuhl ein oder sass mit Anson bei einer langweiligen Schachpartie. Es kam nicht zu einem ernsten Gespräch, er hatte keinen Gefährten, abgesehen von seinem Sekretär und von Baron Stockmar, in dessen Gesellschaft er sich wohl fühlte. Seine Welt war erfüllt von Männern wie Melbourne, für dessen Achtung und Freundlichkeit er dankbar war, mit dem er aber nichts gemein hatte; von der ehrfurchterregenden Allgegenwart des Herzogs von Wellington, der es, wie ein Witzbold bemerkte, fertig brachte, in jedes beliebige Zimmer zu treten, als inspizierte er das Schlachtfeld von Waterloo; von Spitzen der Gesellschaft wie Lord und Lady Holland, deren Haus ein Sammelplatz für Skandale und politische Intrigen war – und natürlich von Lord Palmerston. Er musste Palmerston nur flüchtig begegnen, und schon erwachte in ihm das Gefühl einer hilflosen Minderwertigkeit; er war ja nicht Victoria, die als Königin jeden mit einem Blick, mit ein paar Worten zurechtweisen konnte. Er war nur der Prinzgemahl, bedeutungslos und fremd, hatte keine Stimme in irgendeinem Rat, und dieser unverschämte Engländer, mit seinen hochmütigen Manieren, vermochte ihn zu demütigen, ohne es auch nur zu merken.

Eines Tages, im Spätfrühling, hatte die Königin sich wie gewöhnlich mit Lord Melbourne zurückgezogen, um Staatsakten zu prüfen, und Albert stand plötzlich von allen Versuchen ab, in dem wimmelnden Palast Zerstreuung zu finden, und stürmte in Stockmars Zimmer. Er fand den Baron damit beschäftigt, an König Leopold zu schreiben, doch Papier und Feder wurden sogleich zur Seite geschoben, und der alte Mann zog dem Prinzen einen Stuhl in die Nähe.

«Ich störe Sie», sagte der Prinz verdrossen. «Verzeihung! Ich komme ein andres Mal...»

«Mein lieber Junge», erwiderte der Baron gütig, «nichts kann wichtiger sein, als Sie bei mir zu sehen. Ich habe nur an Ihren Onkel Leopold geschrieben, und ich habe reichlich Zeit, den Brief später zu beenden. Kommen Sie, setzen Sie sich! Wo ist die Königin?»

Stockmar wusste, dass es Zwistigkeiten gegeben hatte, doch er hatte sich klug im Hintergrund gehalten und darauf vertraut, dass die beiden jungen Menschen sich schon aneinander anpassen würden. Er hoffte nur, dass kein Streit der Grund für Alberts Besuch war; noch für dessen bedrückte Miene.

«Die Königin ist mit Lord Melbourne zusammen. Sie erledigt die Staatsgeschäfte. Das nehme ich wenigstens an. Sie geruht nicht, solche Fragen mit mir zu erörtern.»

«Ah!» Das war es also! Stockmar seufzte und schob den Stuhl vom Schreibtisch zurück. Die Zeit war gekommen, um einzugreifen, und das wusste er. Er hatte nie solche Bitterkeit in Alberts Stimme bemerkt noch einen so unglücklichen Ausdruck auf dessen Zügen.

«Haben Sie selber schon politische Fragen erwähnt?» fragte er.

«Mehrmals. Und immer mit dem gleichen Ergebnis. Meine Frau lächelt zurückhaltend – Sie kennen ja diese entschlossene Zurückhaltung bei ihr, wenn sie eine Frage entschieden hat, und dann ist sie rasch bei einem andern Thema, ohne mich zu kränken – sie drückt mir die Hand und sagt, sie möchte nicht über diese Dinge reden, sie werde schon den ganzen Tag damit überlaufen. Und so spreche ich über Hunde oder über sonst irgendeine Nichtigkeit. Herrgott, Stockmar, gelte ich denn für so einen Idioten, dass sie mir das Vertrauen verweigert, das sie ihren Ministern gönnt?»

«Sie unterschätzt Ihre Intelligenz durchaus nicht», erwiderte Stockmar. «Das kann niemand; Sie sind viel intelligenter als sie. Und das, mein lieber Junge, ist es wahrscheinlich, was sie fürchtet. Natürlich ohne es zu wissen. Sie ist sehr eifersüchtig auf ihre Macht. Davor hätte ich Sie warnen sollen, aber ich hatte selber keine Ahnung, wie eifersüchtig sie ist... Und ich habe, ob ich will oder nicht, das Gefühl, dass irgendein Verdacht, irgendein schlechter Rat in ihr Wurzel gefasst hat, und dass sie Sie darum aus diesem Gebiet ihres Lebens ausschliesst, während Sie es doch sonst in jeder Beziehung ausfüllen.»

«In jeder Beziehung ausfüllen!» Erbost wandte sich Albert zu ihm. «Ich fülle gar nichts aus, ich bin überhaupt nichts. Ich bin eine Null, ein Arm, in den man sich einhängt, ein Partner beim Tanz – ich sitze am andern Ende der Tafel, und die Leute verbeugen sich vor mir, wenn sie vor ihr knicksen. Ich komme zu Ihnen und beklage mich darüber, dass sie mir nicht erlaubt, an der Politik einen Anteil zu nehmen oder mich auch nur dafür zu interessieren – warum sage ich Ihnen nicht einfach die Wahrheit? Dass sie mir überhaupt an nichts einen Anteil gönnt! Wissen Sie was, Stockmar? Als ich unlängst die Glocke zog und den Auftrag gab, in ihrem Boudoir zu heizen, da weigerte sich der Lakai, das ohne die Erlaubnis der Königin zu tun! Das ist meine Stellung hier am Hof. Die Königin kann einen Befehl erteilen oder auch diese unerträgliche Lehzen, und die Diener gehorchen. Aber ich, ihr Gatte, muss in der Kälte sitzen!»

Der Baron betrachtete seine Hände; dann schaute er auf.

«Ich hatte keine Ahnung, dass es so schlimm ist! Warum sind Sie nicht schon früher zu mir gekommen?»

«Zuerst hoffte ich, die Lage würde sich bessern. Sie sagte so oft, dass sie mich liebe – sie hat nie aufgehört, das zu sagen. Wir hatten schon viele Auseinandersetzungen, Stockmar, zumal wegen dieser verwünschten Lehzen; aber wenn ich ganz aufrichtig sein soll, war immer ich es, der nachgegeben hat. Ich bemühte mich, mit der Baronin zu reden, die ich nicht leiden kann, und die ich für eine ganz minderwertige Person mit viel zu grossem Einfluss halte. Ich tanze, ich schwatze bei diesen endlosen Festlichkeiten, während ich mich nur nach Frieden und nach meinem eigenen Zimmer sehne. Und ich stehe da wie eine Wachsfigur, wenn ihre Minister sich herablassen, mich zu begrüssen, und weitergehen. Sie haben ihre Pflicht getan, sie haben dem Gemahl der Königin ein paar Worte gesagt – diesem langweiligen Patron, der nicht gern auf die Jagd geht und nicht weiss, wie ein Engländer auszusehen und sich zu benehmen hat. Doch man muss ihn bei guter Laune erhalten; der Königin zuliebe! Die Herren müssen mich für völlig stumpf ansehen», sagte er heftig. «Wenn sie mir überhaupt einen Gedanken schenken!»

«Sie sollten sich lieber beruhigen», riet Stockmar hastig. Er hatte Albert noch nie so erregt gesehen; der junge Mann war blass, und seine Hände zitterten. Das war es nicht, was er und Leopold geplant hatten; das war eine Karikatur des hohen Traumes von einer vollendeten Gemeinschaft, die sich zu einer edlen Politik verband. Albert hätte nicht eine Marionette sein sollen, der Gefährte der Mussestunden der Königin und der Vater eines englischen Erben. Die ganze Zärtlichkeit Stockmars für den jungen Mann wallte auf, als wäre Albert sein eigener Sohn, der da sass, verachtet und einsam in der Stellung, die andere für ihn gewählt hatten. Zum Glück hatte er noch rechtzeitig die Richtung entdeckt, die ihre Beziehung einschlug. Es war schief gegangen, doch wenn Albert jetzt handelte und der Baron ihn mit Takt und Weltkenntnis leitete, war es nicht zu spät. Victoria liebte ihn; das wusste Stockmar. Er wusste es, denn sie selbst hatte es ihm gesagt, er wusste es aus den überschwenglichen Briefen während der Verlobungszeit, er wusste es von Leopold, dem sie ihren Gatten mit ihrer charakteristischen grossen Handschrift als Engel schilderte. Um so sinnloser war es, dass sie ihn aus ihrem Vertrauen ausschliessen, ihm weniger Befehlsgewalt zugestehen sollte als irgendeinem Mitglied ihres Hofstaats.

Der Lakai weigerte sich, ohne Erlaubnis der Königin zu heizen! Oder ohne einen Befehl der Baronin Lehzen. Die Lehzen! Ein unbestimmter Verdacht regte sich. Die Eheleute hatten sich wegen der Lehzen gestritten, und Albert sprach von ihr mit sehr betonter Erbitterung. Sie war jetzt die Leiterin des königlichen Haushalts, sie hatte die Verfügung über die Privatschatulle, und überwachte sie nicht auch Victorias privaten Briefwechsel? Das waren für eine ungebildete Gouvernante grosse Verantwortlichkeiten! Er erinnerte sich daran, dass vor der Hochzeit das Zimmer der Lehzen neben dem Zimmer der Königin gewesen war, und dass die unglückselige Geschichte mit Flora Hastings blitzartig die dunkle Gestalt hinter dem Thron beleuchtet hatte. Damals waren im Parlament ihretwegen Fragen gestellt worden, und von einigen Stimmen wurde sehr betont ihre Entlassung verlangt... Er hatte das damals nicht sehr beachtet, hielt es nur für ein Zeichen der Unbeliebtheit der Königin; ihre Untertanen hatten sie damit bestrafen wollen, dass sie sie zwangen, sich von einer persönlichen Dienerin zu trennen. Doch da hatte er anscheinend unrecht gehabt, fiel ihm jetzt ein. Sehr unrecht. Die englischen Zeitungen dagegen und die Parlamentsmitglieder waren zweifellos im Recht gewesen. Irgendwer hatte einen Argwohn in Victoria geweckt, irgendwer hatte sie geschickt gegen ihren Gatten aufgereizt, durch die offenkundige Tatsache angespornt, dass der Prinzgemahl diesen Irgendwen rückhaltlos ablehnte. Natürlich war das die Lehzen! Die gerissene Lehzen, die ihrer gebieterischen jungen Herrin so untertänig war! Und der Grund war die altjüngferliche Eifersucht auf den Mann, der ihrem Einfluss ein Ende zu machen drohte.

«Die Quelle Ihres Unglücks ist, Gott sei Dank, nicht bei der Königin zu finden», sagte er und legte dem Prinzen eine

Hand auf das Knie. «Dessen bin ich ganz sicher. Ich sagte, dass irgendein schlechter Einfluss am Werk sein müsse, und jetzt glaube ich zu wissen, um wen es sich handelt. Wie alle sehr starken Charaktere ist Victoria hilflos, wenn ihre Schwächen blossgelegt werden. Sie ist stolz, sie fürchtet, beherrscht zu werden, das hat sie immer gefürchtet; und das war ihr Einwand gegen die Heirat, bevor sie Sie voriges Jahr gesehen hatte. Sie hat sich in Sie verliebt, doch diese Angst ist noch immer da. Eine Mutter hätte das ausnützen und das gleiche Resultat erzielen können, doch ihre Mutter hat keinen Platz in ihrem Gefühlsleben und keinen Einfluss. Es ist die Stellvertreterin der Mutter; sie trifft die Schuld. Die Person, die sie grossgezogen hat, die zu ihrer Kindheit gehört – und darum einen stärkeren Einfluss auf die Königin hat, als irgendwer sich vorstellen konnte. Ihr böser Geist ist die Baronin Lehzen, mein lieber Junge!»

«Wollen Sie wirklich behaupten, dass dieses alte Frauenzimmer Victoria in solchem Ausmass beeinflussen kann?» Albert schüttelte den Kopf. «Da kennen Sie sie doch nicht so gut, wie ich geglaubt hatte.»

«Besser!» entgegnete Stockmar. «Ehemänner, zumal solche, die eine Beschwerde haben, sind nie gute Richter über ihre Frauen. Sie hat Sie tief gekränkt, Albert, aber ich schwöre Ihnen, dass sie das unwissentlich getan hat. Ich weiss, dass sie Sie liebt. Ich weiss auch – Gott verzeih mir – dass Sie sie nicht lieben und nie geliebt haben. Ich flehe nur darum, dass Sie das nicht bis zum Hass gegen sie geführt hat.»

Albert stand auf und wandte sich von dem Baron ab; er hatte die Hände auf den Rücken gelegt. Erst nach kurzer Pause konnte er antworten.

«Nein. Ich hasse sie nicht. Wenn ich es täte, wäre das Leben wahrhaft unerträglich. Man kann einen Menschen nicht hassen, der glaubt, dass er einen glücklich macht – der es auf seine Art versucht und keine Ahnung davon hat, wie sehr dieser Versuch misslingt. Sie macht mir Geschenke, Stockmar, und je wertvoller sie sind, desto mehr fühle ich mich erniedrigt, denn was ich ihr schenken könnte, sind Dinge, die mir etwas bedeuteten, in ihren Augen aber nur wertlos und sentimental wären. Und bei Gott», fuhr er leidenschaftlich fort, «so wirke ich vor aller Welt und vor mir selber auch – wertlos und sentimental. Der Prinzgemahl, der Schosshund der Königin ... ich weiss, wie man mich von Anfang an beschrieben und besprochen hat! Ich weiss genau, was die Engländer von mir denken, und ich bin nicht einmal sicher, ob Victoria, ohne sich dessen bewusst zu werden, nicht ebenso von mir denkt.»

«Sie müssen Ihren Sinn für Masse bewahren», sagte der Baron ruhig. «Wenn wir auf eine Schwierigkeit stossen, so wollen wir sie fest ins Auge fassen und dann überlegen, wie man damit fertig werden kann. Ich habe eine Idee, und ich werde Ihnen sagen, was ich an Ihrer Stelle und unter diesen Bedingungen täte. Ich sage Ihnen im voraus, dass es Ihnen nicht gefallen wird. Es ist kein angenehmer Rat, den ich Ihnen geben werde, aber Sie könnten ihn dennoch annehmen.»

«Was es auch sein mag», sagte Albert müde, «weiss ich, dass es klug sein wird. Was also sollte ich, Ihrer Meinung nach, tun?»

«Zunächst», begann Stockmar, «bedenken Sie, welche Trumpfkarten Sie in der Hand haben, mein Junge. Bedenken Sie nur eine einzige, wenn Sie wollen, weil es diese eine allein ist, auf die es ankommt. Die Königin liebt Sie; liebt Sie zutiefst. Sie ist launisch und eigenwillig, und zweifellos hält sie es für selbstverständlich, dass Sie glücklich sind. Auch Ihre Liebe hält sie für selbstverständlich. In Victorias Welt ist alles in Ordnung, aber nur, weil sie glaubt, dass zwischen Ihnen und ihr alles in Ordnung ist. Wenn sie das Vertrauen zu Ihrer Liebe verliert – wenn sie fühlt, dass Sie sich von ihr abkehren, würde dieser Schlag sie zur Vernunft bringen. Wenn Sie sie auf Armes Länge von sich fernhalten und das nachdrücklich tun, so wird sie auf ihren Knien kapitulieren, um Sie zurückzugewinnen.»

Als Albert nicht antwortete, nickte der Baron mit halbem Lächeln.

«Ich habe Ihnen gesagt, dass Sie den Rat unangenehm finden werden. Nun will ich noch weiter gehen. Behandeln Sie sie kühl, und ich gebe Ihnen mein Wort darauf, dass sämtliche Lehzens der Welt nicht imstande sind, Victoria das zu ersetzen, was sie verliert. Es ist ein Kampf zwischen euch, mein lieber Junge, ein Kampf, bei dem Sie entweder mit Ehren und Autorität hervorgehen oder Ihre Selbstachtung völlig verlieren, Ihre Gaben vergeuden werden; und wahrscheinlich würden Sie nicht in England bleiben können.»

«Die Ehe meiner Mutter war ein Fehlschlag», flüsterte Albert. «Ich habe mir immer, mein ganzes Leben lang zugeschworen, dass ich ihrem Beispiel nicht folgen würde.»

«Dann tun Sie, was ich Ihnen vorschlage», entgegnete Stockmar. «Stärken Sie Ihr Herz. Später können Sie es wieder gutmachen – Sie können der zärtlichste, der hingebungsvollste Gatte auf der Welt sein, wenn Sie einmal wirklich der Gatte sind – und nicht ein Schosshund, wenn ich Ihren Ausdruck verwenden darf. Sie haben eben Ihre Mutter erwähnt.» Er sah, wie Albert zusammenzuckte, aber die harte Stimme fuhr fort. «Sie lassen in nichts merken, dass Sie ihr Sohn sind; Ihr ganzes Leben lang haben Ihr Onkel Leopold und ich darüber gewacht und Sie beobachtet – für den Fall, dass Sie irgendeinen Makel geerbt hätten. Sie können sich nie leisten, nachzulassen, mein lieber Junge. Nur der höchste Massstab darf Ihnen genügen, und nur in einem Leben von Dienst und Opferwilligkeit können Sie sich erfüllen, wie es die unglückliche Frau nie getan hat. Sie können sich nicht leisten, jetzt der Königin gegenüber schwach zu sein. Sie müssen sich behaupten, ob das nun angenehm ist oder nicht. Sie schulden es Ihrem Onkel und mir, unsere Hoffnungen auf Sie nicht zu enttäuschen.»

«Meine Mutter tut mir leid», murmelte Albert. «Sie schrieb immer an Ernst und mich – ach Gott, was für tragische Briefe waren das. Als Knabe habe ich stundenlang darüber geweint. Und was sie auch getan haben mag, sie hat dafür gelitten ...»

«Ich habe diesen Briefwechsel nie gutgeheissen. Und wenn Ihre Mutter litt, so müssen Sie auch daran denken, dass sie gesündigt hat. Durch Schwäche gesündigt.»

«Ich weiss, ich weiss...» Albert stand plötzlich auf. Wenn der Baron jetzt weitersprach, auch wenn alles, was er sagte, wahr war, und die Schuldhaftigkeit jener schattenhaften Gestalt deutlich machte, die in Einsamkeit und Schmach gestorben war, so würde er, Albert, zusammensinken und hier vor ihm in Tränen ausbrechen. Das wusste er. Und wie würde Stockmar ihn verachten! Abermals Schwäche, würde er sehr gelassen betonen. Fürsten weinen nicht. Fürsten verlieren nicht die Beherrschung über sich selber oder schrecken vor einer Pflicht zurück, mag sie noch so hart sein.

«Wenn Sie ernstlich dieses Verhalten empfehlen», sagte er schliesslich, «so will ich Ihnen folgen. Aber eines muss ich Ihnen vorher sagen, Baron. Die Königin glaubt, dass sie ein Kind erwartet. Kein Mensch weiss das bisher; ich vertraue Ihnen dieses Geheimnis an – gerade weil Sie mir diesen Rat gegeben haben.»

«Um so besser», sagte der Baron kalt. «Sie wird keinen Schaden leiden, das verspreche ich Ihnen, und in diesem Zustand wird sie sogar noch abhängiger von Ihnen sein.»

«Gut denn. Ich werde Ihnen berichten, wie es zwischen uns weitergeht.»

Stockmar stand auch auf und klopfte Albert zärtlich auf den Rücken.

«Sie sind sehr klug und sehr energisch, mein Junge. Ihr Onkel und ich werden stolz auf Sie sein!»

*

Die Veränderung wurde zuerst nur von der Lehzen bemerkt; und von Stockmar, der sie erwartete. Das erste Zeichen war Victorias Stimmung. Sie wurde gereizter und weniger beherrscht. Wegen des geringsten Versehens schalt sie ihre Damen, und Gerüchte wollten wissen, dass die täglichen Konferenzen mit Melbourne manchmal sehr stürmisch verliefen. Sie war nervös und heftig; zu andern Zeiten wiederum zu heiter und zu lebhaft, als dass es natürlich gewirkt hätte, hin und wieder aber hochmütig und geschraubt, auch im Umgang mit ihrem vertrautesten Kreise. Die Gerüchte nahmen bestimmtere Formen an. Die Königin war schwanger, und alle Frauen in diesem Zustand wurden schwierig. Die Lehzen, die sie oft mit vom Weinen geröteten Augen erwischte, und die wusste, dass Victoria ein Kind erwartete, beging den verhängnisvollen Fehler, die Launen der Königin ihrem Zustand zuzuschreiben. Sie besänftigte sie, schwatzte wie gewöhnlich und redete so viel über den künftigen Erben von England, dass die Königin Lust hatte aufzuschreien, die Lehzen sollte doch endlich schweigen.

Es wäre ein Sohn, meinte die Lehzen, ein süsser kleiner Junge. Und ihre Madam, ihr Liebling, hätte dann ihre Pflicht gegenüber dem Lande getan. Sie wäre Königin mit einem kleinen Prinzen von Wales. Die Schlussfolgerung war, dass die peinliche Ehe in Victorias Leben eine erheblich kleinere Rolle spielen würde, sobald einmal das Kind geboren war. Und in ihren Schwärmereien über das kommende Kind brachte die alte Baronin es fertig, den Umstand zu übersehen, dass Albert am Ende auch seinen Anteil daran hatte. Wenn Victoria seinen Namen im Gespräch erwähnte, so wich die Lehzen aus, ging rasch auf ein anderes Thema über oder sass schweigend da und hatte die Blicke auf einen Punkt oberhalb von Victorias Schulter geheftet, und ihr Ausdruck schien ihre Freude darüber zu verraten, dass diese unangenehmen Dinge bald aus dem Wege geräumt sein würden. Sie beklagte sich nicht länger über den Prinzen, noch pflanzte sie Argwohn in Victorias Geist. Dieser Teil ihres Feldzuges war erfolgreich gewesen; die zweite Phase sollte ihn völlig aus der Beziehung zwischen ihr und ihrer Herrin ausschalten.

Sie wusste, dass ihm nichts gesagt, dass er nie zu Rate gezogen wurde; sie kannte und genoss das volle Ausmass seiner Demütigung und steigerte bei jeder Gelegenheit ihre eigene Herrschgewalt im Haushalt der Königin. Und weil sie Victoria nicht länger über die Beziehung zum Gatten aushorchte, wusste sie nichts von der neuen Lage, die sich ergeben hatte.

Eine Zeitlang weigerte sich Victoria, auch nur sich selber

einzugestehen, dass etwas nicht in Ordnung war. Sie sah Albert lächeln, in der Öffentlichkeit höflich sein, ihr gegenüber korrekt in Wort und Tat, und wollte sich vor der Tatsache verschliessen, dass er bedrückt und stumm war, sobald sie allein blieben, und dass er stets Ausreden fand, um allein auszugehen, allein auszureiten, weil dieses Vergnügen ihr jetzt untersagt war, und um ihr die Hand zu entziehen, wenn sie danach griff. Er war höflich und freundlich, aber erschreckend distanziert.

Sie begann mit ihm wegen allerlei Kleinigkeiten zu streiten, versuchte alles, um ihn, sei es auch im Ärger, an sich zu fesseln. Doch entweder nahm er eine Herausforderung nicht zur Kenntnis oder er verliess das Zimmer. Und eines konnte sie unmöglich übersehen. Er war ganz offenbar unglücklich. Es sei unglaublich, meinte sie und steigerte sich in Wut, um ihre Angst zu verdrängen. Wie konnte er unglücklich sein, da sie doch verheiratet waren und ein Kind erwarteten, und da sie doch alles getan hatte, um ihm das Leben angenehm zu machen? Die Lehzen hatte recht – er hatte sich einmischen, hatte ihre Autorität schmälern wollen. Das glückliche Leben, das sie miteinander führten, worin er tun konnte, was er wollte, während sie beschäftigt war – es genügte ihm nicht. Er liebe sie nicht, sagte sie zu sich – und dann leugnete sie das in einer Flut von Tränen. Ja, er liebte sie ... er musste! Es mochte Missverständnisse geben, Kämpfe zwischen zwei ausgeprägten Willenskräften – alle Ehepaare bedurften der Zeit – doch wenn sie glauben musste, dass er sie nicht liebte, dann hätte das Leben überhaupt keinen Sinn. Je mehr die Lehzen über das Kind schwatzte, desto gereizter wurde Victoria, als wäre das ungeborene Kind allein wichtig und könnte sie für die Wendung entschädigen, die plötzlich in ihrer Beziehung zu Albert eingetreten war. Ihr lag nichts an dem Kind; nur dass man dergleichen natürlich nie zugab. Es war sicher sehr wichtig, und sie fühlte sich gar nicht schlecht, und es war das Ergebnis der schönen Zärtlichkeit, die zwischen ihr und Albert herrschte, aber das war auch alles. Wenn sie ohne Alberts Liebe leben müsste, mitansehen müsste, wie er schwermütig und unnahbar wurde, dann war es ihr sehr gleichgültig, ob sie schliesslich stürbe wie ihre Cousine Charlotte... Wahrscheinlich würde sie sterben, dachte sie unglücklich. Und dann würde er bereuen, dass er so undankbar gewesen war.

Der Groll bewirkte, dass sie ihren Gatten noch hochmütiger behandelte; sie vermied es höflich, über Melbournes Besuche mit ihm zu reden, hob das spitze kleine Kinn und schwebte zu ihren Konferenzen, obgleich ihr das Herz weh tat, denn ihren Gefühlen half es durchaus nicht, wenn sie Albert herausforderte. Und sie begann auch der Lehzen zu grollen. Wenn ihre Vertraute ihr doch eine Möglichkeit gäbe, über all die Sorgen zu reden, für die sie kein Ventil hatte! Was wäre das für eine Erleichterung gewesen! Welch eine Erleichterung, wenn sie sich mit der Lehzen über ihn zanken könnte und den eigenen Gefühlen Luft machen! Doch die Baronin machte jede Bemühung zunichte; sie schwamm gelassen an jedem Köder vorbei und liess Victoria allein mit all ihrem Stolz und all ihrer Ungewissheit.

Albert war jeder Schritt in diesem Feldzug zuwider; oft weinte er, denn es war ihm schrecklich, bewusst unfreundlich zu sein, und ihr Zustand machte ihm das noch schwerer. Doch Stockmar beobachtete ihn, bestärkte ihn, ermutigte ihn, durchzuhalten. Sein Leben musste den richtigen Weg einschlagen. Dienst an der Gemeinschaft, Selbstaufopferung für den Frieden und für eine höhere Moral in der Welt. Kein Mensch hatte solche Möglichkeiten, Gutes zu tun, wie er, ein nützliches, fruchtbringendes Leben zu leben, sobald Victoria ihm einmal einen Teil ihrer Macht überliess. Und das würde sie. Dessen war Stockmar gewiss. Solange der Prinz nicht weich wurde.

*

«Ich bin froh, dass Sie sich entschlossen haben, für dieses Wochenende nach Windsor zu kommen, Madam», sagte Stockmar. «Die Luft wird dem Prinzen gut tun; er hat in der letzten Zeit ein wenig blass ausgesehen.»

Er war mit Victoria allein im Musiksalon; sie hatten miteinander die Musik ausgesucht, die abends bei einem Konzert gesungen werden sollte. Einige der Hofdamen, zumal Lady Lyttelton, hatten schöne Stimmen und sie wurden oft geholt, um nach dem Abendessen für die Unterhaltung der Königin und des Prinzen zu sorgen. Manchmal sang die Königin, und Albert begleitete sie, doch in den letzten Wochen war das seltener geworden, denn er tat alles, was sie anregte, mit so resigniertem Ausdruck, dass es kein Vergnügen mehr war.

Albert sah müde aus; doch nicht so müde wie Victoria, meinte Stockmar, als die Königin zu ihm aufblickte. Sie war langsam stärker geworden, aber ihr Zustand durfte nicht erwähnt werden. Albert fand, ein Interesse an so privaten Dingen sei taktlos, und darin war sie anscheinend seiner Meinung. In verschiedenen weniger wichtigen Punkten stimmte sie mit ihm überein, als könnte man den wichtigeren Dingen aus dem Weg gehen, indem man den unwichtigeren, die ihr im Grunde nichts bedeuteten, Raum gewährte. Doch jedes Zugeständnis, das auf Kosten dieses eisernen Willens erreicht wurde, war ein Sieg. Das vermochte Albert nicht zu erkennen; er war verzweifelt und immer bedrückter, je mehr die Spannung zwischen ihnen wuchs, und noch liess sich nichts davon merken, dass sie nachgeben würde.

«Albert hat Windsor sehr gern», sagte Victoria. «Oft hat er mir gesagt, wie zuwider ihm London ist.»

Es war ein wahrer Jammer, dass das Leben in der Hauptstadt ihm nicht zusagte, dass die Gesellschaften, die Empfänge ihn langweilten, und jetzt hatte sie selber auch keine Freude mehr daran. Sie seufzte und beugte sich über die Noten.

«Ich glaube, dass ihm die Zeit lang wird», bemerkte der Baron freundlich. «Er hat in London so wenig zu tun, und Sie sind doch so beschäftigt, Madam.»

Sie warf ihm einen scharfen Blick zu.

«Wenig zu tun? Ja, aber, du lieber Himmel, Baron, da ist doch die Bibliothek ... und seine Korrespondenz ... ich habe nie genug Zeit, um mit meiner fertig zu werden.»

«Ihre ist vielleicht interessanter», sagte Stockmar. «Es gibt doch eine Grenze für die Zahl der Briefe, die man seiner Familie schreiben kann. Auch eine Grenze für die Zahl der Bücher, die man lesen kann. Wenn er eine Beschäftigung hätte ...»

Er sah den Ausdruck in ihren Augen und wusste, dass dies nicht die richtige Stunde war, um über Alberts Stellung zu reden. Kein Wunder, dass der Prinz es schwer fand, mit ihr zurecht zu kommen; selbst er, Stockmar, der sie doch seit ihrer Kindheit kannte, fühlte sich von der Hartnäckigkeit ihrer Gegnerschaft unbehaglich.

«In Coburg hatte er bestimmte Interessen», fuhr er behutsam fort. «Er ist ein ernster junger Mann, und er hat sich gewöhnlich mit den Wissenschaften beschäftigt. Mit der Theologie zum Beispiel. Wenn er mit einigen der Männer zusammenkommen könnte, die sich auf diesem Gebiet betätigen ...»

«Das wurde bereits angeregt.» Victoria klappte das Notenbuch geräuschvoll zu. Sie wartete nur darauf, dass Stockmar auch die Politik auf der Liste von Alberts Steckenpferden erwähnte, und dann hätte sie wirklich in Wut geraten können. «Die Ausbildung in diesen Dingen ist bei mir leider vernachlässigt worden. Ich würde mich in solcher Gesellschaft sehr unglücklich fühlen. Ganz ungemütlich, mein lieber Baron. Und ich glaube nicht, dass Albert sich nach einer Unterhaltung sehnt, an der ich, wie er weiss, nicht teilnehmen kann.»

«Natürlich nicht», warf Stockmar hastig ein.

«Sie wollen doch nicht andeuten, dass der Prinz den Hof langweilig findet?» Auf beiden Wangen zeigte sich eine zornige Röte. «Bald werde ich wohl zu fühlen beginnen, dass er auch mich langweilig findet ...»

Der Baron lachte, als hätte sie einen Witz gemacht. «Meine teure Madam, Sie wissen, dass er nur für Sie lebt. Ich wollte nur erwähnen, dass sich die Gesellschaft für die Abschaffung der Sklaverei und für die Zivilisation von Afrika an ihn gewendet hat. Man würde ihn gern zum Präsidenten wählen. Es ist doch ein Beweis grosser Achtung», erklärte er. «Eine freundliche Geste Ihres Volkes gegenüber Ihrem Gemahl. Er könnte die

Fragen studieren und eine Ansprache halten. Ich weiss, wie verhasst ihm die Sklaverei ist, und überdies hätte er das Gefühl, dass er sich Ihnen nützlich erweisen könnte.»

Die Abschaffung der Sklaverei! Das war ein sehr löblicher Plan. Wenn das die Tätigkeit wäre, die er sich wünschte, nun, dann hätte sie nicht so eifersüchtig auf ihre Vorrechte bedacht sein müssen. Die Gesellschaft setzte sich aus würdigen Leuten zusammen, die eine würdige Persönlichkeit aus dem Königshaus wählen wollten, um dadurch an Ansehen zu gewinnen. Wenn sich Albert mit wohltätigen Werken solcher Art zufrieden gäbe... vor allem, wenn er nur glücklicher dreinschauen und ihr gegenüber wärmer sein könnte!

«Glauben Sie, dass er es annehmen würde?»

«Dessen bin ich sicher, Madam. Es würde ihn sogar sehr glücklich machen.»

«Ja, dann», Victoria schlug die Noten wieder auf, «dann will ich ihn dazu drängen. Und jetzt, Baron, müssen wir wirklich die Lieder für heute abend auswählen.»

*

Seine Ansprache an die Gesellschaft war Alberts erstes öffentliches Auftreten. Er hielt eine Rede, an der Anson und Stockmar mitgearbeitet hatten, und er hatte sie auswendig gelernt. Die Rede war vollkommen unpolitisch, und sein Publikum setzte sich aus Mitgliedern aller Parteien und Konfessionen zusammen. Er war ausserordentlich nervös, und bei dieser Gelegenheit war seine etwas steife Zurückhaltung durchaus am Platz. Das Publikum war wohlgesinnt und korrekt, das Thema war erbaulich, der neue Präsident benahm sich genau so, wie es von ihm erwartet wurde, und als er mit seiner Rede fertig war, fand er warmen Beifall. Die ‚Times' berichtete über die Versammlung in Ausdrücken, die andeuteten, dass der Prinzgemahl endlich etwas tat, um sein Leben zu verdienen, sonst aber wurde er mehr gelobt als kritisiert. Als Victoria die Meldungen von seinem Erfolg vernahm, vor allem aber, als sie ihn zum ersten Mal seit Wochen lebhafter und froher sah, empfand sie einen solchen Aufschwung von Erleichterung, von Stolz auf ihn, dass die Lehzen ihr rasch in Erinnerung rief, der König von Portugal, der Interessen in Afrika hatte, könnte die Rede als einen Hinweis darauf ansehen, dass auch England dort Pläne habe. Wie gut, dass die Baronin dergleichen aus dem Mund Mr. Grevilles gehört hatte! Sie selber wusste nichts von Portugal und noch weniger von Afrika, aber es ermöglichte ihr, die Begeisterung ihrer Herrin zu dämpfen. Dieser salbungsvolle Geck, murrte die Baronin im stillen. Noch nicht einundzwanzig und masste sich schon an, sich aufzuspielen. Ach, ihr Liebling sollte doch lieber vorsichtiger sein. Victoria fuhr sie an; sie solle nicht über Dinge reden, von denen sie nichts verstand, aber einige Minuten später ging sie zu Albert und verlangte von ihm, er solle auf der Stelle dem König von Portugal schreiben, dass die Rede keine politische Bedeutung gehabt habe.

Im Juni fuhren sie zum Derby. Das war eine demokratische Geste, denn kein Herrscher hatte sich bisher in Epsom unter das Volk gemischt, und die Menge bereitete ihnen einen Empfang, der Tränen in die Augen der Königin lockte. Ihr Volk! Es waren rauhe, nicht sehr saubere Menschen und in der Nähe besehen, ziemlich unangenehm, aber kaum so gefährlich, wie Melbourne es hinstellte. Wie man ihr zujubelte! Selbst die kleinen Kinder winkten! Der Anblick dieser Kinder weckte sentimentale Regungen für das eigene erwartete Kind. Es war doch wunderbar, Königin zu sein und sich der Liebe ihres Volkes zu erfreuen. Beinahe schuf das einen Ausgleich dafür, dass mit Albert noch immer nicht alles klappen wollte. Trotz ihrer Geste zugunsten der Abschaffung der Sklaverei war er nicht glücklich. Sie wollte nicht zugeben, dass ihre Belehrung wegen möglicher portugiesischer Empfindlichkeiten etwas verdorben haben konnte. Sie musste ihm das begreiflich machen; er war unerfahren, und sie durfte nicht zulassen, dass er in ihrem Namen Fehler beging. Wie sie es hingestellt hatte, wurde alles, was er tat, scharf unter die Lupe genommen, weil er eben der Gemahl der Königin von England war.

Sie sass aufrecht in dem Wagen, als sie zum Rennplatz fuhren, und sagte sich energisch, Königin zu sein sei schliesslich alles, worauf es ankam, und es genüge zu wissen, dass ihr Volk sie liebe.

Wenige Tage später aber erlitt ihr Vertrauen zu der Liebe der Massen einen Schlag, von dem sie sich nie ganz erholen sollte.

Als sie mit Albert vom Buckingham Palast ausfuhr, um einen Pflichtbesuch bei ihrer Mutter zu machen, wurde ein Anschlag auf ihr Leben verübt.

Sie schaute nach der andern Seite, und Albert war es, der zuerst die Gestalt sah, die sich an das Geländer des Green Park lehnte und etwas hob, das in der frühen Abendsonne funkelte. In der nächsten Sekunde knallte ein Schuss. Die erschreckten Pferde wieherten und bäumten sich, der kleine Wagen mit seinen Bedienten blieb stehen, und Victoria, die sich umwandte, sah den Mörder, die rauchende Pistole in der Hand.

Im nächsten Augenblick hatte Albert die Arme um sie geschlungen, versuchte, sie zu decken, und sie hörte seine Stimme angstzitternd fragen, ob sie verwundet sei. In dieser grauenvollen Minute schaute sie zu ihm auf und lachte. Das war ebenso tapfer, wie es unzeitgemäss war. Sie war eine Frau, sie war schwanger, und ein Mann hatte versucht, sie zu töten. Sie hätte ohnmächtig werden sollen. Er hatte keine Zeit über den Charakter der Frau nachzudenken, die er geheiratet hatte, und die, nach Stockmars Ansicht, weniger intelligent war als er, denn in dieser Sekunde sah er nur eines – der Mörder hatte zwei Pistolen!»

«Victoria, um Himmels willen, duck dich!»

Es war zu spät, um etwas anderes zu tun, als sie mit dem eigenen Leib zu decken, so gut das ging, und als er das tat, spürte er, wie sie sich straffte, wie sie sich dagegen wehrte, auf dem Boden des Wagens Schutz zu suchen. Der zweite und letzte Schuss schlug gegen die Wagenwand über ihrem Kopf ein. Draussen hatte sich viel Volk angesammelt, die Leute standen in Gruppen, um die Königin ausfahren zu sehen oder um in den Green Park zu spazieren. Bis zu diesem Augenblick zauderten die Menschen, waren vor dem Schauspiel gleichsam versteinert. Dann stürzten sie auf den Mann zu, der reglos dastand, langsam die Pistole senkte und nach dem Antlitz der Königin starrte, die er zu töten versucht hatte. Noch immer stand er so da, und in seinen Augen funkelte der Wahnsinn, als sich der Schrei erhob:

«Schlagt ihn tot! Schlagt ihn tot!»

Viktoria wandte sich um und schaute; die Menschen liefen, Fäuste und Stöcke erhoben, auf den Mann zu. Jetzt erst stöhnte sie auf.

«O Albert!» flüsterte sie und barg das Gesicht an seiner Schulter. Er sah, was sie nicht sah – dass der Angreifer schon umzingelt war. In der nächsten Sekunde würden sie Zeugen eines Lynchgerichts sein.

«Fahren Sie weiter!» schrie er dem Kutscher zu. «Peitschen Sie die Pferde, aber sehen Sie zu, dass die Königin von hier fortkommt!»

Der Wagen machte einen Sprung vorwärts und begann die Strasse hinunter zu rasen. Als sie vom Constitution Hill abbogen, befreite Victoria sich sachte und setzte sich aufrecht.

«O Victoria, bist du auch ganz wohl?»

Der liebe Albert! Wie besorgt er aussah! Und er hatte den eigenen Leib zwischen sie und den Mörder geworfen. Es lohnte, beinahe ermordet worden zu sein, um zu sehen, wie besorgt er war.

«Ganz wohl; ich zittre nur noch ein wenig. Liebster Albert, nur keine Angst! Ich bin nicht verwundet worden. Ich hatte mehr Angst davor, den Menschen in Stücke gerissen zu sehen, als sonst etwas. Und jetzt lass mich aufsitzen. Die Leute sollen nicht glauben, dass ich verwundet worden bin.»

Und sie straffte sich und befahl dem Kutscher, wieder zu fahren wie gewöhnlich. Doch unter der Wagendecke hielt sie Alberts Hand fest, und er tröstete sich mit dem Gedanken, dass sie schliesslich höchst weiblich erschrocken war; trotz diesem ausserordentlichen, herausfordernden Lachen in einer Sekunde, die ihre letzte gewesen sein konnte. Es war, als hätten alle grossmäuligen, anmassenden Ahnen durch ihre Lippen gesprochen. Armes Kind, dachte er zärtlich und vergass entschlossen, wie beunruhigt er um die beiden gewesen war, die kleine, schmächtige, zarte Victoria und das ungeborene Kind ... Er musste sich auf die Lippen beissen, um nicht in Tränen der Rührung zu zerfliessen. Auch ein gutes Stück Schuldgefühl mischte sich in seine Empfindungen, weil er sie so schlecht behandelt hatte. Für die ganze nächste Woche wurde Baron Stockmars Rat beiseite geschoben, und Victorias Glück blühte wieder auf.

Sie fuhren in die Oper, wo das Publikum sich erhob und ihnen eine begeisterte Huldigung darbrachte. Ganz besonders wurde dem Prinzen zugejubelt, dessen Versuch, die Königin zu decken, allgemein bekannt geworden war, und als die Menschen Victoria erblickten, wie sie, höchst königlich und doch so zart, aus ihrer Loge grüsste, applaudierten sie und sangen die Nationalhymne. Die Unbeliebtheit der Königin war in dem Zorn über den Angriff zunächst völlig in Vergessenheit geraten. Die herzlose kleine Autokratin der Flora Hastings-Affäre, die parteiische Monarchin, welche die Whigs an der Macht hielt, weil sie deren Führer bei ihren Abendgesellschaften an ihrer Seite haben wollte, wurde zu einer Nationalheldin, und einen kurzen Augenblick lang teilte Albert den Widerschein ihres Ruhmes. Für einen Fremden hatte er sich sehr gut gehalten. Das gab sogar die Aristokratie zu, obgleich einige misstönende Stimmen erklärten, sie hätten an seiner Stelle den Schurken niedergeschlagen, bevor er den zweiten Schuss abfeuern konnte. Eine Weile lang glänzte wieder die Sonne über ihnen, im Privatleben wie auch vor der Welt. Victoria war glücklich, gütig, gar nicht launisch, und ihre Umgebung atmete leichter. Albert liebte sie; er war ein ebenso zärtlicher Gefährte wie zuvor. Nichts hatte sich an ihm verändert, alles war nur in ihrer Einbildung gewesen. Sie kehrte zu ihren täglichen Konferenzen mit Melbourne und ihren Ministern zurück, erledigte ihre ausgebreitete Korrespondenz und hielt ihren Gatten von dem politischen Leben ebenso energisch fern wie zuvor.

Wie Stockmar meinte, hatte sie ihrer Ansicht nach gesiegt. Nicht bewusst natürlich. Albert solle ja nicht glauben, dass sie berechnend war. Doch seine törichte Nachgiebigkeit hatte sie dahin geführt, sich vorzustellen, dass er sich mit einem Brokken abspeisen liess, wie es die Präsidentschaft der Sklavenbefreier oder ein freundlicher Applaus in der Oper war, weil er versucht hatte, zu verhindern, dass seine Frau neben ihm ermordet wurde. Langsam zog Albert sich wieder in sich selbst zurück, so langsam, dass Victoria zunächst nicht gewiss sein konnte, ob die Spannung zwischen ihnen nicht nur in ihrer Einbildung bestand. In ihrer Bemühung, ihm gefällig zu sein, fuhr sie häufiger nach Windsor, blieb länger draussen, doch er verbrachte so viel Zeit mit Jagen und Spaziergängen fern von ihr, dass sie in einem Ausbruch von Eifersucht darauf bestand, er müsse zum Mittagessen wieder im Schloss sein, und damit verdarb sie ihm diese Entspannungen. Das Idyll war vorüber, und das konnte sie nicht übersehen. Ihre gesellschaftliche Tätigkeit war durch die fortgeschrittene Schwangerschaft eingeschränkt, und die krankhafte Vorstellung, sie werde sterben wie ihre Cousine Charlotte, wurde so stark, dass sie befahl, Claremont, das Haus, wo Mutter und Kind gestorben waren, solle auch für ihre Entbindung eingerichtet werden. Gegen Ende Juni waren ihre Nerven zum Zerreissen angespannt; sie weinte leicht, geriet zwanzigmal im Tag in Zorn und erschreckte Melbourne durch die Energie, mit der sie in alle Regierungsgeschäfte eingriff. Tag für Tag beobachtete er sie, weil er sie liebte, wie er nie in seinem Leben ein menschliches Wesen geliebt hatte; er wusste, dass sie unter dem hochfahrenden Wesen und den Wutanfällen verzweifelt unglücklich und verängstigt war. Und just diese seine Liebe erriet auch den Grund. Er liess sich nicht durch die scheinbar gute Beziehung von Gatte und Gattin täuschen, er durchschaute die Aufmerksamkeiten und Höflichkeiten, die in der Öffentlichkeit ausgetauscht wurden. Er wusste, woran er war. Er hatte selbst das Elend einer unglücklichen Ehe allzu hart erlebt, um diese vergiftete Atmosphäre nicht auch in andern Ehen zu spüren. Er gestand sich auch ein, dass in diesem

Fall Untätigkeit nicht die richtige Politik war; sein ganzes Leben lang hatte er vermieden, Partei zu ergreifen oder eine Entscheidung zu erzwingen, doch Lethargie war eine unausrottbare Sünde, und als seine Ehe in Trümmern lag, hatte seine Lethargie ihm geholfen, das zu ertragen. Gewöhnliches Metall biegt sich unter dem Gewicht der Umstände, doch der feingeschliffene Stahl der Natur der Königin würde schliesslich brechen. Er konnte nicht daneben stehen und das geschehen lassen, wie er in seinem eigenen Leben alles hatte geschehen lassen.

Eines Nachmittags, Ende Juni in Windsor, bat er um eine private Audienz.

VI.

«Soll ich das so auffassen, dass auch Sie mir wegen Albert eine Predigt halten wollen?»

«Ich versuche nicht, Ihnen eine Predigt zu halten, Madam. Gott verhüte, dass ein Mann wie ich sich dessen vermessen wollte. Aber ich erkundige mich nach ihm, ob das nun anmassend ist oder nicht, weil das Glück und die Wohlfahrt von Ihnen beiden mir mehr bedeutet als irgend etwas auf der Welt.»

Sie waren einander in dem Salon der Königin gegenüber, der Junisonnenschein zeichnete Kringel auf den prachtvollen Perserteppich, und die steife, zornige Gestalt der Königin stand in einem Fleck gelben Lichts. Ihr Kopf war erhoben, und das entschlossene Kinn passte zu dem verärgerten Ausdruck in ihren Augen. Warum neigte man dazu, zu meinen, dass sie überhaupt kein Kinn habe, kam Melbourne in den Sinn, bevor man sie im Zorn gesehen hatte? Und sie war sehr zornig; liess sich nicht zu einem der kurzen Wutausbrüche hinreissen, die ihre Umgebung vertrieben, aber sie zitterte vor tiefem, beherrschtem Ärger. So hatte er sie ihrer Mutter gegenüber gesehen, und er hatte auch gesehen, wie Demütigungen und Erniedrigungen sich auf die Herzogin gehäuft und ihr Herz und ihren Trotz gebrochen hatten. In solchen Augenblicken hatte

Victoria etwas wahrhaft Bedrohliches an sich. Wenn er sich täuschte, wenn er ihr Herz nicht rühren konnte, dann würde es Albert schlimm ergehen. Und ihm selber auch. Wenn keine wahre Liebe für den Prinzen vorhanden war, dann liess sich überhaupt nichts tun. Sekundenlang erkannte er eine bisher ungeahnte Seite von Alberts Leben, und der junge Mann tat ihm leid.

«Wenn irgendwer Ihnen eine Predigt gehalten haben sollte, und ich kann mir nicht vorstellen, wer das gewagt hätte», sagte er gelassen, «so mögen Sie gewiss sein, dass ich es nicht tun werde. Seien Sie versichert, dass nichts als unbedingte Hingabe für Sie mich veranlasst, die Frage überhaupt zur Sprache zu bringen.»

«Wenn Sie mir gar so ergeben sind, wie können Sie mir dann sagen, dass er, Ihrer Meinung nach, unglücklich aussieht! Wie können Sie mich in dieser Zeit so aufregen?»

Melbourne zauderte, und dann schaute er zur Seite.

«Weil ich finde, dass Sie selber unglücklich aussehen, Madam, und das mitanzuschauen, kann ich nicht ertragen. Besonders wie Sie sagen – in dieser Zeit.»

Ihre Gefühle hatte bisher niemand erwähnt. Alles, worauf Stockmar und Onkel Leopold hingewiesen hatten, war Alberts Schwermut; selbst ihre Mutter hatte versucht, zu seinen Gunsten einzugreifen – nur weil er sie gern hatte und ihr gegenüber höflich war ... aber ihres eigenen Unglücks hatte kein Mensch gedacht ... ganz plötzlich war sie nicht länger in der Abwehr.

«Ich bin nicht unglücklich», sagte sie. «Warum sollte ich auch, Lord M.?»

«Weil jede Frau, die ihren Gatten liebt und versucht, ihm zu gefallen, unglücklich wird, wenn es ihr nicht gelingt. Es sei denn, ich wäre im Irrtum, Madam, und Sie würden den Prinzen nicht mehr lieben.»

Ihre Antwort hatte er sogleich, denn aus ihren Augen fluteten die Tränen; und sogleich ging er auf sie zu, nahm sie beim Arm und führte sie sanft zu einem Stuhl an der Glastüre. Er spürte einen lächerlichen Drang, niederzuknien, ihr beide Hände zu küssen und sich vollständig zugrundezurichten, indem er ihr sagte, er liebe sie so sehr, dass er mit ihr weinen wolle, bis sie aufgehört hätte.

«Ach Gott! O Lord M., wie können Sie das sagen? Natürlich habe ich ihn lieb.» Sie hob das feuchte Gesicht zu ihm, und er sah die Unterlippe zittern wie bei einem Kind. «Er ist der einzige Mensch auf der Welt, an dem mir liegt. Ohne ihn würde ich sterben!»

«Das hatte ich auch gedacht», erwiderte er. «Meine teuerste – teuerste Madam, bitte, weinen Sie nicht! Denken Sie an Ihre Gesundheit und seien Sie ruhig! Wenn Sie nur Vertrauen zu mir hätten, zu mir kommen würden», sagte er leidenschaftlich. «Sie wissen, dass ich alles auf der Welt für Sie täte. Ich habe beobachtet, wie Sie blasser wurden und Ihre Fröhlichkeit verloren. Ich bin zu Ihnen mit den Sorgen des Staates gekommen und habe Sie belastet und gewusst, dass Sie auch mit eigenen Bürden belastet sind... und es ist nicht recht, dass es sich so verhält. Sie sollten jetzt zufrieden und glücklich sein. Sie haben alles vor sich, worauf Sie sich freuen dürfen.»

«Ich war zufrieden.» Nun gab es keine Verstellung mehr zwischen ihnen. «Ich war vollkommen glücklich, und ich glaubte, Albert wäre es auch. Wir hatten unsere Schwierigkeiten, aber das waren nur unwichtige Dinge. Ich habe ihn geliebt und alles getan, um ihm Freude zu machen. Sie wissen, wie lang sein Bruder Ernst hier geblieben ist. Als er fortfuhr, traf ich Albert blass und in Tränen an, und er hat mir so leid getan. Aber ich meinte, ich würde ihm genügen. Ich fand, dass wir doch ein so interessantes und heiteres Leben führten, und da würde er das Heimweh nach Coburg loswerden. Doch was ich auch tue, ob ich London verlasse und nach Windsor fahre, ob ich mich ins Bett lege, wenn ich noch gar nicht müde bin, und Einladungen ablehne, weil ich weiss, dass er sich nichts daraus macht – nichts will ihm gefallen. Und das ist die pure Wahrheit. Nichts wird Albert befriedigen, es sei denn, dass er einen Finger in meinen Machtbefugnissen haben könnte, und das erlaube ich nicht. Nicht ihm noch einem andern Menschen.»

«Ich verstehe», sagte Melbourne. «Ich sehe jetzt, worauf es ankommt.»

«Dann müssen Sie auch erkennen, dass er unvernünftig ist. Er wusste, dass ich Königin war, als ich ihn heiratete; ich habe das völlig klar gemacht, und er hat sich damit abgefunden. Sie haben ja, als wir verlobt waren, selbst gesagt, er dürfe nicht den Königstitel haben oder irgendeine ähnliche Würde.»

«Das habe ich gesagt, und ich würde es heute auch sagen. Es gibt nur einen Herrscher in England, Madam, und das sind Sie. Aber, wenn ich Sie daran erinnern darf, ich habe auch etwas anderes zu Ihnen gesagt. Als Sie mir von Ihrer Verlobung erzählten, da sagte ich, ich sei froh, dass Sie jemanden hätten, der Ihre Bürden mit Ihnen teilen könnte. Und auch das habe ich ernst gemeint. Ich bin verheiratet gewesen, Madam, und Sie kennen die traurige Geschichte; infolgedessen bin ich kaum in der Lage, irgendwem einen Rat zu erteilen ... aber eines weiss ich. Zwischen Gatte und Gattin muss Vertrauen sein. Sie sind die Königin – Sie haben die Macht, daran lässt sich nichts ändern. Sie teilen mir und Ihren Ministern Ihre Ansichten mit, Sie vertrauen uns, und doch sind wir nur Fremde, Männer, die aus ihren Ämtern entlassen werden können und nie mehr das Recht haben, sich Ihnen zu nähern. Wären Sie nicht auch ein wenig eifersüchtig und verloren, wenn Sie der Prinz wären und die Frau, die Sie lieben, würde Sie dort nicht zulassen, wo sie andern Männern Zutritt gewährt?»

«Aber er kann ja in politischen Fragen nichts tun. Er ist unerfahren, Lord M. Er könnte schreckliche Fehler begehen ... er ist kein Engländer.»

«Ich glaube nicht, dass er Fehler beginge», sagte Melbourne. «Ganz offen gestanden glaube ich es nicht. Ich halte ihn für einen der intelligentesten Menschen, die mir je begegnet sind. Mein Gott, Madam, vergleichen Sie ihn doch mit einigen der Dummköpfe, die in meinem eigenen Kabinett sitzen! Ich glaube, dass man ihm unbedingt vertrauen könnte, und ich glaube, dass er es verdient. Darf ich wirklich ohne Umschweife reden?»

«Das haben Sie immer getan. Und was Sie auch sagen mögen, ich verspreche Ihnen, dass ich mich nicht ärgern werde.»

«Auch nicht aufregen? Denn wenn Sie sich aufregen, würde ich sofort verstummen.»

«Auch nicht aufregen», versprach sie. «Reden Sie nur!»

«Ich finde, dass er sich in der für jeden Mann allerschwierigsten Lage befunden hat, und er hat sich ganz ausserordentlich gut benommen. Männer sind seltsame Geschöpfe, müssen Sie wissen. Die Natur hat sie nicht dazu gemacht, um Frauen untertan zu sein; es kommt jeden Mann schwer an, ständig hinter seiner Frau hergehen zu müssen, wie sehr er sie auch lieben mag. Und der Prinz musste sich, als Ihre Heirat angezeigt wurde, einen unglückseligen Empfang gefallen lassen; es wurde über seine Apanage gemarktet, über den Vortritt ...

«Und habe ich nicht seine Partei genommen?» fragte Victoria. «Habe ich nicht darauf bestanden, dass ihm Achtung und Ehrerbietung erwiesen wurde?»

«Gewiss haben Sie das getan.» Melbourne lächelte geduldig. «Und natürlich hat er auch zu schätzen gewusst, was Sie getan haben. Das ändert aber nichts an der Tatsache, dass es Ihr Wunsch war, der entschied, nicht seine Verdienste. Der Prinz ist sehr stolz, Madam. Und empfindlich. Wäre er irgendein törichter junger Tölpel, wie so viele, die mir einfallen, so hätte er die Achseln gezuckt und ein vergnügtes Leben begonnen. Gewiss hätte er Sie nicht so geliebt, wie Albert Sie liebt. Und ich würde auch nicht empfehlen, dass Sie sich in wichtigen Dingen oder auch nur in alltäglichen auf ihn stützen sollen. Weit entfernt! Aber er fühlt sich unnütz; er hat einen klaren Verstand und nichts, woran er ihn üben kann – ein vernünftiges Urteil, und kein Mensch will seine Meinung hören! Er möchte Ihnen helfen, möchte einige der lästigen Bürden auf seine Schultern nehmen, möchte fühlen, dass Sie ihn ebenso als Mann achten, wie Sie ihn als Gatten lieben. Vor allem möchte er sich selber achten können. Und in seiner jetzigen Lage kann er das nicht.»

Sie sah auf das feuchte Taschentuch hinunter, das sie beim Zuhören in ihrem Schoss gedreht und geknotet hatte.

«Die Lehzen meint, dass er versuchen will, mich zu beherrschen», erwiderte sie langsam. «Das könnte ich nicht ertragen. Wenn ihm erlaubt wäre, etwas von den Staatsgeschäften zu erfahren und sich einzumischen, so könnte er versuchen, mich aus meiner Macht zu verdrängen, und das Volk würde in ihm den Träger der Krone sehen und nicht in mir.»

«Sagt das die Lehzen?» Die alte Schlange! Als Victoria nicht antwortete, liess er die Gouvernante aus dem Spiel und kehrte zu seinen Argumenten zurück. Jetzt endlich war das Bild vollendet. Die Zweifel in dieser stolzen, argwöhnischen Seele, die begreifliche Unkenntnis der Gefühle eines Mannes in Alberts heikler Lage – und die Unempfindlichkeit gegenüber allen andern Dingen. Sie war glücklich, und ihrer Ansicht nach hatte ihr junger Gatte nicht das Recht nicht glücklich zu sein. ‚Unempfindlichkeit' war ein hässliches Wort im Zusammenhang mit dem armen Kind, dachte er. Mangel an Weltkenntnis war eine bessere Bezeichnung für ihre Fehler. In seiner ganzen Laufbahn hatte er nie mit mehr Überredungskraft, mit mehr Geschick gesprochen als jetzt, da er versuchte, diesem schlichten, gradlinigen Geist eine gewisse Verfeinerung beizubringen.

«Mein Gott, Madam!» Er lachte laut. «Sie beherrschen! Ich habe nie etwas Lächerlicheres gehört! Sie sind der letzte Mensch auf der Welt, der sich fremdem Einfluss ergeben würde, es sei denn, Sie wollten es; und der Prinz ist der letzte Mensch auf der Welt, der so einen Versuch unternähme. Als Sie das sagten, haben Sie sich selber ebenso wie ihn falsch beurteilt. Die Gefahr für Ihr Glück liegt nicht in dieser Richtung.»

«Gefahr?» Sie zog die Brauen zusammen. «Das ist ein arges Wort für die Beziehung von Albert und mir. Wir sind nicht in Gefahr ... wir mögen Schwierigkeiten haben ...»

Nein, dachte er, dem würde sie nicht standhalten. Das ist der Punkt, wo das Eisen bräche. Doch jetzt müsste sie standhalten; in der Theorie, bevor die Wirklichkeit einsetzt. Und ich, Gott helfe mir, werde sie dazu zwingen!

«Sie sind in Gefahr, Madam.» Jetzt lachte er nicht mehr. «Sie haben mir erlaubt, offen zu sprechen, und selbst wenn ich

Sie kränken müsste, werde ich es tun. Die Gefahr liegt bei Albert. Man hat Ihnen gesagt, dass er unglücklich ist. Nun, das ist richtig. Er ist unglücklich. Eben habe ich Ihnen gesagt, dass er sich selber nicht achten kann. Er ist dem Namen nach der Gemahl der Königin, und in Wirklichkeit ist er ein Niemand. Und dafür sind Sie verantwortlich, Madam. Er weiss das. Er weiss, dass Sie ihm ein unnützes Leben möglich machen können, und dass Sie allein die Macht besitzen, seine Gaben, seine Kräfte auf ein nützliches Ziel zu lenken. Wenn Sie ihm dieses Recht versagen, das Recht jedes Mannes, sich selber zu bestätigen, anstatt im Schatten seiner Frau zu leben, dann wird er, wie ich glaube, eines Tages vor Sie hintreten und verlangen, nach Coburg zurückzukehren».

«Nach Coburg?»

Jede Farbe war aus ihren Wangen gewichen; eine schreckliche Sekunde lang glaubte er, sie werde von ihrem Stuhl fallen und ohnmächtig vor seinen Füssen zusammensinken. Er erhob sich halb und griff schnell nach ihrer Hand.

«Madam ...»

«Wollen Sie behaupten», sagte die gepresste Stimme, «dass Albert mich verlassen würde?»

«Wenn seine Selbstachtung auf dem Spiel stände – ja, dann glaube ich es», sagte Melbourne ruhig. «Andere Männer würden eine Geliebte nehmen, er aber würde gehen.»

Sie entzog ihm die Hand, wandte sich von ihm ab und stand auf. Nach einigen Sekunden sagte sie:

«Ich danke Ihnen für Ihren Rat, Lord M. Sie können jetzt gehen. Wir sehen Sie nachher beim Abendessen.»

Er verbeugte sich tief und ging zur Türe. Sie stand, den Rükken ihm zugewendet, und schaute reglos nach der belebten Landschaft, die Albert liebte. Als er die Türe hinter sich schloss, fragte er sich plötzlich, ob sie ihm das, was er gesagt hatte, je verzeihen würde. Selbst wenn sie seinen Rat annahm.

«Meiner Ansicht nach ist das Türkische Reich ein wichtiges Bollwerk gegen die Ambitionen Frankreichs und Russlands im östlichen Mittelmeer.»

Der Sprecher stand mit dem Rücken vor dem Kamin in dem grossen Salon im Buckingham Palast. Er war ein hochgewachsener Mann mit rötlichbraunen Wangen, hellblauen Augen, einem Backenbart von auffallendem Rot und Manieren, die verrieten, dass er beide Hände in den Taschen hätte, wäre die Königin nicht wenige Fuss von ihm entfernt gewesen. Es hatten sich ziemlich viele Leute zusammengefunden; Albert, neben Victorias Stuhl stehend, Mr. Greville, Lord Grey, die schmächtige Gestalt Lord John Russells überragend, mehrere Hofherren und die meisten grossen Damen aus den Kreisen der Whigs.

Palmerston blickte sich strahlend um. Er hatte das übliche Hofgeschwätz satt, und die Kühle Ihrer Majestät hatte ihn gereizt. Er wandte sich zu der kleinen Gestalt, die in dem grossen vergoldeten Lehnstuhl steif dasass wie ein Nadelkissen und auch ebenso stachlig. Er verbeugte sich.

«Bei Ihrer Kenntnis der auswärtigen Geschäfte, Madam, würden Sie diese Ansicht für richtig halten?»

«Wenn ich es täte, würde ich meine Meinung über eine geheime politische Frage kaum hier aussprechen, Lord Palmerston. Zudem dürfte Lord Melbourne Ihnen meine Stellungnahme bereits bekannt gegeben haben.»

Sie war wütend über diesen aufgeblasenen Menschen, der es wagte, in ihrem Salon über Politik zu reden. Ihre Miene, als sie ihn musterte, hätte jeden andern gezähmt. Doch Palmerstons Lächeln wurde nur noch breiter, als hätte er den glücklichsten Eindruck auf sie gemacht.

«Lord Melbourne neigt anscheinend der Ansicht zu, dass der Sultan keine Unterstützung verdient – dass das Ottomanische Reich völlig verrottet ist und beim ersten Anzeichen eines Aufstands zusammenbrechen könnte. Ich bin seiner Meinung, Madam, aber aus den Gründen, die ich eben erwähnt habe, bedaure ich es.»

«Sie spielen wohl auf die Gerüchte von einer bevorstehenden Revolte des Paschas von Ägypten an.»

Palmerstons Lächeln leuchtete geradezu vor Staunen und Verachtung, als er sich zu Albert wandte.

«Wie gut unterrichtet Sie sind, Sir! Sie können Ihre Majestät vielleicht dazu überreden, mich unmittelbar ihre Meinung wissen zu lassen. Und möglicherweise gelingt es Ihnen sogar, sie zu meiner Meinung zu bekehren.»

Albert spürte, wie seine Hände sich hinter seinem Rücken ballten. Und er war sich peinlich dessen bewusst, dass er errötete.

«Ich spreche nicht für Lord Melbourne, aber als regierende Herrscherin könnte die Königin kaum einen Aufstand gegen die Autorität eines andern Souveräns billigen, selbst wenn es sich um einen Ungläubigen handelt; selbst wenn es anscheinend in unserem Interesse wäre. Hier stehen moralische Prinzipien auf dem Spiele...»

«Albert!»

Victoria liess den Namen tönen wie einen Peitschenknall, und der Satz blieb unbeendet. Palmerston hatte sich schon eines andern besonnen und betrachtete die Spitzen seiner Lackschuhe, als wäre seine Aufmerksamkeit tausend Meilen entfernt.

«Albert, mein Lieber, ich bin müde. Und Sie, Lord Palmerston, muss ich daran erinnern, dass ich nicht wünsche, Politik zum Gesprächsthema bei gesellschaftlichem Beisammensein gemacht zu sehen. Wenn Sie meine Meinung zu erfahren wünschen, so fragen Sie mich zur passenden Zeit danach.»

«Ich bitte tausendmal um Entschuldigung, Madam. Es war sehr rücksichtslos von mir, Sie in Ihren Mussestunden damit zu belasten. Viel zu viel wird von Ihnen verlangt – viel zu viel. Das habe ich Melbourne immer wieder gesagt...»

Nichts könne den Menschen aufhalten, dachte sie. Nichts. Zurechtweisungen, Befehle, das Protokoll, all die Hemmungen, die bei den andern so gut wirkten, wurden zur Seite geschoben wie Spinnweb. Wenn man ihn in aller Öffentlichkeit tadelte, wie sie es getan hatte, sagte er nur etwas noch Aufreizenderes.

Und sie war auch wütend auf Albert, weil er sie in den Fragen der Türkei festlegte, die sie nie mit ihm besprochen hatte, und die hauptsächlich aus Gerüchten bestanden. Natürlich würde England den Sultan gegen den Pascha unterstützen; wie aber durfte Albert wagen, zu erklären, sie könne etwas nicht billigen? Wie konnte er dastehen und seine eigenen Prinzipien zum Besten geben, als wären es ihre? Wie durfte Palmerston ihn auf solche Art ausholen? Er hatte es nur getan, um Albert lächerlich zu machen. Sie wollte Albert ein für allemal sagen, dass er vorsichtig sein und sich nicht von solchen Leuten zum Narren halten lassen dürfe...

Sie hatte geglaubt, taktvoll zu sein; als sie in ihren Gemächern angekommen waren, hatte ihr Zorn sich nach und nach abgekühlt. Ganz ruhig ersuchte sie ihn, in ihr Boudoir zu kommen, dann schickte sie alle ihre Damen fort – selbst die Lehzen, die gern geblieben wäre. Und dann begann sie, ihn darauf aufmerksam zu machen, dass er wirklich nicht von Dingen reden dürfe, von denen er nichts verstand. Keiner von beiden wusste, wie der Streit sich verschärft hatte, doch bevor sie sich beherrschen konnte, hatte Victoria die Stimme erhoben und ihr Ton wurde immer heftiger. Sie spürte, wie ihre Nerven zitterten, als wäre die Spannung, unter der sie in den letzten Wochen gelitten hatte, mit einem Mal völlig unerträglich geworden. Zunächst war es noch ganz ruhig zugegangen, dessen entsann sie sich, doch es endete damit, dass sie Albert angeschrien hatte; sie würde seine Einmischung nicht dulden, und er solle sich daran erinnern, wer sie war...

Sekundenlang stand er, blass vor Zorn, da und sah sie verblüfft und gekränkt an, als hätte sie ihn ins Gesicht geschlagen. Dann aber hatte er das Zimmer verlassen und die Türe dröhnend zugeschlagen. Er war in seine Gemächer gegangen. Zitternd blieb sie stehen. Er hatte es gewagt, ihr den Rücken zu drehen! Er hatte gewagt, sich zu entfernen, bevor sie zu Ende gesprochen hatte, und nun sollte sie zu Bett gehen, bevor ihr Streit beigelegt war! Ohne weiter nachzudenken, eilte sie aus dem Zimmer und über den Korridor zu seinen Gemächern.

Sie sah am Ende des Ganges einen Lakaien stehn, seine Gestalt verschwamm vor ihren tränenvollen Augen, doch dann dachte sie weder an ihn noch an sonstwen, der etwa spähen könnte. Sie blieb vor Alberts Türe stehn und drehte den Knauf. Die Tür war verschlossen. Sie klopfte.

«Öffne die Tür! Ich befehle es dir!»

Nach kurzer Pause antwortete seine Stimme:

«Wer ist draussen?»

«Die Königin!»

Die Sekunden, die sie warten musste, schienen Stunden zu sein. Drinnen war nichts zu hören. Sie griff nach dem Knauf und rüttelte wütend daran. Ihre Stimme war heiser und bebte.

«Öffne die Türe! Ich befehle es dir!»

Abermals hörte sie seine Stimme:

«Wer ist draussen?»

«Die Königin! Die Königin von England!»

Sie glaubte, dass sie die Worte geschrien hatte; es war ihr, als versuchte sie, ihr eigenes Entsetzen durch ihr Schreien zu übertönen. Sie war die Königin. Kein Gatte durfte wagen, seine Türe vor ihr zu verschliessen. Kein Gatte würde wagen, sie nicht mehr zu lieben, würde sie verlassen wollen, wie Melbourne gesagt hatte...

Doch er liess sie nicht ein, und plötzlich wusste sie es. Sie bedeckte das Gesicht mit beiden Händen und wusste, wenn die Tür zwischen ihnen blieb, würde sie Albert für immer verlieren. Sie wäre die Königin, doch ihr Glück mit ihm, ihre Freude an dem Leben in Gemeinschaft mit ihm wäre für immer verloren. Noch kämpfte sekundenlang ihr Stolz, ihre Selbstherrlichkeit gegen ihre Liebe.

Drinnen im Zimmer wartete Albert. Das war die Probe, die Probe, die Stockmar vorhergesehen hatte. Wenn er sich jetzt ihrem Willen beugte und sie einliess, würde sein Leben zur Qual werden. Und ging sie zurück in ihre Zimmer, so wäre es nur noch dem Namen nach eine Ehe. Er hörte das Geräusch eines schüchternen Klopfens. Er räusperte sich und fragte wieder:

«Wer ist draussen?»

«Deine Frau, Albert! Bitte, lass mich hinein!»

Im nächsten Augenblick hatte er die Türe aufgesperrt, und Victoria stürzte sich weinend in seine Arme.

*

Eines Nachts, gegen Ende August, als die kleine Stadt Windsor schlief, und kein Laut zu hören war als die Wachablösung vor dem Schloss, lag eine alte Frau in ihrem Zimmer wach. Das Zimmer war dem Zimmer der Königin benachbart, doch Victorias Kerzen waren schon vor Stunden ausgelöscht worden. Sie blieb nicht länger bis Mitternacht wach, um mit der Lehzen zu reden. Sie hatte Alberts Gewohnheiten angenommen, ging bald nach zehn Uhr zu Bett, und jeder in ihrer Umgebung musste sich dem fügen. Und jetzt war die Tür, die zu dem kleinen Zimmer der Baronin führte, versperrt.

Die Kerze der Lehzen brannte weiter, die Flamme flackerte im schmelzenden Wachs. Bald würde sie ersterben, ertränkt von dem Stoff, der ihr anfangs das Leben geschenkt hatte; und wenn die Baronin es beobachtete, so war ihr, als wäre diese zuckende Feuerzunge ein Sinnbild ihres künftigen Lebens.

Sie hatte Victoria verloren. Sie wusste nicht, wie das geschehen war, aber ihr Einfluss auf die Königin war gebrochen. Sie wandte den Kopf ab und liess die Tränen, die sich in ihren Augen gesammelt hatten, über das Gesicht rollen und das Kissen benetzen; ihr unschöner Mund öffnete sich und hätte beinahe einen Schrei von Schmerz und Verzweiflung und Wut ausgestossen.

Schon einmal zuvor hatte sie so dagelegen, ohne Schlaf zu finden, vor der Aussicht, ihr Kind zu verlieren, das Kind, das sie unterwiesen und grossgezogen und das ihr plötzlich befohlen hatte, Madam zu sagen wie alle andern. In der Nacht, da Victoria Königin geworden war, hätte es vielleicht keinen Platz für die alte Gouvernante in diesem neuen Leben gegeben. Doch die Lehzen hatte sich einen Platz zu schaffen gewusst. Sie war in jener Nacht mit der Hoffnung schlafen gegangen, die sie tröstete und mit dem Entschluss, sich, was es auch kosten mochte, unentbehrlich zu machen. Sie hatte sich einen Platz an Victorias Seite gesichert, sie hatte mit der Zähigkeit, der Verschlagenheit einer alten Tigerin gekämpft. Jetzt war keine Hoffnung mehr da, und sie hatte auch nicht mehr den Mut weiterzukämpfen; sie war plötzlich aus Victorias Liebe verdrängt worden, und endlich wusste sie, dass es keinen Rückweg gab.

Die Königin war nicht ungütig. Sie war nie rauh oder reizbar, wie sie es in den guten alten Tagen gewesen war, als die Worte oder Taten der Lehzen für sie noch wichtig gewesen waren. Sie war liebenswürdig und rücksichtsvoll, beinahe als wäre ihr bewusst, dass mit jener Vertraulichkeit Schluss gemacht worden war, die für die Baronin alles Heil der Welt bedeutet hatte.

Wenn die Lehzen schmeichelte und sich alle Mühe gab, so lächelte Victoria und dankte ihr freundlich, und wenn die Baronin in ihrem Schrecken versuchte, etwas gegen Albert vorzubringen, so bestätigte Victorias Gleichgültigkeit ihre Angst. Sie konnte die Königin nicht mehr aufhetzen, und jetzt fürchtete sie, sie könnte zu weit gehn und Victoria ernstlich erzürnen. Diesen Luxus durfte sie sich nicht mehr leisten, denn sie wusste, dass die Königin sich auch ohne sie behelfen konnte. Drei Monate vor der Geburt des Kindes war die Königin ruhiger und glücklicher als sie es je gewesen war, und zeigte eine seltsame Abgeklärtheit, die gegen Schmeicheleien ebenso gesichert war wie gegen Angriffe. Vor wenigen Wochen noch war sie mit ihren Sorgen zu der Lehzen gekommen, jetzt aber läutete die kleine Handglocke nie mehr, um die Lehzen zu rufen, sobald die andern Damen sich zurückgezogen hatten. Und zweimal, als der Hof nach Windsor ging, war die Lehzen zurückgelassen worden. Sie wusste, wer sie verdrängt hatte. Gerade als seine Niederlage bevorzustehen schien, hatte Albert seine Frau für sich gewonnen. Jetzt ging sie zu ihm, sich Rat holen, hielt zu ihm, sass am Fenster und schaute ihm nach, wenn er ausging, was er immer seltener tat, da die Königin selber nicht mehr viel gehen konnte. Als er zum ersten Mal der täglichen Beratung der Königin mit Melbourne beiwohnte, da wäre das Herz der Lehzen vor Eifersucht beinahe geborsten.

Er war siegreich, und die Baronin lag schluchzend da, weil sie genau wusste, dass der Tag anbrechen werde, da er ihre Entlassung verlangte. Und wenn er es tat, würde Victoria sich fügen. Am gleichen Tag im August hatte das Parlament ein Gesetz beschlossen, das ihn, im Falle des Todes der Königin, zum Regenten für das ungeborene Kind machte. Die Kerze der Lehzen flackerte noch einmal, und dann erlosch sie knisternd.

*

Die Wochen verstrichen langsam. Victoria beschäftigte sich damit, für das Kind zu nähen, kleine Häubchen mit silbernem Faden, die sie Albert zeigte; und sie errötete, wenn er ihre Arbeit lobte. Er lobte alles, was sie tat, vom Kleidernähen für das Kind bis zu den Briefen an Melbourne über die Krise, die durch die Türkei entstanden war. Wie seltsam, sich vorzustellen, dass sie sich deswegen gestritten hatten – wie erstaunlich, dass sie seine Einmischung gefürchtet hatte, während sie jetzt mit nichts zufrieden war, was nicht seine Billigung gefunden hatte. Palmerston hatte recht gehabt, als er sich an jenem Abend über einen möglichen Aufstand gegen den Sultan geäussert hatte.

Der Pascha von Ägypten hatte ihn angegriffen, und Palmerstons Plan für ein Bündnis zum Schutz der Türkei hatte eine höchst gefährliche Situation herbeigeführt. Frankreich hatte für Ägypten Partei genommen und weigerte sich, dem Pakt beizutreten. Während die Armeen des Paschas vorrückten, wurden Drohungen eines französischen Eingreifens laut, und auf der andern Seite wurde mit englischer Hilfe für die Türkei gedroht.

Niemand war mit der Energie von Palmerstons Politik einverstanden. Albert war entsetzt darüber, und Lord M., der es besser wissen und den Minister zurückhalten sollte, stand einer Zersplitterung in seiner eigenen Partei gegenüber. Sich vorzustellen, sagte sie zu Albert, sich vorzustellen, dass sie sich jetzt mit einem Regierungswechsel abfinden, Peel als Ministerpräsidenten hinnehmen müsste, nur weil dieser abscheuliche Palmerston es gewagt hatte, England an den Rand des Krieges zu führen und das Kabinett hart vor eine Massendemission!

Sie war überrascht, als Albert meinte, eine Tory-Regierung wäre am Ende nicht so schlimm, wie sie fürchte; er halte Peel für einen recht tüchtigen Mann mit sehr ernsten Ideen. Natürlich müsse eine Umwälzung vermieden werden, sagte er entschieden – und wie liebte sie ihn in seiner Besorgnis ihrer Gesundheit wegen! – doch was ihn ernstlich beunruhigte, sei die Gefahr eines Krieges mit Frankreich. England sei keineswegs in der Lage, sich einem schwereren Konflikt auszusetzen, und die anmassende Versicherung Palmerstons, Frankreich wäre es noch weniger, trug nichts dazu bei, Alberts Stimmung zu heben. Gemeinsam arbeiteten sie viele Seiten von Briefen durch, und es gab endlose Beratungen mit Melbourne über jeden Punkt. Im September, von Albert gedrängt, griff Victoria offiziell ein.

Frankreich müsse besänftigt werden, bevor das Land sich im Krieg befand. Die Königin könne dieser Drohung nicht standhalten, ohne ernstlich krank zu werden. Albert las den Brief und billigte jedes Wort. Melbourne, der eine Gefahr für Victorias Gesundheit mehr fürchtete als ihr aktives Eingreifen, vermochte Lord John Russell von einer Demission abzuhalten, und Palmerston davon, die Franzosen zu einer Kriegserklärung zu reizen; es war die französische Ritterlichkeit, an die Melbourne appellierte. Doch Ende Oktober war der Pascha von Ägypten besiegt, der König von Frankreich hatte Thiers, seinen englandfeindlichen Minister, in aller Eile entlassen, und Palmerston sass in seinem Stuhl im Aussenministerium fester als je. Er hatte geblufft, und er hatte gewonnen, und ob die Königin und der Prinz auch seine Listen missbilligten oder nicht, dem englischen Volk hatte er Eindruck gemacht. Melbourne, von der drohenden Spannung erlöst, erkannte plötzlich, wie müde und krank er sich fühlte. Gott sei Dank, dass sie Albert hatte! Gott sei Dank, dass sie seinen Rat angenommen und ihr eigenes Glück gesichert hatte! Das war alles, worauf es ihm ankam. Ein Jammer, dass der Prinz so methodisch war und sie auch dazu erzog. Akten kamen an ihn zurück, bedeckt mit Randbemerkungen und Fragen, auf die er ebenso exakt antworten musste. Doch wenn es ihn auch müde machte, so war es doch wertvoll. Sie würde auf diese Art mehr über die Tecnnik des Regierens lernen, als sie je unter seiner leichten Hand gelernt hatte, und trotz ihres Zustandes war sie fähig, ihre Amtspflichten mit der gleichen Energie zu üben, die sie einst dem Tanzen und der Unterhaltung gewidmet hatte. Das Geheimnis – sie vertraute es ihm an – waren frühe Morgenstunden und regelmässige Arbeit. Und überdies war sie unbesorgt. Sollte sie sterben und ein Kind als Herrscher von England zurücklassen, so hätte dieses Kind den vollkommensten aller Männer zum Vater und Führer. Albert!

Sie sah an Melbourne vorbei und seufzte bewundernd, wenn sie seinen Namen nannte. Sie sah nicht den Schatten eines Lächelns, während er ihr zuhörte. Alle Frauen gingen bis zum Äussersten; und keine Frau mehr als die Königin, die einst so misstrauisch gegen ihren Mann gewesen war, dass sie ihm nicht einmal einen Brief zu lesen gegeben hätte. Sie war zu einem Entschluss gelangt und hatte sich ihrem Mann mit Herz und Seele ergeben. Das war typisch. Und in dieser Ergebung war sie ausserordentlich glücklich, so glücklich, dass sie ihre Unabhängigkeit gar nicht rasch genug von sich werfen konnte, um ihr Glück noch zu steigern. Und damit war er zufrieden.

Jenes Gespräch am Julitag in Windsor wurde nie mehr erwähnt. Der Sonnenschein der Erfüllung flutete über Victorias Leben; sie brauchte jetzt keine launenhaft flackernden Kerzen wie ihn und die Lehzen mehr.

VII.

Am 21. November 1840 schenkte Victoria ihrem ersten Kind das Leben. Es war nicht der Sohn, den sie oder vielmehr Albert ersehnt hatte, dessen Beziehung zu Kindern überhaupt viel stärker war, sondern ein gesundes kleines Mädchen mit blonden Haaren und grossen blauen Augen. Sie erhielt bei der Taufe die Namen Victoria Adelaide Mary Louisa, und Onkel Leopold, der jetzt auch Ratschläge geben durfte, weil Albert sie schätzte, war der Pate und schenkte dem Kind ein sehr schönes mit Türkisen und grossen Brillanten geschmücktes Kreuz.

Auch der Herzog von Wellington war Pate der neuen Prinzessin; das war eine huldvolle Geste gegenüber dem verehrten alten Staatsmann, und der Herzog begriff sehr wohl, dass er sich mehr bei dem jungen Prinzen als bei der Königin dafür zu bedanken hatte. Seit der Debatte über Alberts Apanage, da der Herzog für eine geringere Summe gestimmt hatte, war Victorias Blick mit auffallender Kälte auf Wellington gefallen. Versöhnlichkeit lag nicht in ihrem Wesen, aber er begriff, dass aus dem Waffenstillstand zwischen ihnen ein Friede geworden war, und Albert entdeckte plötzlich, dass das mächtigste Mitglied der Tory-Aristokratie sein Freund war.

Die Taufe war ein fröhliches Familienfest gewesen, Victoria war heiter und vergnügt und sah gesünder aus als je. Ihre Mutter stand in einer Ecke, unterhielt sich mit Albert und lächelte ihm hoffnungsvoll ins Gesicht. Sie fühlte sich recht schwach und kümmerlich, glich keineswegs der kräftigen, geschäftigen Frau vor zweieinhalb Jahren, und öffentliche Anlässe, bei denen sie mit ihrer Tochter erscheinen musste, gingen ihr sehr auf die Nerven. Ohne Albert, der immer auf sie zutrat und sie höflich behandelte, hätte sie dergleichen kaum mehr ertragen. Sie hätte sich gern über die kleine Prinzessin gebeugt, hätte sie aufgenommen und bewundert und Ratschläge erteilt, wie das jede Grossmutter tun durfte, aber das wagte sie einfach nicht. Doch da kam der historische Augenblick, da Victoria neben ihrem Mann stand und ihn in den Arm zwickte, als täte sie etwas nur ihm zu Gefallen, und fast zehn Minuten mit der alten Herzogin redete.

Auch Stockmar war da und schaute sehr zufrieden drein. Nach dem Regentschaftsgesetz hatte er es für möglich gehalten, Albert die Führung seiner Angelegenheiten zu überlassen, und hatte mit seiner Frau und seiner Familie Ferien in Coburg verbracht. Jetzt allerdings verdoppelte er seine Tätigkeit; es gab kein Geheimnis, weder ein persönliches noch ein politisches, das Albert nicht erfahren durfte und somit auch der Baron. Für einen jungen Mann von einundzwanzig Jahren arbeitete der Prinz viel, das musste Stockmar zugeben. Schade nur, dass er so schnell ermüdete und plötzlich niedergeschlagen war. Er hatte jetzt doch wahrhaftig keinen Grund zur Verzweiflung, und der Baron schalt ihn denn auch. Er hatte eine Frau, die ihn vergötterte – wirklich vergötterte, die von all ihren Gewohnheiten abwich, um sich seinen Wünschen zu unterwerfen, und er hatte eine reizende kleine Tochter. Stockmar und Onkel Leopold waren sehr zufrieden mit ihm; er genoss eine Achtung, die sozusagen täglich stieg. Er hatte gar keinen Anlass, bedrückt dreinzuschauen; und weil Stockmar in Alberts Verzagtheit ein Zeichen von Schwäche sah, hielt er ihm erbarmungslos Strafpredigten. Er liebte Victoria nicht, das war die tiefe Wahrheit, und im Baron erwachte beinahe ein Schuldgefühl, wenn er den leeren, traurigen Blick in Alberts Augen auffing. Er hatte sie nicht geliebt, und Stockmar selbst hatte ihn zu dieser Ehe gedrängt. Trotz aller Sorgfalt bei seiner Erziehung und Ausbildung war etwas von der romantischen Natur seiner verworfenen Mutter in ihm geblieben. Und obgleich er dankbar und zärtlich zu seiner Frau war, würde Victorias unkomplizierte Liebe dieser Romantik nie genügen. Entschlossen weigerte Stockmar sich, Reue zu fühlen; Albert war sein und Leopolds Lebenswerk, alle ihre unverwirklichten Wünsche konnten durch ihn erfüllt werden. Und wenn es in Alberts Ehe eine Gefühlsleere gab, so würde ein Sohn dort Erfolg haben, wo Victoria versagte.

Das königliche Paar verbrachte mehr Zeit als je in Windsor,

wo Albert sein Vergnügen daran fand, die Gärten zu reorganisieren. Und Gärten waren für Victoria nicht länger langweilige Dinge wie einst, wenn sie und Melbourne davon gesprochen hatten, denn wenn Albert sich für Botanik interessierte, so wollte auch sie etwas davon erfahren. Sie lauschte, während er ihr die verschiedenen Arten erklärte, hämmerte sich die bezaubernden Namen ein und setzte ihre Damen dadurch in Erstaunen, dass sie vor ihnen mit ihrem neuen Wissen prunkte. Plötzlich begannen alle ihre Vertrauten sich mit Blumen zu beschäftigen, und abermals musste ein Thema dem Lehrplan hinzugefügt werden, den jeder zu beherrschen hatte, der in ihren Salons und bei ihren Abendgesellschaften erscheinen wollte.

Männer wie Lord Grey und Lord John Russell und der boshafte Mr. Greville fanden das Hofleben langweiliger als je. Hausbackenheit schien sich wie ein Mehltau über den königlichen Kreis gesenkt zu haben. Eine Atmosphäre von Zimperlichkeit begann die Luft zu durchtränken, und die zynische englische Aristokratie fand es beinahe schwierig zu atmen. Nach einem jener endlosen Abende, die damit verbracht wurden, in Büchern mit Bildern zu blättern und die Königin zu beobachten, die wiederum Albert beobachtete, der mit Anson Schach spielte, sagte Greville, Gott möge ihm verzeihen, aber er sei versucht, sich nach den rauhen Ausbrüchen des Seemanns Bill und den unwürdigen Ausschweifungen ihres königlichen Onkels Prinny zu sehnen.

Unter dem Druck der Tugendhaftigkeit sah man die Schuldenmacherei und die Zügellosigkeit von Victorias hannoveranischen Ahnen in rosigem Licht; besser sei es, nach dem Portkonsum oder nach dem Schnitt des Anzugs beurteilt zu werden als nach der Fähigkeit, irgendeinen verdammten Baum im Garten zu erkennen! Jene, die so bitter gemurrt hatten, als Melbourne die entscheidende Stimme hatte, sollten jetzt die Wirkung von des Prinzen Einfluss zu spüren bekommen! Es hatte sie immer gelangweilt, wenn sie sich um die Königin scharen mussten, denn mit unpassender Selbstsucht hatte sie darauf bestanden, dass nur geschehen durfte, was ihr beliebte; jetzt aber hatten sie den Eindruck, dass sie ihre Zeit damit verbringen mussten, zu tun, was Albert beliebte. Die grossen Damen, an Glanz und Fröhlichkeit gewöhnt, sahen, dass ihre königliche Herrin sich einfach kleidete und nur ein Mindestmass von Schmuck anlegte, und zu ihrem Kummer mussten sie diesem Beispiel folgen. Die bösen Zungen von Lady Tavistock und Lady Portman durften der Königin keinen Klatsch mehr erzählen; Albert und darum auch Victoria duldeten keine Skandale. Ihr eigenes Leben war so glücklich und so makellos, dass die Sünden geringerer Sterblicher sich nicht verteidigen liessen. Die Königin hatte in ihrer Verbindung mit Albert die vollendete Seligkeit gefunden – Reibungen und Krisen, noch vor wenigen Monaten drohend, waren vergessen – und wenn sie, mit all ihren Verantwortlichkeiten eine solche moralische Höhe und ein so einwandfreies Gefühlsleben erreichen konnte, so hatte sie weder Geduld noch Mitleid, wenn andere Menschen fehlten. Die Königin war glücklich verheiratet und unterwarf sich freudig ihrem Gatten; und ihr Gatte war das Vorbild von ehelicher Treue, von Rücksicht und Vornehmheit. Wehe der Frau, die Zeichen von Unabhängigkeit merken liess, da Victoria auf ihre eigene Unabhängigkeit verzichtet hatte, oder dem Mann, dessen Privatleben nicht die Tugenden des Prinzgemahls widerspiegelte! Wie die Hofleute aus den Kreisen der Whigs sagten: Wo das Leben früher langweilig gewesen war, wurde es jetzt rasch unerträglich.

Im Frühling 1841 wurden sie dieser Lasten ledig. Melbournes schwächliche Regierung zerplatzte wie ein Stück fadenscheinige Seide über dem Problem der Aufhebung der Getreidegesetze; einige Wochen lang hielt sich die Regierung noch im Amt, als hätte Melbournes Gleichgültigkeit jenen Punkt erreicht, wo er sogar zu träge war, um zurückzutreten. Die grossen Fragen der Reform hatten seine Amtsführung unmöglich gemacht, aber es war die weniger bedeutende Frage des Zolls auf Kolonialzucker, über die er im Parlament stürzte. Am 28. August trat seine Regierung zurück. Und dann ging er zum zweiten Mal zu Victoria, um Abschied zu nehmen.

Der Speisesaal in Windsor wirkte an diesem letzten Abend schöner als je; alles schien ihm ungewöhnlich glanzvoll, das Kerzenlicht spiegelte sich in den prachtvollen Silberschüsseln – vielleicht war auch mehr Silber, waren mehr Blumen auf der Tafel als sonst; das mochte die Königin seinetwegen angeordnet haben, und bestimmt waren die Kristallgläser hervorgeholt worden, die man nur bei besonders festlichen Gelegenheiten benützte; alles glitzerte und funkelte ihm entgegen, als er sich jetzt verbeugte, bevor er seinen Platz zu ihrer Linken einnahm. Es war ihm, als beobachtete er die Szene und sich selber durch klares Wasser. Er blinzelte und fand nur mühsam in die Wirklichkeit zurück.

Das Silber war nicht anders als sonst am königlichen Tisch, die Kristallgläser hatte er Dutzende Male gesehen, und für den Blumenschmuck interessierte sich die Königin nur, weil Albert Wert darauf legte. Mit einem Lächeln wandte Melbourne sich zu der Königin und bemühte sich, sie zu unterhalten. Nie konnte er sich dessen entsinnen, wovon sie während dieser Mahlzeit gesprochen hatten, und diese Lücke in seinem Gedächtnis sollte ihn an den langen, leeren Abenden quälen, die sich vor ihm dehnten, da er nichts tun konnte, als sich in seiner Vorstellung ein Bild der Königin zu malen und der Gegenwart in die Vergangenheit zu entrinnen.

Er wusste, dass sie lachte und anscheinend sehr lebhaft war; mehrmals wiederholte sie seine Bemerkungen zu Albert, der sich vorbeugte und ihm auf seine linkische Art zulächelte. Er war eine Wachsfigur, dachte Melbourne plötzlich gereizt und unduldsam; ein steifer, aufgeblasener junger Esel und so fehl am Ort, dass man seine Lehrer verprügeln sollte, weil sie ihm nicht beigebracht hatten, sich wie ein Gentleman zu benehmen. Wenn er selber oder seine Brüder so feierlich und gespreizt bei Tisch gesessen hätten wie ein armer Teufel von Hilfsgeistlichem, dessen Gönner ‚Verdammt!‘ gesagt hatte, so wären sie derart verprügelt worden, dass sie überhaupt nicht zu sitzen imstande gewesen wären. Und wie behext war sie von ihm; er brauchte nur den Mund aufzumachen, und schon wandte sie sich zu ihm, strahlend vor Stolz und Bewunderung, als wäre er das Orakel von Delphi!

Und das Lächerlichste daran war, dass Albert sich sehr huldvoll zeigte; er versuchte sein Mitgefühl mit Melbourne wegen dessen Rücktritts zu zeigen, und Melbourne wandte alle Kunst der Konversation, jeden Kniff der Weltläufigkeit, die bereits aus der Mode kam, an, um dem Prinzen und der ganzen Gesellschaft an dieser Tafel zu zeigen, dass er genau so frivol und unbefangen war wie immer und auch nichts bereute. Und konnte er sich auch nachher nicht erinnern, wie er das getan hatte, so wusste er doch, dass es erfolgreich verlaufen war. Keiner von ihnen würde wissen, dass sein Herz brach, dass der wildeste Schmerz, den er je verspürt, während dieses Abendessens den Gipfel erreicht hatte. Und hätten sie es gewusst, so hätten sie es missverstanden, dachte er verächtlich. Sie hätten geglaubt, er traure um den Verlust seines Amtes – als ob der Opiumrausch der Macht in seinen Augen je Wirklichkeit gewesen wäre! Sie würden nie glauben, dass er des Amtes müde war, todmüde, und das schon seit längerer Zeit. Der Grund, der ihn veranlasst hatte, seine widerspenstigen Kollegen durch innere Krisen zu steuern und seine politischen Gegner davon abzuhalten, die Schwäche der Regierung auszunützen, hatte nichts mit Freude an der Machtstellung zu tun. Er wollte nur Premierminister sein, weil er dadurch in der Nähe der Königin sein konnte. Und jetzt, da die Zeit gekommen war, von ihr zu scheiden, hatte er den Eindruck, als wäre das schon gewissermassen eine Form des Todes. Der Rest seiner Jugend starb an diesem Abend, während er sprach, und damit auch sein Interesse an einem Leben, das so leer, so enttäuschend gewesen war, bevor Victoria darin erschien. Und diesmal würde es keinen Aufschub geben; diesmal würde sie nicht gegen Peel kämpfen und die Tories von der Regierung fern halten, nur um Lord M. neben sich zu bewahren. Jene grosse, romantische Zeit war vorüber. Jetzt hatte sie einen andern Beistand, dessen Stellung nicht von den Launen der Wählerschaft abhing.

«Lord M.!»

Sekundenlang lagen ihre Finger auf seinem Arm. Die beiden standen im Grünen Salon, und sie hatten leichthin über irgendein Thema gesprochen, als sie plötzlich einen ernsteren Ton anschlug.

«Lord M., ich weiss, dass Sie mit mir reden wollen, und ich will auch mit Ihnen reden. Hier sind wir nicht ungestört. Gehen wir auf die Terrasse!»

Die Glastüren standen offen, es war ein schöner, warmer Abend und der Himmel voll von Sternen. Eine Weile blieben sie stumm. Noch immer hielt Victoria seinen Arm, und sein Kopf neigte sich, weil er um so viel grösser war, und in der Ferne blinkten die Lichter von Windsor, und das Geräusch gedämpfter Stimmen folgte ihnen aus dem Salon auf die Terrasse hinaus.

«Sie werden mich verlassen, Lord M.», sagte sie. «Und ich wollte Ihnen nicht verschweigen, dass ich das nur sehr schwer ertragen werde!»

«Gott segne Sie, Madam. Gott segne Sie für diese Gefühle. Trösten Sie sich aber; es wird nicht gar so schlimm sein.»

Sie wandte sich zu ihm, und das Licht fiel aus dem Raum auf ihr Gesicht.

«Das bedeutet abermals Sir Robert Peel, und er ist mir unsympathisch», erklärte sie. Er bemerkte, dass sie die Brauen zusammenzog. «Ich wünschte, es wäre ein Mann, dem ich mich mehr verbunden fühle. Wenn ich Sie verlieren muss, lieber Lord M., hätte ich vorgezogen, er wäre ein Mann wie Sie, ein Mann von Ihrem Wesen – einer, dem Sie Vertrauen schenken.»

«Das tue ich doch!» sagte er schnell. Er ging; nichts konnte diese Tatsache deutlicher machen, als die Art, mit der sie davon sprach. Und sich damit abfand. Doch sie durfte nicht mit Misstrauen gegen Peel beginnen, sonst könnte sie auf Berge von Schwierigkeiten stossen. Und er wäre nicht mehr da, um ihr den Weg zu glätten und sie von irgendeiner heftigen Aktion abzuhalten. Sie musste lernen, mit Peel zu arbeiten, wenn sie nicht in ständiger Aufregung leben wollte.

«Ich habe zu Peel unbedingtes Vertrauen», sagte Melbourne.

«Ich bin nicht immer seiner Meinung, aber vor seiner Redlichkeit habe ich die grösste Achtung, und Sie müssen sich dessen erinnern, dass er gesagt hatte, er wolle lieber sterben, als Sie wegen Ihrer Damen unglücklich zu sehen. Schliesslich, Madam, hätte mancher andere Mann sich beharrlicher gezeigt und versucht, bei dieser Gelegenheit die Macht zu ergreifen. Er hat sich Ihnen gegenüber sehr ehrenwert benommen.»

«Das sagt auch Albert.» Sie öffnete den Fächer und sah zu ihm auf. «Aber ich glaube, dass Peel mehr klug als ritterlich ist. Er wusste, dass er mich nicht überreden konnte, glaube ich. Und wenn ich auf eine Verfassungskrise vorbereitet war – er war es nicht. Und ich wäre es wieder, wenn er etwas täte, das ich für unrichtig halte.»

Melbourne schluckte und begann abermals. Geduld, Geduld! Er dachte gar nicht an den eigenen Rücktritt; er war nur besorgt darüber, dass diese autokratische Natur – ob Albert oder nicht! – genau so brüsk sein konnte wie eh und je.

«Peel wird nichts tun, was zu so einer Lage führen könnte. Peel ist ein gemässigter Mann», erklärte er. «Madam, ich flehe Sie an, bilden Sie sich Ihr Urteil über ihn nicht nach dem Vergangenen.»

«Wonach soll ich es sonst bilden? Sie müssen zugeben, Lord M., dass meine einzige Erfahrung mit ihm kaum sehr vorteilhaft war. Seine erste Handlung war ein Versuch, in meine Rechte einzugreifen.»

«Diesen Fehler wird er nicht wieder begehen», versicherte Melbourne.

«Auch seine Manieren haben mir missfallen; er war so steif, ja, im Grunde war er unhöflich.»

«Teuerste Madam, er ist nur scheu – verdammt scheu; ich habe ihn gelegentlich rot werden sehen wie einen Schuljungen, und wenn Sie es ihm erleichtern, so werden Sie entdecken, dass er angenehmere Eigenschaften hat als ich; das weiss ich. Er braucht ein wenig Hilfe, das ist alles. Und wie er auch im Privatleben sein mag, ist er doch jedenfalls ein bedeutender Politiker.»

«Wie grossherzig Sie sind! Ich werde ihn und jeden andern, im Vergleich mit Ihnen, immer langweilig finden. Ach, lieber Lord M.! Gerade jetzt, da ich mit dem Prinzen so glücklich bin und das Kind so gesund ist und alles so friedlich, musste dieser unglückselige Umsturz kommen und Sie mir rauben!»

«Binnen kurzem werden Sie das gar nicht merken.» Und als sie den Kopf schüttelte, lächelte er. Sie war mit ihrem Gatten und ihrem Kind glücklich, und ihn selber sah sie schon wie aus der Ferne. Er konnte sich an jene andere Zeit erinnern, als er Abschied von ihr genommen und sie geweint und leidenschaftlich erklärt hatte, sie könne es nicht ertragen. Jetzt gehörte er einfach zum Umsturz, wie sie es nannte, eine Unbequemlichkeit, die den Ablauf ihrer täglichen Geschäfte stören und die Beziehung zu einem Mann herstellen würde, den sie nicht leiden konnte. Er stand da, schaute auf sie herab und wusste, dass er binnen weniger Monate vergessen wäre, und er wandte sich sekundenlang ab und sah zu den Lichtern von Windsor, die zu ihnen herüberblinkten. Das war die Ironie des Lebens; er hätte sich damit abfinden und lachen sollen, wie er über alle Missgeschicke seines Lebens gelacht hatte, mochten sie gross oder klein gewesen sein; doch er beugte den Kopf und erkannte, dass Zynismus für die Alten nur ein kalter Trost war. Und wo seine Gefühle auf dem Spiel standen, war er nie ein echter Zyniker gewesen; diese Frau, mit ihren einundzwanzig Jahren, hatte eine sentimentale Saite in ihm zum Tönen gebracht, die bei keiner andern Frau gezittert hatte. Und am Ende dachte er zuerst an sie und dann an sich.

«Versprechen Sie mir, dass Sie Peel eine Chance geben werden, Madam. Es steht so viel im Land auf dem Spiel, und er muss Ihre Billigung haben, wenn er seine Regierung beisammenhalten soll. Ich weiss, was für einen Unterschied es bei mir ausgemacht hat, und, offen gestanden, ich beneide Peel nicht, der gerade jetzt an die Macht gelangt.»

«Ich weiss, dass es schwierig ist», gab Victoria zu. «Albert und ich sprechen häufig über all die neuen Bewegungen; er ist so klug, Lord M. Ich bin immer überrascht darüber, wie viel er weiss. Er hat gestern den ganzen Vormittag damit verbracht, mir zu erklären, warum die Getreidegesetze widerrufen werden müssen. Man könnte glauben, er sei in der englischen Politik geboren und aufgewachsen.»

Melbourne unterdrückte die Antwort, dass nur ein Mensch, der nicht so geboren und aufgezogen worden war, diese Richtung vertreten konnte.

«In dieser Frage gehen die Ansichten sehr auseinander, Madam. Die Wählerschaft verlangt den Widerruf, und da ich nicht merken liess, dass ich dergleichen zu tun beabsichtigte, wurden die Tories an die Macht gebracht, weil man meint, dass sie es tun könnten. Nun, ich kann, weiss Gott, den Herzog von Wellington nicht dabei sehen, wie er den Massen etwas zuliebe tut.»

«Albert sagt, der Herzog wisse sehr gut, wann man sich der öffentlichen Meinung zu beugen habe», bemerkte Victoria. «Er sagt, gerade das mache ihn zum grossen Mann.»

«Ich meinesteils glaube, dass Waterloo auch etwas mit der Grösse des Herzogs zu tun hat», sagte Melbourne schärfer, als er beabsichtigt hatte; der Teufel hole diesen Burschen, der über alles und jedes sein unfehlbares Urteil abgab! «So ist auch Peel der wirkliche Führer der Tories und nicht Wellington. Und Peel wird die Interessen des Kleinadels und der Grundbesitzer berücksichtigen, bevor er den englischen Markt einer Flut von ausländischem Getreide zu einem Preis öffnet, der unsere eigenen Grundbesitzer ruiniert. Ich kenne das Geschrei – billige Nahrung für das Volk! Gebt ihm Brot! Schafft den Zoll auf ausländisches Getreide ab, und jedermann soll sich nach Herzenslust satt essen, während das Getreide unserer englischen Felder in den Scheunen verfault und die besten Männer in England zu Bettlern werden! Peel wird das nie tun, Madam! Peel könnte es nicht tun! Er ist ein Gentleman!»

«Albert meint, dass er es tun sollte», sagte sie langsam. «Albert meint, wenn die Nahrungsmittel billiger wären, würde das die industrielle Unruhe erheblich dämpfen. Er ist so menschlich, so gütig, Lord M. Er sagt, die Schwierigkeiten lägen in der Haltung unserer Aristokratie; gestern noch sagte er, sie ähnelte den früheren herrschenden Klassen in Frankreich – kein Sinn für Verantwortung gegenüber den von ihnen Abhängigen. Er meint, man sei moralisch verpflichtet, seinen Untergebenen das richtige Beispiel zu geben und jene Eigenschaften zu üben, die man von ihnen verlangt. Er sagt, wenn die Grundbesitzer keine Rücksicht auf das von ihnen abhängige Volk nehmen und ihre eigenen Interessen an erste Stelle setzen, so müssen die niedrigeren Klassen sich schlecht aufführen. Schliesslich sehen sie doch zu uns als ihren Beispielen auf.»

«Wenn Seine Königliche Hoheit gesehen hätte, wie der chartistische Pöbel die Häuser verbrannt und zerstört, die Maschinen zerschlagen und die Höherstehenden ermordet hat, würde er vielleicht nicht glauben, dass das Volk sich so leicht zügeln lässt. Ich habe einmal gesagt, die Massen seien Tiere, und ich habe meine Meinung nicht geändert. Und was die herrschenden Klassen von Frankreich angeht, nun, da ziehe ich sie doch wohl den Liebenswürdigkeiten des Schreckensregimes vor!»

Erst als er geendet hatte, merkte er, wie nahe er daran gewesen war, in Zorn zu geraten.

«Nun, nun, Lord M., so dürfen Sie nicht reden.» Sie wies ihn milde, aber mit stählerner Festigkeit zurecht. Sie wusste sehr genau, was Albert meinte, während er es nicht wusste. Sie glaubte auch, dass die Massen Tiere seien, aber sie fand, dass es viel netter war, ruhig von ihnen zu sprechen und von der Verantwortung zu reden, wie das Albert tat, als alles zynisch und leichtfertig klingen zu lassen wie Lord M. Es wäre ganz zwecklos gewesen, zu betonen, dass, wie unwürdig auch die niedere Menge war, ein Christ doch seine Pflicht zu tun hatte, weil der liebe Lord M. einfach kein Christ war …

«Albert findet gewiss nicht, dass die Französische Revolution gerechtfertigt war – er meinte nur, dass die Aristokratie sie selber verschuldet hatte. Und darin bin ich seiner Ansicht.»

Melbourne gab keine Antwort. Er hatte den Faden des Gesprächs verloren; was war aus den klugen Dingen geworden, die er ihr über die neue Regierung zu sagen geplant hatte?

Sie waren verloren gegangen, beiseite geschoben worden, um den Moralpredigten des jungen Mannes Platz zu machen! Seinen Vorrang als Prinz und als Gatte verdankte er jener Weltklugheit Melbournes, die Albert jetzt seine Gattin zu verachten lehrte. Das war wahrhaftig eine Ironie, und etwas von der alten Geisteshaltung kehrte zurück und befähigte ihn, sich spöttisch zu verbeugen und ganz freundlich zu sagen: «Sie zürnen mir ja beinahe, Madam! Wollen Sie mich mit einem Floh im Ohr wegen der Französischen Revolution davonschicken?»

Im Nu hatte sie sich besänftigt. Der gute alte Lord M.! Es war richtig; sie war recht grob gegen ihn gewesen, weil er so scharf über Alberts Ansichten gesprochen hatte. Und er war doch gekommen, um Abschied zu nehmen! Sekundenlang wallte das Gefühl in ihr auf; und gleichzeitig fand sie in ihrem zufriedenen Herzen Platz für Dankbarkeit und Bedauern, als sie den Mann vor sich stehen sah. Sie waren einander so nahe, sie waren so gute Freunde gewesen, und wenn sie nicht an Albert eine neue Stütze gehabt hätte, wäre sie ausser sich darüber gewesen, dass sie ihn verlieren und an seiner Stelle mit Peel arbeiten müsste. Ja, gewiss, sein Rücktritt war sehr traurig; er würde ihr fehlen, nicht bloss seine Leitung, sondern auch seine Gesellschaft.

«Mein lieber Freund.» Es waren Tränen in ihren Augen, doch Tränen des Mitleids, und sie benetzten ihre Wangen nicht. «Sie werden mir so sehr fehlen! Uns beiden! Aber ich werde Ihnen trotzdem schreiben und Sie um Rat fragen. Und um Ihretwillen werde ich versuchen, mit Peel auszukommen. Zum Glück hat Albert ihn anscheinend gern.»

Sie reichte ihm die Hand, die er demütig küsste, ohne sie festzuhalten, wie er das in der Zeit getan hatte, bevor Victorias Reden mit dem begannen und endeten, was Albert dachte und tat und gern hatte.

«Wenn ich Ihnen nützlich gewesen bin, Madam, so ist das alles, was ich vom Leben verlange. Wenn ich Ihnen noch weiterhin dienen kann, so werde ich einen Grund zu leben haben. Gott segne Sie. Ich möchte meinen letzten Abschied von Ihnen hier nehmen. Ich glaube nicht», setzte er plötzlich hinzu, «dass ich heute Abend eine Audienz ertragen könnte.»

«Das ist unser Lebewohl. Und nur für eine kurze Frist, Lord M., denn ich möchte Sie bald wieder als meinen Gast sehen. Jetzt gehe ich hinein, und Sie können über die Terrasse den Weg finden. Leben Sie wohl. Und ich danke Ihnen.»

Er trat zurück, um sie vorübergehen zu lassen, und wartete noch einen Augenblick; im Schatten verborgen, beobachtete er die kleine Gestalt in dem weiten rosafarbenen Kleid, wie sie jetzt in den Salon schlüpfte und sogleich auf Albert zuging, der vor dem Kamin stand und sich mit Anson unterhielt. Melbourne sah, wie sie die Hand ausstreckte und seinen Arm berührte, und ohne ihr Gesicht zu sehen, wusste er, dass sie lächelte. Er ging über die dunkle Terrasse, stülpte gegen eine jähe Brise den Kragen in die Höhe und trat in das Schloss, wo ein Lakai ihn zu seinem Zimmer geleitete. Er schlief tief und traumlos, doch als er früh am nächsten Morgen die Rückreise nach London antrat, fühlte er sich sehr alt und sehr müde.

*

«Wenn ich dich nicht gehabt hätte, der mich ermutigt hat, ich weiss nicht, wie ich es überstanden hätte. Wirklich, Albert, ich war so gereizt, als er in das Zimmer trat und vor mir stand – hätte ich aufschreien mögen!»

Victoria schob die weiten Röcke ihres Kleides zur Seite und machte Albert neben ihr Platz auf der Fensterbank. Sie war gerade von ihrem Gespräch mit Sir Robert Peel gekommen, diesmal aber hatte sie ihn in einem der weniger prunkvollen Räume empfangen; auf den Rat des Prinzen war ihm der lange, nervenaufreibende Weg durch den Weissen Salon erspart, mit dessen peinlichen Erinnerungen an die Begegnung vor zwei Jahren.

Melbournes Kabinett hatte demissioniert, und die Tories waren an der Macht. Albert war nur zu dankbar dafür, dass Stockmar und Anson ihm geholfen hatten, die Königin zu überreden, sie solle Peel und dessen Parteigenossen möglichst huldvoll empfangen. Er hatte nie gemerkt, wie schwierig sie sein konnte, oder wie bedrängt Melbourne sich manchmal gefühlt haben musste. Ihre Zuflucht vor allem, was sie nicht wollte, war ihre eigene unzugängliche Stellung als Königin; was die Wählerschaft auch entscheiden mochte, war Victoria doch sehr wohl imstande und nur allzu gern bereit zu zeigen, dass sie diese Entscheidung nicht billigte, und den Männern, die ohne sie nicht regieren konnten, die Reize ihrer Ämter sehr unverdaulich zu machen. Das war ihr Vorrecht, und es bedurfte Stunden geduldiger Auseinandersetzungen und taktvollen Drängens, um sie davon abzubringen, dieses Vorrecht allzu sehr auszunützen. Peel sei ein würdiger, ehrenhafter Mann und nur zu sehr darauf bedacht, ihr Vertrauen zu gewinnen und Vergebung für frühere Fehler zu erlangen – jede Anspielung darauf, dass sie unrecht gehabt haben könnte, oder dass sie ja überhaupt keine andere Möglichkeit besass, als ihn freundlich zu behandeln, wäre katastrophal gewesen – und die vereinten Anstrengungen des Prinzen und ihrer Ratgeber hatten ihren Groll zu höflicher Abneigung gemildert. Albert sass neben ihr und tätschelte ihre Hand.

«Ich weiss, was es für dich für eine Anstrengung war, Liebste; aber hoffentlich ist es gut gegangen.»

«Ja, das glaube ich schon», gab sie zu. «Ich habe nichts Unangenehmes gesagt und ich habe nicht auf seine Füsse geschaut.» Sie lächelte bei dieser Erinnerung. «Du wärst stolz auf mich gewesen, glaube ich; ich habe mich so gut beherrscht! Vielleicht bin ich imstande, ihn nach einiger Zeit zu erdulden. Aber so amüsant wie Lord M. wird er nie sein.»

«Amüsant zu sein, ist nicht die wichtigste Eigenschaft für einen Premierminister», sagte Albert. Melbourne musste aus ihrem Denken wie aus ihrem Gesichtskreis verbannt sein. Stockmar hatte das mit solchem Nachdruck betont, dass Albert den Vergleich nicht hingehen lassen konnte. Schon schrieb Melbourne ihr lange Briefe, was er als Mitglied der Opposition nicht tun durfte, und dem musste ein Ende gemacht werden.

«Nein, aber es hilft doch», seufzte Victoria. «Zumal da ich wieder in diesem Zustand bin.»

Sie war durchaus nicht erfreut, dass sie so rasch wieder schwanger war, und ihre Haltung hatte Albert entrüstet. Er hatte das Gefühl, es sei nicht ganz weiblich, die Vorzüge des Ehelebens so herzlich und so aufrichtig um ihrer selbst willen zu geniessen. Die edelste Sendung der Frau war es, Kinder auszutragen; das erhob sie über die rohe Gier der Männer. Er blickte in das kleine Gesicht, das zu ihm aufschaute, und fand es ungerecht, sie im Geist zu verurteilen. Oder sie zu beneiden, dachte er mit jäher Einsicht, denn sie war zu unkompliziert und so selbstsicher.

«Was hat Sir Robert gesagt?»

«Ach, die üblichen Dinge – dass er hoffe, mir ebenso gut zu dienen wie sein Vorgänger – das hatte er auch damals gesagt, und ich hatte ihn abfahren lassen. Diesmal sagte ich nur, dass ich das auch hoffe; und er sagte, die neue Regierung habe die besten Absichten, unsern Handel mit andern Ländern zu erweitern, denn seiner Meinung nach sei das das einzige Mittel, um echten Wohlstand zu fördern, und ich hatte den Eindruck, dass er nach einer Zwischenzeit auch die Getreidegesetze widerrufen würde. So wenig ich ihn leiden kann, glaube ich doch, dass er ganz fähig ist. Sobald er mit dem Versuch aufhörte, höfische Reden zu führen und von einem Bein auf das andere zu treten, für den Fall, dass er etwas Taktloses gesagt haben könnte, habe ich bemerkt, dass er sehr viel von den Geschäften versteht. Und meine Damen hat er nie erwähnt. Das habe ich dir zu verdanken, Liebster.»

Sie richtete sich auf und küsste ihn auf die Wange. Die Frage, ob die Damen der Whigs in ihrem Dienst bleiben dürften, war sehr säuberlich gelöst worden, und der Prinz hatte für die Führung der Verhandlungen mit Sir Robert allgemeine Anerkennung geerntet. Die Frage sollte nicht gestellt werden, weil die Königin auf keines ihrer Rechte verzichten würde; und so wurde stillschweigend verabredet, dass die wichtigsten Damen ihres Hofstaats zurücktreten und den Frauen und Töchtern der Aristokraten aus den Tories-Kreisen den Platz räumen würden.

«Es war eine Kleinigkeit», sagte er. «Peel ist sehr vernünftig gewesen.» Er hatte Peel gern. Das war seltsam, denn Peel war ebenso kalt und gesellschaftlich unbeholfen wie er selber, aber Albert empfand mehr Sympathie für ihn, als er je für Melbourne empfunden hatte. Vor höflichen Manieren fühlte Albert sich nie behaglich; sie reizten in ihm nur den Argwohn, dass er vertraulich behandelt werde oder – von allem das Schlimmste! – dass man sich insgeheim über ihn lustig mache. Diese Besorgnis hatte er bei Peel nicht. Eine Unterhaltung mit Melbourne und Grey und Lord John Russell konnte immer zu einem Geschwätz über Nichtigkeiten ausarten oder zu einem Austausch von Neckereien, den die Herren für humoristisch hielten, der aber in Alberts Augen wie eine gegenseitige Verhöhnung wirkte. Palmerstons Bemerkungen würden jeden Deutschen mit einem Funken Selbstachtung veranlassen, ihn zum Duell zu fordern. Nie, nie würde er sie verstehn oder gern haben, und leider war ihresgleichen am Hof seiner Frau vorherrschend. Und das gewöhnliche Volk war abstossend; schmutzig und betrunken und zuchtlos. Nichts war weiter von den saubern, ordentlichen kleinen Coburger Dörfern entfernt als diese wimmelnde, stinkende City von London und die abscheulichen Industriestädte, die sich wie Flecken eines schwarzen Aussatzes über die englische Landschaft ausbreiteten.

Nur der Mittelstand schien jene Eigenschaften zu besitzen, die er achtete und bei seinen Vertrauten zu finden wünschte. Im Mittelstand waren die Menschen nüchtern und ernsthaft und führten einen höchst methodischen Lebenswandel; doch wie die Bürger und Kaufleute in seinem heimatlichen Deutschland waren sie von den höhern Klassen durch eine unüberbrückbare Kluft getrennt. Immerhin stammten Peels Ahnen aus diesen Gesellschaftskreisen; sie hatten mit Kattun gehandelt und es zu einem Vermögen gebracht.

Und nur in einem so verrückten Lande wie diesem konnte ihr Nachkomme zu der Führerschaft jener Partei aufsteigen, welche die Interessen der Aristokratie vertrat, während echt blaublütige Männer wie John Russell und der greuliche Palmerston ihre Energien und Leidenschaften für die unteren Klassen vergeudeten.

«Albert, Liebster, das Verdienst für die ganze Angelegenheit gehört ausschliesslich dir.» Victorias Stimme rief ihn in die Gegenwart zurück, und abermals küsste sie ihn. Sie war in ihren Kundgebungen gar nicht zurückhaltend, und die Gewohnheit, ihn zu küssen und seine Hand zu drücken, schien mit der Zeit noch betonter zu werden.

«Und es ist gar keine Frage, dass der kleine Mann vernünftig sein wird – er wusste sehr wohl, dass er es sein musste! Aber du hast alles so gut gelenkt, und du hast mir die ganze Mühe erspart, es selber erledigen zu müssen. Was war das für ein Segen! Ich werde darauf achten, dass jeder wissen soll, was für einen Dienst du diesen verwünschten Tories geleistet hast, und hoffentlich werden sie sich jetzt dessen schämen, dass sie dir die Apanage gekürzt haben.»

Nein, sie verzieh nie, dachte er und lauschte mit halbem Ohr, als sie jetzt einen neuen Lobgesang auf seinen Takt und seine Klugheit anstimmte. Sie hatte eine grenzenlose Fähigkeit, Zärtlichkeit oder Feindseligkeit zu fühlen. Das ging über seine Möglichkeiten. Sie hasste oder liebte. Lord Melbourne, der Wüstling, war ihr teuerster Freund; Peel, den die meisten Leute achteten, war ‚jener verwünschte kleine Mann ...' Nur Gott mochte wissen, ob irgend etwas sie dahin bringen könnte, ihre Ansicht von einem der beiden zu ändern. Und der ehrwürdige Bischof von Exeter war der böse Feind, wenn Albert sich ihrer Schilderung richtig entsann, und sehr wohl imstande, den Rest seines Lebens Hörner und Klauen zu tragen.

Trotz allem fühlte er sich mit einem Mal niedergeschlagen. Ihr gemeinsames Leben verlief in vollendeter Harmonie, weil sie alle seine Wünsche studierte und sich ihm in allem und jedem beugte. Er war, wie ihm Stockmar beinahe jeden Tag begeistert auseinandersetzte, in einer einzigartigen Stellung. Er war nicht länger machtlos und ausgeschlossen. Soweit es seine Frau betraf, konnte er bei der Regierung Englands jede ihm beliebige Rolle spielen, und ob ihre Untertanen ihn liebten oder nicht – vor ihrer Verachtung war er sicher! Alles hatte sich wunderbar gewendet, und doch machte es ihm gerade diese Erkenntnis nur noch schwerer, zuzugeben, dass er noch immer unglücklich war. Manchmal, wie just in diesem Augenblick, war es ihm, als raubte diese schmächtige, liebevolle, eifrige Frau an seiner Seite ihm die Luft, und als würden die Berge von Pflicht und Erfüllung, die er erklimmen wollte, auf ihren Gipfeln ebenso öde sein wie auf ihren Hängen.

«Und jetzt wollen wir nicht mehr über Peel und andere langweilige Dinge reden! Komm, Albert, Liebling, wir haben eine halbe Stunde für uns, bevor wir uns zum Abendessen umziehen müssen. Gehen wir ins Musikzimmer! Ich fühle mich, da diese Begegnung vorüber ist, so froh! Vielleicht werde ich mich am Ende doch mit den Tories zurechtfinden. Komm, Albert, komm, Liebster!»

*

«Sie verübeln mir hoffenlich mein Eindringen nicht, Mylord?»

George Anson hüstelte; nie in seinem Leben hatte er sich so unbehaglich gefühlt. Das war nicht sein erster Besuch in Brocket, dem prachtvollen Landsitz Melbournes. Als er Melbournes Sekretär gewesen war, hatten die beiden Männer viele angenehme Stunden hier miteinander verbracht, hatten miteinander gejagt und dann, eine Karaffe Portwein auf dem Tisch, die Geschäfte gleichsam beim Nachtisch erledigt.

Melbourne lehnte sich in seinem Stuhl zurück und lächelte. «Sie können jederzeit bei mir eindringen! Ich freue mich immer, Sie zu sehen! Kommen Sie, setzen Sie sich, mein Lieber!»

Er beobachtete Anson, bemerkte die Aktenmappe unter dessen Arm und die Sorgfalt, mit der der Sekretär sie neben seinen Stuhl stellte. Anson wirkte ziemlich feierlich und recht unbehaglich. Melbourne erinnerte sich erheitert daran, dass Sekretäre und Hunde bald ihren Herren ähnlich zu sehen begannen; als Anson für ihn tätig gewesen war, hatte er durchaus weltmännisch ausgesehen.

Die Bibliothek war ein grosser, schöner Raum. Der Sonnenschein des Spätherbstes drang durch die langen Fenster, und Hunderte von Büchern strahlten einen leichten Geruch von altem Leder aus. Wenn er in Brocket war, verbrachte Melbourne den grössten Teil seiner Zeit hier.

Er schenkte Anson ein Glas Wein ein; es war ein recht guter Burgunder, den er gerade geschlürft hatte, während er in den Werken las, die er zur Vorbereitung für seinen Kommentar zu dem Leben des heiligen Chrysostomus brauchte. Wie sein alter Freund Anson wusste, hatte er oft darüber geklagt, dass die Politik ihm keine Zeit für ernsthafte Arbeiten liess. Anson hatte ihm zugestimmt und sagte jetzt rasch, wie froh Melbourne doch darüber sein müsse, dass er sich nach dem erfüllten Gesellschaftsleben der letzten Monate auf dem Land ausruhen könne.

Melbourne lächelte abermals.

«Ich habe alle meine Freunde besucht und mich ausgezeichnet unterhalten, mein lieber Anson. Ich hatte ganz vergessen, wie man die wahren Freuden der Geselligkeit geniesst. Ihre Majestät hat mir nur wenig Musse gelassen.»

Er war in der letzten Saison zu vielen Bällen gegangen und hatte sie müder und gleichgültiger verlassen als je. Er war bei Leicesters und dem Herzog von Bedford gewesen, bei Palmerston, der endlich Melbournes Schwester Emily geheiratet hatte; wie sehr das doch Palmerston glich, eine Liebesaffäre von vielen Jahren in Ordnung zu bringen und sich mit spitzbübischer Freude als ehrbarer Ehemann vorzustellen. Er hatte bei Lady Holland gespeist und alle Skandale und Intrigen angehört; er hatte jedermann hinters Licht geführt, und nun dachten alle Leute, er unterhalte sich sehr gut, und die Königin fehle ihm gar nicht. Er hatte sogar begonnen, Caroline Norton wieder zu besuchen, denn er war zu gleichgültig, um ihren Annäherungen zu widerstehen, und jetzt, da seine Beziehung zu Victoria abgebrochen war, brauchte er nicht mehr auf seinen Ruf zu achten. Doch das alles war eitel und nichtssagend; er lebte in einem leeren Raum, ass, schlief schlecht, machte gewohnheitsmässig Konversation und lebte im Grunde nur für die Briefe, die regelmässig aus dem Palast kamen. Er holte sie immer wieder hervor, las sie immer wieder, wenn er allein war.

«Wie geht's der Königin?» fragte er schliesslich.

«Sie ist bei bester Gesundheit.»

«Und Prinz Albert? Hoffentlich geht es ihm auch gut.»

«Gewiss, gewiss. Er arbeitet sehr angestrengt.»

«Ja», sagte Melbourne. «Das tut er bestimmt. Er ist für sie unschätzbar. Ich wäre keinen Augenblick lang ruhig, wenn ich geglaubt hätte, dass sie allein bleiben würde. Wie steht sie mit Peel? Da habe ich einige Explosionen befürchtet, das wissen Sie ja, Anson, aber ich höre von Zeit zu Zeit von ihr, und sie scheint sich mit ihm abgefunden zu haben.»

«Ja, allerdings ...» Anson zauderte. Es würde Melbourne kränken, und dennoch musste es gesagt werden. «Tatsächlich hat sich die Königin völlig zu ihm bekehrt. Sie spricht jetzt sehr freundlich über ihn.»

«Ja?»

Er wusste den Stachel der Eifersucht so gut zu verbergen, dass Anson erleichtert fortfuhr.

«Der Prinz hat ihn sehr gern. Es ist merkwürdig! Man würde doch nicht glauben, dass sie irgend etwas gemeinsam haben. Der Prinz ist noch immer sehr scheu, und ich glaubte, die Zusammenarbeit mit Peel würde teuflische Schwierigkeiten machen. Peel ist ja so unbeholfen. Aber sie verstehen einander ausgezeichnet, und der Prinz hat die Königin von seiner eigenen Meinung über Peel überzeugt.»

«Das höre ich sehr gern. Aber trotzdem erweist sie mir die Ehre, mich manchmal um meinen Rat zu fragen.»

«Ich weiss.»

Anson griff nach seiner Aktenmappe und öffnete sie auf seinen Knien. Er holte einen dicken Umschlag hervor und hielt ihn Melbourne hin.

«Das ist leider der Grund meines Kommens. Baron Stockmar hat mich ersucht, Ihnen dies hier zu geben. Es handelt sich um Ihren Briefwechsel mit der Königin.»

Es war ein langer Brief, und der Baron wies gewissenhaft und mit zahllosen Einzelheiten darauf hin, warum Lord Melbourne die Königin nicht mehr politisch beraten solle. Er sei nicht mehr im Amt, seine Partei sei in der Opposition, und es würde der Königin schaden, wenn man erführe, dass sie ihn hinter dem Rücken ihres Premierministers zu Rate zog. Er sei überzeugt, dass Lord Melbourne erkennen werde, wie unrichtig sein Verhalten sei, und dass er die Pflicht habe, die Fragen der Königin nicht zur Kenntnis zu nehmen. Sie stelle sie ja ohnehin nur aus alter Gewohnheit. Melbourne legte schliesslich den Brief hin. Anson bemerkte, dass seine Hände zitterten.

«Das ist aber eine sehr entschiedene Ansicht! Beinahe ein Befehl!»

Anson wappnete sich gegen den Ton eines bittern Sarkasmus und gegen diese zitternden Hände.

«Der Baron findet, es sei um so schlimmer, wenn man an den Angriff denkt, den Sie vor wenigen Tagen im Oberhaus gegen die Regierung unternommen haben.»

«Zum Teufel noch einmal!»

Melbourne sprang auf, und Stockmars Brief flatterte auf den Boden. Der Lord war ganz blass vor Wut; in all den Jahren, in denen sie verbunden gewesen waren, hatte Anson ihn noch nie seine Selbstbeherrschung derart verlieren gesehen wie jetzt.

«Verdammt! Wer soll sich das denn gefallen lassen? Muss ich vielleicht meine Stellung im Lande aufgeben? Muss ich meine Reden dem Baron zur Billigung vorlegen und die Briefe meiner Königin nicht zur Kenntnis nehmen, weil er es so haben will? Herr Gott, Mann, wie können Sie es wagen, mit so einer Botschaft zu mir zu kommen?!»

«Der Baron denkt dabei nicht an Sie, und der Prinz auch nicht», sagte Anson ruhig. «Es tut mir aufrichtig leid, aber Sie haben keine Ahnung, wie besorgt die beiden Herren sind.

Wenn Sir Roberts Partei davon Wind bekäme! Stellen Sie sich doch vor, was es hiesse, wenn das im Parlament zur Sprache gebracht würde! Sie wäre dem öffentlichen Tadel preisgegeben, weil sie ein unehrliches politisches Spiel treibt, und auf Sie fiele die ganze Verantwortung dafür. Halten Sie Reden, soviel Sie wollen, aber alles, was der Baron und Prinz verlangen, ist, dass Sie die Königin nicht in die Sache hineinziehen.»

«Die Königin hineinziehen? Verflucht, Anson, Sie wissen, dass ich lieber sterben würde, als ihr schaden.»

«Dann hören Sie auf, ihr über politische Fragen zu schreiben. Ich habe es Ihnen ja gesagt; ihr Vertrauen zu Peel wächst mit jedem Tag. Lassen Sie sie in Frieden, und sie soll Vertrauen zu ihrem oder zu des Prinzen Urteil haben statt zu Ihrem.»

«Ach, Herr Gott!»

Melbourne setzte sich plötzlich. Er bedeckte das Gesicht mit den Händen, und die überschäumende Wut wich. Er war in die Ecke getrieben, und er wusste es. Dieser Briefwechsel war unrecht gewesen, doch es war alles, wofür er lebte. Seit seinem Rücktritt hatte er sie nur ein einziges Mal gesehen, und dann hatte er in seiner Erregung zu viel geredet und sie in Verlegenheit gebracht; das wusste er. Sie war so kühl, so glücklich in ihrem neuen Leben, und er hatte gewusst, dass es unpassend gewesen war, seine Gefühle derart zur Schau zu tragen. Trotz dem Entschuldigungsbrief, den er ihr geschrieben hatte, wurde er nicht aufgefordert, sie abermals zu besuchen. Doch sie hatte ihm geschrieben. Aus Gewohnheit, wie es hiess – das hatte ihn sehr verletzt! – hatte sie ihn wegen Ernennungen befragt und die Massnahmen erörtert, die Peel beabsichtigte, und er hatte stundenlang darüber nachgedacht, was er ihr am besten raten könnte. Und das sollte jetzt ein Ende haben. Der Prinz und der Baron hielten es für gefährlich, und sie hatten die Pistolen auf sein Herz gerichtet, als sie erklärten, dass er der Königin Schwierigkeiten verursachen würde.

Endlich hob er den Kopf und sah Anson müde an.

«Wie Sie sich verändert haben», sagte er. «Wie Sie sich seit den Tagen verändert haben, da wir miteinander arbeiteten. Aber schliesslich verändert sich alles. Alle meine alten Freunde sterben aus. Ich fühle mich zwischen euch allen immer weniger und weniger daheim. Sie können Seiner Königlichen Hoheit und Baron Stockmar ausrichten, dass sie sich keine Sorgen mehr zu machen brauchen. Ich werde meine Korrespondenz mit der Königin einstellen.»

«Sie werden sehr froh sein, wenn sie das erfahren», sagte Anson hastig. «Und vielen Dank dafür, dass Sie mich empfangen haben.»

«Es war mir ein Vergnügen.» Melbourne lehnte sich zurück. «Und jetzt seien Sie nett und lassen Sie mich allein.»

*

Der November kam, der graue Monat, da der Wind das letzte fahle Blatt von den Bäumen streifte, und jene neue Erscheinung, der Nebel, London und die Industriestädte im Land bedeckte. Es war für die meisten Untertanen der Königin ein trauriger, harter Monat; ein Monat, da die feuchten, wackligen Häuser der Armen die Kälte und die Regenböen einliessen, und da die Abzugsgräben die Strassen überschwemmten. Es war eine Zeit, da der Hunger besonders grausam nagte, und die armen Teufel, die in den Fabriken und den Werkstätten unter den Dächern vierzehn Stunden im Tag arbeiteten, kaum je einen Schimmer des Tageslichts erblickten.

Im Sommer waren die Kinder unter zwölf, erschöpft von der aufreibenden Arbeit, oft am Strassenrand zusammengesunken und hatten geschlafen, weil sie zu müde waren, um sich bis zu dem Haufen von Lumpen zu schleppen, der den meisten von ihnen als Bett diente, zu müde, um das jämmerliche, aus Brotkrusten und Knochen zusammengekochte Mahl herunterzuwürgen, von dem ihre Familien lebten. Im November aber war es viel zu kalt, um draussen zu schlafen; und die es taten, erkälteten sich bald und starben eben ein wenig früher.

November war der Monat, da all die zahllosen an Tuberkulose Erkrankten, an jenem Leiden, das man romantisch als Schwindsucht bezeichnete und in Romanen enttäuschter Liebe zuschrieb, in quälendem Chor landauf, landab husteten und husteten. Die Schleifer, die Weber, die Töpfer, die Näherinnen, die Spitzenklöpplerinnen, die Grubenarbeiter, deren Lungen mit Staub gefüllt waren – für sie alle war der November ein schrecklicher Monat, und sie wussten, dass der Dezember noch schlimmer sein würde. Doch die Seuchen waren erloschen; im Sommer hatten Cholera und Typhus die stinkenden Elendsviertel durchzogen, ausgebrütet in Abfall und Unrat, die auf die offenen Strassen geleert wurden, und Tausende waren gestorben, wie sie jedes Jahr starben. Das war der einzige Trost, den der Winter den Armen im Königreich Ihrer Majestät brachte.

Die Reichen siedelten in ihre behaglichen Häuser und bereiteten sich darauf vor, sich im Winter zu amüsieren oder ein freundlicheres Klima im Ausland aufzusuchen. Das tägliche Leben ging weiter, wie es seit Generationen weitergegangen war. Es gab Gesellschaften und Bälle in den grossen Häusern, Gelächter und Skandale und Liebesabenteuer, doch im allgemeinen war die Tonart zu einem Echo der lärmreichen Vergangenheit gedämpft, da das Beispiel der Lebensformen vom Hof selbst gegeben wurde. Denn jetzt waren Schulden und Mätressen und Indiskretionen des Königshauses ebenso aus der Mode gekommen wie die durchscheinenden Kleider der Regentenzeit. Der Geist des Prinz-Regenten und seiner wenig angesehenen Vorfahren wurde ein für allemal durch die ehrbare Gestalt der Königin in ihren einfachen Kleidern verdrängt, die sentimentale deutsche Lieder am Klavier spielte und sang, während ihr Gemahl daneben stand und die Seiten umblätterte. In Windsor und im Buckingham Palast verlief das Leben ruhig und geordnet; die Tage waren von Pflichten und würdigeren Mussebeschäftigungen erfüllt, wie Musik oder Vorlesen und mit Besuchen im Kinderzimmer, wo die kleine Prinzessin ihre Eltern durch ihr ausgezeichnetes Benehmen erfreute. Sie tat keines von den unangenehmen Dingen, die man von kleinen Kindern erwarten musste; als wüsste sie, wie es ihre Mutter und ihren Vater kränken würde, wenn sie weinte oder krank wäre, war sie immer heiter und duftete süss, und Albert fand, sie sei ein Kind ohne den leisesten Makel. Das fand auch Victoria, die sie Pussy nannte; auch in ihr Tagebuch schrieb sie darüber, und sie meinte beruhigt, wenn Albert einen Sohn hätte – das zu erwartende Kind würde diesmal bestimmt ein Knabe sein – so müsste er nicht ein solches Wesen mit seiner kleinen Tochter machen. Es wäre doch schade, wenn Pussy eine allzu grosse Rolle im Leben ihres Vaters spielen und verzogen würde.

Am 9. November verkündete Ihre Majestät voll Ergebenheit der Obersten Kammerfrau, sie fühle sich nicht wohl und wolle doch lieber zu Bett gehen. Wenige Stunden später wurde Albert Edward, der Erbe des englischen Thrones, für einige Sekunden in Victorias Arme gelegt. Das liebe Kind! Ihr lieber kleiner Sohn! Was für ein Jammer, dass neugeborene Kinder so rot und hässlich waren und solche Geräusche von sich gaben! Und was für eine grosse Nase er hatte ... Aber ihr geliebter Albert war sichtlich so entzückt, so stolz! Ja, das lohnte schon die schreckliche Plackerei, wenn man jetzt sein Gesicht sehen konnte! Und wie er sich so behutsam bückte und das Kind auf die Stirne küsste! Und jetzt, da das Baby entfernt worden war, konnte sie sich zurücklegen und schlafen.

In dem düstern November schien das Licht häuslicher Freude aus dem Palast wie ein Strahl. Die geschundenen Armen blinzelten müde und verständnislos; in die Erheiterung der Aristokratie mischte sich eine leise Verachtung, der aufsteigende Mittelstand aber sonnte sich in diesem Glanz. Die hässliche kleine Königin mit ihren zwei Kindern und ihrem ernsten jungen Gatten war geradezu ein Sinnbild der Lebensführung der Neureichen, bei denen die Frauen der Tuchhändler und Getreidehändler und Maschinenfabrikanten grosse Häuser bezogen hatten mit einer Schar von Dienstleuten, die im Rang nur wenig unter ihnen standen. Übertriebene Intellektualität, das Vorrecht der höhern Stände, war der Klasse unbekannt, die immer noch das Brandmal ‚Handel' trug. Für diese Leute gab es keinen Platz in der vornehmen Gesellschaft, und der neue Reichtum hatte einen gewaltigen Abgrund zwischen ihnen und der Arbeiterklasse gegraben. Der Mittelstand wurde dadurch reich, dass Englands Handel sich ausbreitete; Vermögen wurden von Leuten gemacht, denen Tradition und Vorsicht und Nüchternheit angeboren waren, die aber jetzt keinen Platz in der Sphäre hatten, wo das Geld immer daheim gewesen war. Im Jahre 1841, mit der Geburt des zweiten Kindes der Königin, sah die Bourgeoisie zu einer königlichen Familie auf, deren Leben und Gewohnheiten ein Spiegelbild der eigenen zu sein schienen. Die Königin ging früh zu Bett, kleidete sich einfach, runzelte vor jeder Leichtfertigkeit in Sprache und Ruf die Stirne, besuchte jeden Sonntag die Kirche und war, trotz ihrer hohen Stellung, eine brave, gehorsame Gattin. Das Leben in Windsor und im Buckingham Palast war ziemlich ähnlich dem Leben in dem neuerbauten Lodge; die kinderreiche Mittelstandsmutter konnte sich an der Königin ein Beispiel nehmen, die in zwei Jahren zwei Kinder geboren hatte, und brauchte sich nicht um die Anmassung der grossen Damen zu kümmern, die lieber auf die Jagd gingen, als Kinder zu tragen.

Trotz der Missstimmung unter den Arbeitern in der Industrie und in der Landwirtschaft, trotz der Agitation der Chartisten, die noch immer auf eine Parlamentsreform drängten, steigerte sich der Handel, wurden täglich neue Goldadern entdeckt, die nur darauf warteten, ausgebeutet zu werden, und in dem Herzen der Nation pochte ein kräftiger, energischer Puls, der immer nach Macht und Profit drängte. Immerhin machten sich humanitäre Bewegungen geltend, regte sich das Gewissen, tauchten neue Ideen auf, heftige Konflikte brachen zwischen jenen aus, die den Fortschrittsrausch eindämmen wollten, aus Angst, sie und ihre Lebensform könnten davon überschwemmt werden, und jenen, die den Fortschritt gar nicht schnell genug fluten lassen konnten. Obgleich eine Armee in Irland stehen musste und andere Truppen damit beschäftigt waren, Aufstände in den Kolonien, in West-Indien und im Kapland zu unterdrücken, hatte England begonnen, durch industrielle Ausweitung zu jenem Gipfel aufzusteigen, von dem aus es, in Gestalt einer kleinen, unhübschen Frau, die Welt beherrschen würde.

VIII.

Es war Sommer, und das Lustschloss Rosenau der Herzöge von Coburg hätte, vor den dichten Tannenwäldern und dem leuchtenden blauen Himmel, ein verzauberter Palast sein können. Farbe war überall, Farbe im Gras, wo die Zichorie blühte, in den Petunien, die in Töpfen an den grauen Schlossmauern schimmerten, Farbe in den Trachten der Landarbeiter und Bauern, die bei der Arbeit innehielten, um den Wagen zuzuwinken, die den Hügel hinaufrollten. Es war der Sommer des Jahres 1845, und Victoria war zum ersten Mal nach dem Geburtsort Alberts gefahren. Sie hatten England im August verlassen, eine lange, frohe Reise lag vor ihnen mit Besuchen bei Onkel Leopold in Belgien und bei dem König von Preussen. Endlich, nach so vielen Jahren der Verbannung, konnte Albert ihr Deutschland zeigen, und die Reise durch das Land ihrer Ahnen wurde zu einer Kette köstlicher Erlebnisse. Es war wirklich so schön, wie er es geschildert hatte; es war sauber und frisch und zierlich wie ein Spielzeug. Wohin sie auch gingen, hörten sie die deutsche Sprache, die sie daheim in England auch miteinander redeten, und überall begegneten sie Höflichkeit und Begeisterung. Es war alles so unbeschreiblich reizend; die Kinder waren so süss in ihren grünweissen Nationaltrachten und mit dem sauber gekämmten Haar und den wohlgewaschenen Gesichtern, und als der Bürgermeister von Alberts Heimatort seine Ansprache hielt und vor Rührung stotterte, weiteten sich Victorias Augen in Seligkeit. Das war Thüringen, das war Coburg, das Albert liebte und ihr so oft beschrieben hatte. Er war so glücklich, so erregt, dass sie zu manchen Stunden den Eindruck hatte, als wären England und ihr Leben dort nur ein Traum, und dies hier wäre die Wirklichkeit. Seit Jahren hatten sie von diesem Besuch gesprochen; immer wenn er bedrückt war, erinnerte sie ihn schnell daran, und seine Züge hellten sich auf. Das waren die Flitterwochen, die sie ihm versagt hatte, als sie heirateten, die segensreiche Flucht vor Formalitäten und Pflichten, und das hatten sie sich in den letzten vier Jahren verdient.

Sie hatten nur ein sehr kleines, sorgfältig ausgesuchtes Gefolge mitgenommen, denn eine Schar hochmütiger englischer Aristokraten hätte ihrem geliebten Albert das Vergnügen verdorben. Lord Aberdeen, Lord Liverpool, Lady Canning und Lady Gainsborough begleiteten sie; man hatte sie bei einem Ausflug nach Schottland ausprobiert, wo das Königspaar sich Ferien als Privatleute in einem einfachen kleinen Haus gegönnt hatte. Grosse Festlichkeiten müssten nicht veranstaltet werden, versicherte Albert seinem Bruder Ernst; ihr Gefolge würde keine Ansprüche erheben. Der alte Herzog von Coburg war vor drei Jahren gestorben, und Ernst und dessen Frau regierten jetzt das kleine Herzogtum. Einige Jahre zuvor hatte ein hässlicher Skandal Alberts Bruder betroffen; er hatte seine Umgebung dadurch entsetzt, dass er Zeichen der von Stockmar so sehr gefürchteten mütterlichen Erbeigenschaften zeigte, Schulden machte und unerwünschte Verbindungen anknüpfte. Damit war ihm der Weg an den keuschen Hof von Windsor verschlossen, bis er seine Sünden durch Busse und eine passende Eheschliessung wiedergutgemacht hatte. Jetzt war er Herzog von Coburg und mit seiner Familie versöhnt; das schlimme Leiden, das seine Lebensführung zur Folge gehabt hatte, war geheilt, aber der zweite, vor einem Jahr geborene Sohn von Victoria und Albert würde eines Tages in Rosenau residieren, denn Ernst sollte nie Kinder haben.

Dies war Alberts Heimat, und es war auch die künftige Heimat des kleinen Prinzen Alfred. Als Victoria aus dem Wagen stieg, ergriff sie Alberts Hand und drückte sie liebevoll.

«Mein Liebster», sagte sie in deutscher Sprache, «ich finde, dass das der schönste Ort auf der Welt ist!»

Ernst und seine Frau Alexandra führten sie in das Schloss, und eine Gestalt, die einst im Schatten gelebt hatte, durfte auch vortreten und sie begrüssen. Die Königin umarmte ihre Mutter. Ihr Misstrauen gegen die Herzogin von Kent war gewichen. Zwei Jahre waren vergangen, seit ein Wagen mit Koffern und Kisten unter dem Bogen von Windsor durchgefahren war und die Lehzen auf die Strasse nach dem Hafen gebracht hatte. Sie hatte damals Ferien in Deutschland angetreten, die, wie sie selber und Victoria und Albert wussten, nie mehr enden sollten. Und die Herzogin war von ihrem Schwiegersohn zu voller Versöhnung in die Arme ihrer Tochter geführt worden, während die alte Feindin der Herzogin ihre restlichen Jahre in einem Haus in Hamburg verbrachte, wo sämtliche Wände mit Bildern der Königin geschmückt waren. Die alte Baronin schrieb ihr noch immer weitschweifige, demütige Briefe und erkundigte sich gierig nach ihrer geliebten Madam und den prächtigen Kindern, von denen zwei nach der Abreise der Lehzen auf die Welt gekommen waren, und Victoria antwortete ihr. Doch sie schrieb weniger und weniger, und die Briefe der Lehzen waren viel zu lang, als dass die Königin sie bis zu Ende gelesen hätte. Wenn sie doch nicht so oft schreiben würde! Und die Wochen schleppten sich für die einsame Frau in ihrer Verbannung damit hin, dass sie auf die Post wartete.

«Liebste Mama! Ich freue mich ja so, dich zu sehen!»

Die Herzogin vermochte es nie recht zu glauben, wenn Victoria sie umarmte und sie herzlich auf beide Wangen küsste; noch immer warf sie einen nervösen Blick auf Albert, um sich bei ihm eine Bekräftigung zu holen, und er lächelte ihr immer zu und nickte. Er hatte Victoria gelehrt, ihre Mutter richtig einzuschätzen; es war unrecht, Verwandte zu missachten oder nicht zu lieben, und gehorsam, in der Überzeugung, dass er wie immer im Recht war, hatte sie ihrer Mutter vergeben und räumte ihr einen Winkel in ihrem Herzen ein.

Die Innenausstattung von Alberts Heim entzückte sie. Es sei so klein, rief sie staunend und erinnerte sich an die weiten Räume in Windsor und im Buckingham Palast, und sieh nur, die Wände waren mit Fresken von Schweizer Wasserfällen bemalt und die Decken hellblau mit silbernen Sternen! Es war, als lebte man in einem Garten!

Es gab ein heiteres Abendessen in der Familie mit den üppigen deutschen Speisen, die sie liebte, und man hatte so viele Neuigkeiten auszutauschen, dass es elf Uhr wurde, bevor sie bemerkte, dass Albert in seinem Stuhl eingenickt war. Wie gereizt war sie gewesen, wenn er bald nach ihrer Hochzeit bei ihren Empfängen gedöst und sie geglaubt hatte, er langweile sich – und wie wenig gütig dünkte sie das jetzt, wenn sie sich dessen entsann. Sie stand sogleich auf, und die beiden gingen allein, Arm in Arm, in ihr Zimmer hinauf.

Sie wachte vor ihm auf, lag da, schaute zur Decke, und plötzlich dachte sie an den Morgen nach ihrer Trauung, als sie zum ersten Mal all die Seligkeit geahnt hatte, die sich vor ihr breitete. Wie seltsam war es, sich jetzt auch ihrer Zankereien und Misshelligkeiten zu erinnern, und zu wissen, dass sie alle durch ihre eigene Verblendung und durch ihren Mangel an Vertrauen zu ihm verschuldet waren. Die Lehzen hatte viel Schaden angerichtet, das erkannte sie, und alles in allem war sie recht froh, dass sie sie strafweise fortgeschickt hatte. Die Lehzen war ein Hindernis auf dem Weg zum Glück gewesen, und wenn Victoria jetzt ihre Briefe las und wusste, dass die Baronin einsam war, so empfand sie, dass die alte Frau das reichlich verdient hatte. Es war so leicht gewesen, sich von ihr zu trennen; leicht auch, Melbourne Lebewohl zu sagen. Sie hatte sich mit ihrer Meinung von ihm wirklich lächerlich gemacht; doch sie war eben sehr jung gewesen. Sie hatte einige Abschnitte in ihrem Tagebuch nachgelesen, darin sie von ihrem lieben Lord M. schrieb und leidenschaftlich erklärte, kein Minister könne so sehr ihr Vertrauen geniessen wie er. Die Erinnerung an ihre alten Gefühle hatte sie derart verärgert, dass sie sie am Rande widerrief und damit auch alle

Ideen ihrer Jugend, als Stolz und Leichtfertigkeit noch ihr Herz gelenkt hatten. Melbourne war aus ihrem Leben verschwunden wie die Lehzen; er hätte ebensogut gestorben sein können, nachdem er vor drei Jahren diesen Schlag erduldet hatte. Sie war ziemlich verlegen, als sie ihn nachher wiedersah; so alt und unsicher wirkte er.

Sie wandte sich um, sah Albert neben sich schlafen und deckte seine Arme mit der Bettdecke zu. Es war durchaus richtig, zu sagen, dass sie ihn mit jedem Tag mehr liebte, denn sie entdeckte immer neue liebenswerte Dinge an ihm. Was war er für ein vorzüglicher Musiker! In Windsor war eine Orgel eingebaut worden, und er spielte wunderschön. Oft hörte sie ihn improvisieren, wenn er allein war, und was sie daran beunruhigte, war nur, dass die Melodien immer traurig waren. Er hatte ein so ausgeprägtes künstlerisches Gefühl, einen so ausserordentlichen Sinn für Farbe und Linie, und er zauderte nie, etwas zu verbessern, das sie selber aus Trägheit in seinem alten Zustand gelassen hätte. Sie besassen jetzt in Osborne ihr eigenes reizendes Heim, ein Haus auf der Isle of Wight, wo sie durch einen schmalen Meeresarm vor dem Eindringen der Minister geschützt waren, und wo Albert die prachtvollen Gärten angelegt hatte. Er hasste den Buckingham Palast, und jetzt konnte sie ihn auch nicht mehr leiden, und Windsor war zu gross und auch zu nahe bei London, als dass es ihnen die gewünschte Absonderung gewährt hätte.

Die Kinder waren alle sehr herzig, und sie hatte nichts dagegen, jedes Jahr eines zu bekommen. Das gehörte zu den Freuden des Familienlebens, und wenn es auch einige unangenehme Stunden mit sich bringen mochte, so erholte sie sich doch immer sehr schnell. Die beiden letzten Kinder waren ganz besonders reizend, die kleine Prinzessin Alice und dann Alfred ... wie schade, dass er nicht der älteste war, denn dann hätte Bertie nicht der Erbe sein müssen. Bertie war nicht ganz so nett wie die andern, und sie hatte ihn doch gewiss ebenso lieb. Er war ein geräuschvolles Kind, und schon im frühesten Alter liess er Anzeichen von Launenhaftigkeit und Eigensinn merken, die sie sehr beunruhigten. Er war gar nicht gefügig oder hübsch, und sie wusste instinktiv, dass auch Albert von ihm enttäuscht war. Und wie sie wenige Tage nach seiner Geburt an Onkel Leopold schrieb, war doch ihr glühendster Wunsch, er möge eines Tages so viel wie möglich seinem makellosen Vater gleichen. Es war ärgerlich, denn Albert hing vor allem an Pussy, der ältesten Tochter, und ihr wäre doch viel mehr daran gelegen, wenn er seinen Sohn geliebt hätte, wie das Väter zu tun pflegen.

Ja, Bertie war unartig. Und wenn er auch erst vier Jahre alt war, würde man ihn doch in strenge Zucht nehmen müssen. Sie beschloss, mit Albert davon zu reden, und dann besann sie sich eines andern, denn es war der Geburtstag ihres lieben Mannes, und sie wollte ihm das Fest nicht mit den Sorgen um das Kind verderben. Bertie würde schon ebenso brav werden wie die andern; er bedurfte nur mehr Aufsicht.

Sie nahmen ihr Frühstück auf der Terrasse, und der Stadtchor kam den Hügel heraufgestiegen, um ihnen ein Ständchen zu bringen. Der Prinz sehe ausgezeichnet aus, fand sie, und mit einem Mal kam ihr zur Erkenntnis, dass er in England häufig müde und blass war. Sie sassen eine Weile, lauschten den stimmungsvollen deutschen Liedern und applaudierten herzlich. Victoria lachte laut über die unablässigen Verbeugungen des Chordirektors, und sie merkte, dass auch Albert lächeln musste. Er lachte nicht oft laut auf, aber es war ein missgünstiges Gerede, wenn man behauptete, er habe keinen Sinn für Humor.

«Victoria?»

«Ja, Liebster?»

Er hielt ihr die Hand entgegen und stand auf.

«Komm, ich möchte dir das Zimmer zeigen, wo ich geboren bin.»

Er öffnete ihr die Tür, und sekundenlang blieb sie auf der Schwelle stehn; es war ein kleiner Raum mit einem breiten Bett in der Mitte und Möbeln im Empirestil, keinen besonders schönen Möbeln, denn die deutschen Familien wussten ihre

Häuser mit nichts Besserem zu füllen als mit einer nachgeahmten Eleganz dessen, was so ausgesprochen französisch war. Die Sonne schien herein, und doch war es so still im Zimmer, als wäre es nie benützt worden.

«Komm ans Fenster; von hier aus hat man eine wunderbare Aussicht.»

Sie stand neben ihm, und er löste den Riegel; die Stimmen des Chors, der unten sang, fluteten zu ihnen herauf. Dort, in der Ferne, war, dunkel und samtig, der Tannenwald mit einem Wasserfall, der funkelte und sprühte und mit dem Springbrunnen im Garten wetteiferte, und die Felder waren glänzende Flecken von Wiesensafran und Rotklee.

Sie lehnte den Kopf an seine Schulter, und er legte den Arm um sie. Er war keineswegs so schüchtern wie gewöhnlich, wenn jede zärtliche Regung von ihr auszugehn schien.

«Das ist die schönste Aussicht, die ich je gesehen habe», sagte sie. «Und das ist das herrlichste Zimmer – weil du darin auf die Welt gekommen bist!»

«Oft habe ich mich gefragt, wie meiner Mutter zumute war, als sie es verlassen musste. Oft habe ich mich gefragt, wie sie hier in diesem Frieden, dieser Schönheit leben konnte und doch tat, was sie getan hat.»

Er hatte bisher seine Mutter nie erwähnt; in allen Erinnerungen an seine Kindheit, in den Geschichten von seinem Vater und seiner Grossmutter und Ernst war der Name der Herzogin Luise ausgelassen worden, als hätte es sie nie gegeben. Er hob den Arm und schloss das Fenster.

«Albert, Liebster», sagte sie plötzlich, «warum willst du heute von etwas Traurigem sprechen?»

«Weil ich an sie gedacht habe, seit wir hier sind, und weil ich nie von ihr zu dir gesprochen habe. Ich würde dir gern erzählen, Victoria ...»

«Du musst nicht», unterbrach sie ihn schnell. Alles Glück war aus seinen Zügen verschwunden, er sah so vergrämt drein, dass es sie verlangte, ihn aus diesem hellen, stickigen Zimmer und in das wirkliche Sonnenlicht hinauszuziehen.

«Du musst mir nichts erzählen, wenn du es nicht wirklich willst; ich weiss ja, dass das alles sehr unglückselig gewesen ist...»

«Sie war meinem Vater untreu», sagte er. Er starrte aus dem Fenster, und sein Arm um sie straffte sich. «Sie verliebte sich in einen Offizier; einen Herrn von Hanstein. Es wurde meinem Vater hinterbracht, und er liess sich scheiden. Weisst du, dass sie beim Volk sehr beliebt war, Victoria? Als es hiess, dass sie fortgeschickt wurde, gab es einen richtigen Aufstand ... ich war erst vier Jahre alt, und ich erinnere mich daran, weil ich Keuchhusten hatte. Sie kam und sagte Ernst und mir Lebwohl, und sie weinte. Ich glaube, dass sie sehr hübsch war; ich weiss, dass sie klein war. Wie du. Ich kann sie jetzt vor mir stehen sehen, ein Taschentuch vor dem Gesicht, und Ernst und ich weinten, weil sie Abschied von uns genommen hatte.»

«Ach, Liebster, Liebster ... wie schrecklich für euch! Und wie hässlich von ihr, so etwas zu tun! Euch verlassen zu müssen!»

Er sah sie an und merkte, dass sie weinte, Tränen von Zorn und Empörung, weil das Bild des um seine Mutter weinenden Kindes gleichzeitig das Bild des Mannes war, den sie liebte und der gelitten hatte. Sie überströmte von Mitleid mit ihm; sie liebte ihn, und sie war in ihrem Wesen gut und stark, und so war es zu viel verlangt, dass sie etwa mit der rührenden, kleinen Sünderin Mitleid haben sollte...

«Denk nicht daran, Albert. Nie kann so etwas in unserem Leben geschehen.»

«Es ist mit Ernst geschehen», erinnerte er sie ruhig. «Du warst so gütig und verständnisvoll, und das hat mir die Kraft verliehen, ihm zu helfen. Aber ihre Natur trat dennoch bei ihm zutage. Stockmar hatte mich davor gewarnt, als ich noch ein Knabe gewesen war. ‚Dein Blut trägt den Keim in sich; du musst immer auf der Hut sein...'»

«Aber, Liebster», rief Victoria, «du hast doch nichts zu befürchten – kein Mensch, der je gelebt hat, war reiner und edler als du!»

«Ich habe versucht, es zu sein. Und ich bitte nur zu Gott, dass du am Ende meines Lebens dieselben Worte sagen kannst wie heute.»

«Ich werde sie immer sagen können! Immer!»

«Ich habe erlebt, was Unmoral bedeutet», fuhr er fort. «Und darum habe ich dir schon vor langer Zeit gesagt, dein Hof müsse geradezu ein Beispiel sein, und keiner, dessen Charakter einen Makel hat, dürfe sich nahen. Melbourne sagte, du könntest keine solchen Regeln aufstellen; um der Leute willen, die du beleidigen würdest. Daran erinnere ich mich sehr genau.»

«Lord M. selbst hatte keine Moral», erwiderte Victoria. «Aber ich verstand sehr gut, was du gesagt hattest, und ich war damals ebenso deiner Ansicht, wie ich es heute bin. Liebster, was bedrückt dich denn jetzt? Du bist so glücklich gewesen, als wir hier ankamen, und heute ist dein Geburtstag, und das ist der Tag, an dem ich dich nur glücklich sehen möchte. Komm aus diesem Zimmer, und wir wollen dem Chor zuhören.»

«Wenn ich erleben sollte, dass eines meiner Kinder so auf Abwege gerät wie meine Mutter oder wie Ernst, so würde es mich töten, Victoria. Das könnte ich nicht ertragen!»

«Unsere Kinder werden so sein wie du! Wie könnten sie da etwas Unrechtes tun? Wir können sie scharf beobachten und ihnen die beste Erziehung zuteil werden lassen. Keine Minute lang glaube ich, dass so etwas geschehen könnte. Und versprich mir, dass du dieses kleine Zimmer und all diese unglückseligen Geschichten vergessen und deinen Geburtstag geniessen wirst. Bitte, Albert!»

Er beugte sich zu ihr und küsste sie auf die Stirn.

«Das will ich, Liebste. Und jetzt gehen wir hinunter!»

So waren sie denn den ganzen Tag in guter Stimmung, und abends führte er sie in den Wald, worin er als Kind gewandert war, und sie gingen Hand in Hand, bis es Zeit war, zum Abendessen zurückzukehren. Er sagte kein Wort mehr über die Herzogin Luise und seine Sorge, dass ihr Verhalten sich wiederholen könnte, aber Victoria war von da an immer überzeugt, dass er bei ihren Gesprächen über die Kinder an ihren widerspenstigen ältesten Sohn dachte.

*

Das England, das sie verlassen hatten, war verhältnismässig ruhig; Peel, jetzt der vertraute Freund seiner Herrscherin, hatte ihnen versichert, dass die Unruhen in Irland abgeklungen seien, und dass es nur wenige Kundgebungen der Unzufriedenheit bei der Industrie gegeben habe. Die Königin und ihr Gemahl könnten ihre Ferien mit leichtem Herzen geniessen. Während Victoria und Albert in den Wäldern um Rosenau Blumen pflückten und miteinander abends an dem Flügel Herzog Ernsts deutsche Lieder sangen, lasteten schwere Regenwolken an dem Himmel über den britischen Inseln. Es war seit Menschengedenken das nasseste Jahr; der Regen strömte in grauen Wänden unablässig herab, und noch immer wälzten sich die Wolken über den Ozean wie eine angreifende Armee und leerten sich über den Feldern von England und Irland. Das Getreide lag gebrochen und durchweicht in ganzen Seen von Schlamm; die Bauern fluchten und erklärten, sie seien zugrunde gerichtet, und jedermann sagte, der Preis des Brotes werde steigen.

In Irland gab es nur wenig Getreide; die Hauptnahrung des Volkes waren Erdäpfel, die aus dem kümmerlichen Boden gegraben wurden. Der Preis änderte nichts an diesem Problem; die Kartoffelernte war ruiniert, verfaulte in der durchnässten Erde, und aus dem Darben der acht Millionen Einwohner von Irland wurde eine richtige Hungersnot.

Das war das Wort, das Peel Victoria gegenüber gebrauchte, als er über die Lage berichten kam. Sie waren im Buckingham Palast, weil die Minister unmöglich mitten in der Krise die Fahrt an die Küste und über die Meerenge bis zu der Abgeschlossenheit von Osborne House unternehmen konnten; die Königin musste in London oder in Windsor sein, und Albert, der Osborne noch mehr liebte als sie, musste ihre Gereiztheit besänftigen.

Peel sah sehr müde aus; sein Gesicht war fahl, und so waren die Ringe unter den Augen sehr stark sichtbar. Man hatte den Eindruck, dass er kaum noch schlief. Er hatte seine Schüchternheit vor der Königin verloren und war nicht mehr unbeholfen und brüsk wie früher, als er Angst gehabt hatte, mit seinem weltmännischen Vorgänger verglichen zu werden. Die Königin hatte Vertrauen zu ihm, und auf ihre besondere, unnachahmliche Art hatte sie ihn merken lassen, dass sie einen zweiten Melbourne weder erwartete noch wünschte.

«Hungersnot, Sir Robert? Was für ein schreckliches Wort!»

«Leider passt kein anderes, Madam», erwiderte er. «Die Menschen fallen ausgehungert auf den Strassen um und sterben dort, wo sie gefallen sind. Und ich sage Ihnen ganz offen, dass ich nicht schlafen kann, wenn ich daran denke, wie nahe unser eigenes Volk der Not der Iren ist.»

«Wir hängen Gott sei Dank nicht von Kartoffeln ab», sagte die Königin schnell. «Wir sollten doch genügend Getreidevorräte haben, um unsern Bedarf zu decken.»

«Darauf würde ich nicht wetten», sagte Peel. «Mit gutem Gewissen könnte ich es nicht. Holland, Belgien und Norwegen haben ebenso gelitten wie wir; ihre Kartoffelernte ist ruiniert, und sie öffnen ihre Häfen dem ausländischen Getreide. Madam – das ist es, was wir tun müssen, bevor es zu spät ist.»

Victoria sah ihn an.

«Wenn wir die Häfen jetzt öffnen, Sir Robert, können wir sie nie wieder schliessen. Das muss unweigerlich zum Widerruf der Getreidegesetze führen.»

Er war immer verblüfft über ihre rasche Erfassung einer Lage; ihr Geist stiess mit männlicher Unmittelbarkeit zu dem Kern der Dinge vor, und wieviel sie auch Alberts Rat schulden mochte, diese Gabe gehörte ausschliesslich ihr.

«Ich sehe keinen andern Weg, Madam. Nach dieser Katastrophe müssen wir an das Wohl der Mehrheit Ihrer Untertanen denken; die Grundbesitzer müssen auf ihr Monopol verzichten und zulassen, dass billige Nahrungsmittel ins Land eingeführt werden.»

«Glauben Sie wirklich, dass die Tory-Partei Sie unterstützen wird, Sir Robert? Die Whigs sind über diese Frage gestürzt, und kein Mensch hat sich stark genug gefühlt, sie im Parlament durchzukämpfen.»

«Damals waren wir nicht am Rand einer Hungersnot», rief er. «Ich war ebenso vorsichtig wie alle, bis dieses Unglück eingetreten ist. Das Parlament kann die Not der Iren nicht mitansehen und riskieren, dass hier ähnliche Zustände ausbrechen.»

«Ich weiss, dass Albert dem Widerruf der Getreidegesetze zustimmen würde», sagte Victoria. «Und ich werde Sie gewiss bei allem stützen, was Sie unternehmen. Schliesslich ist Irland vor allem ein Ackerbauland, und die Lebenshaltung ist drüben viel tiefer als bei uns. Wir werden in dieser Not helfen, so gut wir können.»

Sie faltete die Hände im Schoss und sagte fest: «Sie können von mir nicht viel Mitgefühl mit den Iren erwarten, Sir Robert; sie sind für uns eine Quelle endloser Schwierigkeiten, und wenn ich auch damit einverstanden bin, dass die Not des Volkes behoben werden muss, so bestehe ich doch darauf, dass nichts geschehen darf, was unsere eigene Lage einen Augenblick lang gefährdet. Irland verdient, wenn man an seine Treulosigkeit und Undankbarkeit denkt, im Grunde überhaupt keine Hilfe!»

Er sah die kalten blauen Augen, erbarmungslos in dem Vorurteil gegen die aufständischen Untertanen, und schaute zur Seite. Er wusste, dass die Königin die Iren nicht leiden konnte, dass die seltenen Besuche, die sie der Insel gemacht hatte, ihren Widerwillen gegen dieses Land noch verstärkten, das papistisch war, verhungert und dennoch entschlossen, der Wohltat der englischen Herrschaft Widerstand zu leisten. In ihrem wohlgeordneten teutonischen Plan der Dinge war kein Raum für diese wilde, romantische, unzuverlässige Rasse.

«Ein Hilfsfonds wurde angelegt», sagte er schliesslich. «Wir hoffen, mit privaten Beiträgen wie mit staatlicher Unterstützung eine grosse Summe zusammenzubekommen.»

«Ich zweifle sehr daran, dass jemand, der je in Irland gewesen ist oder etwas davon weiss, geneigt sein wird, viel zu geben», bemerkte Victoria.

Peel hüstelte. Obgleich er sie bewunderte und ihre Freundschaft fast ebensosehr zu schätzen wusste, wie Melbourne es getan hatte, gab es Stunden, da er vor der Härte zurückschauderte, die er sah.

Albert, der Fremde, mit seinen Idealen und seiner hochgesinnten Weltanschauung, besass mehr menschliches Mitgefühl als diese kleine Frau, die über solches Leiden mit einer Gleichgültigkeit sprach, wie es Melbourne in seinen schlimmsten Zeiten getan hätte.

«Das ist ganz richtig», sagte Peel. «Und darum müssten Sie wohl ein Beispiel geben, Madam ... ich weiss, dass das dem Fonds gewaltig aufhelfen würde.»

«Sie meinen, dass ich Geld geben soll, Sir Robert?»

«Für die Frauen und Kinder, Madam», sagte er verzweifelt. Sie hatte ja selbst vier Kinder. Ihr Herz musste sich doch erweichen lassen ... «Mütter wurden mit den Kindern an der Brust tot aufgefunden ... sie essen Strassenkot!»

Er hütete sich hinzuzufügen, dass aus manchen Gegenden Berichte von Kannibalismus eingelaufen waren.

«Wie Sie Irland auch politisch beurteilen mögen, Madam, ich bitte Sie dennoch, auch einen Beitrag zu dem Fonds zu leisten.»

«Ich sehe nicht recht ein, warum ich sollte, Sir Robert», erwiderte sie. «Schliesslich bin ich die Krone, und es könnte aussehen, als suchten wir uns ihre Gunst zu erwerben, wenn ich eine öffentliche Geste mache; und das wäre nie gut!»

«Glauben Sie mir», drängte er, «glauben Sie mir, dass in dem unglücklichen Land kein Mensch sich derzeit um Politik kümmert.»

«Das wäre das erste Mal in sechshundert Jahren! Nein, Sir

Robert, ich kann nichts versprechen, bevor ich mir die Sache überlegt habe.»

«Reden Sie mit dem Prinzen», schlug Peel vor. «Und geben Sie mir Ihre Entscheidung bekannt. Doch die Gabe muss in aller Öffentlichkeit erfolgen, wenn sie irgendeinen Wert haben soll. Ich versichere Ihnen, dass die Iren von ganzem Herzen auf jede gütige Handlung von Ihnen reagieren werden; überhaupt von England. Wenn wir Irland jetzt helfen und ihm den Wert der englischen Herrschaft beweisen, so könnte sich die ganze irische Frage gütlich regeln lassen.»

«Nichts wäre mir lieber», sagte Victoria. «Ich kann Ihnen schwören, Sir Robert, dass ich all die Schwierigkeiten reichlich satt habe, die wir mit diesem jämmerlichen Land erdulden. Und ich empfehle Ihnen, sich nicht zu sehr von Ihren Gefühlen beeinflussen zu lassen. Ich sehe eine Menge Schwierigkeiten für Sie voraus, wenn wir hier die Getreidegesetze widerrufen – auch ohne dass Sie die Geduld Ihrer Anhänger wegen Irland allzusehr auf die Probe stellen.»

*

Weihnachten verging mit all den deutschen Festlichkeiten, mit Bäumen und Liedern, eine Sitte, die das Beispiel der Königin populär gemacht hatte, und in den ersten Monaten des neuen Jahres kam die grosse Masse des Volkes dem Darben immer näher; in den Industriestädten gab es Unruhen, man sprach sogar von Revolution; in Irland wurden die Toten in hastig gegrabene Gräber geworfen und bedeckt, und in der Tory-Partei begann sich ein radikaler Kern unter der Führung Lord George Bentincks zu sammeln, um Peels Abschaffung der Getreidegesetze Widerstand zu leisten. Sein Vorschlag, die Häfen für billiges Getreide zu öffnen, war verworfen worden, und da die Spaltung in seiner Partei sich erweiterte, reichte Peel bei der Königin seine Demission ein. Die Whigs aber waren, wie gewöhnlich, durch innere Kämpfe ausserstande, eine Regierung zu bilden, und so blieb Sir Robert im Amt.

Da gab es keine andere Möglichkeit, als die Frage der Getreidegesetze vor das Parlament zu bringen; tat man es nicht, so lief man Gefahr, England dem Grauen der Hungersnot auszuliefern, die in Irland wütete. In Peels Denken war kein Raum für einen Zweifel; die Worte Menschlichkeit und Pflicht, die so glatt von den Zungen der meisten Politiker flossen, waren bei ihm ein ehrliches, tief in seinem Herzen wurzelndes Empfinden. Hinter seiner kalten, steifen Aussenseite war eine echte Liebe, ein echtes Mitleid mit den leidenden, ungestalteten Volksmassen und ein Verantwortungsgefühl ihnen gegenüber, das seinen adliger geborenen Landsleuten leider abging. Nahrung musste ins Land geschafft werden, Nahrung musste nach Irland geschafft werden, ob die Profite der reichen Grundbesitzer unter der Konkurrenz litten oder nicht.

Er wusste, dass sich, scheinbar unter Bentincks Führung, eine Gruppe gegen ihn bildete; er wusste auch, dass die Männer, deren Interessen durch die Aufhebung der Getreidegesetze zu leiden hätten, zu seinen ältesten Freunden und zu den treuesten Anhängern der Partei gehörten, die es als selbstverständlich angesehen hatten, dass er vor allem ihnen verpflichtet war.

Es war eine schwere Wahl, und sie barg in sich die Gefahr, die seine gewitzte Herrscherin erwähnt hatte – eine politische Katastrophe für ihn selber. Und doch wurde im Sommer dieses Jahres der Antrag, die Getreidegesetze zu widerrufen, im Parlament eingebracht.

Die Whigs billigten ihn und waren bereit, dafür zu stimmen; die Radikalen unterstützten den Antrag, und man nahm an, dass seine Gegner in der Tory-Partei entweder andern Sinnes würden oder sich als eine kleine Minderheit erwiesen. Doch hinter der wenig eindrucksvollen Gestalt George Bentincks stieg eine neue Persönlichkeit auf, ein beweglicher, zungenfertiger jüdischer Politiker namens Benjamin Disraeli, dessen Sympathien völlig auf der Seite von Schutzzoll und Imperialismus waren. Er war auch bekannt als ein Meister kritischer Redekunst und als glänzender Geist; seine zweifellosen Fähigkeiten hatten viel von dem Vorurteil gegen seine Rasse auszulöschen vermocht, und seine anfangs auffallende Art, sich zu kleiden und zu benehmen, hatte sich gedämpft. Neun Jahre zuvor war die Jungfernrede des jungen Disraeli im Parlament von Zischen und Lachen ertränkt worden; wenn er sich jetzt aber erhob, um zu reden, begrüsste ihn ein erwartungsvolles Schweigen. Er war als gefährlicher Gegner bekannt, und Peel hatte ihn nie gemocht oder auch nur verstanden; in diesen Sommermonaten des Jahres 1846 war es Disraeli, der die Schutzzöllner unter Bentincks Führung sammelte und Sir Robert Peels Sturz plante.

Peel hatte sein Vertrauen getäuscht; nichts konnte verhindern, dass die Getreidegesetze abgeschafft wurden und das Land seine alte Politik des Zollschutzes für den Ackerbau zugunsten der Industrialisierung und der Gefahren des Freihandels aufgab. Doch der Mann, der seine Tory-Grundsätze verleugnet hatte, sollte das mit dem Ruin seiner politischen Laufbahn bezahlen. Das war Disraelis Absicht, und er fand eine Schar von Anhängern; es war auch seine Absicht, den ernstesten Rivalen zu stürzen, denn sein Ehrgeiz ging dahin, schliesslich selber die Führung der Partei zu übernehmen. An jenem Augustabend war das Parlament gedrängt voll. Die Atmosphäre war mit Hitze und Spannung geladen, als ein Sprecher nach dem andern sich von den Regierungsbänken erhob und den Premierminister angriff. Als Disraeli aufstand und mit Worten des bittersten Spotts, der schwersten Vorwürfe den Antrag bekämpfte, sass Peel reglos da und starrte, die Arme auf der Brust gekreuzt, vor sich hin. Ein Schritt zu seiner Rettung wurde von dem mächtigen Herzog von Buckingham und Chandos unternommen, und von der Ministerbank her tönten freundliche Zurufe. Doch als es zur Abstimmung kam, gab es ein kurzes Zaudern. Zum ersten Mal schaute Peel auf, sah die ersten Mitglieder seiner Partei sich erheben. Achtzig Schutzzöllner stimmten mit Whigs und Unabhängigen, Männer, die, wie Disraeli nachher feststellte, nicht nur Peels Kollegen, sondern auch seine Freunde waren. Als die Abstimmung vorüber war, hatten die Abgeordneten die Getreidegesetze mit kleiner Mehrheit widerrufen, doch Peels politische Laufbahn war zu Ende.

Er fuhr nach Osborne, wo Victoria und Albert ihn empfingen, und die Königin nahm seine Demission an. Sie war unglücklich und entrüstet, als sie hörte, welche harten Worte in dieser schicksalsschweren Debatte gegen ihn gebraucht worden waren; es breche ihr das Herz, dass sie ihn verlieren müsse, sagte sie, und als er sich über ihre Hand beugte, hatte sie Tränen in den Augen. Es sei so schrecklich, sagte sie heftig zu Albert, als die Tür sich hinter Peel geschlossen hatte, die Whigs wieder an der Macht zu sehen, nachdem sie sich doch so sehr an Sir Robert gewöhnt und so gut mit ihm gearbeitet hatte.

Als Peel in den Schatten zurücktrat, rührte sich eine andere Gestalt erwartungsvoll, die lange im Zwielicht ausgeharrt hatte. Der alte Mann, der seine Tage auf seinem Gut in Brocket müssig verlebte und von der Erinnerung an seinen letzten Besuch bei der Königin in Windsor zehrte, schaute aus dem Fenster nach dem Boten aus London aus, der ihn mit den Whigs ins Amt zurückrufen sollte, vielleicht sogar zur Leitung des neuen Kabinetts ... doch Melbourne wartete vergebens; Lord John Russell bildete das Kabinett und stellte es der Königin vor, und der Name ihres früheren Günstlings wurde weder von ihr noch von dem neuen Premierminister erwähnt. Melbourne hatte einen Schlaganfall erlitten, sein Gedächtnis war geschwächt, er hatte die unglückselige Gewohnheit, in der Öffentlichkeit zu sich selber zu reden. Als Victoria ihn zum letzten Mal empfangen hatte, war sie genötigt gewesen, den alten Mann energisch zurechtzuweisen, weil er Kritik an Peel geübt hatte. Sie billigte die Liste von Lord Johns Kabinett, und keine Botschaft störte den Frieden von Brocket.

Langsam erstarb Melbournes Hoffnung auf einen Wiederaufstieg und damit auch seine letzte Bindung an das Leben; seine Bücher blieben ungeöffnet, seine Abhandlung ungeschrieben, und sein Geist eilte dem Grabe schneller entgegen als sein Körper.

*

«Ach, mein lieber Russell! Was für ein herrlicher Morgen! Aber schliesslich, wenn man im Amt ist, dann sind ja alle Morgen herrlich, nicht?» Palmerston lachte zu dem neuen Premierminister hinunter. Er stand am Fenster, das nach der Downing Street blickte, und hatte die Daumen in die Weste gesteckt. Er trug eine Besitzermiene zur Schau, als wäre er selber eben vom Sitz des Premierministers aufgestanden, um seinem alten Freund für einige Minuten den Platz zu räumen. Russell erwiderte das Lachen nicht. Er verzog die Stirn und klopfte mit dem Papiermesser auf den Rand seines Schreibtischs.

«Ich habe sehr viel mit Ihnen zu besprechen», sagte er, «und das Wetter gehört nicht dazu. Kein Mensch zweifelt daran, dass Sie sich Ihres Amtes freuen, mein lieber Henry, wenn man aber die Gesamtlage betrachtet, so dürfte unsere Regierungszeit kurz sein, und wir sollten möglichst viel daraus machen.»

«Kurz?» Palmerston hob die Brauen, und die hellblauen Augen zwinkerten. «Unsinn! Die Tories fallen auseinander wie ein verdorbener Apfel, und dank unserm Freund Mr. Disraeli wird Peel nicht imstande sein, sie wieder zusammenzuleimen. Wir müssen Gott für die Juden danken – ich habe immer behauptet, dass sie ein prächtiges Volk sind! Und da kein Mensch diesen Esel von Bentinck ernst nehmen kann, sehe ich wirklich nicht, wer uns stürzen sollte. Nun, nun, seien Sie kein solcher Pessimist! Und hören Sie auf, wie ein alter Schulmeister mit dem Papiermesser zu klopfen!»

Russells Lippen zogen sich zusammen. Er hatte für die Abneigung der Königin gegen Palmerston volles Verständnis; er wäre nur zu froh gewesen, sich von ihm zu trennen, wenn es unter den Führern der Whigs einen einzigen mit Palmerstons

Erfahrung und guter Nase in den auswärtigen Angelegenheiten gegeben hätte. Er hatte einen höchst ungemütlichen Morgen bei Ihrer Majestät damit verbracht, ihr auseinanderzusetzen, dass er wohl wisse, Lord Palmerston sei ihr nicht sympathisch, dass er aber dennoch um ihre Nachsicht bitten müsse, denn er könne die neue Regierung einfach ohne ihn nicht bilden.

«Wenn Sie die Tories unterschätzen – nun, ich tue das nicht. Ich wäre Ihnen sehr verbunden, mein lieber Henry, wenn Sie sich von dem Fenster trennen und zu den Geschäften niedersetzen wollten.»

«Ja, selbstverständlich! Ich möchte nur die treuen Kiebitze begrüssen, die Ihretwegen unten stehen – Sie sollten sich wirklich selber zeigen, denn die Leute haben sich gesammelt, um Sie zu sehen, nicht mich!»

Er winkte den Zuschauern unten heiter zu und wurde mit Zurufen begrüsst.

«Es schadet nie etwas, populär zu sein», bemerkte er wohlgelaunt. «Wir sind ja am Ende doch nur die Diener des Volkes.»

«Ich habe es nie für nötig gehalten, die Billigung der unter mir Stehenden einzuholen», fuhr ihn Russell an.

«Darin unterscheiden wir uns!» meinte Palmerston. «Es ist die Meinung der mir Gleichgestellten, die mir gleichgültig ist. Und jetzt zu den Geschäften!»

Er klopfte Russell freundschaftlich auf die Schulter.

«Henry!» Russell schaute auf. «Henry, es ist nicht der Augenblick zu scherzen. Ich möchte, dass Sie endlich ernst werden und zuhören, und wenn Sie nicht ernst sein können, dann seien Sie um Himmels willen wenigstens ruhig.»

«Gleich zwei Dinge, die man von einem Iren nur schwer verlangen kann», erwiderte Palmerston. «Aber ich will's versuchen.»

«Die Lage in Irland verschlimmert sich; auch die zweite Kartoffelernte ist verdorben, und die Grundbesitzer haben begonnen, die Pächter zu vertreiben, die weder die Pacht bezahlen noch den Boden bestellen können. Die Flüchtlinge kommen zu Hunderten nach Liverpool herüber, und sie bringen Typhus und Cholera mit. In Irland gibt es keine Nahrungsmittel, keine Ackerbaugeräte, und wenn es sie gäbe, wüsste kein Mensch damit umzugehen. Wir haben keine Arbeit für sie, kein Lohnsystem, und die Armenhäuser haben weder Platz noch Essen für die Tausende, die sich zudrängen. Die Hungersnot wächst, statt nachzulassen, und Gott weiss, was wir anfangen sollen, um ihrer Herr zu werden.»

«Wir können billige Nahrungsmittel einführen und verteilen», meinte Palmerston.

«Es gibt eine Grenze dafür, was die Staatskasse leisten kann», erwiderte Russell. «Wir müssen das meiste dazu verwenden, um unser eigenes Volk vor einer richtigen Hungersnot zu schützen. Alles, was wir tun können, genügt jetzt nicht, weil die zweite Ernte schlecht war. Haben Sie eine Ahnung, wie schwer es ist, so ein Volk zu organisieren? Es zu lehren, Weizen anzubauen? Mit dem Blick auf die Winterernte zu säen? Begreifen Sie, Henry, dass das einzige Werkzeug, das diese Menschen je gesehen haben, ein Spaten ist, und dass sie vom Ackerbau nichts verstehen, als Kartoffeln anzubauen und aus dem Boden zu graben? Wir schicken ihnen Nahrungsmittel, schön – wie aber sollen sie verteilt werden? Was machen Sie in einem Land, wo es keine Läden gibt, wo die Dörfer nichts als ein paar Hütten aus Schiefer und Torf sind? Wo Brot und Zucker und Kohlen und Kerzen unbekannt sind? Wie soll man einer Seuche wehren, wenn die Leute massenweise ihre Heimstätten verlassen und die Krankheiten von einem Ende von Irland zum andern verschleppen? Das alles habe ich der Königin heute gesagt; ich habe ihr gesagt, dass ein Wunder geschehen muss, wenn nicht die ganze Bevölkerung ausgerottet werden soll!»

«Und was hat Ihre Majestät gesagt?» fragte Palmerston. «Ich möchte doch glauben, dass wenigstens von den Lippen unseres Prinzen eine Perle der Weisheit gefallen ist.»

«Seine Haltung war menschlicher als ihre», erwiderte Russell finster. «Vermutlich ist es zu viel von einer Frau verlangt, dass sie sich die Dinge vorstellen soll. Ich fange an zu glauben, dass Marie Antoinette dem französischen Volk tatsächlich geraten hat, Brioches zu essen.»

«Ihrer Majestät würdiger Onkel Cambridge hat Gras empfohlen», bemerkte Palmerston. «Ich hörte, dass dieser Vorschlag in irischen Kreisen nicht sehr geschätzt wurde. Ich glaube aber nicht, dass Sie von der Königin viel Verständnis zu erwarten brauchen. Frauen fehlt es nicht nur an Einbildungskraft, sie sind auch ausserordentlich gefühllos. Immerhin zweifle ich nicht daran, dass der Prinz vorgeschlagen hat, eine Bibliothek oder ein Museum zu bauen, damit die Iren in einer Atmosphäre von Kultur verrecken können.»

«Der Prinz ist ein Ausländer», sagte Russell. «Welchen Zweck hat es, ihn lächerlich zu machen, wenn Sie doch wissen, dass für die Königin sein Wort Gesetz ist?»

«Ich muss ja ihre Ansicht nicht teilen», entgegnete Palmerston rasch. «Ich finde sein künstlerisches Getue ebenso aufreizend wie Sie meine Leichtfertigkeit, nur dass ich nicht versuche, aus meinen Scherzen unsere Aussenpolitik aufzubauen. Die Königin, Gott segne sie, ist die Königin, und man muss ihre kleinen Schwächen übersehen. Ich bin verdammt sicher, dass sie weniger langweilig wären, wenn sie nicht von ihm stammten.»

«Wenn Sie der Königin Opposition machen», sagte Russell kalt, «dann wird unsere Regierung in wenigen Monaten gestürzt sein. Das muss ich Ihnen doch von Anfang an klar machen. Sie mag Sie nicht, Henry, und ich könnte nicht sagen, dass mich das überrascht.»

«Ich wüsste nicht, warum sie mich nicht mögen sollte.» Palmerston lachte. «Ich bin ein gütiger, väterlicher alter Mann, und Melbourne hat doch für die mittleren Jahre einen prächtigen Präzedenzfall geliefert.»

«Sie liebt den Prinzen, und sich hinter seinem Rücken über ihn lustig zu machen und ihn ganz offen aufzureizen, ist jedenfalls nicht die Methode, um sich bei ihr beliebt zu machen.

Und ich muss das ganze Gewicht ihrer schlechten Laune tragen. Ein für allemal, Henry, gehen Sie mit dem Hof behutsam um.»

«Mein lieber Russell, ich werde allen meinen Takt anwenden», versprach er. «Ich werde mich sogar erbötig machen, Seiner Königlich Englischen Hoheit Unterricht zu erteilen, damit er diesen verdammten Coburger Akzent los wird – wenn Sie glauben, dass das helfen kann. Meine Provinz ist überdies das Auswärtige, und ich wüsste nicht, warum zwischen der Königin und mir ein Konflikt entstehen sollte, solange man sich nicht einmischt; die Königin verlangt einen Lippendienst – sie soll ihn haben. Ich werde im Aussenamt herrschen, Ihnen natürlich untertan, und die Königin und ihr edler Gemahl können sich mit meinem Segen in die Geschäfte jedes andern Ministeriums einmengen. Nun sind Sie Ihre Strafpredigt losgeworden; was gibt es sonst?»

«Grey ist im Kolonialministerium», sagte Russell. «Ich wäre Ihnen verbunden, wenn Sie darauf verzichten wollten, sich mit ihm zu zanken.»

Palmerston lachte.

«Du guter Gott, was ist das für eine Liste! Widersprich der Königin nicht, ebensowenig dem Prinzen – was ja, Ihrer Ansicht nach, ein und dasselbe ist – und zank dich nicht mit Grey! Mein lieber Russell, ich habe immer mit Grey Streit gehabt, das gehört zu den Vergnügungen des Lebens. Sie stellen mir da ein schrecklich langweiliges Programm zusammen!»

«Das Gezänk zwischen euch beiden hat Melbourne mehrmals beinahe gestürzt», sagte Russell scharf. «Ich habe nicht die Absicht, mein Amt zu verlieren, weil ihr zwei eure Abneigung nicht beherrschen könnt. Ich wiederhole – reizen Sie Grey nicht; er hat mächtige Anhänger, und wenn er zurücktritt, sind wir alle erledigt.»

«Das ist ein Argument», meinte Palmerston heiter. «Das Schlimme daran ist, dass Grey immer droht, zurückzutreten, und ich immer das Gefühl habe, es wäre so ein Segen, wenn er es wirklich täte. Nun, ich will's mit ihm aushalten. Palmerston, der Friedensstifter! Sie können auf mich zählen, mein Lieber. Richtig – Sie und Lady John werden uns doch das Vergnügen machen, nächste Woche bei uns zu speisen. Emily hat Melbourne überredet, Brocket für ein paar Tage zu verlassen und zu uns zu kommen – sie ist eine sehr liebevolle Schwester, müssen Sie wissen, und es würde dem armen Teufel gut tun, ein paar Freunde zu sehen und das Gefühl zu haben, als schwämme er noch im Strom der Dinge mit.»

«Mit grösstem Vergnügen; es tut mir wirklich leid, zu sehen, wie schwach er geworden ist. Und das muss ich sagen, Henry – Sie sind sehr gut zu ihm.»

«Emily macht sich um ihn Sorgen. Und natürlich würde ich alles für Emily tun. Zudem erinnere ich mich noch an die Zeit, da jeder Mensch mit politischem Ehrgeiz in London ihn belagerte; ich war auch darunter. Er war der beste Gesellschafter, den ich je im Leben kennengelernt habe. Wenn Sie aber eine kleine Komödie aufziehen und ihn um seine Ansicht fragen und mit ihm über die Königin sprechen, so wird er wochenlang davon leben. Er plagt jeden, den er sieht, um Nachrichten von ihr; im Grund ist sie es allein, wovon er sprechen möchte.»

«Sie könnte ihn jetzt häufiger einladen», sagte Russell. «Es war schwierig, solange die Tories an der Macht waren, jetzt aber ...»

Palmerston lächelte zynisch.

«Er ist teilweise gelähmt und taub, und sein Geist schweift ab. Wir sind alte Kollegen, Russell, wir werden irgendwie Zeit für ihn finden; aber ich bezweifle, dass er Ihrer Majestät noch Spass machen würde. Sie hat sämtliche Vorzüge, aber ein weiches Herz ist nicht darunter. Ich habe übrigens draussen eine Menge hoffnungsvoll Wartender gesehen; da drücke ich mich lieber. Die Reize des Amtes, mein lieber Russell – man ist jedermanns Freund, solange es dauert!»

Die Monate verstrichen, und die neue Regierung sass so fest im Amt, wie eine kleine Mehrheit das erlaubte. Das irische Problem überschattete in diesem Jahr alle anderen.

Um den hungernden, heimatlosen Menschen Arbeit zu verschaffen, wurden Strassen gebaut, doch für die Zahl der Notleidenden war dieses System unzureichend, und die Löhne waren zu niedrig. Im Kielwasser von Hungersnot und Seuchen folgten Raub und Mord; das Land wurde von Diebesbanden geplündert. Die Grundbesitzer wandten bei dem heimgesuchten Volk ihre eigenen Heilmittel an, während die Regierung eine Massnahme nach der andern erwog, um die Not zu lindern, und die verschiedenen Gruppen im Parlament stritten sich über die zweckmässigsten Methoden.

Irland war übervölkert und unterentwickelt; das Land war zwischen den Familien immer wieder geteilt und unterteilt worden, bis etwa acht oder zehn Menschen von dem Ertrag eines Viertelmorgens Erde lebten, und geerntet wurden nur Kartoffeln.

Die Lösung der Grundbesitzer war einfach die Vertreibung der Pächter. Gerichtsvollzieher begannen die Pächter aus ihren Hütten zu verjagen; jene, die sich weigerten oder zu schwach waren, um ihre Habseligkeiten zusammenzupacken und auf die Strasse zu tragen, mussten zusehen, wie die Hütten ihnen über den Köpfen eingerissen und ihr Vieh fortgeführt wurde. Die Grundbesitzer säuberten ihre Ländereien rücksichtslos von der kranken, jammervollen Bevölkerung, die weder den Boden zu bestellen noch den Zins zu zahlen vermochte, und so machte sich eine Menge heimatloser, verhungernder Männer und Frauen auf den Weg nach den Häfen und zu den Auswandererschiffen. In Irland gab es weder Nahrung noch Arbeit noch ein Dach; für wenige Pfund, häufig eine Spende von Verwandten in Amerika, konnten Familien nach der Neuen Welt fahren und dort ein neues Leben beginnen. Die von der englischen Regierung geschaffenen Strafgesetze räumten wohl mit der Zuchtlosigkeit und dem Schrekken auf, doch sie zwangen Arbeitsfähige in Arbeitshäuser und trennten die fanatisch aneinander hängenden Familien; was als Hilfe und Beistand gemeint war, wurde zu Unterdrückung.

Tausende von Auswanderern fuhren in diesem und dem folgenden Jahr über das Meer, überquerten den Ozean in derart seeuntauglichen Schiffen, dass viele davon beim ersten Sturm untergingen, und der Schmutz, die Brutalität auf diesen Schiffen waren derart, dass Männer, die noch auf den alten Sklavenschiffen gesegelt waren, erklärten, derzeit seien die Bedingungen noch weit schlimmer. Kapitäne und Agenten verdienten bei diesem Exodus ein Vermögen; und der Handel war so schamlos, dass man sich den Fahrpreis bezahlen liess und sobald das Schiff den Hafen verlassen hatte, Passagiere über Bord warf, um das überfüllte Schiff zu entlasten. Im Schiffsraum eingesperrt, litt diese lebende Fracht unter Skorbut, Seuchen und Hunger; und sehr viele waren bei der Ankunft schon tot. Im Parlament erhoben sich Proteste. Der oder jener überspannte englische Lord versuchte, zu erreichen, dass den Vertreibungen der Pächter Einhalt geboten und der Auswandererhandel überwacht werde, und in der behaglichen Abgeschlossenheit von Osborne House las Victoria die Zeitungen und fragte ärgerlich Albert, ob denn die Leute nichts Besseres zu tun hätten, als die vernünftigen Massnahmen der Regierung zu bekritteln. Es war doch zu aufreizend, sich über Irland Sorgen zu machen und über all die Not, die dieses widerwärtige Volk über sich gebracht hatte, wenn doch ihr Liebling Albert gerade zum Kanzler der Universität Cambridge ernannt worden war.

Sie war nicht mehr so eifersüchtig auf geistige Interessen, die ihr zu hoch waren; sie hatte sich längst mit der Idee abgefunden, ja, sie sogar begrüsst, dass Albert unendlich viel klüger und künstlerisch begabter war, und sein Erfolg bei der Kanzlerwahl freute Victoria mehr als irgendeine Ehrung, die man ihr erwiesen hätte. Er hatte so grosses Interesse für Theologie und Physik und Architektur und die klassische Literatur; das alles überstieg bei weitem ihre Möglichkeiten, und weil sie so ungebildet war, fand sie diese Dinge recht langweilig, er aber verstand alles, und die Kanzlerschaft bewies, dass ihr undankbares Volk endlich einzusehen begann, welch ein erhabener Geist er war. Sie war entzückt, und ihre grossherzige Begeisterung überhörte Spott und Feindseligkeit mancher Zeitungen und der meisten Hochschullehrer.

Es war eine reine Ehrenstelle; kein Mensch hatte erwartet, dass der Prinz sie ernst nehmen oder sich in den alten Lehrplan der Universität einmischen werde. Als er Victoria erstaunt auseinandersetzte, dass Stoffe, wie moderne und orientalische Sprachen, Metaphysik, Geographie und Nationalökonomie ausgeschlossen waren, da erklärte sie sogleich, er müsse darauf bestehen, dass auch dafür Lehrstühle geschaffen würden. Doch Erfahrung und Stockmars feste Hand hatten Albert vorsichtig gemacht. Die Änderungen wurden mit solcher Behutsamkeit und so viel Takt vorgenommen, dass man die Verantwortung des Prinzen kaum bemerkte, und als Victoria darüber klagte, dass er nicht die gebührende Anerkennung fand, beruhigte er sie mit dem Hinweis, dass er sein Ziel erreicht habe und völlig befriedigt sei. Das hätte wahr sein sollen; er hätte gegen die menschliche Schwäche, die nach Anerkennung verlangt und sich gekränkt fühlt, gewappnet sein sollen. Doch er war gekränkt. Und fühlte sich ständig gekränkt, weil er wusste, dass zwar einige wenige Männer wie Peel und Anson und der alte Herzog von Wellington eine gute Meinung von ihm hatten, die Mehrheit aller Stände und Klassen aber nicht. Die Gunst der Aristokratie hatte er nie errungen. Je mehr er seiner Freude an der Musik huldigte, Pläne für öffentliche Bauten entwarf, ausländische Künstler ermutigte, an den Hof zu kommen, desto feindseliger wurde die Stimmung des Adels. Er spielte ausgezeichnet Klavier, wundervoll Orgel; doch solche Leistungen konnten ihn nicht bei einer Klasse beliebt machen, die noch an der Ansicht Lord Chesterfields festhielt, dass es erlaubt war, sich einen Fiedler zu mieten, wenn man Musik liebte, doch undenkbar, dass ein Gentleman selber spielte.

Seine politischen Ratschläge wurden angehört und manchmal befolgt, doch nur, weil sie die Ansichten der Königin wurden, und die Ansichten der Königin konnte man kaum verschmähen. Mit Sir Robert Peel zu arbeiten, war höchst befriedigend gewesen; zum ersten Mal hatte er begonnen, sich nützlich zu fühlen; doch Lord John Russell war ganz anders. Er war zurückhaltend, verdrossen und neigte dazu, recht scharf zu werden. Er machte den Eindruck, als wären Alberts taktvoll geäusserte Anregungen eine schwere Geduldprobe für ihn; dass er aber entschlossen sei, den Prinzen nach Möglichkeit bei guter Laune zu erhalten. Seine Weltanschauung war ausserordentlich beschränkt; seine Vorurteile waren beinahe ebenso stark wie Victorias Vorurteile, und sein Geschmack war weit entfernt von dem Verständnis für die Aquarelle und Ölgemälde Landseers, die das Herz der Königin und ihres Gemahls so sehr erwärmten, wenn sie sie miteinander bewunderten. Er war ein kalter Mann, in dem es kein weiches Gefühl gab, nur die harten Begriffe von Ehre und Pflicht und Treue zur Krone und ein heftiger Glaube an die Grundsätze der liberalen Reform. Doch wenn es für Victoria und Albert enttäuschend und anregungslos war, mit Russell zu regieren, so war der Umgang mit Lord Palmerston im Aussenamt geradezu ein Alpdruck.

Das Grollen der Revolution, das seit der Erhebung der Franzosen im Jahre 1792 nie ganz verstummt war, brach tobend in Italien aus, wo Österreich seine Herrschaft mit einer Armee von 70 000 Mann aufrechterhalten musste; und die von Robespierre und Marat verfassten Pamphlete kreisten wieder unter den französischen Handwerkern. In ganz Europa wuchs die Unzufriedenheit, in den Ländern, die von stärkeren fremden Mächten unterjocht waren und in der Masse des Volkes, dessen Schrei nach Gerechtigkeit und Reformen nicht erhört worden war. Die verblühende Dynastie der Bourbons war zerfallen, und Louis-Philippe, der Sohn des Herzogs von Orleans, der für die Hinrichtung Ludwigs des Sechzehnten gestimmt hatte und selber der Guillotine ausgeliefert worden war, sass unbehaglich auf dem Thron seiner Ahnen mit dem

Titel eines Königs der Franzosen behaftet. Dieser Bürgerkönig trug den Makel des Verrats seines Vaters; er war Victoria verdächtig, die bei einem Herrscher falsche Demut hasste, und Albert war gegen ihn eingenommen, weil er überzeugt war, dass Louis-Philippe der Versuchung erliegen und versuchen würde, Frankreich seine Grossmachtstellung wiederzugeben.

Doch obgleich er nur eine schwache Figur war, bildete er das einzige Bollwerk gegen jene mächtige Partei in Frankreich, die für die Republik agitierte, und niemand konnte sich eifersüchtiger für die Rechte anderer Monarchen einsetzen als Victoria. So unwürdig, tyrannisch oder vertrottelt ein König auch sein mochte, die Sicherheit aller Dynastien hing von der Sicherheit jedes einzelnen Thrones ab. Zur Enttäuschung und Erbostheit der Königin und Alberts liess Lord Palmerston keinen Zweifel daran, dass er diese Ansicht nicht teilte. Wenn seine Anhänglichkeit an die englische Krone auch feststand, so gab er doch in aller Öffentlichkeit seiner Verachtung für den lächerlichen Monarchen in Frankreich Ausdruck, seinem Hass gegen die russischen Despoten und seiner völligen Gleichgültigkeit für das Schicksal der Herrscher von Spanien und Portugal. Zum Entzücken des englischen Volkes und zur peinlichen Verlegenheit seines Premierministers sympathisierte er unverhohlen mit der Forderung der europäischen Völker nach Freiheit der Rede und nach einer republikanischen Regierung, wenn sie sie dann haben wollten. Der Ton seiner Instruktionen an die Vertretungen im Ausland war erfüllt von Ermutigungen für liberale Bewegungen und von Verdammung der Reaktion; in einem Versuch, ihn zu überwachen, prüfte die Königin jedes Schriftstück, jedes Telegramm, das ausgeschickt wurde, nur um schliesslich zu entdecken, dass ihr Premierminister diese Botschaften einfach für den Gebrauch der Königin abänderte oder sie ihr überhaupt nicht vorlegte. Die Atmosphäre zwischen Hof und Kabinett wurde so frostig, dass Russell sich vor jeder Begegnung scheute, aber Anspielungen oder eindeutige Befehle für Palmerston wurden in aller Ruhe unbeachtet gelassen. Seine Politik spiegle die öffentliche Meinung, erwiderte er, und wenn er die Besorgnis Ihrer Majestät für ihre monarchischen Kollegen achte, deren einige ja Verwandte waren, so sei es doch Englands Pflicht, sie auf die Irrtümer ihres Verhaltens hinzuweisen. England habe das Verlangen nach Reformen dadurch überlebt, dass es sie gewährte, während die Idioten in andern Ländern sie verweigerten. England hatte seinen Besitzungen Australien und Ceylon hinzugefügt, hatte Kanada behalten, Österreich und Russland dagegen waren gezwungen, ihre Armeen aufzubieten, um zu unterdrücken, was unter ihrer Herrschaft war. Feudalismus und das Göttliche Recht waren Rezepte der Vergangenheit; man rufe geradezu die Katastrophe herbei, wenn man versuche, dergleichen durchzusetzen, und überdies sei es unmoralisch. Während die Iren zu Tausenden verhungerten, begrüsste das Parlament diese Gefühle und gab sich dem nationalen Zeitvertreib hin, die Fremden zu begönnern und zu ermahnen. Der Vorkämpfer dieser Haltung bot sich in der Person jenes Iren dar, der englischer war als die Engländer – Lord Palmerston. Und gegen ihn und alles, was er vertrat, waren Stockmars Ehrgeiz, Alberts Politik und Victorias Stolz verschworen. Ein langer, bitterer Kampf zwischen Krone und Verfassung hatte begonnen.

IX.

Das Schlafzimmer in Brocket war sehr still; von jener Stille erfüllt, die den Krämpfen menschlicher Krankheit und Verzweiflung folgt. Der Novemberwind hatte die letzten Blätter von den Bäumen gestreift. Es war beinahe dunkel, und zwei Kerzen waren neben dem Himmelbett angezündet worden; sie warfen ein mildes Licht auf die blassen, eingesunkenen Züge des Mannes, dessen Kopf auf den Kissen lag. Sein Haar war vollkommen weiss, die Haut hatte sich verzogen und liess eine schöne Stirn und die kräftige Nase vortreten, doch die

Lippen waren blau, und nur schwach entrang sich ihnen der Atem.

Ein Schimmer unter den halbgeschlossenen Lidern verriet allein, dass Leben und Bewusstsein vorhanden waren. Zwei Tage lang hatte Melbourne hier gelegen, gefoltert von Krampfanfällen, Geist und Körper von Qualen geplagt, und jetzt endlich hatte sich eine gesegnete Ruhe über ihn gesenkt. Die Gespenster hatten ihn verlassen; die blutigen Geister der chartistischen Aufrührer, die hageren, geketteten Geschöpfe, die auf Lebenszeit nach Australien verbannt worden waren, weil er es so befohlen hatte, waren verschwunden, und mit ihnen die Schatten seines Feindes, des Volkes, gebeugt unter einer unerträglichen Bürde von Mühe und Hunger, zu deren Erleichterung er nichts getan hatte.

Seine Geliebten waren durch das Zwielicht seines Gerichtes über sich selbst gehuscht, und eine kleine, anmutige Gestalt hatte sich abgesondert und war auf ihn zugelaufen, spottend, lachend, toll, und er hatte sich in Schmerzen gekrümmt und ihren Namen gekrächzt. Caroline! Caroline! Der schwachsinnige Sohn, den sie ihm geboren hatte, gesellte sich ihr, und sie wurde zu Caroline Norton und weinte, weil sie in Ungnade und von ihren Kindern getrennt war. Auch seine Freunde und Feinde suchten ihn auf, und er hörte den Beifall des Hauses und die Rufe der Gegner und kämpfte um eine Rede, die nicht kommen wollte ...

Er sah seine stolze, ehrgeizige Mutter, die ihn ständig zur Tat anspornte, und neben ihr sah er seine eigene Gestalt wie einen Nachtalp, in Trägheit versinkend, weil er wusste, dass ihm der Mut fehlte, für sich selber, und das Herz, für andere zu kämpfen. Und dann trat eine andere Erscheinung aus der Koboldwelt seiner Phantasien, glitt anmutig wie ein Schwan daher, im grünen Jagdkleid, und fragte mit hoher Stimme, ob er zu einem Ritt im Park des Schlosses bereit sei. Victoria! Er versuchte, ihren Namen zu nennen, doch die Macht der Sprache war ihm genommen; mit dieser Erscheinung aber wichen Dunkelheit und Schmerzen. Sie tanzte mit ihm, von

Brillanten funkelnd, er hörte sie über etwas lachen, das er gesagt hatte. Sie weinte, weil er sie verliess, und die Tränen tropften unter seinen Lidern hervor und rollten über die eingefallenen Wangen. Das Zimmer war von Licht und Musik durchflutet, und er stand neben ihr, und im Hintergrund mischten sich Glanz und Pracht von Windsor und Buckingham Palast. Sie wandte sich zu ihm und lächelte, sie trug die schwere Krone des heiligen Eduard, und die Nationalhymne erscholl triumphierend, während er der Königin durch die Abtei folgte. Und dann begann sie unaufhaltsam zu verblassen, und er erschauerte und spürte die kalte Abendbrise, die über die Terrasse von Windsor strich, als er sich entfernte, sich aus seinem Amt und ihrem Leben zurückzog.

Die Lichter, die Visionen verdämmerten, verschwammen, und schliesslich lag er still da. Als er die Augen öffnete, erkannte er das Schlafzimmer in Brocket und sah, dass die Frau, die an seinem Bett stand, seine Hand hielt und weinte, seine Schwester war, Emily Palmerston. Sie waren sehr gut zu ihm gewesen, alle seine Angehörigen, sein jüngerer Bruder und seine Schwägerin und die liebe Emily. Sie hatten sich um den Haushalt gekümmert und ihn seiner Schulden entledigt, als sich herausstellte, dass er in den qualvollen leeren Jahren nach dem Schlag zu viel ausgegeben hatte. Welch ein Hohlraum waren diese Jahre gewesen, da er noch lebte, obgleich er längst zu sterben gehabt hatte, während andere Männer regierten und taten, was er nie getan hätte. Er war so lange Zeit hindurch nutzlos und lästig gewesen; welch eine Erleichterung, in die Vergessenheit zu entschwinden, befreit von den Qualen der Reue und der Enttäuschung. Und zugeben zu können, dass sie ihn vergessen hatte, und kaum einen Schmerz darüber zu spüren. Er hatte ihr gut gedient; das musste man ihm lassen. Er hatte ihre Ehe gerettet, hatte ihr zum Glück verholfen, und wenn sie ihn in seinem Niedergang vernachlässigt und vergessen hatte, was lag heute daran? Nichts war mehr wichtig als die Ruhe. Er versuchte, Emilys Hand zu drükken, um ihr zu zeigen, dass er dankbar war, und dass sie nicht weinen sollte, doch schon diese Anstrengung war zu gross für ihn. Der Todeskampf setzte ein, und sechsunddreissig Stunden später war Lord Melbourne tot.

*

«Ich habe mit Stockmar gesprochen, Liebste, und ich muss dir wohl sagen, dass er sich Sorgen macht.»

Victoria schaute von ihrer Stickerei auf. Sie sassen in ihrem Salon in Osborne, der Zufluchtsstätte vor den kalten, grossartigen Palästen, und sie hatte nach dem Abendessen wohlgemut vor dem Kamin genäht. Das Leben war, wenn keine Minister, keine Gäste zu empfangen waren, so unzeremoniell wie nur möglich, und bei nichts fand sie mehr Entspannung nach einem Tag mit Studium von Staatspapieren und endloser Korrespondenz, als wenn sie sich in den freundlichen Raum mit seinen bequemen Möbeln und dem schönen Jagdbild von Landseer zurückziehen und mit Albert allein sein konnte. Albert hatte das Haus entworfen und die Möbel ausgesucht, sie liebte das satte Magahoni und den Tisch, bedeckt mit Miniaturen. Das war, wie er sagte, ihr richtiges, eigentliches Heim.

«Sorgen? Ach, Albert, Liebster, warum?»

Der Prinz neigte sich vor und seufzte. Sie bemerkte zärtlich, dass das Haar auf seinem Kopf spärlich zu werden begann. Das war recht früh, aber er arbeitete so viel, der Gute, und er war so müde; sogar in Osborne.

«Er macht sich Sorgen um Bertie. Und ich auch.»

Bei der Erwähnung ihres siebenjährigen Sohnes änderte sich der Ausdruck in Victorias Zügen.

«Sprich doch!»

«Stockmar hat seinen Werdegang beobachtet», sagte Albert. «Er ist ja so gewissenhaft und uns so ergeben; ich weiss nicht, was wir ohne ihn täten – und er findet, der Junge sei undiszipliniert. Er fürchtet, dass sein Charakter sich nicht gut entwickelt.»

Victoria legte ihre Arbeit zur Seite.

«Er ist gewiss weniger intelligent als die andern. Und ich muss gestehen, dass sein Wesen mir auch nicht so gut gefällt. Aber was hat der Baron über ihn gesagt?»

«Er meint, er sei leichtfertig. Er meint, der Junge sei viel zu sehr verwöhnt und eigensinnig, und er will überhaupt nur spielen. Stockmar hat sich seine Schularbeiten angesehen und sagt, die Fortschritte seien bekümmernd langsam. Er hat keine Spur von Eifer.»

Victoria zog die Brauen zusammen. Was tat denn die Gouvernante, Lady Lyttelton? Warum hatte sie von all dem nichts berichtet? Drei Gouvernanten waren im Kinderzimmer, eine französische, eine deutsche und eine englische, natürlich von Stockmar ausgesucht, der viel von Kindern verstand; er hatte ja Albert erzogen! Und nun wurde entdeckt, dass Bertie unordentlich arbeitete!

«Ich bin überrascht, das muss ich sagen», erklärte sie. «Du weisst doch, Liebster, wie sehr ich mich für alles interessiere, was unsere Kinder tun, und ganz besonders für Bertie, denn er ist schliesslich mein Erbe; aber ich habe nie einen Bericht von Lady Lyttelton erhalten, sonst hätte ich schon etwas unternommen.»

«Das habe ich Stockmar gegenüber erwähnt; und er sagt, dass sie dem Jungen zu viel nachsieht. Er sagt, sie sei nur zu zärtlich zu ihm, und das tauge in diesem Fall gar nicht. Ich glaube, dass er recht hat; Frauen sind zu sentimental, wenn es sich um Kinder handelt. Was Bertie braucht, ist ein Hauslehrer.»

«Und sehr strenge Verhaltungsmassregeln für jeden Tag», meinte Victoria. «Wenn er leichtfertig ist, so kuriert man das am besten, wenn man ihm keine Gelegenheit dazu gibt. Ich glaube auch, dass ein Hauslehrer eine gute Idee ist. Und ich werde Lady Lyttelton nicht verhehlen, dass Bertie in der Zwischenzeit nicht verhätschelt werden darf.»

Ja, er war wirklich ein Sorgenkind! Es machte sie wütend, wenn sie sehen musste, wie beunruhigt und enttäuscht Albert wegen dieses schlimmen Jungen war. Warum konnte Bertie nicht fleissig und intelligent sein wie Pussy? Er sah auch seinem Vater gar nicht ähnlich, und das war verdriesslich! Wann immer er mit ihnen beisammen war, hatte sie das Gefühl eines Zwangs, einer Reizung. Er war nicht sauber und ordentlich wie die andern Kinder, selbst die kleinsten; er schien alles hastig zu erledigen, um nur rasch zum Spielen zu kommen, dann fiel er hin, ma hte sich schmutzig, ass überdies zu viele Süssigkeiten und verdarb sich den Magen. Er war wahrhaftig unerfreulich, und jetzt kam heraus, dass er auch dumm war. Jedermann sagte, er sei ein schöner kleiner Junge, doch sie hatte vergebens nach einem Zug von Alberts Schönheit ausgespäht; alles, was sie sah, waren die blauen Augen und die kräftigen Züge ihrer eigenen hannoveranischen Ahnen, und in ihr wuchs die Besorgnis, dass er ihnen im Wesen ebenso gleichen könnte wie im Aussehen.

Das war es, was Stockmar vermutete, und nun sass ihr Liebster da und machte sich Sorgen, weil er in diesen Charakterzügen irrtümlich die Schwächen seiner eigenen Familie erblickte. Nie konnte sie seine Beklemmung in jenem Zimmer in Rosenau vergessen, und sein Geständnis, dass er es nicht ertragen könnte, wenn eines ihrer Kinder sich so wie seine Mutter oder wie Ernst entwickeln sollte. Ernst benahm sich immer noch schlecht; seine Frau wohnte von ihm abgesondert und ertrug sein Verhalten, so gut sie konnte, die Arme, und auch darüber war Albert unglücklich. Was für ein Jammer, dass er keine Freude an seinem ältesten Sohn haben sollte... es war schon arg genug, dass so viele Leute in England ihm feindlich gesinnt waren, und sie wusste, dass er beim Hof unbeliebt war. Er hatte alles getan, was er nur konnte, um sich in Gunst zu setzen, arbeitete lange Stunden, um ihr bei den Staatsgeschäften behilflich zu sein, studierte jede Depesche, jedes Memorandum, fand vernünftige Lösungen für sämtliche Probleme Englands vom Ackerbau bis zur Aussenpolitik, und sie erkannte mit tiefer Enttäuschung, dass man seine Bemühungen nicht zu schätzen wusste, sondern verübelte.

In dieser Stunde aber konzentrierte sich ihr Ärger über ihre Minister und ihr Volk zu einer heftigen Abneigung gegen ihren ältesten Sohn. Die andern Menschen waren ausserhalb ihrer Reichweite; sie konnte sie nicht dazu bringen, Albert zu lieben, oder sie, ihm zu Gefallen, umwandeln, aber ein Kind von sieben Jahren sollte nicht zu einem Mann heranwachsen, der seinem Vater missfiel!

Sie trat an ihn heran, kniete neben seinem Stuhl nieder und hielt seine Hand in ihren.

«Mein Liebster», sagte sie, «wenn Bertie König werden soll, dann will ich, dass er sich benehmen und tun muss, wie du es für richtig findest. Das war meine grösste Hoffnung, als er auf die Welt kam – dass England eines Tages einen Herrscher haben sollte wie dich. Und das müssen wir aus ihm machen, und ich verspreche dir, dass ich dich in allem unterstützen werde. Du und Stockmar, ihr müsst Bertie in Zucht nehmen, bevor er älter wird. Sogleich wollen wir einen Hauslehrer für ihn anstellen, und du musst die Vorschriften für seine Erziehung und Ausbildung festlegen. Dann weiss ich, dass er uns Ehre machen wird.»

«Das muss er», sagte Albert. «Ich hatte schon längst die Empfindung, dass er nicht ist wie die andern Kinder. Stockmar hat recht: er ist faul und leichtsinnig. Und, Liebste, so war ich auch. O ja, ich hatte gar keinen rechten Ehrgeiz, ich hatte Angst vor jeder Verantwortung, und mein Wille war jämmerlich schwach. Aber Stockmar hat mich gedrillt. Er lehrte mich, Geist und Körper in Zucht zu halten, und er hat mich zu dem gemacht, was ich bin. Und was er für mich getan hat, das kann ich für Bertie tun. Ich habe wegen des Hauslehrers mit ihm gesprochen, und er schlägt einen gewissen Henry Birch vor. Er ist Rektor in Prestwich, er hat in Cambridge mit Auszeichnung studiert und war vier Jahre lang Lehrer in Eton. Ich glaube, dass er der rechte Mann wäre – wenn du einverstanden bist.»

«Natürlich bin ich einverstanden. Von dieser Stunde an ist Bertie in deinen Händen, Liebster.»

So war denn mit seinem siebenten Jahr die Kindheit für Prinz Albert Edward zu Ende.

Stockmar beurteilte den neuen Hauslehrer sehr günstig, und so gefiel er auch Albert. Nun brauchte man nichts mehr als die Sicherheit, dass auch Victoria diese Ernennung billigte. Er war ein ruhiger, ausserordentlich gelehrter Schulmann mit einem energischen, aber gleichzeitig ehrerbietigen Charakter, der bei der Königin und Albert volle Zustimmung fand. Er lauschte den elterlichen Auffassungen von seiner Aufgabe. Als Albert den Knaben als verstockt, faul und zuchtlos schilderte, nickte er nur. Als er den vom Baron und dem Prinzen aufgestellten Lehrplan las, warf er einen raschen Blick auf Victoria und stellte fest, dass jeder Protest zwecklos wäre. Er erklärte, er hoffe, Seine Königliche Hoheit zur vollen Zufriedenheit der Eltern zu erziehen, und dann ging er in das Kinderzimmer, um seinen Zögling kennenzulernen.

Stockmar hatte sich mit dem Lehrplan die grösste Mühe gegeben. Bis spät in die Nacht war er vor seinem Schreibtisch gesessen und hatte das Problem eines Kindes erwogen, das das Spielen dem Lernen vorzog und die Gesellschaft anderer Knaben sittsamen Spaziergängen mit seinen Eltern oder ernsten Gesprächen mit dem Baron. Er war sich dessen nicht bewusst, dass Eifersucht auf den kleinen Prinzen sich in seine Besorgtheit mischte. Er hatte mit Alberts überschäumendem Sohn nichts gemein; Lärm und frohe Laune stiessen ihn ab; und so vermochte er auch keine Zärtlichkeit zu zeigen, wenn der Kleine versuchte, ihm aufs Knie zu klettern. Seine einzige Liebe war Albert; Albert, den er geformt, ja beinahe geschaffen hatte; sein einziger Stolz war Albert, der jetzt angestrengter arbeitete als irgendein Minister, der fleissig war, gewissenhaft und von Stockmars Göttin, der Logik, geleitet. Er hatte den weichen, sentimentalen jungen Menschen in einen Mann umgewandelt, einen Mann mit Weitblick, zu der Macht hinter dem englischen Thron. Er hatte ihn in dem Kampf mit Victoria gelenkt und ihm den Weg zum Sieg gezeigt; er hatte ihn beraten, wie der junge Mann sich durchsetzen und doch im

Hintergrund halten solle, wie er die Königin von Melbournes Einfluss befreien und von den Whigs und ihrer gefährlichen liberalen Politik losmachen konnte. Er hatte jeden Traum verwirklicht, den Leopold gehegt hatte, um England durch Alberts Tätigkeit unter Coburgische Herrschaft zu bringen, bis er wusste, dass Albert in vielen Beziehungen tatsächlich König war. Doch seine Macht hing von Victorias Leben ab; ohne Victoria war er nichts, lediglich ein Regent für seinen Sohn. Und der Sohn würde nie der Stellung seines Vaters würdig sein; der Sohn hatte kein Recht zu erben – verglichen mit Alberts natürlichem Recht ... Nein, Stockmar würde sich nie mit dem Knaben befreunden oder Zeichen einer wirklichen Individualität dulden. Wenn dem jungen Prinzen der Unterricht missfiel, so musste er immer mehr und mehr lernen, bis er daran Gefallen fand. Am Ende fügten sich alle Geister der Disziplin. Wenn er zu den hochgesinnten Grundsätzen seines Vaters reifen sollte, so musste er die Gemeinsamkeit mit andern Kindern meiden und den richtigen Umgang bei seinem Lehrer und andern Erwachsenen finden. Er durfte nicht zu der englischen Leidenschaft für Sport ermutigt werden. Das war eine Vergeudung von Zeit und Energie; ein Nachmittagsspaziergang und gelegentlich ein Ausritt genügten für die Gesundheit. Wenn er sich ein Vergnügen verdient hätte, so könnte er bei geeigneten Liebhaberaufführungen mitwirken. Und seinen Eltern sollte Tag für Tag ein Bericht über seine Fortschritte vorgelegt werden.

Das, so fand Stockmar, würde die Charakterfehler beseitigen, die der Prinz aufwies. Das sollte ihn völlig unter die Herrschgewalt seines Vaters bringen und dem ständigen Druck von seines Vaters Ideen unterwerfen. Der neue Lehrer würde rasch begreifen, dass Strenge und Gerechtigkeit bei der Behandlung kleiner Jungen durchaus miteinander vereinbar waren, und dass Albert, Victoria und Stockmar selbst alle Vorgänge sehr genau beobachten würden.

Im Jahre 1848 hatte die Sonne geschienen, und die Ernten gediehen; die Hungersnot und die Seuchen, die Irland verheert hatten, wichen, doch von einer Bevölkerung von acht Millionen waren nur noch drei geblieben. Hunger, Seuche und Auswanderung hatten die übrigen verschwinden lassen; die Grundbesitzer herrschten unbestritten auf ihren Gütern, und die Streitigkeiten wegen des Beistands Englands für die katholische Kirche waren keineswegs heftiger als gewöhnlich. Irland war in einem Zustand politischer Gärung, doch, wie Russell sagte, wann war das je anders gewesen? Wann hatte sich dieses unglückliche Land dankbar der englischen Herrschaft unterworfen? Wann waren die Iren loyale Untertanen englischer Könige gewesen? Es war beinahe eine Wohltat, dass die Hungersnot die Kraft Irlands ausgesogen hatte, und dass eine solche Menge von Unruhestiftern gestorben oder über das Meer nach Amerika ausgewandert war. Die Möglichkeit eines dauernden Friedens, die Peel durch die Katastrophe hindurch vorausgesehen hatte, schwand, verwirkt durch Russells Widerstreben gegen alles Katholische und durch die Herrschaft von Gewalt und Schrecken, das die Grundbesitzer übten. In seinem Jammer klammerte sich das Volk noch wilder an seinen alten Glauben; der Katholizismus war mehr als je das Symbol irischer Freiheit, dem unerschütterlich protestantischen Premierminister und seinem Kabinett erschien es aber als undenkbar, Summen von den Mitteln der herrschenden Landeskirche zum Nutzen einer fremden Religion abzuzweigen, so sehr das auch zur Versöhnung der Iren beigetragen hätte. Und so schwärte die Wunde der Vernachlässigung und der Bedrückung, und was in England an Mitgefühl mit dem Elend der drei furchtbaren Jahre vorhanden gewesen sein mochte, wich der Gereiztheit ob der irischen Unnachgiebigkeit.

Victoria und Albert machten im folgenden Jahr einen Staatsbesuch in Irland. Die Königin trat ihre Reise mit der vorgefassten Überzeugung an, dass es unerfreulich sein würde, und obgleich die Leute sich in ihrer Neugier sammelten und mit unerwarteter Wärme grüssten, als sie die unhübsche kleine

Königin mit ihrem Gatten und der Kinderschar erblickten, blieb Victorias Herz kalt und ihr Sinn feindlich. Sie hatte die Iren nie gemocht, nie verstanden; es war eine Atmosphäre von Zwang, die sie höchst unangenehm empfand, und die Iren schienen weit mehr von den rosigen und weissen Prinzen und Prinzessinnen beeindruckt als von der Majestät ihrer gesetzlichen Herrscherin. Mit einem Seufzer der Erleichterung kehrte sie nach England zurück und hatte Irland im Nu vergessen. Sie und Albert hatten sich im schottischen Hochland, in einer prächtigen Gegend, Balmoral genannt, ein neues Heim gekauft, wohin sie sich jeden Sommer zurückziehen, den Haushalt in den kleinen Landsitz zusammenpressen und das Glück von Privatleuten geniessen wollten. Albert liebte Schottland, er liebte die Berge und die wilde, grossartige Landschaft; die frische Luft und die Ausblicke erinnerten ihn an Deutschland, und Victoria notierte selig, um wieviel gesünder er aussah.

Osborne war wunderschön, aber es war immer noch zu nahe bei London; die Meerenge war kein genügender Schutz vor den Forderungen der Aussenwelt. In Balmoral aber waren sie wirklich frei. Während sie dort in den grossen, düsteren Festungen der schottischen Lords gewohnt hatten, war in Albert der Plan gewachsen, sich ihre eigene Festung zu erbauen. Der Gedanke an eine Burg Balmoral entzückte die Königin, die noch immer ihre Freude an der Schaustellung jener königlichen Pracht hatte, die Albert so belastend fand. Doch wenn Albert selbst die Burg entwerfen sollte, würde er sie bestimmt auch liebgewinnen, und der Bau könnte vom Grund bis zum Dach genau so ausgeführt und eingerichtet werden, wie sie es sich wünschten und ohne Rücksicht auf den Geschmack und die Traditionen früherer Könige. Das würde doch dem künstlerischen Sinn ihres Liebsten und seiner Leidenschaft für die Einzelheiten einen weiten Wirkungskreis gewähren, sie könnten sich jede sentimentale Laune gönnen und hier in einem Traum vom Mittelalter leben.

Überdies war sie jetzt, dank Alberts glänzender Leitung

ihrer finanziellen Angelegenheiten, so reich, dass die beiden es sich ohne weiteres leisten konnten. Schon hatte er die Verwaltung der königlichen Paläste reorganisiert, Herden unnützer Dienstleute entlassen und das System von Nebeneinnahmen und Misswirtschaft abgeschafft, das sich im Lauf der Jahrhunderte eingenistet hatte. Dieses Vorgehen hatte ihn natürlich nicht beliebt gemacht. Die Leute waren ja so blind, so undankbar; sie verübelten es ihm, dass er der Krone Geld ersparte, und nannten es Knickrigkeit. Sie protestierten, wenn gewissen Praktiken ein Ende gemacht wurde, wie der Gewohnheit, jeden Tag die Kerzen, ob benützt oder nicht, aus sämtlichen Räumen fortzuschaffen, und machten billige Witze darüber, dass Albert Kerzenstümpfe sammelte. Was er auch tat, wurde kritisiert, und sie erhob sich mit verdoppelter Hartnäckigkeit, mit verdoppeltem Zorn zu seiner Verteidigung. Seiner sorgsamen Wirtschaftsführung verdankten sie Osborne, und nun würden sie Balmoral bauen, ohne von dem undankbaren Parlament auch nur einen Penny zu erbetteln. Obgleich die öffentlichen und privaten Briefe der Königin voll von Lob für seine Bemühungen waren, weigerten sich ihre Untertanen hartnäckig anzuerkennen, was sie Albert verdankten. Und Albert hatte noch einen andern Plan, eine grossartige Idee und derart überwältigend in ihren Ausmassen, dass ihr der Atem stockte, als er ihr diesen Plan auseinandersetzte.

Er dachte an eine grosse Ausstellung der Erzeugnisse der ganzen Welt. Wie er betonte, war Europa in einen harten Klassenkampf verwickelt und durch politische und nationale Leidenschaften für die Wahrheit blind, dass der Handel und nicht die Revolution das Mittel zur Befreiung des Menschen war. Der Handel blühte in England; die Fabrikanten leiteten Goldströme in die Kassen des Landes. Sie hatten eine neue Welt des Reichtums entdeckt, der Gabe vergleichbar, die Kolumbus zu den Füssen des Königs und der Königin von Spanien niedergelegt hatte, und der lebendige Beweis für den Fortschritt und die Erfindungskraft des Handels sollte der Welt in einer Ausstellung vor Augen geführt werden, die in dem grössten Handelsland Europas veranstaltet werden müsste.

Es gab viel Begeisterung für den Plan bei den Industriellen, den Mitgliedern jenes gesegneten Mittelstandes, dessen gesunde Vernunft ihn zu einem Mann von dem Format Alberts hinzog, und auch im Ausland hatte die Idee viel Anklang gefunden. Jedes Land sollte ausstellen und wetteifern; Aufträge würden zu strömen beginnen, und Wohlstand für jedermann wäre die Folge. So sah es Albert, und Victoria stimmte ihm bei. Doch die Erfahrung hatte sie noch immer nicht belehrt, dass die Mehrheit ihrer Untertanen sich grundsätzlich gegen alles wandte, was Albert vorschlug. Als die Kosten diskutiert wurden, geriet das Parlament ausser sich. Ein Ausbruch von Missbilligung füllte die Zeitungen, die den ganzen Plan als ein Monument der Anmassung hinstellten und erklärten, der Gedanke, die Ausstellung in einem Glashaus unterzubringen, sei der Einfall eines Wahnsinnigen. Der Ärztestand erliess Warnungen; diese Zusammenrottung grosser Menschenmengen würde Epidemien zur Folge haben. Der Zulauf der Fremden könnte nur zu Unruhen führen; der erste Platzregen würde das Glashaus zerstören und zahllose Leben kosten. Die Kirche erklärte heftig, solch ein Vorhaben würde den Zorn Gottes auf die Häupter der Verantwortlichen herabziehen. Jeder Grund, ob stichhaltig oder grotesk, wurde angeführt, um Alberts Plan zu vereiteln, und an vielen Abenden kam Victoria leise in sein Arbeitszimmer und fand ihn, den Kopf in den Händen, in stummer Verzweiflung auf Entwürfe und Akten starrend. Die ganze Macht ihrer Liebe wallte bei solchen Gelegenheiten über, bis sie manchmal das Gefühl hatte, ihr Herz müsse brechen, weil sie nicht imstande war, ihm das einzige Glück zu schenken, nach dem er, wie sie wohl wusste, verlangte – die Liebe ihres Volkes. Oft drückte sie den Kopf gegen seine Brust, mit einer mütterlichen Leidenschaft, die sie nie für eines ihrer Kinder empfunden hatte, und versprach ihm unter Tränen, dass nichts und niemand seinen wunderbaren Plan zum Scheitern bringen sollte; und wenn die Menschen erst den schimmernden Palast mit den Schätzen der ganzen Welt gefüllt sähen, würden sie auf den Knien zugestehen, was sie ihm schuldeten.

Und dank der Unterstützung verschiedener Männer des öffentlichen Lebens, der Industrie, und dank auch der Begeisterung des Kontinents, machte das Projekt, von Victoria leidenschaftlich angetrieben, Fortschritte.

Ein ständiger Grund zur Gereiztheit war Palmerston, der rasch zum Symbol jener Schichten Englands wurde, die Albert behinderten, ihm Widerstand leisteten, ihn nicht zu würdigen wussten. Palmerston war unmöglich; das war immer ihre Meinung gewesen, selbst zur Zeit Melbournes – wie lang schien das her zu sein! Er hätte seit hundert Jahren tot sein können, so verblasst waren ihre Erinnerungen an ihn – und jetzt wegen dieses unerschütterlichen, unaufrichtigen Trotzes ihrer Autorität und Alberts Wünschen gegenüber hasste sie ihn. Und ihr Hass konnte, das sollte Palmerston bald erfahren, seiner politischen Laufbahn ein Ende machen. Um 1850 gab es eine Zeit, da seine Macht über die Vorstellungskraft der Öffentlichkeit geschwächt war, und die Politik der Ermutigung von Aufständen im Ausland und der ungestümen Betonung englischer Rechte ihren Zauber auf das Unterhaus verloren hatte. Don Pacifico, ein portugiesischer Jude, aber in Gibraltar geboren und daher englischer Untertan, hatte einen Schadenersatz von der griechischen Regierung verlangt, nachdem sein Haus von dem Pöbel in Athen geplündert worden war. Die Griechen weigerten sich, und ein Befehl des Aussenamtes entsandte eine englische Flotte in die griechischen Gewässer, um der Regierung begreiflich zu machen, dass sie besser daran täte, andern Sinnes zu werden. Frankreich, das in der Affäre vermittelt hatte, war von der Haltung des Aussenministers Ihrer Majestät so aufgebracht, dass England an den Rand des Krieges kam. Sogleich brach ein Sturm von Entrüstung über Palmerstons Kopf herein. Victoria und Albert empfingen Russell triumphierend und erklärten, sie hätten keinen Zweifel daran, dass der Tadelsantrag, falls er im Unterhaus eingebracht würde, bestimmt durchdringen müsste. In seinem Heiligtum, im Auswärtigen Amt, wartete Palmerston, diesmal sehr still, zupfte an seinem gefärbten Backenbart und pfiff leise vor sich hin. Er wusste, dass seine Feinde ihn schon als gestürzt betrachteten. Er wusste, dass der arme alte Russell, der nie im Rampenlicht stand, eifersüchtig war und die Demission seines Aussenministers mit Vergnügen annehmen würde. Zudem würde die Königin ihm die Hölle heiss machen, und Russell nahm sich solche Dinge zu Herzen. Und der vortreffliche Prinz Albert? Palmerston grinste; nun, er würde eine verdammt salbungsvolle, dem Anlass angepasste Phrase finden und sich darüber freuen, dass er sich nun nach Herzenslust in die englischen Angelegenheiten einmischen könnte. Sie alle hielten ihn schon für besiegt, aber er liebte seine gute Emily viel zu sehr, als dass er Schwachherzigen und Spielverderbern erlaubt hätte, ihr auch nur einen Funken der Freude zu rauben, die erste politische Hausfrau des Landes zu sein, und ihm selber den Spass, andern auf die Füsse zu treten. Er legte seine Papiere zusammen und fuhr ins Unterhaus. Die Lords hatten bereits gegen ihn gestimmt, aber ihm war nur das Unterhaus wichtig; für alles andere gab er keinen roten Penny.

Gelassen sass er da, während die Reden gegen ihn gehalten wurden, seine Lippen schürzten sich zu einem tonlosen Pfeifen, und dann, als alle fertig waren, erhob er sich, um auf ihre Kritik zu antworten. Er sprach vier Stunden lang und verteidigte sich und seine Handlungsweise in einer der grössten Reden, die je im Unterhaus gehalten worden waren. Er erwies sich als Meister der Überzeugung, des Angriffs, der vernünftigen Argumentierung und der glänzendsten Rednergabe; er zerfetzte die Vorwürfe, die gegen ihn erhoben worden waren, er entfesselte bei seinem Publikum stürmisches Gelächter und patriotische Begeisterung. Bewundernd waren die Augen des jungen Disraeli auf ihn gerichtet, der auch kein Neuling im parlamentarischen Spiel mehr war. Schliesslich setzte sich Palmerston und durfte erleben, wie der Tadelsantrag gegen ihn von einer grossen Mehrheit abgelehnt wurde.

Als die Nachricht von seinem Triumph Victoria in Windsor erreichte, weinte sie vor Enttäuschung bittere Tränen. Wieder einmal hatte der Schuft gesiegt! Wütend setzte sie, mit dem Beistand Alberts und Stockmars, eine Denkschrift auf, worin sie die Bedingungen anführte, unter denen sie allein mit Lord Palmerston weiterarbeiten wollte. Er müsse ihr jede Instruktion zeigen und dürfe nichts mehr daran ändern, sobald sie sie gutgeheissen hatte; und er müsse seine Pläne in jedem Punkt zuvor ganz klar auseinandersetzen. Wenn er sich weigerte, ihren Wünschen nachzukommen, so wäre sie gezwungen, ihn zu entlassen, wie das des Herrschers verfassungsmässiges Recht war.

*

«Hoffentlich sehen Sie jetzt ein, in welche Lage Sie sich hineinmanövriert haben!» Russell sagte das ganz ruhig. Er hatte Palmerston beobachtet, der Victorias Denkschrift las. «Sie sind oft zu weit gegangen, Henry, und ich habe Sie davor gewarnt, sie zu sehr zu reizen. Sie hat gesagt, dass sie Sie entlassen will, und sie wird es tun. Und wenn sie es tut, werde ich natürlich auch zurücktreten müssen.»

Palmerston schnitt eine Grimasse und gab ihm die Schrift zurück.

«Ein sehr durchsichtiges Stück Arbeit das», bemerkte er. «Alles mit teutonischer Gründlichkeit aufgesetzt. Ich bin verdammt sicher, dass unser Prinz und der alte Pillendreher Stockmar das für sie ausgekocht haben.»

«Wer auch immer es verfasst hat», erwiderte Russell trokken, «Sie können ganz sicher sein, dass es die Meinung der Königin ausdrückt. Darf ich ernstlich hoffen, dass Sie die Situation jetzt begreifen und sich das zu Herzen nehmen werden? Wenn Sie ihre Autorität noch ein einziges Mal verhöhnen, Henry, wirft sie Sie aus dem Auswärtigen Amt hinaus!»

«Kein Zweifel, dass sie es täte», sagte Palmerston. «Es könnte Staub aufrühren, gewiss, aber ich unterschätze die

Willenskraft unserer Herrscherin nicht – wir wollen es nicht Verstocktheit nennen, das wäre ungalant. Es sieht so aus, mein Lieber, als hätten Sie recht gehabt und ich unrecht. Nun gut, ich kann Busse tun.»

«Was haben Sie vor?» Russell hätte gern mehr Zutrauen zu Palmerston gehabt und das boshafte Zwinkern in dessen Augen nicht zur Kenntnis genommen. Er würde sagen, was man nur verlangte, das wusste Russell, das lieferte aber noch keinen Hinweis darauf, was er tun würde. Die Königin hatte ihm gedroht, und trotz seiner Art zu bluffen, war Palmerston ein bösartiger Feind, das wusste Russell.

«Was ich vorhabe? Nun, ich werde nach Osborne fahren und in eigener Person meine Entschuldigungen vorbringen. Ich werde auf die Knie fallen, wenn nötig, werde dieses Missverständnis aufklären und nach London zurückfahren, um mich mit ernsteren Dingen zu beschäftigen.»

«Um Ihre Begegnung mit der Königin beneide ich Sie nicht, Henry. Sie wird es Ihnen verflucht schwer machen.»

Palmerston lächelte.

«Soweit werde ich es nicht kommen lassen. Da sie eine Frau ist, und eine willensstarke dazu, wird sie mir nie verzeihen. Aber ich werde wohl das Herz unseres edlen Prinzen zu erweichen vermögen. Und er wiederum wird sie besänftigen.»

*

Kein Zweifel, dachte Palmerston, Osborne war der abscheulichste Fleck, den er je gesehen hatte. Von den Gärten konnte man absehen, die recht hübsch waren, wenn auch, seiner Meinung nach zu ordentlich, zu gekünstelt, das Haus selbst aber verriet einen so unsäglichen Geschmack, dass einem der Atem wegblieb. Der Bau war hässlich und überladen und – guter Gott! – wem war es je eingefallen, Säulenhallen zu errichten mit blaugemalten, von vergoldeten Muschelschalen überhöhten Nischen, die mit den Büsten der deutschen Onkel der Königin gefüllt waren? Es war ein solcher Mangel an

Eleganz, dass Palmerston Lust hatte, laut aufzulachen. Während er in dem Vorraum darauf wartete, von Albert empfangen zu werden, betrachtete er die aus Geweihen angefertigten Stühle, Geweihen von Tieren, die der Prinzgemahl in Schottland erlegt hatte; die ganze Einrichtung mit ihrem Gemisch von falscher Tradition und deutscher Kleinbürgerlichkeit war eine Karikatur, und Palmerston fragte sich, wo denn die schönen Möbel und Bilder hingekommen sein mochten, welche die Krone im Lauf der Jahrhunderte angehäuft hatte. Wahrscheinlich vermoderten sie in einem Lagerhaus. Die Gainsboroughs, die Adam-, die Chippendalemöbel, die köstlichen Erzeugnisse des 18. Jahrhunderts in Frankreich mit all der Anmut, dem Reiz vollendeter Handwerkskunst – der Geschmack des Prinzen und seiner Frau hatten sie durch Tierbilder, durch handgemalte Miniaturen von Windsor, durch die Gipsbüsten der fetten deutschen Onkel in der Säulenhalle ersetzt. Er gönnte sich, verächtlich zu schnupfen, und dann öffnete sich die Tür zum Gemach des Prinzen, und Palmerstons Name wurde genannt.

Der Prinz empfing ihn stehend. Er hatte sehr sorgsam über die Inszenierung dieses Zusammentreffens mit dem Mann nachgedacht, der ihm so unsympathisch war und dem er so sehr misstraute. Und er hatte beschlossen, dass Palmerston, der ja offenbar kam, um Frieden zu schliessen, streng empfangen werden sollte. Man musste ihm klar machen, wie tief gekränkt die Königin war und dass seine politische Laufbahn von einer aufrichtigen Wandlung abhing. Albert wusste nicht recht, wie der Minister sich verhalten würde; ob die kecke Anmassung gedämpft sein würde, ob er durch den scharfen Tadel, den er sich zugezogen hatte, in seiner Sicherheit erschüttert wäre. Alles war möglich. Victoria hatte schon gesagt, sie halte den Mann für unfähig, sich anständig zu benehmen. Ein Mann von Ehrgefühl wäre nach dieser Denkschrift zurückgetreten. Vielleicht aber war das der Grund seines Kommens. Diese Frage hatten sie sich gestellt. Doch ihre Hoffnung wurde durch Palmerstons erste Worte enttäuscht.

«Es ist ungemein gütig von Eurer Königlichen Hoheit, mich zu empfangen. Seit ich feststellen musste, welche Unannehmlichkeiten ich Ihrer Majestät bereitet habe, war ich so bekümmert, dass ich meine Tätigkeit nicht fortsetzen konnte, bevor ich mich nicht entschuldigt hätte.»

«Unannehmlichkeiten bereiten ist nicht ganz der richtige Ausdruck», erwiderte Albert steif. «Die Königin ist in diesen letzten Wochen furchtbar besorgt gewesen; sie ist durch Ihr Verhalten zutiefst gekränkt gewesen, Lord Palmerston, und so wenig ich mich einzumischen wünsche, muss ich doch gestehen, dass ich mit ihr übereinstimme.»

Er fühlte, wie seine Wangen sich röteten, während er sprach. Obgleich Palmerston als Bittsteller gekommen war, fühlte Albert sich in seiner Gegenwart ebenso unsicher und unbehaglich wie immer.

«Da bin ich völlig aus der Fassung», platzte Palmerston heraus. Und nun entfesselte er einen derartigen Redeschwall, dass Albert ganz überrumpelt war; viel zu sehr, um der Flut von Worten Einhalt zu tun, die hervorsprudelte.

«Wie habe ich nur so blind sein können? Mein Gott! Ich würde doch lieber sterben, als der Königin auch nur einen unglücklichen Augenblick zu bereiten. Sir, ich versichere Ihnen aus tiefstem Herzen, dass es, sollte ich die Königin und Sie gekränkt haben, nur aus Unkenntnis geschehen ist – aus Eifer für die Wohlfahrt Ihrer Majestät. Für mich selber erstrebe ich nichts. Ich bin sechzig, ich bin nicht ehrgeizig, ich verlange nicht nach Ruhm. Alles, was ich getan habe, habe ich für die Königin und für England getan. Ich habe Fehler begangen, und ich erkenne das an – demütig.»

Er verstummte, und zu Alberts Überraschung zog Palmerston ein Taschentuch und wischte sich die Augen. Wahrhaftig, sie waren voll Tränen! Plötzlich war es Albert höchst unbehaglich zumute, als er entdeckte, dass diese dicke Haut durchbohrt werden konnte. Was auch immer seine Fehler waren, es war doch peinlich, ihn in Tränen und gedemütigt zu sehen. Es war aber auch nicht sehr würdig, meinte Albert, sich mit solchem Eifer herabzusetzen und zu betteln. Und doch war es edel! Sein Zweifel an sich selber verschaffte ihm im Nu eine Antwort; Stolz war unrichtig, und die Unfähigkeit, Irrtümer zuzugeben, war auch falsch; und er selber litt an beiden Fehlern; und Victoria auch. Wie konnte er seinen ältesten Sohn schelten, der nicht genug Zerknirschung zeigte, und dann Palmerstons grossherzige Bitte um Entschuldigung zurückweisen, nur weil er den Mann nicht mochte?

«Ich bin überzeugt, dass Sie nicht beabsichtigt haben, die Königin zu kränken», sagte er. «Fest überzeugt. Kein Mensch hat je Ihre Beweggründe in Frage gestellt, Lord Palmerston. Nur Ihre Methoden.»

«Dafür bin ich Gott dankbar.» Palmerston steckte das Taschentuch wieder ein. «Und die Methoden – sie sollen anders werden, Sir, ganz wie Ihre Majestät befohlen hat.»

«Ich muss Sie warnen», erklärte Albert feierlich. «Die Königin ist hart wie Stahl. Sie können es sich nicht leisten, ihr Vertrauen noch ein zweites Mal zu verlieren.»

Wieder diese Drohung, dachte Palmerston; wenn ich mich über sie lustig mache und natürlich über dich, du Laffe, dann fliege ich ... gut, gut, wir werden ja sehen, was geschieht, wenn der Günstling des Volkes abgesetzt wird! Nicht jetzt, aber später. Wir werden schon sehen!

«Ich verstehe», sagte er. «Ich verstehe vollkommen, und ich gebe Ihnen mein Wort. Ich werde das Vertrauen der Königin verdienen, und wenn's das letzte wäre, was ich noch zu tun habe! Und es wäre mir ausserordentlich wertvoll, wenn ich auch Ihr Vertrauen hätte, Sir.»

«Meine Meinung hat kein Gewicht», erwiderte Albert. «Ich bin nur der Prinz-Gemahl, und ich würde mir nie anmassen, mich einzumischen. Ich versuche nur zu helfen, Lord Palmerston. Es ist die Königin, die zufriedengestellt werden muss; nicht ich.»

«Ich weiss, dass ich nicht das Recht habe, es von Ihnen zu erbitten», sagte Palmerston sanft, «aber ich wäre Ihnen ewig zu Dank verpflichtet, wenn Sie bei der Königin für mich sprechen wollten. Nichts könnte mir mehr helfen als ein Wort von Ihnen; ich werde ihre Wünsche Buchstaben für Buchstaben erfüllen. Wollen Sie ihr das sagen, Sir?»

«Natürlich! Gewiss! Aber es wäre vielleicht von Nutzen, wenn wir einige Fälle erörterten, die diese Missverständnisse geschaffen haben. Setzen Sie sich doch, Lord Palmerston.»

Palmerston dankte ihm und atmete auf. Er hatte gesiegt, und er wusste es. Er würde sich setzen und die Ansichten anhören, die der Prinz als seine eigenen verzapfen mochte; er würde zu allem ‚ja' sagen; er würde versprechen, er würde schmeicheln, um den Waffenstillstand zu erreichen, den er brauchte; alles lieber als das Auswärtige Amt verlieren! Er schluckte mühelos alles. So sprachen sie denn eine Stunde lang, ohne dass er eine endgültige Antwort auf eine Frage über Schleswig gegeben hätte, aus der der Prinz sozusagen einen Prüfstein machen wollte. Zum Teufel mit diesen armseligen Deutschen und ihren Fragen... und zum Teufel mit dieser Unverschämtheit, von einem Staatsmann zu erwarten, dass er pfannenfertige Pläne für jede Eventualität haben sollte! Wie aber sollte dieser Prinz oder auch die Königin, die unbiegsam war wie alle Weiber, begreifen, dass die Politik sich aus Situationen entwickelte, und dass Situationen sich im Verlauf von wenigen Stunden verändern konnten? Wie zwecklos wäre der Versuch, ihm beizubringen, dass man die Geschicke von Nationen nicht mit Bleistift und Papier ausrechnen konnte, dass man mit einem vorgefassten Plan nichts Besseres tun konnte, als ihn zu zerreissen? Das würde dieser Prinz nie verstehen; er sah alles in Einzelheiten, mühseligen, zeitvergeudenden Einzelheiten. Für Albert liess sich alles auf das Niveau der These eines Schulmeisters herabsetzen; das allen Regeln trotzende Schweifen des Genies, die Geburt einer echten Vision vermochte er nicht zu erfassen. Er hatte die Seele eines Buchhalters.

Am Ende dieser Stunde verzog sich Palmerston. Er hatte auf die Frage des Prinzen keine Antwort erteilt; er hatte eine Menge Versprechen gegeben, die er zu brechen gedachte, und er hatte Albert dazu verpflichtet, die Beziehung zur Königin zu leimen. Wohlgelaunt und selbstbewusst wie immer kehrte er nach London zurück.

Die letzten Monate des Jahres 1850 waren für die Königin und den Prinzen voll von Kummer und Sorgen. In Deutschland, wo der Geist der Widersetzlichkeit sich beständig regte, gab es Unruhen, und kein Mensch in England teilte Alberts Ansicht, dass ein Zusammenschluss unter preussischer Oberherrschaft die beste Lösung für seine unglückliche Heimat wäre. Kein Mensch würdigte die guten Eigenschaften preussischer Denkart oder hätte zugegeben, dass Macht und Ordnung die besten Sicherheiten gegen den Aufruhr seien. Die Engländer hegten eine tiefeingewurzelte Abneigung gegen die wesentlich deutschen Eigenschaften, vor allem aber, wie der Prinz meinte, weil er sie bewunderte und für sie eintrat. Die Liebe zu seinem eigenen Land, lange hinter seiner Betätigung im Rahmen der englischen Affären verborgen, kam zum offenen Ausbruch, als er versuchte, die englische Macht für das Interesse Deutschlands auszunützen. Es ergaben sich frostige Meinungsverschiedenheiten mit Lord John Russell, der auf diesem Gebiet in unbeugsamer Opposition gegen Victoria und Albert verharrte, und trotz seiner Versprechungen hatte Palmerston binnen weniger Wochen seine alte Taktik wiederaufgenommen. Die Königin war wütend; wütend gegen ihren Premierminister, empört über Palmerston und unglücklich, weil die Angriffe gegen Albert und die Ausstellung in Presse und Parlament immer heftiger wurden. Den Enttäuschungen im öffentlichen Leben gesellte sich mancher private Kummer, denn der Tod hatte dem Prinzen seinen einzigen Freund unter den Politikern geraubt, Sir Robert Peel; und dann war Anson gestorben, der ihm näher stand als alle andern Männer seiner Umgebung – Stockmar ausgenommen. Victoria merkte, dass er blass und appetitlos war und schrieb verzweifelte Briefe an den Baron, der gerade zu Besuch in Deutschland weilte; er möge so bald wie möglich heimkehren, denn nach all den Schicksalsschlägen sei es mit der Gesundheit ihres Lieblings nicht zum Besten bestellt. Er schlafe so schlecht seit Ansons Tod; er sei schweigsam und niedergeschlagen und spreche sogar davon, den Plan der Ausstellung fallen zu lassen. Der Tod des alten Königs Louis-Philippe in Claremont, wo er, mit Erlaubnis der königlichen Familie, seit seiner Absetzung lebte, habe ihn über alle Massen aus der Fassung gebracht. Alle Feindseligkeiten des Verstorbenen waren vergessen; Victoria erinnerte sich nur an seine Flucht aus Paris und die demütige Hinnahme englischen Schutzes und brach in Tränen aus. Der Tod war etwas so Schreckliches, so Endgültiges! Sie klammerte sich an Albert, entsetzt bei dem Gedanken, dass sie eines Tages von ihm durch eine Gewalt getrennt werden müsste, die höher stand als ihre eigene, und der ganze Hof musste trauern. Der Tod sollte nicht leicht genommen werden; sie war erschrocken, wenn sie sich erinnerte, wie nachlässig sie in der Vergangenheit über diese Dinge gedacht hatte, und wenn sie mit Albert in der Dämmerung von Osborne Hand in Hand sass, sprachen sie im Flüsterton davon. Man müsse Schwarz tragen, alle Unterhaltungen meiden, Trauerkleidung und Gedenkringe und Bilder des Hingeschiedenen waren der Tribut, den man dem Tod zu zollen hatte. Und nach dem Beispiel des Hofes begann Victorias Beschäftigung mit der Trauer auch bei ihrem Volk Boden zu gewinnen. Es gehörte zu Alberts Weltanschauung, gehörte zu der teutonischen Leidenschaft für Gefühlsseligkeit und Schicksalhaftigkeit, und dafür bot die heitere englische Atmosphäre keine Gelegenheit. Gemeinsam trauerten sie um Peel und Anson und den alten König der Franzosen, und alle in ihrer Umgebung mussten zwangsweise düstere Mienen zur Schau tragen. Ein besonders störender Missklang war die allzu offenkundige Fröhlichkeit des kleinen Prinzen von Wales, der anscheinend übertrieben an seinem Lehrer hing. Wie eingehend die fürstlichen Eltern auch Mr. Birchs tägliche Berichte prüften, sie konnten nichts Ungünstiges darin entdecken. Bertie lernte eifrig, Bertie machte ausgezeichnete Fortschritte, er war gehorsam, intelligent und liebenswürdig. Als Stockmar heimkehrte, berieten Victoria und

Albert sich besorgt mit ihm. Birch war doch bestimmt zu mild! Es war unmöglich, dass der Charakter des Knaben sich so vollständig gewandelt haben sollte, dass nichts Nachteiliges zu berichten wäre. Der Baron kniff die dünnen Lippen zusammen und erklärte, er werde der Sache nachgehen. Er verlangte die Aufgabenhefte des kleinen Prinzen zu sehen, wohnte häufig dem Unterricht bei, und nach einiger Zeit äusserte er seine Meinung. So hervorragend Birch auch sei, fehle es ihm doch im Umgang mit dem Prinzen an der nötigen Festigkeit. Er habe den Prinzen zu lieb gewonnen und sei zu nachgiebig. Die strenge Tageseinteilung, die Prinz Albert festgelegt hatte, werde abgeändert, um sich Mr. Birchs Vorstellungen anzupassen. Die Unterrichtsstunden seien kürzer als vorgesehen und würden durch ungeeignete kleine Geschichten aufgelockert; es werde zu viel spazieren gegangen und zu viel gespielt. Oft habe man gesehen, wie der Prinz mit seinem Lehrer herumgetollt habe, und man erzähle auch, dass zur Zeit des Schlafengehens Bücher gelesen wurden, statt dass man dem Prinzen die im Lauf des Tages angehäuften Vergehen vorgehalten hätte. Birchs Berichte seien zu günstig, sie könnten nicht stimmen, und der Baron regte an, dass ein Wechsel nötig wäre.

Doch im Frühling des neuen Jahres war die Unzufriedenheit mit dem Knaben vergessen, weil der gewaltige Plan, den Albert entworfen, an dem er so fleissig gearbeitet hatte, nun verwirklicht war. Im Hyde Park versinnbildlichte ein glitzerndes, gläsernes Gebäude von tausend Fuss Länge den Triumph des Prinzen über die Bosheit, den Widerstand seiner Feinde. Die Presse, das Parlament und die Kirche hatten sich in einer Orgie hysterischer Schmähungen ausgetobt, und ein Mitglied des Unterhauses hatte öffentlich die Elemente herabgerufen, um den Greuel zu vernichten, bevor die Eröffnung stattfand. Es wurde behauptet, die Fremden, die nach London geströmt kämen, würden eine Revolution anzetteln, die Königin werde ermordet werden – immerhin waren in den letzten Jahren noch zwei Attentate auf sie verübt worden, und ein wahnsinniger früherer Offizier namens Pate hatte sie mit einem schweren Stock über das Gesicht geschlagen – es werde Seuchen, Aufstände geben, und schliesslich käme bestimmt auch die Strafe Gottes. Doch trotz allem war der Kristallpalast fertig geworden, die Besucher begannen sich in der Hauptstadt zu sammeln, und die Fülle der Erzeugnisse einer ganzen Welt wurde ihnen dargeboten. Am 1. Mai, bei strahlendem Sonnenschein, fuhren Victoria, Albert und die beiden ältesten Kinder, Bertie und die Königliche Prinzessin, in den Hyde Park, um die Ausstellung zu eröffnen.

Seite an Seite, die Kinder an der Hand, gingen Victoria und Albert durch das eiserne Tor, an den hochragenden Palmen vorbei, zwischen den Reihen der Trompeter, die einen schmetternden Willkommensgruss bliesen, und begafft von einer dichten Menge von Menschen jedes Standes, jeder Rasse. Die Königin ging sehr langsam mit jener eigenartigen Anmut, die ihr stets Würde und Höhe verlieh; sie trug ein neues Kleid aus einem Stoff von Rosa und Silber, der im Licht schimmerte. Sie blickte, verblüfft und atemlos vor Erregung, Stolz und Staunen, auf all das, was ihr geliebter Albert hier geschaffen hatte. Es war unbeschreiblich. Die Sonne füllte das riesige gläserne Haus mit Lichtgarben, die sich tausendfach spiegelten. In der Mittelhalle sprudelte ein kristallklarer Springbrunnen, schleuderte silbernes Wasser in die Höhe, und überall war Farbe, Schönheit und Neuigkeit, um das Auge zu entzücken. Rasch sah sie Albert an und lächelte, ein zitterndes, scheues Lächeln von leidenschaftlicher Liebe und Bewunderung, ein Lächeln, das ihm sagen sollte, dass England, das sich so lange geweigert hatte, ihn jetzt endlich in seinen Armen aufnehmen werde. Das war sein Werk: diese wunderbare Anhäufung der Schätze der Welt, in berauschendem Glanz ausgestellt zur Belehrung und Ergötzung zahlloser Tausende. Da waren Herrlichkeiten aus dem Orient, üppige Seiden und Stickereien, ein elfenbeinerner Thron aus Indien, juwelenbesetzte Schwerter, Lackarbeiten, Kupfer, Bronze, Standbilder, zu deren Füssen farbiges Wasser perlte, Terrakotta und Majolika, Töpfereien aus England, Spitzen, Schüsseln aus Gold und Silber, Betten und Stühle aus Palmenholz, kunstvoll geschnitzte Schränke aus der Schweiz. In einem Taumel von Seligkeit hörte Victoria, wie der Erzbischof seine Ansprache hielt und dann ein Gebet sagte; und nun durchflutete das majestätische Halleluja aus Händels ‚Messias', von sechshundert Stimmen gesungen, den mächtigen Bau, und über die Wangen der Königin rollten die Tränen.

Sie sah die glitzernde Maschinerie, die so kompliziert war und solche Wunder leisten konnte, und dann bestaunte sie die schönen Wachsblumenmodelle und lauschte dem Gezwitscher künstlicher Vögel, die so geschickt angefertigt waren, dass man sie für natürlich halten konnte. Es war eine solche Menge grosser und kleiner Wunderdinge auf Tischen, deren Länge elf Meilen betrug, ausgestellt, dass man unmöglich mehr tun konnte, als rasch einen Teil der Ausstellung zu besichtigen, die Zurufe der Zuschauer zur Kenntnis zu nehmen und Albert immer wieder laut zu sagen, dass sie nie etwas Herrlicheres gesehen habe, und das alles, alles ihm zu verdanken sei.

Dann kehrten sie in den Buckingham Palast zurück, geistig und leiblich erschöpft, nachdem sie zwischen dichten Reihen von Menschen hindurchgefahren waren, die vom Tor der Ausstellung bis zum Tor des Palastes Spalier standen und grüssten und winkten.

«Albert! Liebster! Ach, mein Geliebter, bist du heute glücklich?»

Sie nahm seine beiden Hände und schaute zu ihm auf. Sie waren allein in ihrem Boudoir. Victoria brannte es so sehr, ihm zu sagen, wie wunderbar es gewesen war, dass sie Häubchen und Mantel schnell abgelegt und auf einen Stuhl geworfen hatte.

«Ich bin glücklich, ja.» Und diesmal sah man es ihm an; er war gerötet und lächelte. Er legte zärtlich den Arm um sie. Sie war eine liebe Frau, eine gute Frau. Er konnte sich wirklich auf sie stützen.

«Ich glaube, dass es ein grosser Erfolg ist», sagte er. «Ich glaube wirklich, dass es jetzt jedermann gefällt.»

«Gefällt? Ach, Liebster, die Leute sind überwältigt. Es war ein Wunder. Ich hatte mir nie etwas so Grosses, so Schönes vorgestellt. O Albert, du bist der herrlichste Mann auf der Welt. Ich habe es immer gewusst, aber jetzt werden es auch alle andern wissen!»

Wie verblendet, wie niedrig die Leute auch früher gegen ihn gewesen waren, jetzt mussten sie doch seinen wahren Wert erkennen! Sie konnten gar nicht anders! Sie mussten ihn lieben und ihn schätzen, wie sie es schon vor Jahren getan haben sollten. Das war es, warum sie in der Ausstellung geweint hatte, das war es, weshalb ihr auch jetzt die Tränen so nahe waren. Seine Unbeliebtheit hatte sie seit so langer Zeit so tief geschmerzt, und die Aussicht darauf, dass das Land ihn jetzt aufnahm, ihn liebte, ihn sah, wie sie selbst ihn sah, war mehr, als sie ertragen konnte, ohne vor Freude und Erleichterung zusammenzubrechen. Der Geliebte! Wie sie ihn liebte! Wie gut, wie gewissenhaft, wie edel er war! Sich vorzustellen, dass dieses glanzvolle Schauspiel sein Werk, diese Herrlichkeit, die sich an ihre Krone, an ihre Hauptstadt knüpfte, das Kind seines Geistes war, bis in die letzte Einzelheit von ihm geplant.

Sie legte die Arme um ihn und lehnte sich an seine Brust.

«Ich weiss, mein Lieb, wie schwer es für dich hier in England gewesen ist. Ich weiss, wie es dich gekränkt hat, obgleich du dich nie beklagt, nie versucht hast, dich zu verteidigen. Ich weiss das alles, und manchmal ist mir das Herz beinahe gebrochen. Doch vom heutigen Tag an, das weiss ich auch, wird es anders sein. Ich weiss, dass mein Volk endlich erkennen wird, was es dir schuldet. Ich weiss es so gewiss, dass ich die Morgenzeitungen kaum erwarten kann, um all das Schöne zu lesen, was sie über dich drucken werden.»

«Meine kleine Frau», sagte er in der deutschen Sprache, die sie in vertraulichen Stunden benützten, «meine kleine Frau, wenn es dir gefällt, so ist das alles, worauf es mir ankommt. Dies ist dein Land, aber du weisst, dass ich dafür gearbeitet habe, seit wir verheiratet sind, als wäre es mein eigenes. Alles, was ich getan habe, habe ich für England und für dich getan.

Wenn das Volk mich jetzt in sein Herz schliesst, so werde ich endlich sehr glücklich sein. Aber vor allem, weil ich weiss, dass es dich glücklich machen kann. Beten wir, dass es so wird!»

Am nächsten Morgen erwachten sie, wie gewöhnlich, sehr früh, denn Albert hielt sehr darauf, früh aufzustehen und an die Arbeit zu gehen; und als sie die Zeitungen sahen, sprang Victoria auf und küsste ihn. Da war nichts als Lob für die Ausstellung und schliesslich ohne den leisesten Misston Lob für den Prinzen. Sie setzten sich wie gewöhnlich an ihre Schreibtische, um die Menge von Papieren durchzupflügen, die sich jeden Tag anhäufte, und Victoria schrieb einen langen Brief voll leidenschaftlicher Begeisterung an ihren Onkel Leopold, schilderte das Schauspiel im Kristallpalast und versicherte ihm, dass die Ausstellung ein persönlicher Triumph für ihren geliebten Albert sei. Ihre Feder glitt weiter, schrieb, unterstrich, berichtete immer wieder, wie wunderbar er sei und wie seine Bemühungen endlich die richtige Schätzung gefunden hätten. Es sei der glücklichste und stolzeste Tag ihres ganzen Lebens gewesen.

*

«Sie begreifen unsere Besorgnis um den Prinzen, Mr. Gibbs. Wie Baron Stockmar Ihnen erklärt hat, gelang es Ihrem Vorgänger nicht, die zur Erziehung meines Sohnes notwendige Disziplin wachzuhalten. Ich rechne damit, dass Sie nicht in den gleichen Fehler verfallen werden.»

Frederick Gibbs, Hauslehrer Seiner Königlichen Hoheit, des Prinzen von Wales, verbeugte sich tief vor der Königin. Er war ein hochgewachsener, hagerer Mann mit einem blassen Gesicht und strengen Zügen.

«Ich werde die Wünsche Eurer Majestät auf das genaueste erfüllen», sagte er. «Ich teile die Ansichten des Barons über die richtigen Methoden, um den Charakter in Knaben zu entwickeln. Die Disziplin soll nicht vernachlässigt werden, das verspreche ich Ihnen.»

Die Königin, der Prinz und der Baron hatten die Schwierigkeiten der Aufgabe ebenso dargestellt, wie sie es zwei Jahre früher Birch gegenüber getan hatten. Doch im Gegensatz zu Birch, der von ihren vorgefassten Meinungen überrascht war, lauschte Gibbs verständnisvoll. Er hatte beim Umgang mit Kindern keine Zeit für Gefühle, und für ihn war es eine Erleichterung festzustellen, dass die hohen Eltern so hohe Anforderungen an ihren Sohn stellten. Mit Leichtfertigkeit und Zeitvergeudung hatte er keine Geduld, und ihm war es sehr lieb, dass das auch ihr Standpunkt war; je deutlicher sie ihm ihre Wünsche auseinandersetzten, desto leichter würde es sein, sie zu befriedigen. Das war ihm ganz klar.

«Er muss zur Arbeit angehalten werden», sagte Albert fest. «Wir wollen, dass sein Gedächtnis geschult wird, damit er, welches Thema auch in seinem späteren Leben auftauchen sollte, imstande ist, sich sachlich dazu zu äussern; es ist wichtig, dass ein König von allem etwas weiss. Vor allem, Mr. Gibbs, muss sein Interesse an ernsten Dingen geweckt werden. Um Ihnen ein Beispiel zu geben – er hat Freude an Geschichte, ist aber in Mathematik und Physik sehr zurück.»

«Er hat auch eine stark gefärbte Vorstellungskraft», setzte Stockmar hinzu. «Seine Schilderungen der einfachsten Dinge sind weit übertrieben.»

Mit andern Worten, der junge Prinz neigte dazu, Lügen zu erzählen. Mr. Gibbs nickte grimmig.

«Ich werde mein möglichstes tun, um diesen Hang zu bekämpfen.»

«Und wir wünschen jeden Tag einen ins einzelne gehenden Bericht über seine Fortschritte», erklärte Victoria. «Wir sind, wie ich schon sagte, sehr besorgt um ihn; und, bitte, lassen Sie nichts aus, was er sagt oder tut; wie beiläufig es auch klingen mag.»

Der Lehrer verbeugte sich.

«Und jetzt, Baron, wollen Sie doch Mr. Gibbs zu Bertie bringen.»

Das königliche Kinderzimmer bot ein reizendes Bild, als der

Baron mit Gibbs eintrat. Da waren fünf kleine Prinzen und Prinzessinnen, alle im Alter sehr nahe beieinander, von der kleinen Louise, die in ihrer mit allerlei Krausen und Volants geschmückten Wiege spielte, bis zu der blonden Königlichen Prinzessin, die Lady Lyttelton aus einem Geographiebuch laut vorlas. Bis auf das kleinste, waren drei der Kinder nützlich beschäftigt; die Mädchen zeichneten oder schrieben Wörter nieder, der jüngere Prinz war in einer Ecke und nahm bei seiner Gouvernante eine Französisch-Stunde. Doch auf der Fensterbank sass ein Knabe im Matrosenanzug und schaute nach dem Garten hinaus; und Gibbs wusste instinktiv, dass dies sein Schutzbefohlener war, Bertie, mit dem seine Eltern unzufrieden waren. Stockmar gab den Gouvernanten ein Zeichen, sie sollten nur bei ihrer Tätigkeit bleiben, und durchquerte das Zimmer. Er hatte die Stirn gerunzelt, und seine schmalen Lippen pressten sich zusammen. Es war typisch für das, was er und die Eltern des Knaben gesagt hatten; Bertie war das einzige Kind, das müssig dasass, die Hände im Schoss, und die Zeit damit vergeudete, zum Fenster hinauszuschauen.

«Eure Königliche Hoheit!»

Der Knabe drehte sich bei dem Klang dieser scharfen Stimme, die er immer mit irgendeiner Ermahnung in Zusammenhang brachte, jäh um. Rasch glitt er auf den Boden.

«Das ist Ihr neuer Lehrer, Mr. Gibbs.»

Sekundenlang musterten der Prinz und Gibbs einander. Er sei kein hässliches Kind, meinte Gibbs, obgleich seine Mutter in dem Lehrer den Eindruck geweckt hatte, dass seinen moralischen Mängeln auch das Äussere entsprach. Er war sehr blond, hatte Victorias hellblaue, ein wenig vorgewölbte Augen und eine frische Hautfarbe, doch als er vor dem Lehrer stand, hatte er eine Armsündermiene, die Mr. Gibbs sogleich missfiel. Er musste gelehrt werden strammzustehen, den Leuten ins Auge zu schauen und sofort zu antworten, wenn er angesprochen wurde.

«Guten Tag, Königliche Hoheit.»

Bertie zauderte kurz. Gibbs Stimme gefiel ihm nicht, noch der

Ausdruck dieses Gesichts, das nicht lächelte, und diese spähenden Augen. In dieser Sekunde, bevor er die Hand ausstreckte, spürte er, dass dies, ebenso wie der Baron, kein Freund war.

«Guten Tag», sagte er.

«Mr. Gibbs», ergänzte Stockmar.

«Mr. Gibbs», wiederholte der Knabe. Und die beiden reichten einander die Hand.

«Ich bin gekommen, um die Stelle Mr. Birchs einzunehmen», sagte Gibbs. «Hoffentlich werden Sie bei mir fleissig arbeiten, Königliche Hoheit, und Ihren Eltern Freude machen.»

Bertie sagte nichts. Drei Wochen lang, bevor Birch geschieden war, hatte er sich in den Schlaf geweint, und manchmal war er aus dem Bett gekrochen, um ein paar Worte oder ein kindliches Geschenk unter das Kissen seines Lehrers zu schieben. Er hatte Birch sehr geliebt, und Birch hatte ihn auch geliebt. Birch hatte irgendwie einen Platz zwischen ihm und dem schrecklichen Gefühl gehabt, dass seine Mutter und sein Vater ihn nicht besonders gern hatten. Er konnte sie vergessen, wenn er mit Birch reden und spielen durfte, und er wusste, dass Birch nur gut von ihm sprechen würde. Diesen Mann hier würde er nie lieben. Er biss sich auf die Lippen, und einen unbehaglichen Augenblick lang glaubte Stockmar, dieser unglückselige Junge würde sich nicht schämen, in Tränen auszubrechen.

Er wandte sich zu Lady Lyttelton. Er wusste, dass sie genau beobachtete und aus ihrer Missbilligung so wenig Hehl machte, wie sie sich das nur erlauben durfte. Und er sagte gebieterisch: «Seine Königliche Hoheit kann jetzt mit Mr. Gibbs spazieren gehen. Und nach dem Tee beginnt der Unterricht.»

«Gut.» Lady Lytteltons Stimme war sehr kalt. Wie er den Hochmut dieser englischen Frauenzimmer hasste! Nie hätte sie so zu reden gewagt, wenn die Königin hier gewesen wäre. Er blitzte sie an und beschloss, bei der nächsten Gelegenheit ein paar Worte über sie fallen zu lassen. Durch sie hatten all diese Unannehmlichkeiten begonnen, denn sie hatte den Jungen vor jeder Kritik beschützt, hatte viel Wesen mit ihm gemacht, statt sogleich zu melden, welche schlechten Gewohnheiten bei ihm eingerissen waren. Er nickte Gibbs zu und verliess das Zimmer. Lady Lyttelton lächelte dem neuen Lehrer zu. Bei sich hoffte sie, dass sein Wesen nicht so abschreckend sein mochte wie sein Gesicht. Armer kleiner Bertie! Er sah so kläglich drein, wie er dastand und wartete und sich bemühte nicht zu weinen. Und vor ihm dieser unerbittliche Ladestock!

«Geh und hol deine Mütze», sagte sie freundlich. Der Knabe sah zu ihr auf und lief ins Nebenzimmer. Dann wandte sie sich zu Gibbs. Das war vielleicht die beste Gelegenheit, um etwas Gutes über das Kind zu sagen. Sie konnte sich vorstellen, wie die Königin und Prinz Albert Vorurteile in ihm geweckt hatten, denn das hatten sie auch bei Birch versucht. Und Stockmar ... aber vielleicht war dieser Mann doch nicht ganz so unzugänglich, wie er aussah.

«Ich freue mich so, dass Sie die Erziehung des Prinzen übernehmen», sagte sie. «Sie werden finden, dass er ein ungemein liebenswerter kleiner Junge ist. Mr. Birch hatte ihn sehr gern.»

«Das höre ich.» Gibbs musterte sie, und Lady Lytteltons Lächeln begann zu verblassen. «Aber soviel ich weiss, war Ihre Majestät nicht zufrieden mit ihm. Und Prinz Albert auch nicht. Ich habe vor, ihnen volle Genugtuung zu bereiten. Ich halte es für die Pflicht eines Knaben, seine Eltern zu lieben, nicht seinen Lehrer. Ich werde mich mit seinem Geist beschäftigen, nicht mit seinen Gefühlen, Madam.»

Fünf Minuten später schaute sie den beiden aus dem Fenster nach, wie sie langsam über den Weg zum See gingen, Gibbs sehr steif, die Schritte den Möglichkeiten des kleinen Knaben angepasst, der, mit hängenden Armen, neben ihm trottete.

«Glauben Sie, dass Bertie jetzt brav sein wird?»

Das war die Königliche Prinzessin; sie hatte ihr Geographiebuch niedergelegt und die kleine Szene interessiert beobachtet. Lady Littelton drehte sich um. Die Prinzessin war immer brav; sie hatte nie etwas gesagt oder getan, was die Königin oder Albert geärgert hätte; seit sie ein ganz kleines Mädchen gewesen war.

«Bleiben Sie, bitte, bei Ihrer Arbeit», fuhr Lady Lyttelton

sie an. Manchmal hatte sie eine ausgesprochene Antipathie gegen die Kleine; nur weil sie der Liebling ihrer Eltern war.

*

Der Sommer verging, und der Hof übersiedelte nach Balmoral. Für Victoria war das die glücklichste Zeit des Jahres, denn sie und Albert unternahmen lange Ritte durch das Hochland und hielten irgendwo auf der Heide, nur bedient von einer Hofdame und Alberts Heger Brown, ein Picknick ab. Brown war ein prächtiger Mann und dem Prinzen sehr ergeben; sie liebte es, seinen weichen schottischen Tonfall zu hören und ihn bei sich zu haben, wenn sie im Gras sassen und kaltes Huhn und Wildpastete assen und nachher allein Blumen pflückten oder an einem Bach entlang gingen. Wie sie Schottland liebte! Und wie wunderbar würde es sein, wenn die Burg, die Albert für Balmoral entwarf, erbaut und vollendet wäre und sie darin leben könnten! Sie waren beide sehr mit diesen Plänen beschäftigt, und die Skizzen der gotischen Türme und Türmchen erregten die Phantasie der Königin; und ihr geliebter Mann hatte so eine Freude daran! Die Sorgen und Enttäuschungen des öffentlichen Lebens hätten in diesen Sommermonaten einem andern Zeitalter angehören können. Es war möglich, diesen unerträglichen Palmerston zu vergessen und ihre Meinungsverschiedenheiten mit Russell wegen der deutschen Frage und die erbitternde Tatsache, dass Bertie immer träger und blöder wurde, obgleich Gibbs ihn so unermüdlich, wie sie das nur wünschen konnten, überwachte und erzog. Gibbs war wirklich ausgezeichnet; Stockmar war entzückt von ihm, und sie hatten sich angefreundet. Jeden Abend sass sie neben Albert, wenn er ihr die Berichte über Berties Verhalten vorlas, und jeden Abend waren diese Berichte unbefriedigend. Das Kind liess sich zu Ausbrüchen schlechter Laune hinreissen oder begann plötzlich, während des Unterrichts, zu weinen, und immer wenn er zurechtgewiesen wurde; er war verschlossen und, so ungern Gibbs das erwähnte, nicht immer wahrheitsliebend. Wie Stockmar sagte, schnitt er leidenschaftlich gern auf, und sein Geist hatte nur für nichtssagende oder sehr übertriebene Dinge ein Interesse.

Sie drückte Alberts Hand, während sie ihm lauschte, wurde in ihrem Innern immer erboster über ihren Sohn, der sich nicht so entwickelte, wie sein Vater es verlangte, und das bedeutete, dass Albert immer zärtlicher an seiner ältesten Tochter hing. Natürlich hatte auch Victoria ihre liebe Pussy sehr lieb, wieviel angemessener aber wäre es, wenn Alberts Liebling ein Knabe wäre... Ihre häusliche Enttäuschung war schon schlimm genug, doch Gerüchte über das dem Thronerben auferlegte Erziehungssystem drangen in die Öffentlichkeit, und die Presse war unverschämt genug, in langen Artikeln zu beklagen, dass Bertie keine gleichaltrigen Freunde hatte und so streng gehalten werde. Der Sonnenschein von Alberts Beliebtheit in den Monaten der Ausstellung war wieder verdunkelt, weil man behauptete, er behandle seinen Sohn zu hart.

Sie hatte die Zeitungen beinahe in Fetzen gerissen, als sie zum ersten Mal ihre Kommentare las; die Sticheleien gegen Albert, die Bosheit, ja, die Grobheit, das alles kam tückisch wieder zu Wort, angetrieben von der Eifersucht und der Abneigung, die doch, wie die Königin gemeint hatte, schließlich in Liebe umgeschlagen wären. Jetzt wusste sie, dass seine Feinde nur zeitweilig zum Schweigen gebracht worden waren, aber nicht eingeschüchtert; sie machten jetzt aus diesem garstigen kleinen Jungen eine Waffe und wagten es, sie gegen Albert zu verwenden. Bei den seltenen Gelegenheiten, da sie Bertie aufsuchte, ging er immer weinend zu Bett; und die Zucht, über die die verantwortlichen Mitglieder von Parlament und Presse sich Sorgen machten, wurde immer strenger, immer erbarmungsloser, je mehr die Abneigung der Mutter sich langsam zu einem wahren Hass entwickelte. Das Gesicht, das Victoria im Spiegel sah, wenn sie sich an diesen Sommerabenden zum Abendessen umzog, hatte sich verändert und verhärtet. Die Lider waren schwerer geworden, die Wangen fülliger; um den Mund hatten sich Furchen von Stolz gegraben, und in den Augen war der

Ausdruck unbeugsamer Entschlossenheit. Die Herrschgewalt hatte ihre Züge berührt und gekennzeichnet; die Reizbarkeit und Eigenwilligkeit ihrer Jugend waren verschwunden. Mit zweiunddreissig war sie über ihre Jahre hinaus gereift, und einem eisernen Willen gesellte sich die persönliche Macht. Das war das Gesicht, das ihr Hof und ihre Minister kannten; das war das Gesicht, das ihre Kinder kannten, und das nur gelegentlich von einem fernen Lächeln erhellt wurde, wenn sie sich mit ihnen freute; sah sie aber Albert an oder sprach zu ihm, fiel dieses Gesicht von ihr ab wie eine Maske. Die Liebe glättete die Furchen, wischte den königlichen Stolz fort; Liebe leuchtete mit erstaunlicher Zärtlichkeit aus ihren Augen, und ihre Lippen wurden weich wie die eines Mädchens. Albert war der Altar, an dem ihr Herz, ihr Körper beteten; Albert hatte ihr den Frieden, die Einfachheit geschenkt, worin eine Seite ihres Wesens sich wohl fühlte; er hatte die schweren Gewänder, die glitzernde Krone entfernt, und in seinen Armen, an seiner Seite fühlte sie sich beschützt, fühlte sie sich als Frau. Und Alberts harte Arbeit und Selbstlosigkeit hatten die Macht der andern Seite ihres Wesens gesteigert, jener Seite, die vor dem Blick der Öffentlichkeit als Königin des mächtigsten Reiches der Welt lebte. Er beabsichtigte, dieses Reich noch stärker zu machen, indem er die Kraft ihres Heeres erhöhte und ihre Flotte ausbaute. Er hatte ihr alles geschenkt; Liebe, Mutterschaft – sie gab sich jetzt häufig besinnlichen Stimmungen hin, wenn sie an ihre Kinder dachte – Kameradschaft und den Traum häuslicher Schlichtheit; und in der Öffentlichkeit hatte er nichts getan, was nicht dem strahlenderen Glanz ihrer Krone dienen sollte.

Die Tiefe ihrer Liebe zu ihm entrückte sie mehr als je der Gefahr einer Neigung für andere, die eigenen Kinder miteingeschlossen. Sie hatte keine Zeit und keine besonders innigen Gefühle für irgendwen ausser für Albert, obgleich sie die wenigen Leute zu schätzen wusste, die er begünstigte, und zwar nur weil er sie begünstigte. Er genügte jedem ihrer Bedürfnisse. Und sie hatte damals nicht begriffen und sollte auch nie begreifen, dass es ihr nicht gelungen war, sein Leben auf die gleiche Art auszufüllen.

X.

«Eure Majestät. Eure Königliche Hoheit.»

Lord John Russell verbeugte sich erst vor ihr, dann vor ihm; trotz ihrer Besorgnis bemerkte Victoria, wie kurz die Verbeugung vor Albert gewesen war, wie ganz anders als die tiefe Verbeugung, die der Premierminister vor ihr gemacht hatte. Diese Unhöflichkeit reizte sie immer. Ihre Stimme war hart.

«Der Prinz und ich sind ungemein beunruhigt, Lord John. Hätten Sie nicht früher kommen können?»

Russell schüttelte den Kopf.

«Ich habe meinen Schreibtisch verlassen, sobald ich konnte, Madam. Jede Stunde sind Nachrichten eingegangen. Es ist eine höchst bedauerliche Angelegenheit. Höchst bedauerlich! Paris ist in Gärung; aber soweit wir unterrichtet sind, ist der *coup d'état* völlig erfolgreich gewesen.»

Am 2. Dezember hatte Frankreich plötzlich aufgehört, eine Republik zu sein. Der Mann, der nach dem Sturz des armen Louis-Philippe zum Präsidenten gewählt worden war, hatte die absolute Herrschaft über das Land an sich gerissen. Louis Napoleon, Neffe des grossen Bonaparte, hatte die gewählte Deputiertenkammer aufgelöst, die meisten Abgeordneten und eine grosse Zahl einflussreicher Männer in der Armee und im bürgerlichen Leben verhaften lassen und war nun, nach einem Gemetzel, bei dem zwölfhundert Pariser auf den Strassen erschossen worden waren, der wirkliche Diktator von Frankreich.

«Es ist unglaublich», sagte Albert. «Sein Wort zu brechen und Geschütze gegen das eigene Volk auffahren zu lassen!»

«Sein Name ist Bonaparte, Sir», erwiderte Russell bitter. «Von dem Augenblick an, da er zum Präsidenten gewählt worden war, hatte er offenbar genau das geplant, was er jetzt getan hat. Ihm fehlt zum Kaiser nur noch der Name.»

«Dann erinnert er sich hoffentlich daran, was jenem andern Kaiser zugestossen ist», sagte Victoria scharf. «Wenn er sich vorstellt, dass England ihm erlauben wird, sich auf einen neuerlichen Versuch der Weltherrschaft unter dieser verhassten Dynastie einzulassen, so ist er in schwerem Irrtum! Was wir einmal tun mussten, können wir wieder tun!»

«Ich bezweifle, dass er gerade jetzt etwas Übereiltes tun wird, Madam», meinte Russell. «Wahrscheinlich wird er nur zu sehr darum besorgt sein, diese Furcht zu beschwichtigen und Englands Anerkennung zu erlangen.»

«Ist es sicher, dass Frankreich sich mit ihm abfinden wird?» fragte Victoria. «Bestimmt wird sich doch das ganze Land gegen eine so abscheuliche und unmoralische Handlungsweise erheben! Ich habe die Franzosen nie geliebt, aber ich kann nicht glauben, dass sie so einen Menschen anerkennen.»

«Er ist durch die Kraft des Namens Napoleon Präsident geworden, Madam», erwiderte Russell. «Dieser Name allein hat ihn in sein Amt gehoben, und ich fürchte, er wird ihn auch auf den Thron heben. Die Franzosen sind der Zwistigkeiten und des Durcheinanders in ihren Regierungen überdrüssig. Sie haben die Katastrophen vergessen, die der erste Napoleon über sie gebracht hat, und erinnern sich nur noch an den Ruhm. Ich sage voraus, dass wir wieder einen Kaiser der Franzosen sehen werden, und jeder Franzose wird ein Abzeichen im Knopfloch tragen. Die Frage ist – welche Haltung soll die Regierung einnehmen?»

Die Königin sah zu Albert hinüber. Den ganzen Vormittag hatten sie dieses Problem erörtert. Wenn dieser Aufstand erfolgreich war, wenn der greuliche kleine Emporkömmling, dieser Ableger von Englands grösstem Feind, die Macht über Frankreich eroberte, sollte er anerkannt werden oder sollte England protestieren? Wie Albert dazu bemerkt hatte, war ein Protest zwecklos, wenn er nicht durch eine Aktion unterstützt wurde, und Aktion konnte nur ein bewaffnetes Eingreifen bedeuten, das völlig undenkbar war. Sich in einen Krieg einzulassen – nun, dazu hatte man Zeit, sobald Frankreich erkennen liess, dass es englische Interessen beeinträchtigen wolle. Nein, protestieren konnte man nicht, aber auch ein Glückwunsch kam natürlich nicht in Frage.

«Wir dürfen uns nach keiner Richtung hin binden», erklärte Victoria. «Englands Haltung muss neutral sein, bis wir sehen, wie sich die andern Länder dazu stellen, und welche Politik dieser Mensch einschlägt. Bonaparte! Sich das vorzustellen!» Sie wandte sich zu Albert. «Nur wenig mehr als dreissig Jahre sind vergangen, seit wir den einen besiegt haben, und nun hören wir den Namen abermals!»

«Es ist unwahrscheinlich, dass er das militärische Genie seines Onkels besitzt», meinte Albert. «Zum Glück ist das in Familien nicht erblich. Wir müssen neutral sein, Lord John, und abwarten, was geschieht.»

«Das ist auch meine Ansicht.» Der Premierminister nickte. «Keiner kann diesen Menschen und seine Handlungen mehr verabscheuen als ich, Madam, und ich bin nur dankbar dafür, dass Sie diese Ansicht teilen. Ich werde das Auswärtige Amt instruieren, dass es nichts verlauten soll, bevor die Lage geklärt ist. Nicht in der einen noch in der andern Richtung.»

Im Palast und in der Downing Street arbeiteten die Königin und der Premierminister den ganzen Tag und verharrten den Ereignissen in Frankreich gegenüber in steinernem Schweigen. England hatte nichts zu sagen.

Im Auswärtigen Amt strich sich Palmerston über seinen Backenbart und pfiff heiter vor sich hin. Was waren das doch für grossartige Nachrichten! Frankreich war allzu lang schwach und ohne Disziplin gewesen. Jetzt hatte ein starker Mann diese Tölpel in der Kammer an die Luft gesetzt, von denen einige ja die Rückkehr der Bourbons begünstigten – manche Leute wollten eben nie etwas lernen! Und Frankreich hatte endlich wieder einen Führer! Das würde den Preussen Stoff zum Nachdenken geben! Das würde einige dieser europäischen Duodezfürsten daran erinnern, das jeder rotblütige Mann der Tat die

Throne unter ihnen fortziehen konnte! Und Russland, die Heimat von allem, was Palmerston am verhasstesten war, Russland würde bestimmt eine kräftige Wiederauferstehung Frankreichs nicht gutheissen; das brächte ja das europäische Gleichgewicht in Gefahr! Noch einmal warf er einen Blick auf Russells Brief, worin er verständigt wurde, dass England sich offiziell neutral verhalten werde, und dann schob er das Schriftstück in eine Schublade. Und sandte ein Glückwunschschreiben an den Französischen Botschafter in London.

*

«Ich habe Sie kommen lassen», sagte John Russell, «weil Sie die Gewohnheit haben, Briefe unbeachtet zu lassen; und das hatten Sie auch mit einem Brief von mir getan.»

Palmerston zuckte die Achseln.

«Schon wieder eine Klage der Königin! Was habe ich denn getan? Sie ziehen ja ein Gesicht, so sauer wie eine Zitrone.»

«Sie haben an den Französischen Botschafter eine Note geschickt, in der Sie den *coup d'état* in Paris gutheissen! Ist das richtig?»

Russell sah ihn finster an; er war so wütend, dass seine Hand zitterte. Eben hatte er eine kurze, aufregende Unterredung mit der Königin in Windsor gehabt. Nie hatte er sie so ausser sich gesehen, und dieses eine Mal stimmte er von ganzem Herzen allem zu, was sie gesagt und was sie verlangt hatte.

«Ja, gewiss, das habe ich getan», gab Palmerston unbefangen zu. «Aber, mein Gott, Russell, finden Sie denn nicht, dass das ein Anlass zu einem Glückwunsch ist? Ich weiss alles, was die alten Wichtigtuer sagen; er ist ein zweiter Napoleon, und binnen weniger Monate werden wir im Krieg sein. Aber das ist doch dummes Zeug! Ich habe den Mann kennen gelernt, und er ist kein Welteroberer; er ist ein starker Mann mit viel gesundem Menschenverstand, und wir sollten entzückt sein. Wir brauchen eine gesunde französische Regierung, und, beim Himmel, jetzt wird es eine geben!»

«Ihre Ansichten interessieren mich nicht», erwiderte Russell eisig. «Weder Ihre Ansichten über Louis Napoleon noch Ihre Ansichten über irgend etwas, das mit unserer Aussenpolitik zusammenhängt. Sie haben meine Autorität einmal zu oft missachtet, Henry. Ich muss Sie bitten zurückzutreten.»

Sekundenlang verblasste die rötliche Farbe aus Palmerstons Wangen, und seine blauen Augen blitzten. Als er Russell ansah aber, war sein Ausdruck durchaus freundlich und leicht spöttisch wie zumeist.

«Ist das nicht ein wenig hart gegen einen alten Freund gehandelt?» fragte er milde.

«Sie haben Prinz Albert beschwatzt, aber bei mir wird dieser Trick nicht verfangen.» Russell schob seinen Stuhl zurück und stand auf. «Ich wiederhole, Henry; ich verlange Ihre Demission. Granville übernimmt das Auswärtige Amt von Ihnen.»

«Sie sind ja sehr streng», bemerkte Palmerston. «Sehr streng. Nun ja, mein lieber Russell, wenn ich entlassen bin, so bin ich eben entlassen. Und das alles wegen einer freundlichen kurzen Note an den Französischen Botschafter! Wie wird mir das gute alte Aussenamt fehlen – und das Vergnügen, Seiner Königlichen Hoheit von Zeit zu Zeit einen Nasenstüber zu versetzen! Ich kann mir Granville nicht dabei vorstellen. Und Sie? Ich kann mir überhaupt nicht vorstellen, dass er etwas anderes sagt als zu jedem Menschen ‚ja, ja'; aber das ist's anscheinend, was Sie haben wollen?»

Er musterte Russell eine Minute lang, und in seinen Augen glitzerte es abermals.

«Ich nehme meine Entlassung an. Ich werde mich Granville zur Verfügung stellen, bis er sich eingearbeitet hat. Die Zusammenarbeit mit Ihnen wird mir fehlen, John. Und am Ende, fürchte ich, wird Ihnen auch die Zusammenarbeit mit mir fehlen!»

*

Albert hatte keine Zeit versäumt; er hatte den Stand der Verteidigungsmöglichkeiten des Landes überprüft. Noch wusste kein Mensch, was von dem neuen Herrscher in Frankreich zu erwarten war, und England musste in der Lage sein, ihm Widerstand zu leisten. Der Prinz entdeckte, dass die Armee sehr schlecht organisiert und beinahe unverwendbar war. Es gab nur wenige Waffen, und sie waren überholt, es gab kein richtiges Ausbildungssystem für die Mannschaften, und die Sitte, die Stelle eines Regimentskommandanten zu kaufen, hatte die Armee jeder Beständigkeit in der Führung beraubt. Auch die Flotte war furchtbar vernachlässigt worden; die Schiffe waren veraltet und häufig nicht mehr seetüchtig und hoffnungslos schlecht für einen modernen Seekrieg ausgerüstet.

Das Land war über diese Enthüllungen in Aufregung geraten, und gedrängt durch einen Sturm von Briefen der Königin und langen Denkschriften des Prinzen, brachte Lord John Russell das Milizgesetz ein. Das sollte der erste Schritt zur Schaffung eines kriegstüchtigen Kerns der Armee sein. Das Gesetz wurde im Parlament umkämpft, und nun rächte sich Palmerston, indem er die Whig-Partei spaltete. Mit grossartiger Rednergabe griff er das Gesetz an, zog die Schwankenden von beiden Parteien an seine Seite, während Russell da sass, wie Peel vor vielen Jahren dagesessen hatte und zusehen musste, wie ihm durch die Geschicklichkeit und Rücksichtslosigkeit seines alten Kollegen sein Amt aus den Händen gerissen wurde. Das Gesetz wurde abgelehnt und die Regierung gestürzt. Zwei Monate war es her, dass er Palmerston entlassen hatte.

Ein Tory-Kabinett unter der Führung des sehr individualistisch denkenden Earls von Derby übernahm die Regierung des Landes. Es war eine schwächliche Zusammensetzung mit Ausnahme Derbys, der Mut und Fähigkeit besass, aber auch die unselige Neigung, sich Feinde zu machen; seine einzige wesentliche Forderung war die Ernennung des begabten Disraeli zum Schatzkanzler. Die Königin mit ihrer Abneigung gegen die Juden war bei ihren seltenen Begegnungen mit Disraeli von der Geschicklichkeit und dem Takt des Kanzlers überrascht und vor allem sehr dadurch beeindruckt, dass Disraeli seiner tiefen Verehrung für ihren geliebten Albert Ausdruck gab. Solange Derby im Amt war, gab es ein friedliches Zwischenspiel, doch es war nur ein Zwischenspiel und dauerte nur kurze Zeit. Noch vor Ende des Jahres trat die Regierung zurück; Disraelis Budget war von einem Anhänger Sir Robert Peels zu Fall gebracht worden, einem glänzenden, aber auch recht besonnenen Redner, der in Peels letztem, unglückseligem Kabinett Kriegsminister gewesen war. William Gladstone zerpflückte Disraelis Budget, wie Disraeli einst Robert Peel zugerichtet hatte; ein Bündnis von Whigs und Tories brachte Gladstone ins Schatzamt, was der Königin durchaus nicht lieb war. Sie fand Gladstone grosstuerisch und humorlos und war froh darüber, dass sie so wenig mit ihm zu tun hatte.

Das Schlimmste aber war, dass Palmerston in das Innenministerium einzog. Der neue Premierminister, Lord Aberdeen, hatte wohl eine unmittelbare Krise mit der Königin zu vermeiden gewusst, indem er ihm das Aussenministerium versagte, doch nun sass er wieder im Kabinett, war wieder, unbesiegbar wie eh und je, mitten im öffentlichen Leben, während die Königin und Albert doch geglaubt hatten, nun sei es mit seiner politischen Laufbahn zu Ende. Sie schrieben bittere Briefe an Onkel Leopold und liessen ihr Missbehagen so deutlich merken, dass auch Männer, die Palmerston nicht zugetan waren, die Parteinahme der Krone nicht billigten. Die Minister mussten lange Reisen unternehmen, mussten warten, bis Aktenstücke zurückkamen, und an all dem war der Prinz schuld. Die Königin pflegte in London zu leben, meinten die Unzufriedenen; sie hatte bis zu ihrer Heirat nie weiter fort sein wollen als in Windsor. Prinz Albert aber hasste die Hauptstadt. Prinz Albert fand, Windsor sei nicht abgesondert genug, ja nicht einmal Osborne! So gross war sein Hang zum ruhigen Leben. Es sei ein grosser Jammer, sagten seine Kritiker, dass er seine Vorliebe für die Rolle des schlichten Landedelmanns nicht so weit treibe, sich überhaupt nicht in die Staatsgeschäfte einzumischen!

Gewiss, die Ausstellung war ein grosser Erfolg gewesen; sie hatte dem Land einen ausserordentlichen Aufschwung des Handels gebracht, und als sie im Herbst schloss, ergab sich ein Gewinn von hundertsechzigtausend Pfund; doch all das sah man bald als selbstverständlich an, und der Erfolg war immer weniger aufsehenerregend als der Misserfolg, und im Herzen hatten ja so viele gewünscht, es solle ein Misserfolg werden, nur um zu beweisen, wie berechtigt ihr Vorurteil gegen ihn war. Er war ein Fremder und mischte sich in alles ein, und nichts reizte die öffentliche Meinung mehr als die Vorstellung einer Macht hinter dem Thron; der Umstand, dass diese Macht höchst respektabel war, steigerte nur die Gereiztheit. Es hiess auch, der Prinz sei ein heftiger Gegner Frankreichs, obgleich der neue Herrscher, Louis Napoleon, die Freundschaft Englands ernstlich erstrebte.

Im selben Jahr starb der Herzog von Wellington, und die Königin, der er einst so verhasst gewesen war, vereinigte sich mit Albert in aufrichtiger Trauer um diesen Verlust. Auch der Herzog hatte den Prinzen schliesslich verstanden und lieb gewonnen, und Wellington war das Sinnbild von so vielem Dauernden in einer Welt, die sich ständig zu verändern schien. Wellington starb, und das ganze überwältigende Schauspiel des Todes erreichte in dem grossartigen Begräbnis, das England ihm bereitete, einen Gipfel. Soldat und Staatsmann, nach Waterloo ein Nationalheld und dann als Politiker so verhasst, dass sein Wagen vom Pöbel mit Steinen beworfen wurde – seit Menschengedenken hatte kein Mann die Wechselfälle des Schicksals so gelassen ertragen wie er. Erst gestern schien es gewesen zu sein, dass der grosse Mann in den Ratssaal von Kensington gekommen war, um die achtzehnjährige Königin ihre erste Rede verlesen zu hören und dann vor ihr niederzuknien und ihr die Hand zu küssen. Wie töricht war sie in jenen Tagen gewesen, wie verstockt, wie blind, geleitet von den flachen Ansichten von Leuten wie Lord M. und der Lehzen – seit sechs Monaten hatte sie der Lehzen nicht mehr geschrieben, und irgendwo lag ein Dutzend Briefe unbeantwortet. Wie hatte Albert sie umgewandelt, und wie dankte sie Gott für ihn! Während die Wagen in langem Zug durch die City zur St.-Pauls-Kathedrale rollten, hinter der Bahre, die mit schwarzem Samt bedeckt war, berührte das Taschentuch der Königin ihre Augen. Albert hatte sie gelehrt, den Herzog zu schätzen, und der Herzog hatte Albert geschätzt. Das allein war ein Beweis seiner Grösse, und darum weinte sie ganz unverhohlen vor ihrem Volke.

Der Sieger von Waterloo lag schliesslich in seiner prunkvollen Gruft, und mit ihm war ungefähr die letzte Spur der Regentenzeit Englands begraben worden. Diese Epoche von Eleganz und Unflat, so widerspruchsvoll in ihren Extremen von Tyrannei und Freiheit, mit ihrer moralischen Schlaffheit und ihrem anspruchsvollen Ehrenkodex, wich mit dem Tod eines der grössten Männer, die darin gelebt, ihre Geschichte mitgestaltet hatten, aus dem Gedächtnis der Menschen. Das England, das Wellington betrauerte, war reich und wurde immer reicher, die Macht war vom Aristokraten auf den Fabrikanten übergegangen, die Politiker, die ihm in beiden Häusern begeisterte Nachrufe hielten, sprachen eine neue Sprache, dachten neue Gedanken, und die hässliche kleine Königin mit ihrem pflichtbewussten Gatten und der wachsenden Kinderschar war ein Sinnbild des Wechsels, der das ganze Land umgeformt hatte. Tugend war jetzt Mode, die zähe, harte Tugend, die von Osborne und Balmoral her durchsickerte, und die Kunst des neuen England war ebenso albern wie seine Möbel. Anmut und Zwecklosigkeit waren unvereinbar; Wachsblumen und Topfpflanzen tauchten in den englischen Heimen auf, Stühle und Sofas entwickelten knollige Beine und wuchsen aus einem Gewimmel von Fransen, und in den königlichen Palästen hatte Prinz Albert die Gainsboroughs fortschaffen lassen, damit man die Porträts von Winterhalter besser hängen könne. Und zwei Monate nach dem eindrucksvollen Begräbnis machte sich Louis Napoleon mit der Billigung der englischen Regierung zum Kaiser der Franzosen.

Jetzt war es sicher, dass England von Frankreich nichts zu

fürchten hatte. Der neue Kaiser, Napoleon III., alter Vorurteile wohl bewusst, hatte seinen Wunsch nach freundschaftlichen Beziehungen so deutlich kundgegeben, dass sogar Albert sich damit abfand, und nach angemessener Zeit konnte Victoria den Emporkömmling als *Mon Frère* bezeichnen und ihn in den Kreis der Herrscher aufnehmen. Von Frankreich war nichts zu fürchten, und dank Alberts Bemühungen waren Armee und Flotte Ihrer Majestät entsprechend gerüstet.

Doch als das neue Jahr fortschritt, wurde es immer deutlicher, dass die militärischen Vorbereitungen nicht umsonst gewesen waren; denn Russland schickte sich offenbar an, die Türkei anzugreifen, und England, aufgerüttelt durch die Vorbereitungen und das monatelange Gerede von Krieg, überschäumte von Angriffsgeist und war durchaus bereit, Russland durch Frankreich zu ersetzen. Der Name Russland erfüllte Victoria mit Beunruhigung; sie hatte kurz nach der Hochzeit Kaiser Nikolaus in Windsor zu Gast gehabt und hielt den russischen Selbstherrscher für einen höchst widerwärtigen Mann. Russland sei schrecklich, sagte sie zu Albert, und Albert stimmte ihr von Herzen bei. Die Königin, die eben ihre Kinder besucht hatte, studierte die Landkarte mit dem Eifer eines Generals, umriss mit einem Finger die Gebiete, die in ihren Machtbereich fielen, und machte Albert darauf aufmerksam, dass man Russland unmöglich gestatten könne, über das Reich des Sultans herzufallen.

«Unternimmt er einen Versuch, so müssen wir Krieg führen!»

Albert war überrascht. Er war immer überrascht, wenn sie die Rolle der Frau und Mutter fallen liess und wieder den alten autokratischen Ton anschlug. Wie bereit war sie, von Krieg zu sprechen! Von Frauen erwartete man nicht, dass sie Entscheidungen von solcher Schwere trafen oder sie auch nur mit Ruhe erwogen, geschweige denn mit Begeisterung. Er hatte geholfen, die bewaffneten Kräfte zu reorganisieren, doch damals hatte er an einen französischen Angriff gedacht. Er beugte sich über die Karte und studierte sie mit ihr.

Die Ausbreitung Russlands erschreckte auch ihn; es dehnte sich wie ein mächtiger, unheimlicher Polyp, und die Denkart, die in ihm im winzigen Herzogtum Coburg genährt worden war, auf reizenden kleinen Burgen und nahe den Grenzen, erschauerte vor der russischen Unermesslichkeit. Es war ein Land, voll des dunkelsten Unwissens, von Völkern verschiedenster Art bewohnt und in der Gewalt der wildesten Unterdrükkung, die man in der zivilisierten Welt kannte. So sehr auch Stockmar für eine unabhängige Macht der Monarchie eintrat, so wenig konnte er oder sein Schüler den rücksichtslosen Absolutismus des Zaren Nikolaus gutheissen. Er sah bereits, wie diese Macht sich über die Türkei wälzte, sich dann durch Polen, wo ein Aufstand erbarmungslos unterdrückt worden war, wie eine vernichtende Springflut gegen Deutschland selbst wandte...

«Wenn es zum Krieg kommt», sagte Victoria, «haben wir Frankreich auf unserer Seite.»

Frankreich war bereits in den Streit verwickelt, der scheinbar um die Rechte verschiedener christlicher Heiligtümer in Jerusalem ging, wo Orthodoxe wie Römisch-katholische Ansprüche erhoben. In der Haltung Louis Napoleons war eine gewisse persönliche Kränkung zu erkennen, denn von allen europäischen Monarchen hatte nur der Zar abgelehnt, den Titel des neuen Kaisers anzuerkennen.

«Das ist eine schlimme Aussicht», meinte Albert. «Wenn es aber wirklich dazu kommt, dann werden wir gemeinsam standhalten müssen.»

«Natürlich werden wir das!» Sie wandte sich zu ihm. «Ach, Liebster, ich habe das Gefühl, dass du stärker beunruhigt sein wirst als ich. Versprich mir, dass es nicht so sein wird; es tut mir so weh, wenn du nicht schlafen kannst und so müde aussiehst!»

Er schlief tatsächlich häufig sehr schlecht und lag bis in die frühen Morgenstunden wach, während sie tief schlief und mit vollen Kräften erwachte. Wenn er schlaflos neben ihr lag, wanderten seine Gedanken zurück nach Coburg und zu seiner

Kindheit, zurück zu seinen Studien an der Bonner Universität und zu seiner Jugendzeit mit Ernst. So viel gab es, was bedacht werden musste, und der Tag war so kurz und immer mit Problemen gefüllt. Da mussten Briefe geschrieben werden und endlose Denkschriften, nichts durfte übersehen oder dem Zufall überlassen werden, die Erziehung seines Sohnes war zu überwachen ... wenn bei ihm nur etwas mehr Verheissung zu spüren wäre! Wenn er nur einen Funken von Mitgefühl mit dem Knaben aufbringen oder den Schimmer ernster Vorsätze bei ihm entdecken könnte. So viele Sorgen gab es, so viele Pflichten; es war ihm, als hätte er nie einen Augenblick zur Besinnlichkeit oder zur Einsamkeit. Und er liebte die Einsamkeit; sein ganzes Leben lang hatte er lange Spaziergänge gemacht oder zu seinem eigenen Vergnügen Klavier oder Orgel gespielt. Aber Victoria nahm seine ganze Musse in Anspruch; sie wollte mit ihm gehen, und wenn er spielte, sah er sie oft auf der Schwelle stehen und lauschen. Er wusste, dass sie sein Verlangen manchmal allein zu sein, nicht begriff, noch sich darüber klar wurde, dass seine grösste Freude während der Ferien in Schottland war, mit einem Heger auf die Jagd zu gehen und sie daheim zu lassen. Er wusste, dass es ungütig war, sie nicht die ganze Zeit in seiner Nähe haben zu wollen, während sie doch um jeden Augenblick trauerte, den er fern von ihr verbrachte. Nur nachts, wenn sie schlief, wenn niemand an seine Tür kam und ihn störte oder ihm eine Botschaft von Stockmar brachte oder ein Blatt von Victoria mit Liebesbeteuerungen – nur dann konnte er mit seinen Gedanken in Frieden leben und sich vorstellen, er wäre frei. Nein, er schlief nicht gut, aber er konnte ihr niemals sagen, warum. So viele Dinge gab es, die er ihr nie sagen konnte, weil er wusste, sie würde ihn nicht verstehen.

«Es macht mir solche Sorgen, wenn ich sehe, dass du müde bist, Liebster», wiederholte Victoria. «Ich weiss nicht, wie es kommt, aber ich fühle mich nie müde.»

Er lächelte ihr zu und begann langsam, die Landkarte einzurollen. «Ich habe das Leben weniger fest im Griff als du».

*

«Emily, mein Schatz, komm und gib deinem alten Ehegemahl einen Kuss! Ich habe einen ermüdenden Tag hinter mir!»

Lady Palmerston lachte und beugte sich über ihn; sie küsste ihn zärtlich auf die Stirn. Zwanzig Jahre waren sie Liebender und Geliebte gewesen, fünfzehn Jahre verheiratet, doch das Band von Zärtlichkeit und Verständnis war stärker zwischen ihnen, als es je gewesen war.

«Du bist immer sentimental, wenn du Unheil angestiftet hast, Henry. Erzähl mir doch!»

Palmerston lächelte ihr zu; sie sei wirklich eine verdammt hübsche Frau, dachte er, und sah sie an, als sie ihm jetzt gegenübersass; schön und klug, alles, was ein ehrgeiziger Mann von einer Frau verlangen konnte. Emily war gross und besass die natürliche Eleganz aller Mitglieder der Familie Lamb; die ausladende Krinoline und die auf Taille gearbeiteten Kleider, die damals Mode waren, passten ihr ausgezeichnet. Es freute ihn, zu sehen, dass noch so wenig Grau in ihrem Haar war, und die neue Frisur, die das Haar glatt von der Stirn zurückstrich und auf dem Hinterkopf zu Locken drehte, brachte ihre feinen Züge gut zur Geltung.

«Wie kommst du auf die Vermutung, dass ich Unheil angestiftet habe?»

«Weil ich dich doch so genau kenne, mein Herz.»

«Und nach all den Jahren musst du das auch! Und ich kenne dich nicht weniger gut, wenn du so dreinschaust, und ich sehe, dass ich nicht entwischen kann. Ich habe einen Entschluss gefasst, mein Kind. Ich finde das Innenministerium schrecklich langweilig, und ich werde demissionieren.»

«Demissionieren? Ja, mein Gott, Henry, du redest doch nicht im Ernst!»

«Nie in meinem Leben bin ich ernster gewesen», erwiderte er heiter. «Langweilig für mich und verdammt langweilig für dich. Wir sind am Rand des Krieges, und ich kann mir für die nächsten ein oder zwei Jahre vergnüglichere Stellungen ausdenken. Wie ich die Dinge sehe, Emily, will das Volk einen Krieg. Wir sind bis zu den Augenbrauen gerüstet, wir haben eine Flotte, die danach schreit, verwendet zu werden, und das Volk sehnt sich nach ein wenig Kampf. In einem Monat sind wir im Krieg, ob Aberdeen will oder nicht. Und ich glaube nicht, dass er der richtige Mann ist, um das Land unter solchen Umständen zu führen.»

Emily Palmerston lehnte sich in ihrem Stuhl zurück und fragte zärtlich:

«Und wer ist, deiner Ansicht nach, der richtige Mann?»

«Ich natürlich! Wer sonst?»

«Ich weiss, dass ich töricht bin, Henry, wie aber gedenkst du Premierminister zu werden, wenn du aus dem Kabinett austrittst?»

«Indem ich aus mir selber eine Kabinettsfrage mache. Aberdeen ist für den Frieden, ich bin für den Krieg; das weiss das ganze Land. Ich werde dafür Sorge tragen, dass dieser Gegensatz sehr deutlich wird. Ob du's glaubst oder nicht – ausnahmsweise sind der Hof und ich einer Meinung; Ihre Majestät knistert geradezu vor kriegerischer Glut, man wagt kaum, in ihrer Gegenwart das Wort Russland zu flüstern; und ein natürlich in der rechten Stunde inszenierter Bruch im Ministerium wird Aberdeen von der Führung der Partei fortfegen.»

«Wenn du hoffst, aus seiner Friedenspolitik eine Kabinettsfrage zu machen, kannst du dich irren», wandte seine Frau ein. Sie hatte ihr ganzes Leben im Kreis von Politikern verbracht, und sie kannte die Wissenschaft der Intrigen so gut wie irgendein Berufspolitiker. «Aberdeen ist kein solcher Esel – wenn die Königin und das Land Krieg wollen, dann wird er seine Politik diesen Wünschen anpassen.»

«Daran zweifle ich nicht», erklärte Palmerston. Die gute Emily! So pfiffig sie war, machte es ihm doch immer ein Vergnügen, ihr zu beweisen, dass er noch pfiffiger war. «Aber Russell wird mir einen Vorwand besorgen. Er ist entschlossen, ein neues Reformgesetz durchzubringen, und ich bin entschlossen, mich dem zu widersetzen. Ich werde zurücktreten, mein Schatz, und ich werde wieder ins Amt geschwemmt werden. Aber nicht in das Innenministerium! Das wirst du sehen.»

«Wahrscheinlich», sagte Emily träge. «Gott weiss, dass ich an dieses Auf und Ab gewöhnt bin. Du bist wahrhaftig ein Lump, Henry; ich schäme mich deiner!»

Palmerston lachte und nach einer Weile lächelte sie.

«Wenn ich kein Lump wäre – hättest du mich dann geheiratet? Du weisst sehr gut, dass dir dieses Auf und Ab lieb ist. Und es wird dir recht gut schmecken, die Frau des Premierministers zu sein. Stimmt's?»

«Ja», gab sie zu. «Gewiss. Ich werde sehr enttäuscht sein, wenn dein Plan misslingt!»

«Habe ich je versäumt, dir etwas zu geben, das ich dir versprochen habe?» fragte er zärtlich.

*

Die Tür von Alberts Arbeitszimmer öffnete sich sehr leise. Zunächst zauderte Victoria auf der Schwelle. Sie sah ihn am Fenster stehen, den Rücken ihr zugewendet, und aus dem Fenster auf den Park von Windsor schauen. In einem purpurnen Rausch ging die Sonne unter, eine Weihnachtssonne, nannten das die Kinder, tief blutrot, und der Raum war von diesem eigentümlichen Dezemberlicht erfüllt. Sie bemerkte, dass keine Kerzen brannten, und dass die Vorhänge nicht zugezogen waren. Er, der so methodisch, so bedächtig war, hatte den Dienern nicht erlaubt, ihn zu stören. Er stand allein in der rötlichen Dämmerung, und ohne sein Gesicht zu sehen, wusste sie, dass sein Herz gebrochen war.

«Albert!» Sie schloss sachte die Tür, und jetzt, da sie auf ihn zuging, zitterte sie nicht mehr und ihre Augen waren trocken.

«Albert, Liebster!»

Langsam drehte er sich um, und als er antwortete, wusste sie, dass er geweint hatte.

«Victoria ... bist du's?»

«Ich habe dich überall gesucht, und dann meinte ich, du wärst vielleicht hier, bei deiner Arbeit.»

Sie standen einander gegenüber, und sie ergriff seine Hand und hielt sie zwischen ihren Händen an die Brust.

«Mein Liebster», begann sie schliesslich. «Ich weiss nicht, was ich dir sagen soll.»

«Da gibt es nichts zu sagen», erwiderte er müde. «Ich hatte gehofft, ich könnte es von dir fernhalten, aber das war vermutlich nicht möglich.»

«Ich habe die Zeitungen gelesen, und Lord Clarendon kam mit dem Bericht zu mir von dem, was sich in London zugetragen hat. Man musste es mir sagen, und ich habe nur gebetet, dass ich imstande sein solle, dir den Schlag weniger hart zu machen.»

«Es gibt keine Möglichkeit, die Wahrheit weniger hart zu machen!»

Albert trat wieder ans Fenster und setzte sich auf die gepolsterte Fensterbank; sie schob ihre Röcke beiseite und setzte sich neben ihn. Das rote Sonnenlicht bestrahlte sie beide.

«Dein Volk hat den ganzen Tag lang zu Tausenden darauf gewartet, dass ich die Themse hinaufgefahren und wegen Verrats in den Tower gesperrt werde. Da gibt es kein Mittel, meine arme Victoria, um das abzuschwächen. Das Volk hat mich von dem Tag an gehasst, da ich nach England kam, und es hasst mich noch immer. Nichts, was ich getan habe, kann daran etwas ändern.»

«Es war reiner Wahnsinn», sagte sie. «Clarendon erklärt, die Zeitungen hätten alle derart aufgehetzt. Es war gar nicht so ernst gemeint, Liebster – weisst du denn nicht, dass man auch mich verhaftet sehen wollte? Die Leute warteten in Ferienstimmung und schauten danach aus, dass ihre Königin und ihr Prinz durch das Verrätertor geführt würden. Es ist abscheulich! Es ist unverzeihlich!» Sekundenlang durchbrach ihr leidenschaftlicher Zorn, ihre Erbitterung die Ruhe, die sie um seinetwillen zu bewahren versuchte. «Aber du musst das nicht ernst nehmen. Clarendon sagt, dass die Leute toll vor Kriegsfieber waren; sie hätten jeden beliebigen zum Sündenbock gemacht.»

«Das haben sie aber nicht getan», erinnerte er sie ruhig. «Palmerston ist ein Nationalheld – Palmerston tritt wegen des Reformgesetzes zurück, und ganz England ist im Nu überzeugt, dass ich ihn aus dem Amt gedrängt habe, weil er Krieg mit Russland will und ich nicht. Sie haben nicht jeden beliebigen zum Sündenbock gemacht – sie hatten keine Ahnung von dem Tatbestand, aber sie haben ihn erfunden, und dann haben sie mir die Schuld gegeben. Nichts würde deinem Volk besser gefallen, als wenn es hörte, ich sei im Tower geköpft worden!»

«Nicht, Albert, nicht!»

Sie brach zusammen, tränenerstickt, und bedeckte das Gesicht mit den Händen. Alles, was er sagte, war wahr, und sie wusste es. Er war verhasst. Clarendon war bleich gewesen, als er die Szenen der Volksbegeisterung schilderte und das blutdürstige Geschrei der Menge, die sich auf der Tower-Bridge drängte, über der Brüstung hing und jedem Fahrzeug zubrüllte, das auf der Themse sichtbar wurde. War endlich der verhasste Mann an Bord? Wie hätten sie sich gefreut, ihn sterben zu sehen, die barbarische Sitte der Vergangenheit wiederaufleben zu lassen, als Könige und Königinnen und Prinzen ihr Blut hinter diesen furchtbaren Mauern vergossen hatten. Und es hatte keinen Zweck, vor ihm Komödie zu spielen, keinen Zweck, ihm zu sagen, Zeitungen und Hetzer seien verantwortlich, für keinen von beiden gab es jetzt eine Rettung in Ausflüchte. Das Volk hatte seine Gefühle für Albert deutlich gezeigt, und nichts konnte die Erinnerung an diese Demonstration auslöschen. Sie hatte jede Einzelheit aus Clarendon herausgeholt, und das ungestüme Temperament ihrer hannoveranischen Ahnen war in ihr aufgewacht, bis Clarendon schliesslich stammelte und zur Seite schaute, so erschreckend war der Ausdruck auf ihren Zügen.

«Melbourne hatte recht», brach sie plötzlich aus. «Er sagte, dass es Tiere sind und sie sind Tiere, Wilde, undankbare, feile Bestien, die nichts verdienen als Tyrannei. Das ist es, was sie begreifen, Liebster – Tyrannen, die über sie herrschen, nicht Heilige! Nie werde ich das vergeben!»

«Weine nicht», bat er. «Bitte, Liebste, nichts kann durch Kummer geändert werden. Ich habe mich damit abgefunden, und jetzt bin ich ruhig.»

«Kummer? Ach, Albert, ich bin ja nur deinetwegen bekümmert, um all deiner Bemühungen, deiner Hoffnungen wegen – du hast so schwer gearbeitet, hast so viel getan, und das ist dein Lohn! Nie, solange ich lebe, werde ich das vergessen oder vergeben! Als sich die Menschen gegen dich wandten, da haben sie sich mir gezeigt, wie sie wirklich sind! Gott sei jedem gnädig, der zu mir kommt und davon spricht, dass das Los der arbeitenden Klassen gebessert werden müsse! Sie haben doch ihre kleinen Kinder mitgenommen, die Bestien, weil sie hofften, sie würden uns sehen!»

«Mich sehen!» stellte Albert richtig. «Sie lieben dich und sind dir treu. Nur ich bin es! Ich bin der Fremde. Es war töricht von mir zu glauben, es hätte anders sein können. Ich bin nie von irgendeiner Klasse des Volkes anerkannt worden – was hat es für einen Zweck, die unwissende Masse zu tadeln? Sie folgt nur dem Beispiel der gebildeten Stände.»

Seltsam war es, dachte er, wie sich die Rollen verkehrt hatten. Sie war gekommen, um ihn zu trösten, und jetzt versuchte er, den Gram ihres gebrochenen Herzens zu lindern, versuchte er, ihren Zorn und ihre Bitterkeit um dessentwillen zu besänftigen, was ihm angetan worden war. Es war immer so gewesen und würde so sein, solange er lebte. Pflichterfüllung erwartete keinen Lohn. Das hatte er irgendwo gehört, doch die Quelle war ihm entfallen. Er hatte sein Leben auf der Erfüllung seiner Pflicht aufgebaut, doch er war auch ein Mensch gewesen und wäre gern gewürdigt worden. Und jetzt wusste er endgültig, dass es nie dahin käme; was er auch tun mochte. Und es war ihm auch nicht mehr wichtig. Worauf es ankam, waren nur Victorias Gefühle; sie durfte ihr eigenes Volk nicht hassen, durfte es nicht derart schmähen, sie war die Königin, und sie musste über den Parteien stehen, selbst wenn es sich um ihren eigenen Gatten handelte. Das war wichtig, doch in dieser Stunde hatte ihn eine seltsame Müdigkeit überkommen; er konnte erkennen, wie wichtig es war, doch er brachte weder die Energie noch auch nur die Worte auf, um etwas zu tun. Nein, nicht jetzt. Später, wenn er sich mit dem Schmerz, der unaussprechlichen Enttäuschung abgefunden, sie vielleicht ein wenig verdrängt hatte, dann konnte er Victoria wirklich besänftigen und sie daran erinnern, dass sie die Königin war. Und sie darauf hinweisen, wo ihre Pflicht lag.

«Ich bin so müde», sagte er plötzlich, «so schrecklich müde. Ich möchte mit dir allein zu Abend essen und dann zu Bett gehen.»

«Man hat dir das Herz gebrochen», sagte Victoria langsam. «Ach, Albert, sieh nicht so drein – versuch doch, nicht so zu leiden! Ich liebe dich ja so schrecklich, ich würde einfach sterben, wenn du die Hoffnung verlierst und unglücklich bist. Albert, denk an mich, denk daran, wieviel du mir bedeutest! Ohne deine Stütze könnte ich nicht durchhalten! Fass Mut, mein Engel, mein Liebster, bitte, bitte, fass Mut!»

«Ich bin nur müde», sagte er abermals. «Und ich möchte nicht mehr davon reden. Es ist vorbei und erledigt. Palmerston wird die Regierung bilden, und ich werde entlastet sein. Dann wird die ganze Geschichte vergessen werden.»

«Nicht von mir! Nie von mir! Solange ich lebe!»

Sie hob eine Hand zu seiner Wange und streichelte sie, wie es eine Mutter getan hätte, um ihr Kind zu trösten, und all die Tiefe, die Kraft ihrer Liebe für ihn fand in dieser Geste einen Ausdruck. Sie selber vermochte Unbeliebtheit zu ertragen. Sie stand über all dem, und das wusste sie; die Meinung des Pöbels konnte sie nie kränken. Ihr ganzes Leben lang war sie imstande gewesen, Kritik mit Verachtung zu dulden, aber es war ihr klar bewusst, dass Albert, ihr geliebter, empfindsamer Albert mit seinen Träumen von menschlichem Adel, von der Niedrigkeit und Undankbarkeit der Welt, in der er lebte, zutiefst verwundet werden konnte.

«Ich liebe dich so sehr», flüsterte sie. «Von dem Augenblick, da ich dich in Windsor sah, als ich so starrköpfig war und nicht heiraten und mich irgendwem ergeben wollte, habe ich dich von ganzem Herzen geliebt. Und ich liebe dich mit jedem Tag, jeder Minute mehr, Albert. Ich weiss, wie einsam du hier in England gewesen bist, wie wenige Freunde du gefunden hast. Ich weiss, wie angestrengt du gearbeitet hast, nicht für dich, nein, für mich und für das Land. Du hast an die Ausstellung gedacht, du hast sie organisiert, als alle versuchten, dich abzuhalten, und du hast daraus das grossartigste Ereignis seit meiner Thronbesteigung gemacht. Ich weiss, was ich dir verdanke und was England dir verdankt. Wenn ich eine gute Königin bin, mein Liebster, so ist es, weil du mich dazu gemacht hast. Du hast mich alles gelehrt. Nichts kann das verändern!»

Er lächelte ihr zu, nahm ihre Hand von seinem Gesicht und küsste sie. Plötzlich erinnerte er sich daran, wie er ihre Zärtlichkeit gefürchtet hatte, wie besitzerhaft, ja, wie würgend er ihre Liebe empfunden hatte. Doch an diesem Abend, da er in die Tiefe der Einsamkeit gesunken und die ganze Bitterkeit persönlichen Misserfolgs gekostet hatte, da war er glücklich mit ihrer Liebe. Er hatte sich in seinem Arbeitszimmer vor ihr verborgen, weil seine Gefühle so schmerzlich waren, dass er sie mit niemandem teilen wollte; und vor allem war ihm ihr Mitgefühl, ihre zornigen Anklagen und Ausflüchte unerwünscht gewesen. Jetzt aber war er froh, dass sie zu ihm gekommen war. An dem Tag, da er sie geheiratet hatte, voll bewusst, dass er sie nicht liebte und nie lieben würde, da hatte er in ihr die einzige Freundin gesehen, die er in diesem fremden Land besass, und dieser erste Instinkt war richtig gewesen. Die Engländer würden ihn nie gelten lassen oder lieben. In weniger als zwei Jahren hatten sie die Ausstellung vergessen, den Handel, den Reichtum, die durch seine Idee, seine Bemühungen gesteigert worden waren, und hielten ihn für einen Verräter im Solde Russlands. Was auch immer er tat, es würde unrecht sein. In ihren Augen aber hatte er immer recht. Er wusste, wie stark sie war, mit einer Kraft von Charakter und Willen begabt, die ihm nie zuteil würde; er wusste, dass sein Einwirken, ohne den Rückhalt ihrer Autorität, immer wieder beiseitegeschoben worden wäre. Sie war der einzige Mensch, den er hatte, und doch hatte er sie nie geliebt; selbst was er in diesem Augenblick empfand, war nur die Dankbarkeit eines sehr abgekämpften Mannes.

«Du wärst eine gute Königin geworden, wen immer du geheiratet hättest», sagte er ruhig. «So wie du eine gute Frau bist. O Victoria, wie wünschte ich, wir wären wieder in Rosenau, auf Ferien, nur du und ich!»

Sanft legte sie die Arme um ihn.

«Wir werden unser Rosenau haben, sobald Balmoral fertig ist», flüsterte sie. «Und wir werden dort friedlich miteinander leben, mein Herz. Und wenn all das vergessen ist, wirst du wieder glücklich sein, das verspreche ich dir. Ich weiss, dass wir noch lange, glückliche Jahre vor uns haben.»

Sie sassen auf der Fensterbank, die Arme umeinander geschlungen, während die letzten roten Streifen am Himmel zu Rosa verblassten und in Zwielicht übergingen.

*

Im Januar erhielt Lord Derby, der frühere Premierminister, die Aufforderung, zu der Königin nach Windsor zu kommen.

Er hatte an seine Regierungszeit unter Ihrer Majestät angenehme Erinnerungen; sie schien ihm gewogen zu sein und war weit weniger schwierig gewesen, als er erwartet hatte. Es war eine verfluchte Geschichte mit den Gerüchten von einer Verhaftung des Prinzen und mit der Ansammlung der Menge um den Tower, und er hatte von Aberdeen und andern gehört, dass die Königin ausserordentlich verärgert darüber war. Es wäre ziemlich peinlich, nach dieser Offenbarung seiner Unbeliebtheit, dem Prinzen zu begegnen. Zu seiner Überraschung war Victoria im Weissen Salon. Sie wirkte in dem riesigen Raum sehr klein, und sie war, wie gewöhnlich, recht nachlässig angezogen in einem Kleid aus blauem Samt mit einem hässlichen Perlenbesatz.

«Madam.»

Sie reichte ihm die Hand zum Kuss.

«Ich weiss, dass Sie sehr beschäftigt sind, Mylord, und ich bin geradezu überlastet; wir wollen also alle Förmlichkeiten beiseite lassen. Ich habe Sie kommen lassen, weil Sie einer der besten Redner der politischen Arena sind. Und darum habe ich Sie gewählt, um über Seine Königliche Hoheit, den Prinzen Albert, zu sprechen.»

«Verzeihung, Madam, aber ich verstehe nicht recht...»

«Sie werden gleich verstehen», unterbrach sie ihn. «Ich will es Ihnen erklären. Es ist doch bestimmt unnötig und überflüssig, auf die Notwendigkeit einer raschen, öffentlichen Zurückweisung der ungeheuerlichen Lügen hinzuweisen, die in den letzten Wochen gegen den Prinzen in Umlauf gebracht wurden. Sie haben sicher von der schändlichen Beschuldigung gehört, dass er den Interessen des Landes untreu und ein Freund von Russland sein soll?»

«Madam, solcher Klatsch hat die Runde gemacht, aber ich versichere Ihnen, dass ich nicht daran dächte, zuzuhören...»

«Dessen bin ich gewiss», sagte Victoria. «Und kein Mensch mit Verantwortungsgefühl täte es. Nichtsdestoweniger sind diese Dinge ausgesprochen worden, und das abscheuliche Schauspiel, das das Volk vor dem Tower gegeben hat, war eines der Resultate. Und jetzt, Mylord, habe ich der Regierung meine Wünsche ganz klar ausgedrückt, und das Kabinett ist natürlich auch der Ansicht, dass der gute Name des Prinzen verteidigt und seine Stellung ein für allemal festgelegt werden muss.»

«Ja, Madam.» Derby schaute in das gerötete, entschlossene Gesicht und bemerkte, dass der leicht zurücktretende kleine Unterkiefer Ihrer Majestät sich energisch vorschob. Nein, er zweifelte durchaus nicht daran, dass sie ihre Wünsche ungemein klar ausgedrückt hatte...

«Sie sind ein grossartiger Redner, Mylord», fuhr sie fort, «und ich wünschte, Sie würden Ihre Gabe zugunsten des Prinzen verwenden. Walpole wird im Unterhaus für ihn sprechen, und es wäre mir lieb, wenn Sie das im Oberhaus täten.»

Er verbeugte sich.

«Es wäre mir eine Ehre, Madam. Ich kann aus eigener Erfahrung über die Loyalität und Unanfechtbarkeit Seiner Königlichen Hoheit sprechen. Was aber soll ich über seine offizielle Stellung sagen?»

«Sie sollen sagen», erwiderte Victoria, «dass der Gatte der Königin das Recht und die Pflicht hat, sie in allen Staatsgeschäften zu beraten. Ich möchte, dass das über allen Zweifel hinaus betont wird. Er hat das Recht, verstehen Sie?»

«Ja, gewiss», sagte Derby. «Und ich werde das ganz unzweideutig feststellen; das verspreche ich Ihnen.»

«Ich wusste, dass ich auf Sie rechnen kann. Und bestimmt ist es jetzt, da Lord Palmerston auf einer Hochflut hysterischer Begeisterung in die Politik zurückgekehrt ist, an der Zeit, dass Presse und Publikum anerkennen, wie schlecht sie sich benommen haben, und dass sie meinem Gatten eine Wiedergutmachung schuldig sind. Ich wüsste auch von Ihnen gern, ob es wahr ist, dass Lord Palmerston durchblicken liess, der Prinz habe bei seinem Rücktritt die Hand im Spiel gehabt. Ich habe ein derartiges Gerücht vernommen.»

Er liess sich von dem zurückhaltenden Ton nicht täuschen; ihre Augen verrieten sie. Darin glitzerte ein Ausdruck, vor dem selbst der unbändige Lord Palmerston gezittert hätte. Wo sie das gehört haben mochte, fragte sich Derby. Es war natürlich durchaus richtig, der ganze Ausbruch war von diesem skrupellosen alten Teufel inszeniert worden, der sich als politischer Märtyrer aufspielte. Dem Verlangen, einen Hieb gegen den Prinzen zu führen, hatte er nicht zu widerstehen vermocht.

«Nein, Madam, ich habe nichts dergleichen gehört, und Lord Palmerston wäre bestimmt sehr unglücklich, wenn er denken müsste, dass Sie so etwas glauben.» Man musste Palmerstons Methoden natürlich nicht lieben, seine Geschicklichkeit aber musste man bewundern. Sie hatten Jahre hindurch im Parlament einander gegenüber gesessen; aber er würde ihn nicht Seiner Königlichen Hoheit von Sachsen-Coburg opfern! «Ich halte es für ausgeschlossen, dass Lord Palmerston ein Vorwurf trifft», setzte er hinzu.

Victoria wandte sich ab.

«Das höre ich gern», sagte sie. «Ich weiss, dass ich mich auf Sie verlassen kann, Lord Derby; Sie werden eine Rede halten, die des Anlasses würdig ist.»

*

Am 28. März 1854 erklärten England und Frankreich dem Zar aller Reussen den Krieg. Erregte Mengen sammelten sich auf den Strassen, jubelten und tanzten vor Begeisterung, und Victoria erschien auf dem Balkon des Buckingham Palastes, um die schottischen Füsiliere vorbeimarschieren zu sehen, die an die Küste zogen und sich dort nach der Krim einschiffen sollten.

Sie war nervös und reizbar und von einer feurigen Energie erfüllt, die weder Schlaf noch Ruhe duldete, sie bestand sogar darauf, ihren Truppen zu den Häfen zu folgen und vom Verdeck der ‚Victoria und Albert' ihre Marine nach dem Schwarzen Meer abfahren zu sehen.

Stockmar war von seinen Ferien in Deutschland zurückgekehrt, und er liess eine Pause in seiner Bemühung eintreten, gemeinsam mit Gibbs dem Prinzen von Wales das Leben sauer zu machen, denn zunächst war es die Königin, deren Verhalten ihn völlig in Anspruch nahm. Er war gereizt und verärgert über die sentimentalen Tränen, die sie vergoss, wenn die Musikkapellen spielten, und über ihre eigensinnige Einschätzung der politischen und militärischen Lage. Er war Victoria ergeben, aber es verdross ihn mitanzusehen, wie eifrig sie die furchtbare Last auf sich nahm, ein Land im Krieg zu regieren, und wie unabhängig sie von Alberts Unterstützung zu sein schien. Es schicke sich nicht, murrte der Baron eifersüchtig, das eine Frau die Zurufe ihrer Soldaten entgegennahm, während sein Günstling im Hintergrund stand. Es war gut und recht, dass die Königin zum Sinnbild der Begeisterung des Volkes wurde und, wo sie sich auch zeigte, den Jubel der aufgepeitschten Volksmenge entgegennahm, die wirkliche Organisation des Krieges aber überstieg bei weitem ihren Gesichtskreis. Er sah schon die Möglichkeit, dass Albert völlig dem Blick der Öffentlichkeit entschwand, und drängte ihn mit aller Kraft, sich um Ausrüstung, Nachschub und Strategie zu kümmern und die unglückselige Regierung und die Generäle Ihrer Majestät im Kriegsministerium mit seinen Ansichten über diese Dinge zu füttern.

Die Generäle, von denen die meisten ihre letzten Dienstjahre unter Wellington erledigt hatten, nahmen die eingehenden Anfragen und Anregungen sehr gereizt entgegen und schenkten ihnen, soweit sie es wagten, nur geringe Aufmerksamkeit. Dieser verdammte Ausländer, der sich wie gewöhnlich in alles einmischte – was verstand so ein deutscher Operettenprinz von der gewaltigen Wissenschaft des Krieges? Und was, zum Teufel, hatten all diese Fragen über Nachschub und Verbindungen und Transporte mit dem Sieg in der Schlacht zu tun? Wenn nur der alte Herzog noch am Leben wäre! Der hätte ihn schon an seinen Platz verwiesen ... Doch Wellington war tot, und das System der Bevorzugung von Aristokraten bei der Wahl von Kommandanten erwies sich bald, ohne Wellingtons Genie, als kläglich unzureichend.

Beunruhigende Nachrichten von Todesfällen wegen Überfüllung und Krankheiten in dem Chaos der Lager von Skutari erreichten England. Die öffentliche Kriegsbegeisterung wurde durch die Schilderungen von entsetzlichen Fahrten gedämpft, bei denen die Mannschaft zu Hunderten durch Hitze und Cholera fortgerafft wurde und die prächtigen Pferde der Kavallerie zu Dutzenden verendeten. Da kreisten Geschichten von Offizieren, die zu unerfahren und zu unfähig waren, um ihre Leute zu einer einfachen Aufklärungsaktion gegen die Russen zu führen, ohne drei Viertel ihres Bestandes zu verlieren, man sprach von einem Mangel an Waffen und Ausrüstung, von Desertion und kleinlichem Hader zwischen den Kommandanten und insbesondere von dem Fehlen ärztlicher Fürsorge für die Verwundeten. Der ruhmreiche Krieg, um die Türkei vor der Raubgier des Zaren zu schützen, zeigte mit einem Mal eine schmähliche Facette von Wirrwarr und drohender Niederlage. Heftige Debatten vor den Lords und dem Unterhaus, wo Lord Palmerstons Reden offenbarten, dass er ebenso patriotisch und kraftvoll war wie seine übrigen Kollegen stumpf. Seine Volkstümlichkeit wuchs mit jedem Tag; in der Enttäuschung und Unsicherheit dieser Monate des Jahres 1854 erhoben ihn seine Zuversicht und seine klaren Worte in dem Urteil des Volkes weit über den Premierminister Aberdeen hinaus. ‚Pam' war der einzige wirkliche Mann unter ihnen, ‚Pam' würde keine Zeit mit plattem Gerede verlieren, während englische Soldaten an der Cholera starben und durch die Dummheit ihrer Befehlshaber dem Feind zum Opfer fielen.

In dieser Stunde, da Zweifel und Enttäuschung fast bis zu einem Ausbruch geführt hatten, stürzte das Kabinett Aberdeen.

*

«Nun, Emily, habe ich mein Versprechen gehalten oder nicht?» Emily Palmerston schüttelte den Kopf und lächelte ihrem Gatten zu. Es war ein spöttisches Lächeln, aber es war voll von Triumph und Bewunderung.

«Ja, du hast es gehalten», gab sie zu. «Du bist ein unmöglicher, schrecklicher alter Lump, Mylord, aber ich liebe dich, und ich werde mit grösstem Entzücken die Frau des Premierministers sein. Du lieber Gott, ich kann es noch kaum glauben!»

«Daran hast du nie gedacht, dass du den Tag erleben würdest, da die Königin mich kommen lässt, um eine Regierung zu bilden, was?» fragte er. «Und ich hätte es auch nicht vermutet. Sie hat sauer dreingeschaut wie eine Zitrone.»

«Nun, daraus kannst du ihr keinen Vorwurf machen. Nach dem schrecklichen Skandal, als du zurückgetreten bist, und nach den Demonstrationen gegen den Prinzen... Ja, weiss Gott, da muss man schon erwarten, dass sie dich nicht ausstehen kann.»

«Sie kann mich auch nicht ausstehen», lachte Palmerston. «Aber ich habe das Gefühl, dass sie das überwinden wird, wenn sie merkt, was ich für gute Dienste leiste. Sie ist eine kriegerische Dame, das kann ich dir sagen, und sobald ich anfing, auf die Russen zu schimpfen, war sie von Herzen meiner Meinung, als wären wir im ganzen Leben noch nie uneinig gewesen. Und ich habe ihr nur Schmeichelhaftes über den Prinzen gesagt.»

«Ist er nicht pro-russisch?»

«Keine Spur! Natürlich nicht! Ich weiss, dass die Leute es behauptet haben, und vielleicht habe ich da und dort ein Wort fallen lassen, um für mich Stimmung zu machen; aber es ist kein Hauch Wahrheit daran. Er hasst die Russen, wie der Teufel das Weihwasser hasst, pflegt man in Irland zu sagen. Beinahe hat mir die ganze Geschichte leid getan, als ich sie hörte. Überflüssig zu sagen, dass beide zunächst steif wie Bretter waren, aber ich glaube, dass sie ein wenig aufgetaut sind. Ein klein wenig, als wir fertig waren.»

Sie schob ihren Arm unter seinen und lehnte sich an ihn.

«Du wirst taktvoll mit ihnen sein müssen, Henry, sonst dauert deine Ministerpräsidentschaft nicht lang. Es ist doch ein Unterschied, ob man Aussenminister ist und Russell die Schläge einstecken muss, oder ob man selber Premierminister ist.»

«Das weiss ich wohl, Emily. Ich bin ja kein Trottel, mein Schatz. Das ist meine grosse Gelegenheit; das ist es, worauf ich den grössten Teil meines Lebens gewartet habe. Glaubst du wirklich, dass ich es jetzt wegwerfen werde? Wir müssen einen Krieg gewinnen, und wir werden teuflisch viel zu tun haben, um unsere Fehler wieder gutzumachen. Das ist das wichtigste Band zwischen mir und dem Palast. Dort will man den Sieg, und ich will ihn auch. Und ich bin überzeugt, dass der Prinz mit mir arbeiten wird, was auch sonst seine Stimmung sein mag. Aus Pflichtgefühl. Und wohin er führt, folgt ihm die Königin. Sie ist ja auch eine vernünftige Frau, mein Schatz. Sie weiss, das das Land hinter mir ist; vermutlich ist es ihr klar geworden, dass Aberdeen und die andern ein Pack von albernen Pfuschern sind, und dass ich, was ich auch anfange, nichts verpfuschen und nicht vom Weg abweichen werde. Einmal habe ich mein Amt verlassen, und, bei Gott, der Thron, auf dem sie sass, hat unter ihr gewackelt. Ich darf wohl annehmen, dass sie das nicht vergessen hat –»

«Oder vergeben», warf seine Frau ein.

«Oder vergeben. Ja, gewiss. Das liegt nicht in ihrer Natur. Ich erwarte auch nicht, dass sie mir verzeiht oder mich lieb gewinnt. Aber sie wird mit mir arbeiten, und das ist alles, was ich verlange.» Er gähnte und räkelte sich. «Ich könnte ein gutes Essen vertragen, Emily, und auch ein Glas Port. Und dann wollen wir zu Bett gehen. Ich habe einen schweren Tag hinter mir.»

Emily Palmerston blinzelte ihm schlau zu.

«Ich auch, Henry, mein Lieber. Ich war so eifrig mit den Plänen zur Übersiedlung in die Downing Street beschäftigt, dass ich ganz erschöpft bin.»

In den nun folgenden Monaten hielt Victoria manchmal mitten in ihrer Tätigkeit inne und fragte sich, ob sie träume, und ob es wirklich möglich sei, dass dieser abscheuliche alte Mann, den sie vor ein oder zwei Jahren so hartnäckig bekämpft hatte, der unermüdliche, hervorragende Premierminister war, der im täglichen Verkehr der umgänglichste Mensch auf der Welt zu sein schien.

Sie mochte Palmerston nicht; sie würde ihn wohl nie leiden können. Doch trotz ihres weiblichen Vorurteils musste sie zugeben, dass sein Verhalten jetzt einwandfrei war. Er war noch immer ein seltsamer Anblick mit seinem rotgefärbten Backenbart, seinen allzu hellen Anzügen, doch sein Benehmen ihr gegenüber war tadellos und, das wichtigste von allem, er holte bei jeder Gelegenheit Alberts Rat ein.

Es war unglaublich, aber just seine Halsstarrigkeit, seine vulgäre Art, im Frieden so peinlich für die Königin, passten sich ausgezeichnet den Forderungen des Krieges an; sie musste, ob sie wollte oder nicht, seinen Mut anerkennen, seine Verachtung des Feindes und seine Zuversicht, dass England einen glänzenden Sieg erringen werde. Auf der Krim wüteten die Kämpfe; die Truppen Englands und Frankreichs, mehr durch Krankheiten als durch Verluste auf dem Schlachtfeld dezimiert, rangen um den Besitz der russischen Festung Sebastopol, und eine Engländerin, Miss Nightingale – ein ganz reizender Name! – hatte in Skutari eine Schar Pflegerinnen aufgetrieben, um den Verwundeten beizustehen. Es war eine wunderbare Leistung.

Victoria, deren Meinung von der Intelligenz und Fähigkeit ihres Geschlechts ebenso niedrig war wie die Meinung der meisten Männer, stellte fest, dass Miss Nightingale eine Ausnahme der Regel sei, und schickte ihr eine Brosche mit einer freundlichen Botschaft nach der Krim. Mit grossem Vergnügen malte sie sich die Erregung, die Dankbarkeit der geschäftigen Frau aus, wenn sie ein persönliches Geschenk von der Königin erhielt.

Sie besuchte die verwundeten Heimkehrer und vergoss Tränen der Rührung über ihre braven Soldaten, gewissermassen ihre Kinder, die sich in den Betten aufsetzten und ihr zuriefen, wenn sie vorüberging. Sie sahen in ihren sauberen Verbänden so prächtig und so traurig aus, und ihre Phantasie malte ihr die schlimmsten Schlachtfelder und Lager dieses furchtbaren Kriegs ungefähr so vor Augen, wie die auf ihren Besuch vorbereiteten Lazarette. Man dachte nicht an Läuse, nicht an Dreck, nicht an die entsetzlichsten Qualen; man stellte sich die Männer nicht vor, wie sie vor Schmerzen brüllten. Man erblickte sie nur brav und sauber und von ihrer besten Seite, und man war sehr stolz, wenn man daran dachte, dass es doch ihre Soldaten waren und für sie gekämpft hatten. Sie hatte völlig vergessen, und Albert erinnerte sie auch nicht daran, dass dies die Söhne und Gatten und Brüder jenes Pöbels waren, der ihren Gatten hasste und, ihrer Ansicht nach, nicht besser war als ein Rudel Bestien.

Und zu Beginn des Frühjahrs 1855 machten Kaiser Napoleon III. und Kaiserin Eugenie einen Staatsbesuch in England.

Victoria war aufgeregt über die Aussicht auf diesen Besuch, aufgeregt wie ein junges Mädchen. Der blosse Name Napoleon hatte einen unheimlichen Klang, und nun kam der Neffe des grossen Bonaparte ... So verschieden waren die Ansichten über ihn; manche Leute behaupteten, er sei der charmanteste Mann, den man sich nur vorstellen könne, während andere fanden, er sei klein und hässlich und hinterhältig. Im Vorjahr war Albert nach Boulogne gefahren, um dort mit ihm zusammenzutreffen, und hatte sich zurückhaltend, aber günstig über ihn geäussert. Auch hiess es, dass Eugenie eine der schönsten

Frauen der Welt war, und ohne eine Spur von Eifersucht wünschte Victoria sie kennenzulernen. Sie hatte sich verschiedene neue Kleider machen lassen, prächtige Ballkleider aus Seide mit kostbaren Spitzen besetzt, einfachere Kleider für ungezwungenere Gelegenheiten, und sie stellte fest, dass ihre jetzige Garderobe ihr ausgezeichnet entsprach und alle Neuanschaffungen im gleichen Stil sein sollten. Albert liebte keine Neuerungen in ihrer Toilette und sagte immer, Einfachheit kleide sie am besten. Die prunkvollen Kronjuwelen, die sie so selten verwendete, wurden hervorgeholt und poliert, denn wäre es auch töricht gewesen, in der Kleidung bis zu den extremsten Moden mitzugehen, so wurde doch der Reichtum und die Macht der Krone nach den Schmuckstücken der Königin beurteilt.

Kaiser und Kaiserin kamen in Windsor an und wohnten in den Staatsgemächern. Victorias erster Eindruck von Napoleon war der eines kleinen Mannes mit einer nicht sehr glücklichen Gestalt und einem hässlichen, schwermütigen Gesicht. Doch sobald er zu ihr sprach, spürte sie den ausserordentlichen Magnetismus seines Charmes; er hatte eine wunderbar klingende Stimme und sehr schöne Augen, und obgleich sie den Vierzig nahe war und in idyllischem Glück mit Albert lebte, rührte sich doch ein vergrabener Instinkt und reagierte auf einen Anruf, den sie nicht begreifen konnte. Er war ihr im Nu sympathisch, und auch an der Kaiserin fand sie – überraschend genug – viel Gefallen. Es lag nicht in ihrer Natur, eifersüchtig zu sein; als sie die wahrhaft bestrickende Schönheit der französischen Kaiserin sah, bewunderte sie sie von ganzem Herzen. Sie selber war nie schön oder auch nur hübsch gewesen, aber es kam ihr nicht in den Sinn, sich mit der wunderbaren, rothaarigen Eugenie, die so prachtvoll gewachsen war und veilchenfarbene Augen von seltener Schönheit hatte, zu vergleichen. Sie war das köstlichste Geschöpf, das Victoria je gesehen hatte, und zudem war sie auch von bezauberndem Wesen.

Nach einem üppigen Staatsbankett versammelte sich die ganze Gesellschaft in dem Waterloo-Saal zum Ball. Palmerston, farbenprächtig wie ein Pfau, neben sich seine schöne, elegante Frau, sah, wie die Königin von England den Ball mit dem Kaiser der Franzosen eröffnete. Sie passten gut zusammen; er war klein, und ihre schmächtige Gestalt wirkte weniger ungünstig. Doch sie war schlecht angezogen, in einer altmodischen, goldenen Krinoline mit Brüsseler Spitzen; Kopf und Arme glitzerten von Brillanten, die so gross waren, dass die Königin Blitze auszustrahlen schien, wenn sie sich bewegte. Sie war eine untersetzte, hässliche kleine Frau mit rötlichem Gesicht, aber Palmerston beobachtete sie einige Minuten, und dann wandten seine Blicke sich der Kaiserin Eugenie zu, die mit Albert tanzte. Sie waren beide hochgewachsen, ein ausgesprochen schönes Paar, obgleich der Prinz müde aussah und sein Haar sich lichtete. Die Kaiserin trug ein prunkvolles weisses Kleid, das ihre berühmten Schultern freiliess, sie hatte die Gestalt einer Göttin, und auf dem rötlichbraunen Haar funkelte eine Tiara aus Brillanten und Smaragden. Zweifellos war sie eine der grössten Schönheiten, die Palmerston je gesehen hatte – er flüsterte Emily zu, dass Napoleons Absichten ursprünglich nicht gerade ehrbar gewesen waren, wie den meisten Frauen gegenüber; doch ihre Tugend und ihr unwiderstehlicher Liebreiz hatten ihn zur Heirat getrieben. Sie war alles, was Victoria nicht war; gross, auffallend, glänzend angezogen, und an Alberts Arm bewegte sie sich wie ein Schwan auf dem Wasser.

Doch kein Mensch würde sich je instinktiv vor ihr beugen, wie man sich vor der kurzbeinigen kleinen Königin von England beugte. Victoria sei zutiefst königlich, fand Palmerston mit einem Male, als sähe er sie hier in der glänzenden Umgebung, wie er sie noch nie gesehen hatte. Schönheit und Eleganz hatten nichts mit jener Majestät zu tun, die Victoria besass. Auch Albert besass sie nicht. Doch in der Stimme und der Persönlichkeit von Napoleons Neffen war sie. Und darum beherrschten er und Victoria den ganzen Raum, als wäre das andere Paar, die entzückende Frau und der schöne Mann, für die Zuschauer nicht vorhanden.

Der Besuch verlief sehr erfolgreich; überall, wo der Kaiser und die Kaiserin sich zeigten, wurden sie von der Menge begeistert begrüsst; es gab Festmahle und Bälle und eine Truppenparade im Park von Windsor, und als sie heimfuhren, empfand Victoria nach den erfüllten Tagen eine solche Leere, dass sie an Alberts Brust in Tränen ausbrach. Sie hatte Louis Napoleon wirklich liebgewonnen, und auch der Besuch der Kaiserin war ihr eine Freude gewesen; es war ja alles gut und schön, aber sie hatte nie eine Gefährtin, die ihresgleichen war. Und es war so amüsant gewesen, von den Kindern zu reden und sich von Paris erzählen zu lassen und etliche von Eugenies Kleidern zu besichtigen, die ein neuer Mann, ein gewisser Monsieur Worth, entworfen hatte. Es tat ihr aufrichtig leid, als die beiden entschwanden.

Doch im August erwiderten sie den Besuch. Victoria bereitete sich selig darauf vor, ihren ‚lieben Bruder', ihre ‚liebe Schwester' wiederzusehen, und der älteste Sohn wurde verständigt, dass die aufreibenden Unterrichtsstunden und die kurzen Spaziergänge mit Mr. Gibbs unterbrochen würden, weil er seine Eltern nach Paris begleitete.

Bertie gab seinem Entzücken so lauten Ausdruck, dass er zurechtgewiesen werden musste, und in einem peinlichen Beisammensein erklärte ihm sein Vater, dass der französische Hof sich natürlich für den Charakter des künftigen Königs von England interessieren und sein Benehmen sehr genau beobachten werde. Leichtfertigkeit zur Schau zu tragen, wäre katastrophal, sagte er streng und fügte scharf hinzu, dass Bertie den Kopf nicht so hängen lassen solle, wenn man zu ihm sprach; es sehe so hinterlistig aus. Er komme nach Paris, und seine Mutter hoffe, dass er sich ausnahmsweise korrekt benehmen werde. Beide Eltern, betonte Prinz Albert energisch, hätten gern den Eindruck, dass man darauf vertrauen dürfe, er werde sich benehmen, wie es einem Prinzen von Wales geziemte.

Er war verärgert und erstaunt, von Gibbs zu hören, dass der Knabe, kaum in sein Schulzimmer zurückgekehrt, in Tränen ausgebrochen sei.

Sie landeten bei herrlichem Sonnenschein im August in Frankreich, und Victoria war so überwältigt von der Pracht von

St. Cloud, dass sie vergass, Bertie Vorhaltungen zu machen, der seekrank gewesen war. Als sie ihre Gemächer sah, war sie ganz entzückt. Es war die genaue Nachbildung ihrer eigenen Räume in Windsor. Die Möbel, die Wandbehänge, die Farben – alles war so nachgebildet worden, als hätte sie England überhaupt nicht verlassen. Wie aufmerksam vom Kaiser! Wie reizend, wie freundlich von beiden! Lachend sagte sie, nun müsste sie nur ihren Hund sehen, und die Täuschung wäre vollkommen. Diese Bemerkung wurde dem Kaiser hinterbracht, und schon am nächsten Morgen sprang ihr Spaniel mit lustigem Gebell in ihr Schlafzimmer.

Victorias Begeisterung war ansteckend; das kalte, berechnende Herz Napoleons III. hatte sich schon, ohne dass er es wollte, für die Königin erwärmt, und Eugenie, deren Schönheit so viel weiblichen Neid erregt hatte, war durch die grosszügige Bewunderung der englischen Königin völlig gewonnen.

In ihren eigenen Gemächern in St. Cloud sprachen Napoleon und Eugenie über ihre Gäste. Die Kaiserin sass vor dem Toilettentisch im Nachtgewand und darüber einen Schlafrock von blassrosa Seide mit Schwanendaunen besetzt; obgleich sie erst seit zwei Jahren verheiratet waren, hatte der Kaiser schon andern Frauen seine Neigung geschenkt, Frauen, deren Schönheit sich nicht mit der Schönheit seiner Frau vergleichen liess, bei denen er aber jene Wärme fand – die Eugenie abging. Viel dummes Zeug sei über Frauen mit rotem Haar geredet worden, dachte Napoleon und sah zu, wie sie sich parfümierte, doch es war typisch für Männer, Göttinnen anzubeten und dann gerade von jenen Eigenschaften enttäuscht zu sein, von denen sie anfangs angelockt worden waren.

Eugenie seufzte.

«Was war das für ein langer Tag! Ich glaubte doch, dass sie gewöhnt sind, früh ins Bett zu gehen; aber Victoria war heute abend frisch, als wäre sie gerade erst aufgewacht.»

«Sie unterhält sich gut», erwiderte der Kaiser. «Als junge Frau war sie immer sehr heiter; es ist der Prinz, der gern früh schlafen geht. Er sieht ganz erschöpft aus.»

«Er scheint nicht sehr kräftig zu sein; er ist so blass. Und ich glaube, dass es für ihn sehr anstrengend gewesen ist. Ich habe ihn beobachtet, als wir das Grab im Invalidendom besuchten, und ich hätte schwören können, dass es einen Augenblick gab, da er beinahe eingeschlafen wäre!»

Der Kaiser lächelte.

«Ich habe ihn auch beobachtet, meine Liebe, und er ist wirklich eingeschlafen.»

Es war eine offizielle Fahrt durch die Strassen von Paris gewesen, wo eine ungeheure Menschenmenge der Königin von England einen grossartigen Empfang bereitet hatte, und die Zeitungen hatten den Besuch als ein Symbol des Bündnisses begrüsst, das jetzt zwischen den beiden Erbfeinden England und Frankreich geknüpft war. Die Soldaten der beiden Länder kämpften Seite an Seite in der Krim, und endlich wurde es klar, dass sie siegen würden. Reiz und Würde der Königin von England wurden mit den schmeichelhaftesten Worten geschildert; mit gallischer Höflichkeit nahm man ihre altmodischen Kostüme und ihr wenig anziehendes Äusseres nicht zur Kenntnis. Nichts gab es als Lob und Begeisterung, und als die Herrscher gewissermassen eine Pilgerfahrt zum Grab des grossen Napoleon in den Invalides unternahmen, steuerte die Natur einen dramatischen Effekt in Gestalt eines Gewitters bei, als hätte die Seele des mächtigen Bonaparte im Himmel eine Geschützsalve abfeuern lassen. Für Louis Napoleon war es ein seltsamer Anblick, Victoria am Grab des grössten Feindes ihres Landes knien zu sehen, Tränen der Rührung in den Augen; und auch ihrem ältesten Sohn hatte sie zugezwinkert, er solle neben ihr knien und dem grossen Mann huldigen. Der Knabe war von der Szene anscheinend ganz verwirrt.

«Hat er wirklich geschlafen? Wie komisch!» sagte die Kaiserin. «Aber schliesslich – der Prinz ist ein Deutscher; man kann von ihm nicht erwarten, dass er richtig würdigt, was so ein Besuch für das französische und englische Volk bedeutet. Hoffentlich hat ihn niemand schlafen gesehen.»

«Kaum», meinte Napoleon und zuckte die Achseln. «Er ist

ja im Grunde unwichtig; man hat nur auf Victoria und den Knaben geschaut. Sag mir eines – machst du dir viel aus Prinz Albert?»

«Nicht gerade viel», gab sie zu. «Er ist ausserordentlich höflich und war auf seine Art natürlich gegen mich sehr aufmerksam. Aber er ist kalt. Und so steif! Seine Konversation langweilt mich schrecklich. Du wirst doch nicht behaupten, dass du ihn amüsant findest?»

«Mit der Königin verglichen – nein! Er ist besser informiert, er weiss tatsächlich zu viel über alles; man hat nichts mehr hinzuzufügen, und das ist aufreizend. Aber ich bin sehr darauf bedacht, ihn freundlich zu behandeln, weil ihr das Freude macht. Ich habe ihr gesagt, dass ich ihm gern stundenlang zugehört und dabei viel gelernt habe; und da war sie einfach entzückt. Sie ist eine ausserordentliche Frau. Was sie für ihn will, ist, dass man ihn lobt und gern hat; als die Menge ihm zugejubelt hat, ist sie rot geworden wie ein junges Mädchen.»

«Ich habe sie sehr gern», sagte die Kaiserin warm. «Sie wirkt so echt; ich hatte eine schreckliche, von ihrer Wichtigkeit erfüllte Person erwartet, aber sie ist wirklich herzensgut, glaube ich. Frankreich hat jedenfalls eine zuverlässige Freundin an ihr.»

«Das ist es, was ich gewünscht habe», erwiderte Napoleon. «Es ist seltsam, denn auf den ersten Blick sieht sie wie eine Kleinbürgerin aus – bis man mit ihr spricht. Ich glaube, sie kann auch schrecklich sein, wenn sie es darauf anlegt. Dich hat sie gern, sie sagt mir ständig, wie schön du bist, und dass sie mich gern hat und Frankreich liebt. Es ist ein grosser Erfolg gewesen.»

«Nur eines stört mich», sagte Eugenie. «Mir tut dieser arme kleine Prinz Bertie leid. Die beiden machen mir den Eindruck, als liebten sie das Kind nicht. Heute früh kam das Kind zu mir ins Zimmer und sagte, es wünschte, es könnte hier bleiben, statt morgen nach England zurück zu müssen. Und als ich meinte, seine Mama und sein Papa würden ihn sehr vermissen – weisst du, was er mir da geantwortet hat? ‚Ach, sie würden es gar nicht bemerken! Daheim sind ja noch sechs von uns!‘ Klingt das nicht traurig?»

«Wenige Herrscher lieben ihre Erben», sagte er. «Und sie bildet keine Ausnahme. Keiner von beiden liebt das Kind; wenn sie von ihm sprachen, war es, als wollten sie sich immer entschuldigen, als müssten wir ihn unerträglich finden. Als ich sagte, dass er doch ein reizender kleiner Junge sei, da waren sie geradezu verdrossen!»

«Armer Junge», sagte Eugenie abermals. Sie gähnte und schloss die Augen. «Es war ein so ein anstrengender Tag! Ich bin ganz erschöpft.»

Der Kaiser stand auf, und sekundenlang trafen sich ihre Blicke im Spiegel.

«Ich verstehe dich sehr gut, meine Liebe», sagte er. «Ich verlasse dich jetzt. Schlaf wohl!»

*

Endlich war Schloss Balmoral fertig. Als die Königin und der Prinz aus Frankreich zurückkehrten, fuhren sie gleich weiter ins Hochland zu ihren Ferien und zogen in die vollendete Verwirklichung von Alberts architektonischen Träumen. Hand in Hand betrachteten sie den gewaltigen steinernen Bau, die Türme und Türmchen, die mittelalterliche Grösse einer Burg, die Schottlands romantische Vergangenheit heraufbeschwor. Es sei wirklich vollendet, meinte die Königin, und um so viel schöner als die rauhen zerbröckelnden Mauern einer alten Burg, und der Hofstaat konnte vor dieser Ungeheuerlichkeit nur die Augen aufreissen und Komplimente murmeln. So lächerlich das Äussere war, musste Alberts sorgfältig ausgedachte Inneneinrichtung selbst die treuesten Freunde der Königin zu unterdrücktem Lachen und zur Verzweiflung aufreizen. Die Möbel waren mit Stoff in den Farben der Stuarts bezogen, die Vorhänge waren in den Stuartfarben, und auch die Teppiche waren aus dem Stoff, aus dem der Kilt des Hauses Stuart gemacht wurde. Es war über alle Beschreibung greulich; die Farben leuchteten und glänzten in einem unsäglich hässlichen Kontrast, alles war funkelnagelneu und so geschmacklos, dass die überfüllten Räume von Osborne daneben wie Tuilerien wirkten. Bilder von Landseer und Hirschgeweihe und ausgestopfte Tierköpfe drohten von den Wänden; in der weiten Halle hing ein lebensgrosses Bild des Prinzen im Hochlandkostüm und erschreckte die Damen. Mahagoni herrschte. Massive Stühle und Tische mit allerlei Schnickschnack bedeckt, Miniaturen, Wachsblumen unter Glashauben, Silhouetten und Photographien der Königin und des Prinzen, ihrer Tiere, ihrer Kinder ... und auf Porzellan gemalte Ansichten von jeder Gebirgslandschaft in Schottland. Es war unglaublich kleinbürgerlich unecht und ungemütlich; die englische Aristokratie stand in stummen Gruppen und tauschte Blicke aus, während die Königin in einem Rausch von Entzücken durch die Räume ging, und John Brown, der Heger des Prinzen, sich um sie zu schaffen machte, dahin und dorthin zeigte und die Adligen zur Seite schob. Man brachte kein Wort hervor, denn es war so grotesk, dass selbst jene, welche die Königin aufrichtig verehrten und um ihretwillen versucht hatten, den Prinzen in Schutz zu nehmen, schmerzlich berührt waren. Palmerston war gekommen, um die Königin aufzusuchen und Einzelheiten von ihrer Pariser Reise zu hören; er brüllte vor Lachen, und nach seiner Rückkehr erzählte er in London jedermann, er habe von dieser Farbenpracht einen Gallenanfall erwischt.

Die Nachrichten sprachen sich in den Londoner Salons herum. Ein Kichern verächtlicher Erheiterung wurde hörbar, und die allgemeine Ansicht war: Ja, was hätte man denn erwarten können? Der Prinz war nun eben kein Gentleman ... Er habe die Kleider der Königin für den Staatsbesuch in Paris ausgesucht, die ganz einfach eine Schande waren; er räumte die Kunstschätze in den Palästen fort und verwandelte mit seinem eigenen Geschmack jeden Raum zu einem Greuel, und jetzt habe seine Vulgarität in diesem gespenstischen gotischen Alptraum im schottischen Hochland einen Gipfel erreicht. Karikaturen Alberts, mit spärlichem Haar und gebeugt, aber mit dem Kilt angetan, erschienen in der Schmutzpresse, und seine alte Feindin, die ‚Times', brachte einen beissenden Artikel. In seinem neuen Heim hörte Albert den Spott und sagte nichts, denn da gab es nichts zu sagen, und Victoria konnte ihn auf keine Art vor den ständigen Kränkungen schützen, die ihm von einem feindseligen Volk zugefügt wurden. Er arbeitete nur noch angestrengter als je, schränkte sogar die Jagd ein, die er so liebte, um an seinem Schreibtisch zu sitzen und endlose Memoranden an die Regierung und an das Kriegsministerium und an Staatsoberhäupter zu schreiben. Sein liebster Umgang war seine Tochter Vicky, das älteste der acht Kinder. Sie war ein stilles Mädchen von sechzehn Jahren, verehrte den Vater und lauschte ihm, wenn er über all die Themen, wie Naturwissenschaft und Geschichte und Metaphysik sprach, die seine liebevolle Frau nie wirklich verstand, so sehr sie sich auch bemühte, Interesse zu zeigen. Die Tochter aber hatte die Geistesart ihres Vaters geerbt; wie er, war sie methodisch, eifervoll und von tiefstem Ernst. In ihrer Gesellschaft fand er das Verständnis, das bei den andern Kindern, zumal bei seinem Sohn Bertie, fehlte. Vicky war es zufrieden zu lernen; sie zeigte keinerlei Schwäche für die oberflächlicheren Dinge des Lebens, und ihr Urteil war nicht durch einen Sinn für Lächerlichkeit verdorben. Im Ablauf der Jahre war die Bindung von gegenseitigem Interesse und Neigung zwischen ihnen immer stärker geworden, und Victorias Eifersucht auf diese Beziehung fand in jenem Herbst mit einem Mal ein Mittel, dem ein Ende zu machen. Prinz Friedrich von Preussen kam zu Besuch nach der neuen Burg; mit Vergnügen bemerkte Victoria, dass er seine Zeit – so viel er sich das nur erlauben konnte – mit seiner jungen Cousine verbrachte, und als Albert versuchte, sie zu stören, hielt sie ihn mit fester Hand zurück. Friedrich Wilhelm war sehr nett und ein sehr passender Bewerber. Wenn sich aus der Neigung der jungen Leute etwas ergab, wäre das ganz ausgezeichnet.

Die blondhaarige Prinzessin und der hochgewachsene Preusse ritten weiterhin miteinander aus, und eines Abends trat er vor die Königin und Albert und bat feierlich um Vickys Hand.

*

«Sie ist zu jung», sagte Albert. Er sass, die Brauen zusammengezogen, halb von Victoria abgewendet.

«Sie ist sechzehn», erwiderte sie, «und für ihr Alter ist sie sehr fortgeschritten. Albert, Liebster, ich weiss, dass du in ihr nur das Kind siehst, aber ich versichere dir, dass Vicky durchaus heiratsfähig ist. Und Friedrich ist so ein netter junger Mann. Ich weiss, dass er sie sehr glücklich machen wird.»

Sie legte Wert darauf, keine Gereiztheit merken zu lassen. Es war nur natürlich, dass Albert, in seiner Güte, ein Wesen mit seiner Tochter machte, aber Männer verstehen diese Dinge eben nicht. Sie selber war mit achzehn Jahren Königin von England gewesen, mit der ungeheuerlichsten Verantwortung bebürdet, und kein Mensch hatte etwas dabei gefunden.

«Ich meinesteils werde dieser Heirat meinen Segen geben», fuhr sie fort, «aber nur, wenn du zustimmst, Liebster.»

«Ich habe nichts gegen Friedrich einzuwenden», sagte Albert. «Das weisst du ja.» Seine Gedanken flogen über die Jahre hinweg zu seinen eigenen Gefühlen zurück, als er geheiratet hatte, zu seinem Heimweh, seiner trostlosen Einsamkeit in einem fremden Land. Er konnte die Vorstellung nicht ertragen, dass Vicky so leiden sollte, wie er gelitten hatte. «Aber ich finde, dass sie noch zu jung ist.»

«Sie könnten ein Jahr warten», sagte Victoria rasch. Kein Mensch könnte behaupten, dass siebzehn zu jung wäre... überdies wäre es eine nützliche Verbindung, wenn die künftige Königin von Preussen englischer Herkunft wäre und Sympathien für England hätte. Da durfte Albert wirklich nicht mit Sentimentalitäten kommen! Sie war sehr ungehalten, als sie sah, wie blass er war, und welche Sorgen er sich um das dumme Mädchen machte. Nein, ein dummes Mädchen war Vicky nun nicht, stellte sie richtig, im Gegenteil, sie war ein sehr braves

Mädchen und hatte ihren Eltern keinen Augenblick lang Schwierigkeiten bereitet. Aber es war nicht recht, sie aus der Kinderschar hervorzuheben, wie Albert das tat; damit würde er sie nur verwöhnen...

«Mir wäre es lieb, wenn sie Friedrich heiratete», sagte sie. «Liebster, steh ihnen nicht im Weg; ich weiss, dass sie einander schon gern haben.»

«Ihnen im Weg?» Er wandte sich erstaunt um. Dergleichen war ihm nie in den Sinn gekommen. Er hatte nur daran gedacht, wie jämmerlich er sich in all den Jahren gefühlt hatte, und sich ausgemalt, dass die Tochter sich in ein ähnliches Abenteuer stürzen sollte, während sie doch noch so jung war. «Du weisst, dass ich so etwas nie täte. Ich will nur Vickys Glück!»

«Dann gib deine Einwilligung», drängte Victoria. «Die Ehe ist das Einzige, was eine Frau glücklich macht. Ja, Liebster, das sollte ich eigentlich wissen.»

«Preussen ist nicht England», fuhr er fort. «Ich möchte die Überzeugung haben, dass der König und die Königin gut zu ihr sein werden; dass sie nicht einsam sein muss.»

«Natürlich wird sie nicht einsam sein – sie wird viel zu viel zu tun haben! Wenn sie Kronprinzessin ist und Kinder bekommt! Denk doch, Albert, wir könnten Grosseltern sein, bevor wir noch vierzig sind!»

Er setzte sich; mit einem Mal war er der Diskussion müde, müde des Kampfes gegen den Willen, der hinter der Fassade weiblicher Argumente wirksam war. Victoria wollte diese Heirat, und Victoria hatte wahrscheinlich recht. Ihr lag nur Vickys Interesse am Herzen, und zum Unterschied von ihm, dem das Kind so furchtbar fehlen würde, hatte sie keine selbstsüchtigen Beweggründe, um sich der Heirat zu widersetzen.

«Ich will nur Vickys Glück», sagte er schliesslich. «Ich weiss, dass wir gesagt haben, wir wollten nie bevorzugte Lieblinge haben, aber sie steht mir doch von allen Kindern am nächsten. Ich kann mir nicht vorstellen, dass sie erwachsen ist und bereit zu heiraten und meilenweit von uns entfernt zu leben. Sie wird mir sehr fehlen.»

Victoria verdrängte einen Stich höchst unmütterlichen Ärgers. Wie hatte dieses Kind ihn um den Finger gewickelt! Ja, seine Augen waren voll von Tränen, bloss weil er davon sprach, sie zu verlieren, wie alle Eltern ihre Kinder verlieren mussten, wenn die Zeit kam, da geheiratet wurde. Und wenn Vicky ein Grund zu Reibungen zwischen ihnen werden sollte, so war es nur um so besser für alle Beteiligten, je früher sie Friedrich heiratete. Warum konnte nicht Bertie der Liebling seines Vaters sein? Warum musste er so fremd, so unsympathisch sein, dass Albert sich veranlasst sah, eine Tochter zu seinem Liebling zu erwählen, wenn er doch schon eine Frau hatte, die er lieben, mit der er alle Sorgen teilen konnte?

Es gab Stunden, da sie die selbstgewählte Absonderung mit Albert bereute, da eine Vertraute, jemand wie die arme alte Lehzen, wie von Gott gesandt gewesen wäre. Sie konnte Albert nicht sagen, dass er, ihrer Ansicht nach, eine zu hohe Meinung von Vicky hatte, dass die Tochter sich auf eine Art einen Weg in Alberts Herz gebohrt hatte, die nicht ganz redlich gegen ihre Mutter war. Albert wäre verletzt, könnte empört darüber sein; er hatte eine so edle Seele, dass sie solchen Argwohn ihm gegenüber nicht andeuten durfte. Und es war doch so schwer, Geheimnisse vor ihm zu haben, zu spüren, dass es Dinge gab, die sie ihm nicht sagen konnte.

«Auch mir wird Vicky fehlen, Liebster. Aber ich finde, dass diese Heirat zu ihrem Besten ist, und ich glaube auch, dass sie als künftige Königin von Preussen ungeheuer viel Gutes für Preussen, aber auch für unser Land tun könnte. Mögen sie denn ein Jahr warten, Albert. Bitte, Liebster, gib Friedrich diesen Bescheid.»

Sie kam, legte ihren Arm unter den seinen und sah mit bittendem Lächeln zu ihm auf. Seltsam war es, dachte er, als er zu ihr hinunterschaute und ihr Lächeln automatisch erwiderte, wie sanft sie sein konnte, wie weiblich im wahren Sinn jener Unterwürfigkeit, die er als die richtige Beziehung der Frau zu ihrem Gatten ansah. Vielleicht hatte er sich eingebildet, dass sie ihn zwingen wollte, seine Einwilligung zu Vickys Heirat zu geben; sie fügte sich immer seinem Willen, beugte sich seinen Ansichten; warum sollte er nicht imstande sein, den Argwohn auszuschalten, dass ihr starker Wille in dieser Sache wach war, und dass er irgendwie seine Zustimmung dazu gab, sich gegen seine bessere Einsicht von seiner Tochter zu trennen.

«Sie werden so glücklich sein», sagte Victoria. «Wir sollten doch den armen Friedrich noch heute abend holen und nicht länger warten lassen. Und ich will gleich zu Vicky gehen.»

Hatte er wirklich seine Einwilligung gegeben? Anscheinend doch! Sie küsste ihn auf die Wange und schlüpfte aus dem Zimmer, um ihrer Tochter mitzuteilen, dass ihre Eltern ihre Heirat mit dem preussischen Prinzen guthiessen. Albert setzte sich in seinen Lehnstuhl und starrte ins Feuer, das in der Mitte des breiten Kamins angezündet worden war. Obgleich man noch im Beginn des Septembers war, fröstelte ihn, und er brauchte Wärme. In einem Jahr würde er sich von Vicky trennen. Manchmal hatte er das Gefühl, als verginge sein Leben damit, jenen, die er liebte, Lebewohl zu sagen, und mit jenen zu leben, die er so leicht entbehren konnte. Der Tod hatte ihm Anson und Peel geraubt, die einzigen zwei Männer, die er in ganz England lieben und verstehen gelernt hatte, und dann Wellington, der eine wahre Stütze für ihn geworden war. Ernst sah er in langen Abständen, verbittert durch Skandale und Veränderungen, und Stockmars Besuche in Deutschland wurden mit den Jahren immer häufiger und ausgedehnter. Auch Stockmar würde er eines Tages verlieren. Und jetzt wollte Vicky, das einzige der Kinder, das ihm ans Herz gewachsen war, heiraten und in Preussen leben. Er werde dem Kind helfen müssen, dachte er verzweifelt; er müsste sie auf Grund seiner eigenen bitteren Erfahrungen beraten, müsste sie davor bewahren, Fehler zu begehen und zu leiden, wie er gelitten hatte. Er müsste ihr alles über das Land beibringen, das sie nun als ihr eigenes ansehen sollte, müsste sie darauf vorbereiten, ihre Stellung so gut wie möglich auszubauen und dem jungen Gatten eine Hilfe zu sein. Er war so müde, so entmutigt, und auf seinem Schreibtisch stapelte sich der Aktenstoss zu einem Berg, wenn er sich auch nur für einige Stunden entfernte. Aber er musste Vicky helfen. Das bedeutete, sich selber körperliche Übung zu versagen und einen Teil seiner kurzen abendlichen Musse mit ihr zu verbringen. Das würde Victoria sicher verärgern, aber es musste geschehen. Er lehnte sich in seinem Stuhl zurück und schloss die Augen. Wenn sie Friedrich liebte und Friedrich sie liebte, so würde sie glücklich werden. Dessen schien Victoria so sicher zu sein, und Mütter kennen sich in diesen Dingen gewöhnlich aus. Guter Gott, wie flehte er darum, dass sie glücklich werden sollte!

*

«Es ist deines Vaters Wunsch», sagte Victoria fest. «Natürlich fällt es mir schwer, dich zu verlieren, mein liebes Kind, aber wir sind ganz überzeugt, dass Friedrich ein ausgezeichneter Gatte sein wird.»

«Ja, Mama.»

Die Prinzessin sah ihre Mutter nicht an. Sie war sehr blass, und wenn sie die Augen hob, würde Mama die Tränen darin sehen, und das wäre nicht gut. Sie war um einige Zoll grösser als Victoria, fühlte sich aber in Gegenwart ihrer Mutter immer wie ein kleines Kind, und nun stand sie wie ein Kind da, den Kopf gesenkt und die zitternden Hände vor sich gefaltet. Sie sollte Friedrich heiraten. Sie war mit ihm ausgeritten, war mit ihm über die schottischen Moore gewandert, hatte an Sommerabenden mit ihm in Liebhaberaufführungen gespielt, wenn ihre Eltern im Publikum sassen, und er war anscheinend sehr nett. Sie kannte ihn nicht sehr gut, und sie hatte in ihm nie etwas anderes gesehen als einen liebenswürdigen Cousin, der zu einem Besuch gekommen war. Doch ihre Mutter erklärte, sie werde ihn heiraten.

«Ich bin gewiss, dass du ihn jetzt schon sehr lieb hast», fuhr Victoria fort. «Nicht wahr?»

«Ja, Mama.»

«Schau mich an, wenn ich zu dir spreche, Vicky, mein Kind;

es ist nicht höflich, so dazustehen. Das erinnert mich an Bertie, und es schickt sich nicht.»

«Verzeih, Mama. Ich – bin ein wenig verwirrt, verstehst du? Ich hatte nicht an Friedrich gedacht...»

«Als Gatten», beendete Victoria den Satz. «Aber das wirst du. Und hoffentlich wirst du deinem Vater keine Sorgen bereiten und ihn törichte Tränen sehen lassen. Du solltest doch sehr glücklich sein! Überdies hast du noch ein ganzes Jahr vor dir, um dich auf die Hochzeit vorzubereiten.»

«Ein Jahr? Ach, Mama, ich glaubte, du wolltest, ich solle ihn schon jetzt heiraten! Dann brauche ich ja noch ein Jahr lang Papa nicht zu verlassen – und dich!»

«Wir meinten, du wärst zu jung, um vor deinem siebzehnten Geburtstag zu heiraten», erklärte ihr die Mutter. «Und jetzt solltest du deine Augen trocknen, Vicky. Ich weiss, dass Friedrich ganz glücklich sein wird, und da kann ich nicht dulden, dass du verweint aussiehst, es ist gar nicht hübsch. Du musst immer daran denken, mein liebes Kind, dass Tränen dich nicht verschönen. Und Prinzessinnen weinen nicht. Ich weiss, dein Vater wird dir sagen, wie du dich verhalten sollst, wenn du nach Preussen kommst – dafür ist jetzt reichlich Zeit, aber eines möchte ich dir selber einprägen. Preussen ist ein prächtiges Land, doch du musst dich immer daran erinnern, dass du eine englische Prinzessin bist, und dass Friedrich durch die Ehe mit dir eine sehr wichtige Verbindung knüpft. Wohin du auch gehst, was du auch tust, vertrittst du England und mich, und wenn ich auch weiss, dass du Preussen lieben wirst, darfst du das doch nie vergessen.»

«Das verspreche ich dir, Mama. Mama – ist das der Grund, weshalb er mich heiraten will? Nur weil ich deine Tochter und eine gute Partie bin?»

Victoria blickte in die feuchten, blauen Augen, die so gross und schön waren wie Alberts Augen, und sagte gütiger: «Er weiss sehr wohl, welche Ehre ihm und seinem Land widerfährt, wenn er dich heiratet, Vicky, aber ich bin überzeugt, dass er dich wirklich liebt. Das habe ich schon entdeckt, lange bevor er an uns herangetreten ist. Dein Vater und ich würden dich nie einem Mann geben, der dich nicht glücklich machen würde. Und jetzt erwarte ich, dass du lächelst und heute abend bei Tisch glücklich aussiehst. Du bist ein sehr gutes Kind, und dein Vater und ich sind sehr zufrieden mit dir. Bück dich, damit ich dir einen Kuss geben kann!»

Sie berührte Vickys Stirn mit ihren Lippen, und dem Brauch entsprechend knickste die Prinzessin und küsste ihr die Hand. In der nächsten Minute war Victoria gegangen. Als man sich an jenem Abend bei Tisch versammelte, stellte sie erfreut fest, dass ihre Tochter sich nichts von Tränen oder von den Torheiten anmerken liess, die ihr anscheinend vorher durch den Kopf gegangen waren. Sie lächelte und errötete, als Friedrich zu ihr sprach, sie sassen nebeneinander, und er lachte, war in bester Stimmung und offenbar sehr glücklich. Vicky war ein gutes Kind, und jetzt, da die Königin wusste, dass ihre Tochter sie bald endgültig verlassen sollte, war sie zärtlicher gegen sie gestimmt als seit langer Zeit.

XI.

Der Krimkrieg war beendet. Als die Nachricht von dem Fall von Sebastopol Balmoral erreichte, brannten Freudenfeuer auf den schottischen Bergen; Pfeifer bliesen, und die Königin und der Prinz tanzten in der grossen Halle der Burg schottische Tänze und drückten taktvoll ein Auge zu, als die Jagdhüter unzählige Gläser Whisky zu Trinksprüchen hoben. England und Frankreich waren siegreich, und in London sang die Menge auf den Strassen und versammelte sich vor dem Tor des leeren Buckhingham Palastes, um zu jubeln, und Palmerston feierte den Sieg mit einem Bankett, bei dem die Portflaschen sich so rasch leerten, als wären die heiteren Tage der Regentenzeit plötzlich wiedergekehrt. Russlands Bestrebungen waren vereitelt worden; die heidnische Tyrannei der Türkei war durch die Macht von zwei grossen christlichen Staaten, England und Frankreich, aufrechterhalten worden, und derzeit fand man sich mit den Verwundeten, den Toten, den Witwen, den Waisen heiter ab; sie gehörten eben zu dem Preis dieses ruhmlosen und letztlich resultatlosen Krieges.

Miss Nightingale empfing die beispiellose Ehre einer Einladung nach Balmoral, wo sie von der Königin beglückwünscht wurde und ein langes Gespräch mit Prinz Albert über die kläglichen Zustände bei der Armee während des Feldzugs führte. Der Königin das Elend der Soldaten zu schildern, war recht schwierig gewesen – selbst für eine Frau, die so mutig war wie der kleine Engel der Krim. Sie hatte das unbehagliche Gefühl, das etwa auch Peel empfunden hatte, als er von der irischen Hungersnot sprach, dass die Vorstellungskraft Ihrer Majestät von Leiden nicht angeregt wurde, und dass Erbarmen bei ihr nicht so spontan zum Ausdruck kam wie beim Prinzen. Die Begeisterung Ihrer Majestät war rasch abgekühlt. Schmutz und Schmerzen und Unfähigkeit konnten den Glanz des Sieges nur beflecken. Und sie wollte sich ihre Illusionen nicht rauben lassen. Miss Nightingale behielt ihre Klagen und Anregungen den zugänglicheren Ohren Alberts vor.

Später im Jahr kam Lord Palmerston nach Windsor, um aus den Händen der Königin den Hosenbandorden zu empfangen; nachher berichtete er Emily, dass sie es sogar fertiggebracht hatte, ihm warm zuzulächeln, und dass sein alter Feind, der Prinz, Palmerstons Regierung in Kriegszeiten grossherzig gepriesen hatte. Sie hatten gut zusammengearbeitet, er und Albert, und einige von Alberts Anregungen waren durchaus vernünftig gewesen. Er hatte jetzt einen neuen Respekt vor dem Mann, um so mehr, als die enge Beziehung zur Königin ihn überzeugt hatte, dass der Prinz in diesem Jahr geradezu ein Wunder an Takt gewesen war. Zweifellos war er ein Langweiler, aber ein tragischer Langweiler, denn kein Mensch mochte ihn, obgleich er doch zum mindesten sein Bestes zu tun versuchte.

Emily lächelte spöttisch.

«Lieber Henry, nie hätte ich erwartet, ausgerechnet über den Prinzen ein Lob aus deinem Mund zu hören. Seit du dein Amt angetreten hast, war eigentlich jedermann auf eine Explosion zwischen euch gefasst.»

«Hahaha! Und man war enttäuscht, was? Nun, ich habe dir gesagt, dass ich den Krieg gewinnen wollte, mein Schatz, und er wollte auch den Krieg gewinnen. Das ist selbst für die am wenigsten zusammenpassenden Naturen ein fester Grund, auf dem man arbeiten kann. Er ist kaum ein Mensch, den ich mir als Gefährten nach einem guten Essen aussuchen würde; aber er ist doch viel vernünftiger, als ich geglaubt hatte. Und auf komische Art, Em, ist er ein Patriot. Nicht weil er unser Land liebt, aber weil er es als seine Pflicht ansieht. Und, bei Gott, ich glaube, dass es das ist, was ihn bei der Stange hält. Zum Teufel, er hat ja hier keine Vergnügungen, das Essen schmeckt ihm nicht – sehr zum Unterschied von ihr! Ich habe nie eine Frau so viel essen gesehen. Er würde genau so gern Wasser trinken wie ein Glas guten Wein, und er verbringt die Stunden lieber über seinen Schreibtisch gebeugt als draussen in Gottes frischer Luft, wo er sich gesund austoben könnte. Er ist ein Pedant und ein Langweiler, und ich spüre in den Knochen, dass ich jetzt, da wir den Krieg gewonnen haben, mit ihm und mit der Königin ebenso oft in Streit geraten werde wie vorher. Aber er war ein Freund Englands, und ich werde nie etwas anderes sagen.»

«Du bist sehr grossherzig», sagte seine Frau lächelnd, «und darum habe ich dich lieb!»

Er zwinkerte ihr zu. «Nur wo es dich angeht, mein Schatz. Was ich gesagt habe, ändert nichts an dem, was ich tun werde. Ich habe vor, die italienische Unabhängigkeit zu fördern; die Königin und er sind heftig dagegen; ich bin nicht damit einverstanden, dass Deutschland unter Preussen geeinigt wird, und sie sind dafür, und ich bin auch gar nicht sicher, dass mir die Hochzeit unserer Prinzessin mit einem preussischen Prinzen behagt. So befürchte ich, dass es Zank geben wird.»

«Du befürchtest?» Emily Palmerston schüttelte den Kopf. «Du meinst, dass du es hoffst.»

Europa war im Frieden, doch die Stimme des italienischen Patrioten Cavour störte das allgemeine Behagen, denn er verlangte ein geeintes Italien unter dem Hause Savoyen, und trotz der wütenden Einwände, die von Windsor in die Downing Street strömten, gab Palmerston dem Plan seinen Segen. Es herrschte Frieden in Europa, wenn auch kein behaglicher, und dann waren plötzlich Italien und ganz Europa vergessen; und England, schon bereit, den wachsenden Wohlstand in Frieden zu geniessen, wurde plötzlich durch einen Aufstand in Indien rauh aufgerüttelt. Ein entsetztes Land hörte von den Blutbädern, welche die Banden indischer Abtrünniger, noch in der Uniform der Königin, unter den englischen Offizieren und ihren Familien anrichteten; es wurde gesengt, gefoltert, gemordet. Ohne ein Zeichen der Warnung, der Unzufriedenheit hatten die Anführer zugeschlagen. Doch was auch der Grund gewesen sein mochte, er verlor sich in dem Chaos, das über das Land flutete. Mord, Raub, Plünderung wurden von fürchterlichen Grausamkeiten begleitet, und die englischen Truppen, verstärkt durch indische Aushebungen im Punjab, bestraften die Meuterer mit der gleichen Erbarmungslosigkeit. Mit schmerzlicher Ergebenheit erfuhr die Königin von einer besonderen Methode der Wiedervergeltung. Es war allzu grässlich; sie konnte sich nicht ohne Schaudern Männer vorstellen, die an die Mündung der Kanonen gebunden und dann in Stücke zerfetzt wurden; doch dann erinnerte sie sich, dass diese selben Männer und ihre Verwandten englische Frauen und Kinder geschlachtet hatten, und dass in Cawnpore die gesamte weisse Bevölkerung niedergemetzelt worden war und ihre Leichen in einen Brunnen geworfen ...

Albert nahm die Sache sehr ernst; er grämte sich über das Blutvergiessen und die Grausamkeit, so notwendig sie zweifellos waren, und er erschöpfte sich damit, die Regierung zu drängen, mehr Truppen aus England zu schicken und dem entfesselten Volk so bald wie möglich die Ordnung wiederzubringen. Er sprach die von der Königin nicht ganz geteilte Ansicht aus, die Meuterer seien unwissende Heiden, und es sei unrecht, sich zu ihren Methoden herabzuwürdigen. Er gab zu, dass sie bestraft werden müssten, doch es sei gewiss nicht nötig, sie in solchen Mengen hinzurichten oder den englischen Truppen zu erlauben, ihre Kameraden mit einer Wildheit zu rächen, die den schlimmsten Ausschreitungen der Sepoys nicht nachstand.

Das alles war höchst unerfreulich, und es bewies wieder, dass Albert recht hatte, wenn er sagte, die Regierung sei nie auf einen Notfall vorbereitet, bevor er eintrat. Die von der Krim zurückgekehrten Truppen waren viel zu schnell demobilisiert worden. Wie gewöhnlich war Palmerston viel zu sehr damit beschäftigt gewesen, die Gesetzlosigkeit in Italien zu fördern, um den Unruhen im Herrschbereich seiner Königin vorzubeugen. Die Beziehung zwischen der Krone und dem Premierminister verschlechterte sich heftig; ein boshafter Einfall hatte Palmerston veranlasst, seinen alten Kollegen John Russell ins Aussenamt zu setzen, und dessen Funktion war es nun, die endlosen Denkschriften, die Vorwürfe und Proteste zu ertragen, die in früherer Zeit Palmerstons Brot gewesen waren. Er war in seinen liberalen Ansichten ebenso fest wie immer, doch ihm fehlte Palmerstons heitere Gleichgültigkeit gegenüber Zurechtweisungen; die Königin hatte ihn immer aus der Fassung zu bringen vermocht, und sein Leben im Auswärtigen Amt war eine Plage.

Es war ein stürmisches Jahr; ein Jahr, da Frankreich beschloss, seine Macht dadurch zu steigern, dass es sich für die Sache der italienischen Freiheit einsetzte, und eine französische Armee unter Napoleon III. marschierte in Italien ein, um die Unabhängigkeit des Landes zu sichern und dann, sobald ein entscheidender Sieg errungen war, Frieden mit den Österreichern zu machen. Es hiess, der Neffe des grossen Bonaparte sei durch das Bild des Schlachtfeldes von Solferino völlig aus der Fassung geraten; er trug den Namen, ermangelte aber des Genies und der Herzlosigkeit jenes andern Kaisers, der seine Armee in die Schlachten geführt hatte. In ihren abgelegenen Heimstätten in Osborne und Balmoral arbeiteten Victoria und Albert über ihren Staatspapieren, lasen jede Seite der Zeitungen, merkten Artikel an, die sie für wichtig hielten – wie erstaunlich war es, sich zu entsinnen, dass sie zur Zeit Melbournes den Berg offizieller Aktenstücke kaum durchgeblättert und niemals eine Zeitung gelesen hatte, wenn nicht etwas darin war, das sie selber betraf! – und schrieben Briefe an Minister, Botschafter und Staatsoberhäupter. Anscheinend taten sie nichts als arbeiten, und bei Albert war die Arbeit fast zu einem Leiden geworden. Er sah so müde und alt aus, dass sie manchmal erschrak, die Papiere beiseite schob, neben ihm niederkniete und ihn anflehte, doch einen Spaziergang zu machen oder sich hinzulegen und eine Stunde zu ruhen. Sie selber war nicht müde; sogar als sie wieder schwanger war, konnte sie sich seiner aufreibenden Arbeitsmethode anpassen und sich doch abends frisch fühlen. Sie hatte eine erstaunliche Lebenskraft, die unter dem Druck geradezu aufzublühen schien, während Albert sichtlich dahinwelkte. Und er war anscheinend so traurig. Nie hatte seine Stimmung sich wieder gehoben – seit dem Tage, da Vicky nach ihrer Hochzeit nach Deutschland gefahren war.

Es war eine sehr schöne Hochzeit gewesen. Einen Augenblick gab es, da Victoria sich über den Vorschlag aufregte, ihre Tochter solle in Preussen heiraten. Eine sehr zornige Botschaft hatte Prinz Friedrichs Eltern daran erinnert, dass nicht jeden Tag ein Mitglied ihrer Familie die älteste Tochter der Königin von England heiratete. Die Hochzeit würde in England stattfinden, oder, wie zwischen den Zeilen zu lesen war, sie würde gar nicht stattfinden.

Aber es war eine sehr schöne Hochzeit gewesen. Vicky hatte so reizend ausgesehen und sich mit solcher Würde benommen, dass Victoria so manches vergass; vergass, dass sie je gegen ihre Tochter gereizt gewesen war und sie aus dem Weg haben wollte. Und beim Abschied flossen ihre Tränen reichlich. Der Kummer von Vater und Tochter war weniger zur Schau getragen worden; in den letzten Minuten, bevor das Schiff von Gravesend in See stach, sprachen sie miteinander und versuchten zu lächeln. Es schneite, und trotz ihrer Pelze, erschauerte die neue Prinzessin von Preussen, als sie auf dem Quai stand und zu ihrem Vater aufschaute. Sie sahen sich in diesem Augenblick unheimlich ähnlich, das blasse Gesicht eines vorzeitig gealterten Mannes mit leeren Augen und das junge Mädchen im Backfischalter, das sich auf die Zähne biss, um die Tränen zu bemeistern. Sie brach zu einem neuen Leben auf und in ihr neues Land, und in diesen wenigen stillen Minuten des Abschieds spürte sie eine Ahnung der langen unglücklichen Jahre, die vor ihr lagen.

«Liebster Papa – »

Eine Minute lang hielt er sie in den Armen, enger und zärtlicher, als er es je getan hatte, seit sie ein kleines Kind gewesen war. Er vermochte nicht leicht Gefühle zur Schau zu tragen; er war von Natur aus scheu, und die Jahre des Lebens mit einer so nach aussen gekehrten Frau wie Victoria hatten noch seine wenigen Möglichkeiten verschüttet, einen Ausdruck seines Wesens zu finden. Er liebte seine Tochter Vicky nicht kalt und gleichsam rein geistig, wie man vermuten konnte, wenn man sie beisammen sah, sondern mit tiefer, zärtlicher Wärme. Jetzt erst, da er sie für immer verlieren sollte, konnte er auftauen und sie umarmen.

«Mein liebes Kind, Gott segne dich und schütze dich!»

Und schon war sie über den Landungssteg geeilt und im Schiff verschwunden. Noch war Alberts Wange feucht von ihren Tränen. Obgleich er im eisigen Wind wartete, bis das Schiff ausser Sicht war, kam Vicky nicht mehr auf das Verdeck, um ihm zu winken. Sie sass in ihrer prächtigen Staatskajüte neben dem verlegenen Gatten und weinte, als wollte das Herz ihr brechen.

*

«Baron Stockmar bittet, von Eurer Majestät empfangen zu werden.»

Victoria sass allein in ihrem Arbeitszimmer in Windsor; als sie die schlanke, vorgebeugte Gestalt des Barons durch die Tür treten sah, stand sie auf und ging ihm entgegen. Der Lakai hatte die Doppeltüren geschlossen, sie waren ganz allein, als sie ihm jetzt beide Hände reichte und er sich beugte, um diese Hände zu küssen.

«Lieber Baron, kommen Sie, setzen Sie sich zu mir!»

Diese Aufforderung war eine ausserordentliche Ehre, und das wusste Stockmar. Als junge Frau hatte sie dazu geneigt, ihn ohne jedes Zeremoniell zu behandeln, weil er Albert so nahe stand; doch die spätere Zeit hatte ihre Gewohnheiten verändert; sie hatten sich, wie ihr Gesicht, zu einer festen Form verhärtet, die ihrem Stolz entsprach. Wenn die Königin selbst ihre vertrauten Freunde kommen liess, mussten sie manchmal eine Stunde oder länger stehen bleiben.

Wie untersetzt sie geworden war, dachte er, als er ihr dankte und seinen schmächtigen Körper in einen Stuhl neben ihr sinken liess. Ihre Arme waren sehr rundlich, das Armband mit Alberts Porträt, das sie trug, schien sich ins Fleisch eingegraben zu haben. Ihre Wangen waren voll, ja, zu voll, denn sie betonten die harten, prüfenden Augen und die gebogene Nase. Sie war jetzt eine unschöne, umfangreiche Frau; keine Spur mehr von dem ungestümen, hochgemuten Mädchen, das in der Vergangenheit seinen Beratern so viel Sorgen bereitet hatte.

«Ich brauche Ihnen nicht zu sagen, wie unglücklich ich bin, Baron, und wie ich gehofft hatte, wir könnten Sie überreden, doch noch ein Jahr bei uns zu bleiben.»

Er war alt und spürte seinen raschen Niedergang; und darum hatte er sich schliesslich dafür entschieden, nach Deutschland zurückzukehren. Er wusste, dass er dem Tod nah war, und die Sehnsucht, das, was ihm vom Leben noch übrig blieb, im eigenen Land zu verbringen, war stärker als die Bitten Alberts und der Köngin. Seine Nützlichkeit war stark gemindert; sein Gedächtnis liess nach, er war immer müde und sehr häufig krank. Er hatte sein Leben dem Ziel geweiht, Albert zu dem selbstlosen, die Vollendung anstrebenden Mann zu machen, der er geworden war, und jetzt blieb Stockmar nichts mehr zu tun übrig.

«Ich bitte um Ihre Vergebung, Madam», sagte er. «Ich hätte Ihren Wunsch erfüllt, wenn es möglich gewesen wäre.»

«Ich bitte nicht um meiner selbst willen», erwiderte Victoria. «Ich bitte um Alberts willen. Sie wissen, wie er Sie liebt und sich auf Sie stützt. Ich fürchte die Wirkung, die es auf ihn haben wird, wenn er Sie verliert.»

Stockmar schaute auf den Teppich. Sie interessierte sich nicht für seine Gesundheit, nicht dafür, dass er bei seiner bisher vernachlässigten Familie sein Leben beenden wollte. Gefühle für ihn als Individuum kannte sie überhaupt nicht. Sie würde ihn oder sonstwen ohne Bedenken Albert oder sich selber opfern. Vor dieser Erkenntnis musste er sich eingestehen, dass er sie nie wirklich gern gehabt hatte. Sie war kein Mensch, den man gern hatte, geschweige denn liebte. Armer Albert! Wie unglücklich musste er in all diesen Jahren gewesen sein! Endlich schaute er auf und lächelte. Er konnte ihrem Willen Widerstand leisten; es war schwierig, aber er war jetzt so alt, so abgekämpft, und nur eines gab es, wonach es ihn verlangte.

«Albert hat Sie, Madam. Er wird lernen, ohne mich auszukommen. So gern ich Ihnen gefällig wäre und bliebe – ich bin ein alter Mann und meine Kräfte versagen. Für mich ist die Zeit da, heimzugehen. Ich kann dem Prinzen nicht mehr nützlich sein.»

«Ich sehe, dass Sie sich nicht bewegen lassen», sagte Victoria. «Ich bin sehr bekümmert, Baron; mein armer Liebster wird so einsam sein – Gott weiss, wie sehr ihm Vicky fehlt!»

Eigenartig war es, wie stark die Trennung von der Tochter ihn betroffen hatte. Sein Lebensmut war nie sehr stark gewesen, doch seit dem Tag von Vickys Hochzeit noch tiefer gesunken und hatte sich seither nie mehr erholt. Der Prinz verbrachte jeden Abend viele Stunden damit, ihr zu schreiben; manchmal empfand Victoria, dass das fast ebenso lästig war, als wäre die Tochter überhaupt nicht fortgegangen... Und jetzt nahm Stockmar endgültig Abschied, und sie war ernstlich beunruhigt. Auf Stockmar war sie nie eifersüchtig gewesen; er war ihnen beiden ein zu guter Freund, zu sehr Bestandteil der ersten Zeit von ihrer beider Leben. Er war zuverlässig, und sein Rat hatte sie durch manche Krisen hindurch geleitet. Vor allem aber würde Albert diesen Gefährten vermissen. Er hatte keine vertrauten Freunde, seit Peel und Anson gestorben waren, und nun verliess ihn auch Stockmar. Bevor es nötig wurde; nur weil er selbstsüchtig war und in Coburg leben wollte, bis er starb. Nein, wahrhaftig, selbst bei den Menschen, die man am meisten achtete, gab es nichts, was Dankbarkeit glich oder auch nur einem Gefühl der Verantwortung!

«Wenn ich mir einen Vorschlag erlauben darf», sagte Stockmar, «so glaube ich, dass ein Ausflug nach Coburg Albert sehr gut täte. Er braucht Ruhe, Madam, und solange er Staatspapiere in die Hand bekommt und Minister empfängt, wird er sich nie ausruhen. Versuchen Sie, ihn dazu zu überreden, auch wenn Sie selber sich kein Ausspannen gönnen.»

«Das will ich. Er sieht so müde aus, und in der letzten Zeit schläft er schlecht. Er macht sich solche Sorgen, Baron; er arbeitet angestrengter als das ganze Kabinett zusammen. Und jetzt, da Vicky in Preussen ist, nimmt er die Sorgen dieses Landes auch auf seine Schultern. Ach, wie wünschte ich», brach es plötzlich aus ihr heraus, «wie wünschte ich, Gott hätte ihm einen guten ältesten Sohn geschenkt!»

«Damit wäre allerdings alles anders gewesen», gab Stockmar zu.

Der Prinz von Wales war beinahe siebzehn, und soweit Stockmar beurteilen konnte, hatte sein Charakter sich mit Erfolg gegen jeden Versuch gewehrt, ihn dem Beispiel des Vaters nachzubilden. Er war ein echter Spross des verrufenen Hauses von Hannover; leichtfertig, vergnügungslustig und oberflächlich. Nichts war in dem Burschen, was ihn mit Albert verband. Weder äussere Schönheit noch moralisches Wesen. Er war ein fauler Tunichtgut, und dass die vereinten Bemühungen seiner Eltern, seines Lehrers und Baron Stockmars seinen Widerstand nicht zu brechen vermocht hatten, wies auf eine verborgene Charakterkraft hin, die Stockmar sehr beunruhigte. Und wenn Victoria stürbe – es war nicht sehr wahrscheinlich, wenn man das rötliche Gesicht, die scharfen Augen sah, die von Gesundheit strahlten – und doch, wenn sie vor ihrem geliebten Albert starb und dieser unglückselige Bursche käme auf den Thron... wie würde dann die Stellung seines Vaters sein? Es war ein immer wiederkehrender Alptraum für Stockmar, und plötzlich straffte er sich und sagte mit ein wenig von seiner früheren Kraft:

«Madam, es gibt etwas, das ich Ihnen sagen muss. Ich weiss nicht, ob Sie je daran gedacht haben, und Gott verhüte, dass es notwendig sein sollte, doch falls Prinz Albert noch am Leben wäre, wenn Bertie König wird, wie wäre dann die Stellung des Prinzen im Land?»

Victoria starrte ihn an.

«Seine Stellung? Nun, er steht ja unmittelbar hinter mir!»

«Solange Sie leben», erklärte Stockmar; «sollte Albert aber allein bleiben – angenommen irgendein schlechter Ratgeber würde Bertie dazu veranlassen, seinen Vater nicht zu respektieren. Albert hat hier überhaupt keine offizielle Stellung. Er ist kein englischer Prinz, Madam – jedes seiner Kinder hätte den Vorrang vor ihm. Ich meine nicht, Bertie könnte so verderbt sein, diese Lage auszunützen, wenn es je dazu käme, aber er ist ein schwacher Charakter, und gerät er unter einen unerwünschten Einfluss, dann weiss nur Gott, wozu er sich überreden liesse. Verzeihen Sie, dass ich das alles zur Sprache bringe, aber ich weiss, dass Albert selber nie ein Wort darüber reden würde.»

«Es ist undenkbar!» Victoria war ganz blass geworden. «Baron, wie schrecklich! Und Sie haben ganz recht! Mein Liebster hat überhaupt keinen offiziellen Titel. Die Sache wurde fallen gelassen, bevor wir heirateten, weil meine Onkel so viel Wesen mit ihrem Vortrittsrecht machen. Ach, wenn der Tag käme, da dieser schreckliche Bursche in der Lage wäre, meinen Albert zu demütigen – ich würde aus dem Grabe aufstehen! Gott sei Dank, dass Sie das erwähnt haben! Irgendetwas muss geschehen, um solchen Möglichkeiten vorzubeugen! Das Parlament muss ihm einen Titel zugestehen.»

Stockmar wich dem Blick der Königin aus.

«Das Parlament ist häufig weniger als gerecht gegen den Prinzen gewesen. Ich fürchte, es wird irgendwelche dunklen Pläne wittern, die Berties Macht einschränken sollen, und Ihnen diesen Wunsch abschlagen.»

«Weniger als gerecht?» sagte Victoria bitter. «Das Parlament und ganz England sind weniger als gerecht gegen Albert gewesen. Ja, ich sehe schon, wie sie mir das verweigern. Es ist erstaunlich, wie es meinem Sohn gelungen ist, Anhänger zu finden – gerade dadurch, dass er ein Tunichtgut ist. Ja, das Parlament kann es abschlagen. Aber ich will es dennoch verlangen; eine Zustimmung würde Albert die grösste Freude bereiten. Sie könnte sogar einige der Kränkungen wiedergutmachen, die er bisher vom Parlament zu erleiden hatte.»

«Und wenn das Parlament ablehnt?»

«Darauf bin ich vorbereitet.»

Sie sah ihn an, und er merkte, dass in ihren Augen ein Ausdruck war, der dem Hass sehr nahe kam.

«Mein Sohn wird bald ein Mann sein. Nichts, was ich tue, kann verhindern, dass er mein Nachfolger wird, obgleich ich ihn – Gott ist mein Zeuge! – noch morgen enterben würde, wenn das in meiner Macht stände. In wenigen Wochen wird er siebzehn, und bald muss er seinen eigenen Hofstaat bekommen. Stellen Sie sich das vor, Baron! Ich soll einem Burschen die Unabhängigkeit zugestehen, zu dem man nicht das Vertrauen haben kann, dass er durch sein Nichtstun oder durch schlechten Umgang Schande über sich bringt, wenn er sich auch nur für kurze Zeit selbst überlassen ist.»

«Ich fürchte», sagte Stockmar, «dass schlechtes Blut in ihm steckt, Madam; und da gibt es nichts, was Sie tun könnten. Auch Gibbs hat mir das eines Tages angedeutet. Man kann ihn bestrafen, sagte er, man kann ihn schelten, man kann vernünftig mit ihm reden und auf das oder jenes hinweisen, er steht nur da und schaut zu Boden, und das nächste Mal tut er genau dasselbe. Verzeihen Sie mir, aber mir graut vor dem Gedanken, dass England eines Tages nach Ihnen ihm zufallen soll!»

«Mir auch! Aber ich habe Pläne für ihn, Baron. Ich kann ihn nicht hindern, sich zugrunde zu richten, wenn ich tot bin; aber solange ich lebe, kann ich ihn überwachen, und das gedenke ich zu tun, ob er erwachsen ist oder nicht. Er mag jetzt für Gibbs zu alt sein, aber ich glaube, dass wir drei ihm drei Hofbeamte aussuchen werden und einen Hofmeister, der mir unmittelbar verantwortlich ist. Ich habe schon einen Mann im Sinn – einen gewissen Bruce. Er ist Offizier im Ruhestand und ein ausgezeichneter Zuchtmeister. Wenn man sich nicht darauf verlassen kann, dass mein Sohn sich benimmt, wie es sich gehört, dann sehe ich nicht ein, warum man den Schein aufrechterhalten soll. Er muss zu seiner künftigen Verantwortung erzogen werden; das ist unsere Pflicht als Eltern. Albert will, dass er nach Oxford gehen und studieren soll. Ich selber halte das für eine Zeitvergeudung, aber es liegt ihm sehr am Herzen. Noch unlängst sagte er, kein Mensch könne von dieser wunderbaren Atmosphäre von Wissen und Bildung umgeben leben, ohne dass der Geist davon schliesslich gesteigert würde. Er beurteilt alles nach seinem eigenen Massstab; das ist das Tragische. Nur weil er feinfühlig und edel und klug ist, glaubt er, Bertie könnte es auch sein.»

«Nun, vielleicht könnte ein Wunder geschehen», meinte Stockmar skeptisch.

«Ich glaube nicht an Wunder. Nichts wird meinen Sohn ändern. Wenn er dem Beispiel seines Vaters nicht folgen konnte, so ist nichts wirklich Gutes in ihm. Und er weiss, was ich von ihm halte. Ich habe es ihm, weiss Gott, klar genug gemacht. Und ich will es ihm noch klarer machen.»

Manchmal, dachte der Baron, hatte sie ihre Abneigung gegen Bertie ein wenig allzu deutlich gezeigt. Sehr viele Leute hatten den Knaben unter diesem bohrenden Blick stottern gesehen und einander zugeflüstert, dass der junge Prinz vielleicht etwas schwerfällig war, die Haltung der Königin aber beklemmend rauh. Leute wie Lady Lyttelton und sein früherer Erzieher Birch hatten bereits andern erzählt, der Prinz sei intelligent und liebenswürdig, und es fehle nur die richtige Zärtlichkeit, um seine besten Eigenschaften zu Tage zu fördern. Diese Geschichten hatten sich herumgesprochen, und dass es dem Prinzen nicht gelungen war, seinen Eltern Freude zu machen, hatte ihm, wie Victoria sagte, viel Zuneigung im Lande gewonnen.

«Alles, was Sie tun können, ist, eine strenge Zucht beizubehalten», sagte Stockmar. «Und um einen Wandel seines Herzens zu beten. Eine frühe Heirat könnte ratsam sein. Und wie Sie wissen, Madam, werden meine Gedanken immer bei Ihnen und dem Prinzen weilen, obgleich ich in Coburg sein werde. Und wenn ich Ihnen irgendwie dienen kann – mit einem Rat – was es auch sein möge – Sie brauchen es mich nur wissen zu lassen.»

«Das ist mir bekannt, mein lieber Freund», sagte die Königin. «Ich werde mich ohne Sie sehr einsam fühlen, aber um Albert müssen Sie keine Angst haben. Ich werde schon für ihn sorgen. Versprechen Sie, dass Sie uns oft schreiben werden; ich weiss, wieviel Ihre Briefe ihm bedeuten können.»

Er beugte sich über ihre Hand.

«Das verspreche ich, Madam. Und möge Gott Sie und den Prinzen segnen. Ich werde nie aufhören, an Sie beide zu denken.»

*

«Seine Königliche Hoheit und Prinzgemahl des Vereinigten Königreichs von Grossbritannien und Irland! Ich habe so deutlich, wie ich es nur wagen konnte, merken lassen, dass das Parlament den Titel nicht gutheissen würde, und so hat sie ihn ihm selber verliehen.» Palmerston lachte Lord Russell zu und schob ein zusammengefaltetes Zeitungsblatt vor ihn hin. «Werfen Sie einen Blick in die ‚Times' – sie wird kein Vergnügen an dem Kommentar haben.»

«Es ist auch eine Anmassung, so etwas zu tun», sagte Russell. Er öffnete die Zeitung nicht. «Ich kann mir die Reaktion der Presse vorstellen. Und ich zweifle auch nicht, dass ich mittelbar darunter zu leiden haben werde. Immer wenn etwas schief geht, schickt die Königin mir eine scharfe Botschaft über etwas ganz anderes. Ich will den Artikel gar nicht sehen, Henry. Vermutlich werde ich genug davon hören.»

«Ja, sie ist leider schwierig.» Palmerston lachte laut auf. «Aber jetzt wissen Sie, was ich einzustecken hatte, als Sie mich vor ein paar Jahren Knall und Fall entlassen haben. Nun, nun, wir werden diese Massnahme wohl unterstützen müssen – jetzt ist es einmal geschehen, und irgendeine Anerkennung war man ihm schuldig.»

«Ich habe bereits gehört, dass es gegen den Prinzen von Wales gerichtet ist», bemerkte Russell.

«Da wäre ich gar nicht erstaunt. Sie kann den Jungen nicht leiden; das weiss jeder. Aber am Ende macht es doch keinen Unterschied aus. Er wird König sein, und wozu sie auch Albert ernennt, lässt sich daran nichts ändern.»

«Ich billige die Art, wie er behandelt wird, durchaus nicht», sagte Russell.

«Mein Lieber – kein Mensch billigt sie. Aber was soll man da machen? Der Königin beibringen, dass sie den Burschen erdrosselt, wenn sie ihn so scharf am Zügel hält? Den Mann möchte ich sehen, der dazu den Mut hat! Ich will verdammt sein, wenn ich ihn habe! Nein, er wird eben warten müssen, bis sie stirbt – das ist alles.»

*

Am 11. November kam Seine Königliche Hoheit, der Prinz von Wales, in seinem neuen Wohnsitz im Royal Lodge, Windsor, zum Frühstück. Er wohnte nicht mehr bei seinen Eltern. Albert hatte gefunden, nun sei er alt genug, um ein eigenes Heim und einen Haushalt zu haben.

Als er es zuerst hörte, hatte es recht gut geklungen. Er war unbeholfen vor Mutter und Vater gestanden und hatte versucht, ihnen zu danken, bis Victoria ihn unterbrach, um ihm zu versichern, diese neue Einrichtung bedeute keineswegs, dass er seine Erziehung und seine Pflichten vernachlässigen oder sich anmassen dürfe, seine Angelegenheiten selbst zu erledigen. Er hatte schweigend angehört, während sein Vater ihm in jenem Ton müder Ergebenheit, den er so gut kannte, den Plan auseinandersetzte. Er würde im Royal Lodge wohnen und die seinen Haushalt betreffenden Anordnungen würden ihm an seinem siebzehnten Geburtstag mitgeteilt werden.

Er war an jenem Novembermorgen siebzehn, und als er zum Frühstück herunterkam, brachten einige der Diener es fertig, ihre Glückwünsche zu flüstern. Bertie dankte ihnen so leise, dass Gibbs es nicht hören und ihnen Unannehmlichkeiten bereiten konnte, und dann setzte er sich, nachdem er sein Tischgebet gesprochen hatte. Er hatte die untersetzte Gestalt seiner Mutter geerbt, und wie sie neigte er zur Fettleibigkeit; sein Kinn trat scharf zurück und verdarb die Wirkung der hellblauen Augen und der guten, hellen Hautfarbe. Der Prinz war nicht schön – bei sich hatte er beschlossen, sich einen Bart wachsen zu lassen, sobald es ihm erlaubt wurde, und das Kinn dahinter zu verbergen; aber er hatte ein warmes Lächeln, das seine Züge verschönern konnte. Leider war es sehr selten zu sehen. Vor ihn hatte man ein ausgiebiges Frühstück gestellt – einen Haferbrei mit Rahm – mein Gott, wie ihn das an Balmoral und an die endlosen Mahlzeiten erinnerte, wenn die Pfeifer schon am Morgen bliesen! – ferner eine Schüssel mit Rührei und Koteletten und Fisch. Er war wie gewöhnlich hungrig, obgleich sein Erzieher erklärte, er lege zu grossen Wert auf das Essen. Er hatte sich immer gefragt, warum es für seine Mutter schicklich war, grossen Appetit zu haben, für ihn aber eine der sieben Todsünden.

Neben seinem Teller lag ein dicker Umschlag, der hinten das königliche Siegel trug. Das musste das Geburtstagsgeschenk seiner Eltern sein. Darin war ein Brief mit so vielen Seiten, dass es eher wie ein Dokument aussah; und bedeckt waren die Blätter mit der schönen, klaren Handschrift seines Vaters. Die Speisen auf dem Tisch wurden kalt, während der Prinz las. Er war siebzehn Jahre alt. Er war ehrenhalber zum Oberst ernannt worden, und die Königin hatte geruht, ihn zum Ritter des

Hosenbandordens zu machen. Gibbs, der ihm so treue Dienste geleistet hatte, sollte nun von ihm Abschied nehmen. Der Prinz warf einen Blick auf seinen Hofmeister, der ihm gegenüber sass und darauf wartete, mit dem Frühstück beginnen zu können. Er hatte Gibbs nie leiden können, doch mit den Jahren hatte er sich an ihn gewöhnt. Jetzt ging Gibbs, und Oberst Bruce sollte der Hofmeister des Prinzen werden. Er kannte ihn; Bruce war ein harter, kalter Feldwebeltyp; sein blosser Name trieb alle Farbe aus Berties Wangen. Seine Hofbeamten, diese drei öden Nörgler, hatten ihre Befehle vom Hofmeister zu empfangen, der wiederum unmittelbar dem Prinzgemahl und der Königin unterstand. ‚Du darfst das Haus nie verlassen, ohne dich vorher zu melden, und Oberst Bruce wird bestimmen, wer dich zu begleiten hat, und allgemeine Regeln für die Tageseinteilung festlegen ... das Leben besteht aus Pflichten. Man wird dich darin unterweisen müssen, was du tun darfst, und was du nicht tun darfst ...‘

Vor den Augen von Gibbs, vor den Hofbeamten und den verdutzten Dienern legte der Prinz von Wales den Brief auf den Tisch, bedeckte das Gesicht mit den Händen und brach in Tränen aus.

*

In Berlin war Vickys erstes Kind geboren worden. Albert und Victoria hatten sie früher im Jahr besucht, und obgleich sie Heimweh hatte und die nahende Mutterschaft sie nervös machte, war Vicky doch beunruhigt über die Veränderung ihres Vaters. Mama war immer die gleiche; sie hatte ihr neuntes Kind geboren, eine Tochter, und sie sah gesünder und kräftiger aus als je; aber Albert war blass, müde und gebeugt. Er war so gütig und mild zu ihr gewesen, hatte ihre Angst vor dem Leben in ihrem neuen Land beschwichtigt, hatte ihr auseinandergesetzt, wie sie sich bei ihren Schwiegereltern beliebt machen und, ohne Anstoss zu erregen, englischen Einfluss verbreiten sollte, und als die Eltern abgereist waren, versank sie in tiefe

Niedergeschlagenheit. Die Geburt war ein Alptraum gewesen, doch sie hatte ihrem Gatten einen Sohn geschenkt. Erst viel später entdeckte man, dass die Schulter des kleinen Wilhelm bei der Entbindung verrenkt worden war; der Knabe würde stets einen verkürzten linken Arm behalten. Auch ihr Bruder Bertie hatte sie besucht. Er wirkte sehr bedrückt und hasste offenbar seinen Hofmeister, Oberst Bruce. Sie gehorchte den schriftlichen Anweisungen ihres Vaters, und als sie miteinander allein waren, las sie Bertie laut aus erbaulichen Büchern vor. Nachdem er abgereist war, konnte sie nicht umhin, zu fühlen, dass er keine Freude an seinem Besuch gehabt hatte. Er war nach Edinburgh gefahren, um dort angewandte Wissenschaften zu studieren, und seinen Briefen entnahm sie, dass er ruhelos und gelangweilt war. Dann ging er nach Oxford, doch nicht in ein College, wie er gehofft hatte. Sein Vater hatte ein Haus, Frewin Hall, für ihn ausgesucht, worin er unter der Aufsicht von Oberst Bruce wohnen sollte. Als die Meinung ausgesprochen wurde, der Prinz würde mehr Nutzen vom Universitätsleben haben, wenn er in die Gesellschaft anderer Studenten käme, hatte sein Vater scharf erwidert, Oxford sei ein Ort, der dem Studium geweiht war...

Nach Preussen verbannt, träumte Vicky sehnsuchtsvolle Träume von der Heimat, von den glücklichen Stunden in Osborne und Balmoral mit ihrem gewohnten Komfort, wo alles so anders war als in den schrecklichen, öden preussischen Palästen; sie gedachte der Spaziergänge, der Ritte durch das wilde Hochland, wo die Schauplätze so schön waren, dass man sich Gott näher fühlte. Und dann schaute sie auf die flache, kalte preussische Landschaft hinaus, wie ihr Vater einst auf England geschaut hatte, und wie er sehnte sie sich nach dem Land ihrer Geburt. Papas Ratschläge waren so gut, so ermutigend, aber sie musste zugeben, dass sie in der preussischen Hofgesellschaft nur wenig Freunde hatte, und dass, aus irgendwelchen Gründen, ihr englischer Geschmack den Verwandten ihres Gatten zuwider war. Sie hatte Deutschland in Gedanken immer mit dem Wesen ihres Vaters in Verbindung gesehen;

sie hatte sich vorgestellt, sein strebender Geist und seine Liebe zur Bildung wären allgemeine Güter. Statt dessen fand sie, dass sie aus dem Rahmen fiel; übergebildet für eine preussische Prinzessin, beargwöhnt, weil sie versuchte, ihre Kenntnisse von Dingen zu erweitern, die in diesem Land als ausschliesslich männliche Domäne galten.

Friedrich liebte sie, und sie konnte nicht leugnen, dass er ein guter Gatte war, nach preussischen Massstäben ein verliebter Gatte, doch die allgemeine Atmosphäre war feindselig. Sie war eine Fremde, wie ihr Vater es gewesen war, als er nach England kam.

Dass Albert sie in den Monaten vor der Heirat sorgfältig vorbereitet hatte, war mehr eine Belastung als eine Hilfe. Sie dachte auf Grund der Leitsätze, die er festgelegt hatte; sie erklärte, die Ansichten, die er ihr beigebracht hatte, seien die richtigen; sie las seine Briefe und schrieb ausführliche Antworten. Und all ihre Bemühungen bewirkten nur, dass sie in den Augen ihrer neuen Familie nur um so englischer erschien. Der Konflikt war zu gewaltig für einen von Natur aus nicht sehr überlegenen Geist. Vicky versagte, aber es überstieg ihre und ihres Vaters Möglichkeiten, einzusehen, warum sie versagte. Sie begann angriffslustiges Preussentum nachzuahmen, von dessen Echtheit sie aber weder den Hof noch die königliche Familie überzeugen konnte, und beging den Fehler, solche Manieren in den Briefen an ihre Mutter zur Schau zu stellen. Victorias Zurechtweisungen kamen blitzschnell und waren niederschmetternd. Victoria fand die Preussen aufgeblasen und schwülstig und sagte ohne Umschweife, wie sehr es ihr missfiel, dass ihre Tochter diese Züge übernahm, so sehr auch die junge Kronprinzessin sich ihrem neuen Land anzuschliessen bemüht sein möge. Es war erbitternd und demütigend, doch Vicky zitterte genau so, als wäre sie noch daheim, statt verheiratet und unabhängig und viele hundert Meilen entfernt zu sein. Es war so verstörend, Preussen im Herzen zu hassen und England so sehr zu vermissen, dass ein vertrautes Lied ihr Tränen in die Augen treiben konnte, und doch andrerseits darüber erbost zu sein, dass sie noch immer ihrer Mutter unterworfen war, und dass das Königreich Preussen kein genügender Schutz gegen die Autorität der Königin von England sein sollte. Das alles war um so verwirrender, als Bertie, der doch so dumm war und kein Verantwortungsgefühl besass, eines Tages diese Macht erben sollte. Bertie war nach Rom gegangen, weil Albert hoffte, Reisen könnten seinen trägen Geist aufrütteln. Er war vom Papst empfangen worden, was die meisten Leute für ausserordentlich gefährlich hielten, doch die Anwesenheit Oberst Bruces hatte jeden Versuch einer Ansteckung vereitelt. Ein gewisser Trost war es, als sie die Geburt eines zweiten Kindes erwartete, zu wissen, dass Bertie wohl eine ständige Quelle von Sorge und Enttäuschung für Albert war, dass aber die Briefe des Vaters an sie von Zärtlichkeit und Lob erfüllt waren.

*

«Kein Zweifel, Madam, die Reise ist ein ausserordentlicher Erfolg gewesen.»

Die Königin musterte Lady Lyttelton kalt. Es brauchte Mut, Ihrer Majestät zu sagen, dass etwas, das ihr ältester Sohn tat, erfolgreich gewesen war, doch Lady Lyttelton war für ihren Mut bekannt. Die andern Damen warteten nervös. Der Prinz von Wales war nach Kanada und nach den Vereinigten Staaten gefahren. Und die Berichte von seinem Empfang hatten das Land ebenso entzückt, wie sie seine Mutter verärgert hatten. Grosse Volksmengen hatten ihm zugejubelt, er war gefeiert worden, wohin er auch kam, und seine Reden und Manieren wurden in einer Weise gelobt, die Victoria völlig unverhältnismässig fand. Er war doch nur ein dummer Junge, und nichts, was Albert mit all seiner Klugheit, seinem Adel, gesagt oder getan hatte, war derart anerkannt worden. Sie war um ihres Gatten wegen wütend eifersüchtig.

«So scheint es, wenn man den hysterischen Ausbrüchen der Zeitungen trauen darf. Ich meinerseits finde sie unzuverlässig. Ich werde froher sein, wenn der Prinz zurückkehrt und ich von

Oberst Bruce erfahre, was sich wirklich begeben hat. Sie finden vielleicht, Lady Lyttelton, dass es ein wunderbarer Erfolg ist, wenn man einen neugierigen Pöbelhaufen anlocken kann?»

«Nein, gewiss nicht. Aber ich glaube, dass Seine Königliche Hoheit die Kanadier zur grössten Treue für Sie angefeuert hat. Er ist schliesslich sehr jung ...»

«Wenn Sie annehmen», Victorias Stimme war eisig, «dass ich von den Bemühungen meines Sohnes abhänge, um die Treue meiner Untertanen wach zu halten, so sind Sie in einem traurigen Irrtum befangen. Und was seine Jugend betrifft – nun, der Prinz hat die klügsten Ratgeber, um das auszugleichen, was ihm abgeht. Und ihm, wie ich fürchte, immer abgehen wird. Ohne Rücksicht auf sein Alter. Sie würden mich sehr verbinden, Lady Lyttelton, wenn Sie in Zukunft Ihre Ansichten für sich behielten; und wenn Sie das nicht vermögen, so vermeiden Sie es, bitte, sie mir gegenüber zu äussern.»

«Ich bitte um Verzeihung, Madam.» Lady Lyttelton war errötet; sie kannte die Königin seit vielen Jahren und hatte ihr treu gedient, und nichts als ehrliche Liebe für den Prinzen von Wales hatte ihr den Mut eingeflösst, die Reise überhaupt zu erwähnen. Jedermann wusste, dass der Königin ein Fehlschlag beinahe lieber gewesen wäre, dass sie die Berichte von seiner Beliebtheit mit steigendem Ärger gelesen und zu ihrer Umgebung erklärt hatte, es sei nur der Wachsamkeit des Prinzgemahls zu verdanken, dass ihr Sohn sich überhaupt zu benehmen gewusst habe. Ja, dachte die Lady verdrossen, Victoria war eine ungeheuerliche Mutter. Es hatte keinen Zweck, an Albert Kritik zu üben, weil er nun einmal ohnehin kein Verständnis hatte, aber eine Mutter ... Sie knickste und zog sich aus der Sichtweite der Königin zurück.

«Lady Augusta, wollen Sie uns, bitte, etwas vorspielen. Ich bin ganz wirr von all diesem Gerede.

Victoria sass da und schaute vor sich hin, während der Flügel geöffnet wurde. In ihre Gedanken versunken, hörte sie keinen Takt der Musik, obgleich Lady Augusta Bruce alles auswählte, was Ihrer Majestät sonst gefiel, und beinahe eine Stunde spielte.

Dieser erbärmliche Bursche! Wie furchtbar ungerecht, dass er solchen Erfolg gehabt haben sollte, dass die Reden, die andere für ihn geschrieben hatten, Beifall fanden und in den Zeitungen gelobt wurden, während ihr Liebster sich für das gemeinsame Wohl zu Tod arbeitete und nie ein wirkliches Wort des Lobes erntete! Wenn man nur daran dachte, was Albert getan hatte – die Reorganisation von Heer und Flotte – wie lange hätte der Krimkrieg, hätte sich die indische Meuterei ohne seine Bemühungen hingeschleppt?! Die grosse Ausstellung! Oft dachte sie an den Tag, da sie zum Kristallpalast gefahren waren und die Ausstellung eröffnet hatten, in ihrem Herzen hatte sie damals geglaubt, nun endlich werde er anerkannt und nach Gebühr geschätzt werden. Und was nachher geschah – würde sie je den Abend in Windsor vergessen, als er am Fenster stand und nach dem roten Himmel blickte, und als sein geliebter Kopf auf die Brust gesunken und er gewusst hatte, dass Tausende rund um den Tower ihr Picknick veranstaltet und gehofft hatten, sie würden ihn als Gefangenen hierher gebracht sehen. Das war der schlimmste Augenblick in ihrem ganzen Leben; manchmal wachte sie mitten in der Nacht auf, denn sie hatte von all dem geträumt und zitterte bei der Erinnerung noch vor Zorn. Er arbeitete weiter und tat seine Pflicht, ohne sich zu schonen, doch die Hoffnung auf die Liebe des Volkes war an jenem Tag in ihm erstorben. Wie hatte er gelitten, und wie litt er noch immer! Artikel in den Zeitungen griffen ihn an, der ‚Punch' machte sich über ihn lustig – wie verhasst war ihr dieses greuliche, ordinäre Witzblatt! Jeder Rat, den er gab, wurde angenommen und befolgt, sogar von Palmerston, wenn es ihm gerade in den Kram passte, aber kein Mensch erkannte Alberts Verdienst an. Könnte er Anerkennung, Lob, Liebe finden, wie er sie verdiente, gern würde sie zehn Jahre ihres Lebens dafür geben. Mit dieser Last von Enttäuschungen musste ihr Geliebter hören, wie man von Bertie entzückt war, der in Kanada eine Brücke über den St. Lawrencestrom eröffnete, von Bertie, der einen Ball in New York beiwohnte ... Bertie wurde gefeiert, geehrt, gepriesen. Seine charmanten Manieren – wer hatte je den Charme ihres Liebsten bemerkt? Berties offene, freundliche Züge – sich an die gemeisselte Schönheit seines Vaters zu erinnern und dann solchen Unsinn lesen zu müssen! Bertie, der dumm und verlogen war, der zum Ritter des Hosenbandordens gemacht werden musste, der der Prinz von Wales war und eines Tages König von England sein würde... es war zu ungerecht! Und wenn die Lyttelton es wagen sollte, seinen Namen noch einmal zu erwähnen, so würde sie sie ihrer Stelle entheben!

Jene, die im Salon der Königin sassen, bemerkten die tiefe Furche zwischen den Brauen und das Glitzern in ihren Augen unter den schweren Lidern. Keiner regte sich oder hüstelte auch nur, bis Augusta Bruce sich vom Klavier erhob.

*

«Stockmar sagt, er hielte eine frühe Heirat für die einzige Lösung, Liebster.»

Victoria sah Albert ins Gesicht, flehte ihn gleichsam an, sich keine zu grossen Sorgen zu machen. Der arme Liebste, wie vergrämt er aussah! Da waren tiefe Furchen in seiner Stirn und neben den Mundwinkeln. Er hatte so viel von seinem schönen braunen Haar verloren, dass er wirklich beinahe kahl war. Sie drückte ihm die Hand und küsste sie leicht.

«Und ich weiss, dass Stockmar recht hat; eine Heirat wird ihn reifen lassen und ihm ein Verantwortungsgefühl verleihen. Am Ende –», sie verbarg ihren Ärger über das Thema Bertie und versuchte, es scherzhaft zu behandeln, «– denk daran, wie eigenwillig und vergnügungslustig ich gewesen war, bevor du mich geheiratet hattest. Kein Mensch weiss besser als wir beide, wie der rechte Gatte oder die rechte Gattin den andern verwandeln kann.»

Albert seufzte. Es war lieb von ihr, dass sie versuchte, ihrer beider Sorgen leicht zu nehmen, doch er kannte sie viel zu gut, um sich täuschen zu lassen. Ihr Sohn war von seiner Auslandreise mit einer übertriebenen Vorstellung von seiner eigenen

Wichtigkeit heimgekehrt. Er wehrte sich heftig gegen Bruces Überwachung. Der Oberst schrieb dem Prinzgemahl, sein Sohn gerate häufig in Zorn und schreie geradezu, wenn man ihn zurechtweise. Er hatte einmal versucht, ohne Erlaubnis nach London zu fahren. Der Streich wurde entdeckt, und ein königlicher Wagen wartete am Bahnhof, um den Schuldigen geradewegs nach dem Buckingham Palast zu bringen, doch jedermann fühlte, dass ein grösserer Skandal sehr knapp abgewendet worden war. Bertie gab sich jedem Laster hin, vor dem sein Vater ihn zu schützen versucht hatte. Er wollte Kartenspielen, er trank, und als seine Schwester Vicky zu Besuch aus Deutschland kam, hatte er einer ihrer Hofdamen höchst unziemliche Aufmerksamkeit geschenkt.

«Er hat mich so oft enttäuscht, dass ich keine Hoffnung mehr habe», sagte Albert. «Meine grösste Angst ist, dass er sich, wenn man ihn nicht bald verheiratet, in irgendeine unmoralische Geschichte einlässt.»

«Albert!» rief Victoria entsetzt. Sie war ehrlich empört. Es sah ihrem Gatten so wenig ähnlich, über so schreckliche Dinge zu reden und noch dazu in Verbindung mit seinem Sohn... «Albert, Liebster, du glaubst doch nicht, dass er je etwas Unrechtes tun wird?» Sie wurde plötzlich ganz blass. «Albert, du verheimlichst mir doch nichts!»

«Nichts, meine Liebe, darauf gebe ich dir mein Wort. Aber die Gefahr ist vorhanden, und wir müssen uns darauf gefasst machen. Ja, er sollte verheiratet werden. Er ist der Erbe des Throns, und er ist zwanzig, beinahe einundzwanzig!»

Sie hatte ihre Sorgen Vicky anvertraut, und Vicky hatte unter den in Betracht kommenden deutschen Prinzessinnen Umschau gehalten. Die Auswahl war kümmerlich; die Kandidatinnen waren entweder zu jung oder so hässlich, dass Bertie sich weigerte, sie in Betracht zu ziehen. Und er wollte sich nicht in eine ihm nicht zusagende Ehe zwingen lassen.

Man war anscheinend in einer Sackgasse. Albert wünschte seinen Sohn mit einer Deutschen zu verheiraten, doch keine der deutschen Prinzessinnen erwies sich als geeignet. Jetzt hatte ein Brief Vickys eine junge dänische Prinzessin als Möglichkeit genannt. Sie galt als hübsch und charmant, und die Kronprinzessin beabsichtigte, sie kennenzulernen, wenn ihre Eltern zustimmten.

«Man kann nie wissen», sagte Victoria. «Vielleicht ist diese kleine Alexandra wirklich die Richtige.»

«Eine Verbindung mit Dänemark wird Preussen verstimmen», meinte Albert finster. «Aber Vicky kann sie immerhin ansehen. Sonst scheint ja keine in Frage zu kommen.»

«Liebster, wenn sie so reizend ist, wie Vicky gehört hat, so können wir sehr deutlich zu verstehen geben, dass diese Eheschliessung uns in keiner Weise an Dänemark bindet. Eine Heirat mit dem Prinzen von Wales ist an sich schon Ehre genug. Jetzt will ich Vicky schreiben; sie soll sich das Mädchen ansehen und uns wissen lassen, was sie von der Sache hält. Und dich bitte ich – mach dir um Bertie keine Sorgen, bevor wir irgend etwas gehört haben.»

*

Als Gast der Grossherzogin von Mecklenburg-Strelitz sah Vicky zum ersten Mal Alexandra von Dänemark. Alexandra war siebzehn Jahre alt, und als Vicky sie erblickte, war ihr Eindruck im Nu, dass man das junge Mädchen nicht mit dem Wort ‚hübsch' bezeichnen konnte. Sie war nicht nur hochgewachsen und anmutig, sie hatte die schönsten Züge, die Berties Schwester je gesehen hatte. Rötliches Haar, grosse blaue Augen, die in mancher Beleuchtung fast violett wirkten, eine makellose Haut, prächtige Zähne ... es war fast nicht möglich! Und keine Spur von Anmassung, in Stimme und Ausdruck nicht die leiseste Andeutung darauf, dass Alexandra wusste, wie schön sie war.

Die junge Prinzessin war nervös. Ihre Eltern, die schrecklich arm waren, hatten sich in Schulden gestürzt, um sie passend auszustatten, und die ganze, glückliche, engverbundene Familie war am Abend vor der Abreise beisammen gesessen und hatte voller Hoffnung die Zukunftsmöglichkeiten erörtert. So viel würde von der Kronprinzessin abhängen! Alex müsste auf sie einen guten Eindruck machen. Als Alexandra vor der Tochter der Königin von England einen Knicks machte, röteten sich ihre Wangen vor Verlegenheit, doch sehr bald hatte sie ihre natürliche Liebenswürdigkeit und Heiterkeit wiedererlangt. Sie sass neben Vicky, schaute mit ihren erstaunlichen Augen bewundernd zu ihr auf, und binnen einer halben Stunde hatte Vicky entschieden, dies sei die einzig mögliche Frau für Bertie.

Kein Mensch konnte diesem Kind widerstehen; und ganz gewiss nicht Bertie, der es fertiggebracht hatte, einigen dieser schrecklichen, schwerfälligen deutschen Mädchen gegenüber höflich zu sein, wie ungeniert er sich nachher über sie aussprach. Alex war einwandfrei. – Und – höchst wichtig! – sie würde auch eine tadellose Schwiegertochter werden. Vicky war fest überzeugt, dass Papa und vor allem Mama, die manchmal recht diktatorisch sein konnte, es leicht finden würden, mit ihr auszukommen.

Sie blieb zwei Tage in Strelitz, und dann schrieb sie ihren Eltern, dass die Brautschau für Bertie beendet sei.

*

Im Februar 1861 sass eine alte Dame in einem Lehnstuhl vor dem Feuer, sah die Scheite brennen und döste vor sich hin. Eine bestickte Handtasche lag auf ihrem Schoss, die Nadel hatte den letzten Stich nicht beendet. Das Haus in Frogmore war voll von den Handarbeiten der Herzogin von Kent; Ofenschirme und Kissenbezüge, schön bestickt, manche in Perlarbeit, was damals höchste Mode war. Die aufbrausende, geschäftige Herzogin, einst so eine Plage für König Wilhelm IV., hatte sich im Alter sanfteren Betätigungen gewidmet. Ihr Ehrgeiz war schon vor Jahren erstorben; und ihr Hochmut hatte die Kämpfe mit Victoria nicht überlebt. Kein Mensch erwähnte jetzt diese vergangenen Tage; es war so lange her, dass sie in Feindschaft mit ihrer Tochter gelebt hatte, und die Enttäuschungen und die Zurechtweisungen waren jetzt ebenso verschwommen wie die Einzelheiten eines bösen Traumes. Seit Jahren hatte sie ihre Ruhe im Familienkreis gefunden, als geliebte Mutter und Grossmutter, geachtet und in Frieden.

So gelassen verlief jetzt ihr Leben. Es floss in langsamem Gang dahin, und das war sehr angenehm, verglichen mit den Stürmen der Jugend und der mittleren Jahre. In ihrem Lehnstuhl in Frogmore, umgeben von Behagen und Rücksicht, nähte die alte Herzogin und döste und spielte mit ihren Damen Whist und freute sich auf die Besuche Victorias und Alberts. Sie liebte Albert. Albert hatte sie aus der Hölle von Vernachlässigung und Ungnade gerettet und sie und Victoria wieder zusammengeführt. Albert war das Band zwischen ihnen. Ihm verdankte sie alles, ihre Stellung und ihren Seelenfrieden.

Eines der Scheite knisterte im Kamin, und die alte Herzogin erwachte. Sie spürte den Schmerz wieder; er war nachhaltiger als gewöhnlich, und sie wurde gewahr, dass sie von ihrem toten Gatten geträumt hatte. Wie merkwürdig, dass nach so vielen Jahren der Herzog von Kent ihr wieder in den Sinn kommen sollte! Ihre Erinnerung an ihn war mit einem Mal deutlich, als wären sie eben erst voneinander geschieden. Fast konnte sie ihn vor sich sehen mit seinem roten Gesicht und seiner linkischen Art, zu stehen oder im Zimmer herumzugehen und die Uhren seiner unerschöpflichen Sammlung aufzuziehen. Sie lächelte, sie dachte daran, wie diese alltägliche Beschäftigung mit dem Stellen und Aufziehen der Uhren sie gereizt, wie das Geräusch der Glocken sie wach gehalten hatte. Doch sie hatte sich derart daran gewöhnt, dass sie es mit der Zeit nicht mehr merkte. Er war auf seine Art ein guter Mann gewesen, und obgleich er verschuldet lebte und starb, waren sie einander schliesslich sehr nahe gekommen. Sie erinnerte sich an seine letzten Worte, als er vor vierzig Jahren im Sterben lag: «Vergiss mich nicht!»

Wieder schloss sie die Augen, versuchte, sich dem nagenden Schmerz in ihrer Brust zu entziehen, und dann läutete sie eine kleine Glocke, die neben ihrem Stuhl stand. Obgleich das Feuer loderte und die Vorhänge sie von dem grauen Februarabend schützten, fröstelte sie. Es war noch früh. In ihrem kleinen Haushalt war noch nicht zu Abend gegessen worden, doch die Herzogin hatte gar keinen Hunger.

Als ihre Damen kamen, liess sie sich zu Bett bringen. Das letzte, was sie tat, bevor sie einschlief, war, die alte Uhr des Herzogs mit den Schildpattschalen herauszunehmen und sorgfältig aufzuziehen.

Als die Königin und der Prinz von London kamen, lag die Herzogin schon im Sterben. Sie standen im Halbdunkel an ihrem Bett, Victoria sank in die Knie und nahm die schlaffe Hand in ihre Hände. In diesem Augenblick waren die Jahre verflogen.

«Mama, o Mama!»

Sie starb; ihre liebe Mutter, mit der sie so lange Zeit glücklich gewesen war. Sie lag hier in furchtbarer Starrheit und Bewusstlosigkeit, der Atem ging röchelnd, die Hand, die Victoria küsste und streichelte, war feucht und leblos.

Die Tränen begannen der Königin über die Wangen zu rollen. Die Damen der Herzogin zogen sich in den Hintergrund zurück. Der Gram Victorias hatte gleichsam etwas Erschreckendes. Es schien so unwirklich zu sein, dass sie hier kniete und Tränen vergoss und ihre Mutter rief wie jede andere Frau. Eine nach der andern, verzogen sich die Damen und liessen sie und Albert allein im Zimmer.

Seine Augen waren trocken. Weinen hätte seine Gefühle beim Anblick der alten Herzogin, die da vor ihm lag, nicht auszudrücken vermocht. Sein Kummer barg fast einen Hauch von Neid. Er hatte sie gern gehabt, und seine Bemühungen, ihr das Leben behaglicher zu machen, waren mit tiefer Dankbarkeit und Zärtlichkeit belohnt worden. Er wusste, dass sie in ihm einen Sohn gesehen hatte. Gott sei Dank, dass er imstande gewesen war, sie mit Victoria zu versöhnen. Gott sei Dank, dass Victoria, die hier kniete, ein gutes Gewissen haben konnte! Sanft legte er den Arm um sie und zog sie fort.

«Du musst dich ausruhen», flüsterte er. «Da gibt's nichts, was man noch tun kann. Wenn sie aufwacht, wird man uns rufen.»

Doch die alte Herzogin erwachte nicht mehr. Nachts kam die Königin in das Schlafzimmer herunter, eine Lampe in der Hand, und wartete auf ein Zeichen wiederkehrenden Bewusstseins. Am nächsten Morgen um halb zehn hörte Victoria, wie das röchelnde Atmen mit einem Mal still wurde. Und als das geschah, schlug die alte Weckeruhr ihres Vaters.

*

«Ach, wenn ich denke, wie wenig gut ich zu ihr gewesen bin!»

Albert sah in Victorias verstörtes Gesicht mit den vom Weinen verschwollenen Augen, und fragte sich, ob er wieder den Arzt holen lassen sollte. Sir James Clark hatte die Königin schon besucht und erklärt, nur die Zeit werde das Übermass ihres Grams heilen. Albert meinte, der Doktor hätte ihr etwas verschreiben sollen, doch er hatte ihn nie leiden mögen, noch hatte er viel Vertrauen zu ihm. Sir James hatte ein barsches Wesen, das der Prinz unangenehm fand. Es war doch noch die alte Geschichte über ihn und eine von Victorias Damen, Flora Hastings, im Umlauf ... oder war sie eine Dame der Herzogin von Kent gewesen? An die Einzelheiten konnte er sich nicht erinnern, aber er wusste genau, dass Sir James nicht gerade ruhmbedeckt aus der Affäre hervorgegangen war. Victoria aber hatte das grösste Vertrauen zu ihm. Und er sagte, sie werde sich mit der Zeit von der Erschütterung über den Tod ihrer Mutter erholen. Die Wirkung dieses Schlags auf die Königin hatte jedermann bei Hof beunruhigt und auch der Regierung Sorgen bereitet. Plötzlich nach der Beerdigung war die Königin zusammengebrochen. Sie konnte nicht essen, noch schlafen, noch ihre Tätigkeit wieder aufnehmen. Sie verbrachte ihre Zeit damit, die Sachen der Herzogin zu durchstöbern, las ihre alten Tagebücher und weinte und klagte, bis Albert eine ernstliche

Störung befürchtete. Victorias Nervensystem war in so empfindlichem Gleichgewicht, dass es durch den Tod der Herzogin beinahe völlig vernichtet wurde. Nie hätte er das vermutet. Und weder er noch Victoria selber hätten je vermutet, dass dieses Übermass an Reue und diese Ströme hysterischer Tränen der Ausdruck eines viel tieferen Gefühls waren als des Schmerzes um den Verlust ihrer Mutter. In Wirklichkeit hatte sie ihre Mutter nie geliebt; erst in den letzten Jahren war ihre Zärtlichkeit von Albert geweckt und durch die Liebe ihrer Mutter für Albert gestärkt worden. Sie weinte und geriet so völlig ausser sich, weil sie die Allgewalt des Todes erlebt hatte. Und der Tod bedeutete für Victoria nur eines, ein einziges, obgleich sie ihr Grauen hinter Gesprächen über die Herzogin von Kent zu verbergen suchte. Der Tod hatte ihr die Mutter geraubt. Der Tod konnte ihr auch Albert rauben. Der Tod würde ihr Albert rauben, wenn sie nicht, dank der Gnade Gottes, vor ihm starb. Und obgleich ja noch viele, viele Jahre vor ihnen lagen, brachte die Unvermeidlichkeit dieser Trennung ihren Geist fast aus den Fugen.

«Wenn ich daran denke, wie ich mich einmal gegen sie gewendet habe, so kann ich's nicht ertragen, Albert. An all dem war diese böse Lehzen schuld! Sie war so gut zu mir! Ich habe Dinge in ihren Tagebüchern gefunden ... aus der Zeit, als ich noch ein Kind gewesen war ... ach, so süsse Dinge! O Albert, ich gäbe alles auf der Welt dafür, wenn ich sie wiederhaben und meine Schuld an ihr gutmachen könnte.»

«Du hast nichts zu bereuen», erklärte er nachdrücklich. «Du bist eine tadellose Tochter gewesen, und du hast sie sehr glücklich gemacht.»

«Aber erst am Ende», weinte Victoria. «Immer hätte ich gut zu ihr sein sollen. O Albert, Albert, ist es nicht schrecklich, sich vorzustellen, dass man den Menschen nie wieder zurückrufen kann, wenn das einmal geschehen ist? Ich habe das bisher nie begriffen. Ich kann's nicht glauben, dass ich sie nie mehr wiedersehen soll!»

«Du musst dich damit abfinden», sagte er gütig. «Du musst

dich beruhigen und daran denken, Liebste, dass deine Mutter eine sehr gute Frau war, und dass sie jetzt in Gottes Hut ist. Und es würde ihr nur weh tun, wenn sie sähe, dass du dich unglücklich machst und deine Pflichten vernachlässigst. Und du wirst sie wiedersehen. Eines Tages werden wir alle wieder vereint sein.»

«Wenn ich dessen nur gewiss sein könnte!»

Victoria wischte sich die Augen mit einem tränendurchnässten Taschentuch.

«Du musst dessen gewiss sein!» Albert war geradezu entrüstet. «Ja, Liebste, im nächsten Leben treffen wir alle einander wieder. Das weisst du doch! Nicht?»

«Ja, gewiss weiss ich das. Nur, dass man manchmal seine Zweifel hat. Wenn ich daran denke, wie Mama nachher ausgesehen hat, kann ich nicht glauben, dass es noch irgendein Leben geben wird.»

«Das ist sehr unrecht!»

Wie seltsam, sich vorzustellen, dass die Religion bei ihr nur so wenig tiefe Wurzeln hat! Nach all den Jahren des Gottesdienstes am Sonntag und der täglichen Gebete! Er hatte das nie geahnt. Teilte sie seine tiefsitzenden Überzeugungen nicht, dass ein gutes Leben im Himmel seinen Lohn fand, oder dass liebende Familien zu jener ewigen Einheit zusammentrafen, die er sich selber als das himmlische Heim ausmalte? Es war ein schöner, rührender Glaube, und er war entsetzt bei dem Gedanken, dass Victoria es bezweifelte. Das erklärte auch ihren unvernünftigen Gram um die Herzogin; welch ein harter, trostloser Gedanke, den ihr Herz barg!

«Du musst stärker im Glauben sein, Liebste», sagte er ernst. «Du darfst dir nie, nie erlauben anzuzweifeln, wovon du weisst, dass es wahr ist. Und kommt die Zeit für einen von uns zu sterben, dann wird es dem andern helfen, das leichter zu ertragen, wenn wir begreifen, dass es ja nur eine kurze Trennung ist.»

Plötzlich schlang Victoria die Arme um seinen Hals. Sie klammerte sich so fest an ihn, dass es recht unbehaglich war.

«Daran will ich nicht denken. Albert, du darfst nicht mit einem Wort andeuten, dass das auch uns zustösst, sonst breche ich völlig zusammen. Diesen Gedanken kann ich nicht ertragen. Bitte, Liebster, sprich nicht mehr davon! Ich werde versuchen, mich zu beherrschen und mich nicht mehr so sehr um Mama zu grämen. Und ich weiss, dass ich sie wiedersehen werde, und wir werden ebenso glücklich sein wie zuvor. Aber kein Wort davon, dass eines von uns sterben könnte!»

XII.

Der 22. November war bitter kalt; der Regen prasselte von einem Himmel herunter, der so dunkel war, als wäre es schon Abend und nicht erst früher Nachmittag. Allein in ihrem Salon in Windsor, vor einem lodernden Feuer, einen Stoss Papiere auf dem Tisch neben sich, die alle sorgfältig gelesen werden wollten, hielt Victoria inne, um aus dem Fenster zu schauen. Wenn doch Albert nicht an einem so schrecklichen Tag nach Sandhurst gefahren wäre! Sie hatte versucht, ihm abzureden; er sah besonders müde aus, und sie wusste, dass er an schwerer Schlaflosigkeit litt.

Doch die Militärschule war das Kind seines Geistes; eine der Lösungen des Problems, um eine unmilitärische Nation wie England daran zu verhindern, dass sie alles Interesse an der Armee verlor, solange das Land Frieden hatte. Diese Schule würde Offiziere ausbilden, und so gäbe es, wenn ein Notstand eintrat, stets eine Gruppe tüchtiger Führer. Und obgleich es nass und kalt war, bestand er doch darauf, wie festgelegt, die neuen Baulichkeiten zu inspizieren.

Wenn er sich nur mehr Ruhe gönnen und die erdrückende Last der Arbeit abwälzen wollte, die er sich selber auferlegt hatte! Er schien geradezu darauf bedacht, ihr immer mehr von ihren Verantwortungen abzunehmen, während sie doch kräftig und sehr wohl imstande war, bis spät am Abend zu arbeiten, ohne irgendwelche ungünstigen Wirkungen zu spüren. Es war, als würde er von einer Macht gehetzt, die ihm keine Ruhe liess. Wenn sie nach Balmoral fuhren und er einverstanden war, den Nachmittag bei der Jagd zu verbringen, kehrte er oft nach weniger als zwei Stunden zurück und setzte sich wieder an seinen Schreibtisch.

Nur selten spazierte er durch die Gärten in Osborne, wo er so viele glückliche Mussestunden verbracht hatte; seine Zeit gehörte jetzt seinem Arbeitszimmer, wo der grünliche Lampenschirm einen krankhaften Schimmer auf seine Züge warf. Er war auch zu mager, sagte sie sich und schob mit einem Seufzer die Akten zur Seite. Sie machte sich solche Sorgen um ihn, dass sie nicht arbeiten konnte. Und er wollte keinen Arzt befragen; er beharrte darauf, dass ihm nichts fehle.

Und natürlich fehlte ihm nichts. Er war nur überarbeitet. Mühsam begann Victoria wieder ihre Akten zu lesen, mit dem Bleistift ihre Randbemerkungen zu machen, und die Konzentration, die Albert sie gelehrt hatte, verdrängte die Sorge um ihn aus ihrem Geist.

Doch die Sorge stellte sich wieder ein, als sie ihn an jenem Abend sah. Er stand gleichgültig da, während sein Kammerdiener ihm aus einem nassen Mantel half, und dann bückte er sich, um sich die Hände am Feuer zu erwärmen. Die Baulichkeiten der Offiziersschule seien sehr eindrucksvoll, sagte er, als sie ihn fragte. Alles habe ihm gefallen, und die Wärme, mit der ihn die Generäle und die Beamten des Kriegsministeriums empfangen hatten, sei sehr wohltuend gewesen. Alles sei in bestem Gang; ja, er sei wirklich sehr erfreut. Als sie seine Hände berührte, stellte sie fest, dass sie eiskalt waren und zitterten. Sie war beunruhigt, als er nach dem Abendessen im Salon blieb, statt wie gewöhnlich vor dem Schlafengehen noch in seinem Zimmer zu arbeiten. Er sah sehr elend aus, und zwischen den Brauen gruben sich Furchen, als hätte er Schmerzen. Und bevor sie schlafen gingen, gab er zu, dass er heftige Schmerzen in Beinen und Armen hatte, und dass er, nach der Inspektion der eiskalten Räume in Sandhurst, nicht imstande gewesen war, sich wieder zu erwärmen.

Als Victoria erwachte, merkte sie, dass er schon fort war. Sie konnte nicht einmal auf die Uhr sehen, so dunkel war das Zimmer. Sie lag da und wartete auf seine Rückkehr, und da überkam sie eine ungewöhnliche Besorgnis. Aberglauben lag nicht in ihrer Natur, bis auf jenen gekünstelten, den die Hochlandsagen weckten, die so reizend waren, dass es doch ein Jammer gewesen wäre, nicht daran zu glauben, aber sie war in ihrem Leben nie von Vorzeichen erschreckt worden und neigte dazu, dergleichen bei andern unerträglich zu finden, die daran glaubten. Es war auch kein Vorzeichen, das sich jetzt bei ihr einstellte; nur ein unbestimmtes, schreckliches Gefühl der Furcht, das mit ihrem jähen Erwachen vor dem Morgengrauen und mit Alberts leerem Bett zusammenhing.

Sie schob die Decken fort, warf den Schlafrock um, schlüpfte in die Pantoffeln, zündete die Kerzen neben ihrem Bett an und konnte so die langen Schnüre finden, die ihr Kleid an Hals und Gelenken zusammenhielten. Endlich vermochte sie auch die Uhr zu sehen; kein Wunder, dass das Zimmer noch dunkel war. Es war erst halb sechs.

Auf den Gängen wachte kein Mensch; kein Mensch sah die Königin vorübergleiten, ein bleicher Geist in der Dämmerung, und im Arbeitszimmer des Prinzen verschwinden. Unter der Tür schimmerte es hell, und sie wusste, dass ihre Vermutung richtig gewesen war. Sie drehte den Knauf so sachte, dass er nichts hörte, und sekundenlang blieb sie stehen und betrachtete ihn, der sich, unter dem grün beschatteten Licht, in jener Haltung über seinen Schreibtisch beugte, die sie nun seit Jahren so gut kannte. Er schrieb, und die Aktenkassette, die er gestern abend nicht geöffnet hatte, stand jetzt halb leer auf dem Boden neben dem Schreibtisch.

«Albert! Albert, Liebster, was machst du so früh?»

Er schaute auf, als sie sprach, und blinzelte, als hätte er sie nicht erkannt. Mein Gott, es musste die schreckliche grüne Lampe sein, die seiner Haut diese gespenstische Farbe verlieh ...

«Ich war wach, Liebe», erklärte er freundlich. «Und so meinte ich, es wäre doch vernünftiger zu arbeiten, als, ohne zu schlafen, die Zeit zu vergeuden. Ich habe dich hoffentlich nicht geweckt?»

«Wie lange bist du schon hier?» Sie trat näher, kniete neben ihm und griff nach seinem Arm. Es brannte kein Feuer, und das Zimmer war eiskalt. «Du wirst dir die schrecklichste Erkältung holen, wenn du hier sitzt, wo nicht einmal ein Feuer angezündet ist. Warum hast du nicht geläutet, damit man geheizt hätte?»

«Es war noch zu früh; ich konnte das von niemandem verlangen. Man kann zudem nichts Wärmeres haben als diesen Schlafrock. Ich fühle mich wirklich wohl darin.»

Es war eines ihrer vielen Geschenke, dieser Schlafrock aus rotem Samt mit pelzbesetztem Kragen und Ärmeln. Ja, der Schlafrock war warm, ein Glück, dass Albert daran gedacht hatte, ihn anzuziehen.

«Ich war so unruhig, als ich sah, dass du schon aufgestanden warst, Albert. Ich liege drüben und warte, dass du zurückkommst, und ich fühle mich so einsam und verängstigt. Was hast du denn? Ich glaube nicht, dass du ganz wohl bist. Da kannst du sagen, was du willst.»

«Ich bin vollkommen wohl.» Er klopfte ihr auf die Schulter und erzwang ein Lächeln. «Ich bin nur müde, und das wird natürlich schlimmer, wenn ich ins Bett gehe und nicht schlafen kann. Es tut mir leid, dass du Angst gehabt hast. Und jetzt geh wieder ins Bett; es ist viel zu kalt für dich hier, und ich habe noch einige Akten zu erledigen.»

«Ich gehe erst, wenn du mit mir kommst. Darauf bestehe ich, Albert. Ich verlasse dieses Zimmer nicht ohne dich. Du kannst diese Akten später erledigen, aber jetzt kommst du mit mir, und ich lasse dir etwas Heisses zu trinken bringen.»

So selten nur fügte sie sich seinen Wünschen nicht, dass er ihr diesmal ohne Widerrede nachgab. Überdies hatte er plötzlich selber das Bedürfnis nach einem warmen Getränk. Er war nicht hungrig, weit entfernt davon, sein Magen verkrampfte sich bei dem Gedanken an Fleisch und Fisch und ein halbes Dutzend kräftiger Gerichte, die zum Frühstück aufgetragen würden. Aber eine Schale heisse Suppe oder eine Tasse Schokolade hätte er gern. Und er war zu müde, um sich zu wehren. Sein Körper schmerzte so heftig, dass er fürchtete, was er geschrieben hatte, werde nicht viel wert sein. Er müsste das später noch einmal vornehmen.

Er stand auf, verzog das Gesicht, und im Nu erschaute Victorias besorgtes Auge diesen Ausdruck.

«Was hast du denn, Liebster? Warum siehst du so drein?»

«Ich habe solche Schmerzen in den Beinen und Armen», gestand er. «Und im Rücken. Ich kann gar keine bequeme Haltung finden. Das muss wohl Rheumatismus sein. Ich werde mich sehr gern noch für eine Stunde ins Bett legen, wenn ich etwas Heisses bekommen kann. Es ist doch noch zu früh, um in der Küche zu stören.»

«Unsinn! Wozu sind die Diener denn da? Und du sollst den ganzen Morgen im Bett bleiben; nicht bloss eine Stunde.»

Sie kehrten in ihr Zimmer zurück, und bald war noch eine Decke für den Prinzen beschafft; im Kamin brannte ein prasselndes Feuer, und ein Tablett mit Suppe und Zwieback wurde gebracht. Victoria bestand darauf, ihn selber zu füttern.

Er trank die Suppe und brachte es auch fertig, den Zwieback zu essen, um ihr einen Gefallen zu tun. Sie war ein seltsames kleines Geschöpf, dachte er. Sie hatte so ein kraftvolles Gesicht und einen so unmittelbaren Blick. Er hatte Leute zittern gesehen, wenn sie diesen Blick auf sie richtete; was würden sie denken, wenn sie sie jetzt sehen könnten, mit diesem liebevollen Ausdruck, der ihr ganzes Wesen verwandelte. Sie war sehr gut zu ihm, sehr liebevoll. Sie hatte einen wunderbaren Charakter, von Kraft und Zielbewusstsein erfüllt, gefeit gegen den Zweifel an sich selber und an der Verzweiflung, die seinen Geist benagte und ihm auf alle Zeit den Seelenfrieden raubte.

«Liebstes Kind», sagte er sanft, «lass mich den Kopf an deine Schulter legen. So – jetzt fühle ich mich wirklich behaglich.»

So sassen sie, bis Victoria an seinem regelmässigen Atmen merkte, dass er eingeschlafen war.

*

«Es hatte keinen Zweck, Alice; ich konnte ihn nicht aufhalten. Ich habe ihn angefleht, nicht zu gehen, aber er wurde so aufgeregt, dass ich ihn schliesslich mit meinem Abreden nicht reizen wollte.»

Prinzessin Alice war ein blondes, hochgewachsenes Mädchen mit den Zügen ihrer Mutter. Sie war sanft und gehorsam, und gelegentlich zeigte ihre Mutter, dass sie Vertrauen zu ihr hatte. Doch nur so gelegentlich, dass das Mädchen durch dieses Vertrauen immer noch in Verlegenheit geriet. Und noch verlegener wurde sie durch den Anlass. Ihr Vater, krank, müde und an rheumatischen Schmerzen leidend, hatte darauf bestanden, nach Cambridge zu fahren, um mit Bertie zu reden. Bertie hatte sich wieder einmal schlecht aufgeführt; Alice wusste, dass er in Ungnade war, und zwar aus dem einfachen Grund, weil die Königin jedem, mit dem sie sprach, mitteilte, wie ihr ältester Sohn sie und seinen Vater erzürnte. Es kam heraus, dass er sich mit zwei recht missliebigen jungen Adligen angefreundet hatte, die jagten und das Geld mit vollen Händen ausgaben; auch rauchte er, was seiner Mutter ein Greuel war. Es war eine abscheuliche, lästerliche Gewohnheit und kam gleich nach dem Trinken. Er arbeitete auch nicht genug, und Oberst Bruce stellte fest, dass er schwerer zu behandeln sei als bisher.

Diese Nachrichten hatten Albert aus der Lethargie aufgerüttelt, in die er nach seinem Besuch in Sandhurst verfallen war. Seit sie ihn in seinem Arbeitszimmer gefunden hatte, war er nicht mehr derselbe; er redete stundenlang kein Wort und liess die Arbeit liegen, was bei ihm ganz ungewöhnlich war, denn er konnte es nie ertragen, Zeit zu vergeuden. Und furchtbar niedergeschlagen, trotz aller ihrer Anstrengungen, ihn aufzuheitern; sie brachte sogar die kleine Beatrice zu ihm ins Zimmer, weil sie wusste, dass er das Kind liebte und gern mit ihm spielte. Sie hatte den ganzen Morgen damit verbracht, ihn, wie sie eben Alice erzählt hatte, von der Reise nach Cambridge abzuhalten, solange das Wetter noch nass und kalt war– und Berties Bestrafung ihr zu überlassen.

Prinzessin Alice konnte sich die Schärfe der Zurechtweisung vorstellen, die Bertie erfahren hätte, wenn die Sache seiner Mutter überlassen worden wäre. Mama sah so wütend drein, dass das Mädchen nicht wusste, was sie sagen sollte.

«Das werde ich Bertie nie verzeihen», fuhr Victoria fort, ohne das Schweigen ihrer Tochter zu bemerken. «Gerade wenn euer guter Vater nicht wohl ist und Ruhe braucht, muss man ihn derart aufregen!»

«Hätte Papa ihm nicht schreiben können?» meinte Alice schüchtern.

«Briefe haben überhaupt keine Wirkung», entgegnete Victoria. «Soviel ich weiss, liest er sie gerade nur und legt sie beiseite. Dein Vater sagte heute morgen, er müsse mit ihm reden; darunter ginge es nun einmal nicht. Ach, warum hat Gott uns so eine Bürde auferlegt? Warum konnte nicht Alfred der älteste Sohn sein?!»

«Es tut mir leid, Mama», flüsterte die Tochter. Es war wirklich abscheulich von Bertie, denn ihr Vater war doch so geduldig, so gütig, nicht wie Mama, vor der sie alle Angst hatten. Und trotz allem musste Alice ihren Bruder Bertie lieb haben. Er sah immer so bedrückt aus, und dieser strenge Oberst Bruce überwachte ihn, wohin er auch ging. Sie konnte sich eines Nachmittags in Osborne entsinnen, als Bertie neunzehn war und in das Zimmer stürzte, wo sie ruhig las, und ganz ausser sich schrie: «Zum Teufel mit Bruce! Zum Teufel, zum Teufel mit ihm!» Er hatte so wild dreingesehen, dass sie von der Ähnlichkeit mit der Mutter betroffen war, und sie war zur Tür gelaufen und hatte in den Gang gespäht, ob nur ja niemand ihn gehört haben konnte. Als sie zurückkam, um Bertie zu ermahnen, war er in einem Stuhl gesessen und hatte den Kopf hängen lassen; nach diesem Ausbruch ohnmächtigen Zornes wirkte er so kläglich, dass sie nicht das Herz gehabt hatte, ihn zu schelten.

«Hoffentlich ist Papa ganz wohl», sagte sie zu Victoria. «Wenn er nur im Bett bleiben und sich ausruhen wollte! Wann kommt er denn aus Cambridge zurück?»

«Morgen.» Victoria hatte alles gesagt, was sie über Bertie zu sagen beabsichtigt hatte; aber keineswegs legte sie Wert darauf, mit ihrer Tochter zu erörtern, was Albert tun oder nicht tun sollte. Sie wies mit dem Kopf nach der Tür.

«Du kannst jetzt gehen, mein liebes Kind. Ich sehe dich abends bei Tisch.»

*

In dem langen Korridor vor den Gemächern der Königin standen Lady Lyttelton und Lady Augusta Bruce, beobachteten die Tür zu dem Vorraum und unterhielten sich im Flüsterton.

«Warum lässt sie keinen andern Arzt kommen?» sagte Lady Lyttelton. «Ich halte den alten Clark für einen ausgemachten Dummkopf; er hat keine Ahnung von der Medizin.»

«Ich kann's nicht ertragen, daran zu denken, dass er im Bett liegt und hinschwindet.» Augusta Bruce zwinkerte, um die Tränen zurückzuhalten. Sie war dem Prinzgemahl sehr ergeben; sie konnte das Krankenzimmer nie betreten, ohne zu weinen, und die Königin hatte sie heftig angefahren; rote Augen würden den Prinzen nur aufregen. «Warum hat sie denn so grosses Vertrauen zu Sir James? Sie würde doch gewiss die besten Ärzte der Welt für ihn haben wollen!»

Lady Lyttelton zuckte die Achseln.

«Meine liebe Augusta, Ihre Majestät glaubt an Clark, weil er ihr nur das sagt, was sie zu hören wünscht. Und ohne Zweifel ist es das, was er auch jetzt tut. ‚Es geht aufwärts mit ihm, Madam, es geht aufwärts! Kein Grund zur Beunruhigung!' Ich habe ihn nie etwas anderes sagen gehört, auch wenn sein Patient im Sterben lag.»

«Es ist zu arg! Sie wird bestimmt bald noch einen andern Rat einholen!»

«Das traut sie sich nicht», sagte Lady Lyttelton. «Sie will einfach nicht zugeben, dass er wirklich krank ist. Der Himmel weiss, dass sie ihn liebt, daran liegt es nicht; sie liest ihm stundenlang vor und pflegt ihn von früh bis abends. Sie will aber nicht wahrhaben, dass eine Gefahr vorhanden sein könnte. Und jeder andere als dieser verwünschte Clark würde ihr die Wahrheit sagen.»

«Ich habe gehört», meinte Lady Augusta und sah sich vorsichtig um, «dass Lord Palmerston versucht hat einzugreifen. Da gibt es einen Doktor Watson, der sehr tüchtig sein soll. Lord Palmerston soll die Königin gedrängt haben, ihn zu konsultieren. Ich bete darum, dass sie es tut! Ich habe den Prinzen heute früh gesehen, und er scheint schwer krank zu sein; ich hätte ihn gar nicht erkannt, so sehr hat er sich in diesen letzten drei Tagen verändert.»

«Das merkt jeder! Jeder bis auf die Königin. Ich sage Ihnen, Augusta, sein Leben ist in ihren Händen, und sie lässt es dahinschwinden!»

In diesem Augenblick öffnete sich die Tür hinter ihnen und Sir James Clark trat heraus. Er blieb stehen, als er die beiden Damen sah, und Augusta Bruce kam auf ihn zu.

«Sir James, wie geht es dem Prinzen. Wir alle sind so bebesorgt...»

Er knurrte und sah von ihr zu Lady Lyttelton.

«Dem Prinzen geht es sehr gut», fuhr er sie an. «Sehr gut! Ruhe und leichte Kost, das ist alles, was er benötigt, wie ich eben Ihrer Majestät gesagt habe. Ich mache mir mehr Sorgen um sie; sie verzehrt sich vor Angst. Ich wäre Ihnen, meine Damen, sehr verbunden, wenn Sie aufhören wollten, sie noch mehr zu beunruhigen.»

Damit drehte er ihnen den Rücken und stapfte durch den Korridor davon. Er war ein alter, müder Mann, und die Pflicht, ein dutzendmal im Tag die Königin zu beruhigen, zerrte an seinen Nerven. Der Prinz war krank, doch da Clark nicht wusste, was die Ursache seiner Krankheit war, sah er keinen Grund zu der Annahme, es könnte etwas Ernstes sein. In Zweifelsfällen ordnete er immer an, dass der Magen sich ausruhen müsse. Seiner Meinung nach war es ein Jammer, dass der gute, altmodische Aderlass nicht mehr üblich war. Besonders gereizt war er dadurch, dass die Königin ihm gesagt hatte, man dränge sie, einen andern Arzt zu rufen. Der Premierminister hatte sie schrecklich aufgeregt, denn er hatte angedeutet, dass der Prinz doch nicht die beste Pflege habe, und dass man diesen neuen Arzt, diesen Dr. Watson berufen solle. Wenn es dazu käme, brummte Sir James, würde der Herr bei ihm wenig Unterstützung finden. Und Ihrer Majestät erklärte er ganz offen, er würde keine Verantwortung für den Patienten übernehmen, wenn mit ihm herumexperimentiert werden sollte und das von einem Mann, vor dem er nicht die geringste berufliche Achtung habe.

*

«Liebster, soll ich dir noch ein Kapitel vorlesen?»

Victoria legte den Finger zwischen die Seiten von Walter Scotts ‚Peveril auf dem Hügel', woraus sie vorgelesen hatte.

Albert wandte den Kopf aus dem Kissen.

«Nein, danke, Liebste. Es war sehr lieb, aber du musst ja müde sein. Du hast beinahe zwei Stunden gelesen.»

«Ich bin gar nicht müde. Bist du auch sicher, dass du jetzt lieber nichts mehr hören willst?»

«Ganz sicher. Vielleicht heute abend, bevor ich schlafe.»

Sie las gut; das war etwas, das er sie gelehrt hatte, und zu Beginn seiner Krankheit hatte der Roman ihm gut gefallen. Doch in den letzten zwei Tagen hatte er sich damit begnügt, ruhig zu liegen, von dem Ton ihrer Stimme besänftigt, hatte nicht mehr versucht, dem Gang der Handlung zu folgen, sondern seine Gedanken unbeherrscht schweifen lassen. Er hatte sie jetzt kaum mehr in der Gewalt. Von seinem Fenster aus konnte er die kahlen Baumwipfel sehen, die sich wohl in einem kalten Februarwind regten, häufig aber schienen sie so grün zu sein, wie die majestätischen Tannen, die Rosenau wie Schildwachen flankierten, und dann war er wieder in Coburg, rief Ernst, und sie waren wieder Kinder. Er konnte die Kiesel auf dem Grund des geschwinden kleinen Baches sehen, während er aus einem Zweig eine Angelrute machte, eine Schnur daran band und sich dann ans Ufer setzte, um zu fischen. Er hörte Ernst aufgeregt rufen, er sah ihn, der einen zappelnden kleinen Fisch geangelt hatte. Ernst war immer geschickter gewesen; und er warf seinen Fisch auch nicht wieder ins Wasser zurück.

Er fühlte die kräftige Gebirgsluft über sein Gesicht streichen, während er durch den Wald wanderte, sein Rücken war nicht mehr von der Arbeit am Schreibtisch gebeugt, sein Schritt war fest. Er war jung und glücklich, umgeben von den Menschen, die er liebte, und die Heirat mit seiner Cousine Victoria war etwas, wovon er und Ernst und sein Vater sprachen, als läge es in ferner Zukunft.

Er war nicht überrascht zu entdecken, dass er manchmal in seinem Zimmer auf der Universität in Bonn war, in seine Studien versunken, und dann war Stockmar bei ihm, nicht grau und schwach, wie er bei ihrer letzten Begegnung gewesen war, sondern von Hoffnungen und Plänen für ihn erfüllt. Minuten gab es, da er wusste, dass er in Balmoral war; er konnte das Heidekraut riechen und die Büchse an seiner Schulter spüren, wenn er einen Hirsch erspähte.

«Du lächelst ja, Liebster – fühlst du dich besser? Du siehst viel besser aus!»

Er war wieder in Windsor, und Victoria beugte sich über ihn. Er erinnerte sich, dass sie ihm etwas vorgelesen hatte.

«Ja, ich fühle mich besser.» Er drückte ihr die Hand, und nebenher fiel ihm ein, wie leicht es doch war, Zeit und Raum zu erobern. Er konnte Windsor und das kalte Wetter verlassen, wann er gerade wollte; er konnte heim gehen und Coburg wäre nicht, wie bei seinem Besuch im letzten Jahr, leer und enttäuschend; Ernst, alt und wirr, die hellen Blumen, der klare Bach, selbst das romantische kleine Rosenau, das alles war weniger wirklich gewesen als je. Wenn er jetzt in seine Kinderzeit zurückkehrte, hatte sich nichts verändert; wenn er irgendeinen Zwischenfall wiedererlebte, war es immer etwas Heiteres und immer etwas Wahres, während die Dramen und Enttäuschungen des Lebens wie durch einen Zauber verblassten und er sich ihrer kaum mehr erinnern konnte.

Es war so merkwürdig, aufzuschauen und Victoria neben sich sitzen zu sehen, da er doch eben noch so weit von ihr entfernt gewesen war; doch er war froh, dass sie da war. Sie war eine gute Frau, und das Gefühl bevorstehenden Scheidens bewirkte, dass er sie mit einer Zärtlichkeit zu schätzen wusste, die er vorher nie gekannt hatte. Es tat ihm weh, sie so besorgt zu sehen und in klaren Augenblicken zu begreifen, wie sie davor zurückschrak, zuzugeben, dass er krank war, während er doch sehr wohl wusste, dass er sein Bett nie mehr verlassen werde, und dass all ihre Pläne für lange Ferien nur Träume waren. Um ihrer selbst willen würde es ihm leid tun, sie zu verlassen; es war ihm schrecklich, sich vorzustellen, wie sie einsam war und sich grämte, und das eine oder andre Mal hatte er versucht, ihr die Kinder ans Herz zu legen, denn er hoffte, dass sie bei ihnen Trost finden könnte. Doch sie wurde beinahe ungeduldig, als er meinte, sie könnte ihre Zeit angenehmer mit Alice oder Alfred oder sogar der kleinen Beatrice verbringen, statt die langen Nächte an seinem Bett zu wachen. Sie wollte keinen Menschen ausser ihm; sie klammerte sich an ihn, als wäre sie es, die sterben sollte, und alle Kraft, alle Hoffnung des Lebens wären nur in seinem versagenden Körper.

«Ich möchte dich nicht aufregen, Liebster» flüsterte sie. «Aber man hat vorgeschlagen, dass ein anderer Arzt zu dir kommen sollte ... wenn du nicht willst, schickt man ihn wieder weg. Du brauchst mir nur ein Wort zu sagen. Aber er ist hier in Windsor.»

«Wer ist er?»

Er hatte keinen Einwand; er wusste, wer der Mann auch sein mochte, gab es doch nichts, was sich tun liess.

«Watson heisst er. Lord Palmerston hat ihn empfohlen.»

Sie wollte ihn nicht merken lassen, wie sehr diese Einmischung sie verärgert hatte; nachdem sie Palmerstons Brief gelesen hatte, worin sich grausam angedeutet fand, dass ihr Liebster ernstlich krank war, hatte sie eine Stunde lang geweint. Es wäre eine Tragödie, stand in dem Brief, wenn das Land einen seiner wertvollsten Diener verlieren sollte, weil ihm nicht die bestmögliche Pflege zuteil geworden war. Es sei doch offenbar die Pflicht eines jeden, der mit ihm verbunden war, ein so kostbares Leben zu retten.

Als Palmerston das schrieb, wusste er, dass die Furcht in Victoria siegen und sie Watson zulassen werde. Er hoffte nur, es möchte nicht zu spät sein.

«Das war lieb von Palmerston!»

Wie hasste er diesen alten Mann, wie misstraute er ihm, und jetzt war es Palmerston, der versuchte, ihm das Leben zu retten!

«Ja, Doktor Watson soll kommen. Und danke Lord Palmerston in meinem Namen! Sag ihm, dass ich ihm leider noch nicht selber schreiben kann.»

«Sir James erklärt, dass du in wenigen Tagen wieder gesund sein wirst!» ermutigte ihn Victoria. «Ich habe solches Vertrauen zu ihm, Liebster; ich weiss, dass du Ferien brauchst, und dann wirst du wieder du selbst sein. Und im Frühjahr fahren wir nach Balmoral, und du darfst überhaupt nicht arbeiten, bevor du nicht wieder ganz bei Kräften bist. Erinnerst du dich an den herrlichen Sommer, den wir dort verbracht haben, als die Burg fertig war? Alles war so schön – erinnerst du dich, wie wir mit Brown ausgefahren sind und auf der Heide unser Picknick abgehalten haben, nur du und ich? Ich habe alle meine Skizzen, Liebster, und dieses Jahr will ich eine Mappe daraus machen. Ja, wir werden den ganzen Sommer oben bleiben! Ich weiss, wie du es liebst, und dort hast du dich immer so wohl gefühlt.»

«Ja, es wird schön sein», sagte er freundlich. Dann hob er plötzlich die magere Hand und streichelte ihr Gesicht.

«Meine kleine Frau», sagte er deutsch. «Geh und ruh dich aus. Und lass diesen Doktor Watson kommen.»

*

«Es tut mir sehr leid, Königliche Hoheit. Ich würde alles auf der Welt darum geben, Ihnen günstigere Nachrichten zu bringen, aber Ihr Vater ist schwer krank.»

«Was ist es?» flüsterte Prinzessin Alice. «Bisher hat noch niemand eine Diagnose gegeben...»

Watson schaute zur Seite.

«Das kann ich nur schwer verstehen. Der Prinz leidet an einem typhösen Fieber. Darf ich Ihnen raten, Platz zu nehmen?» setzte er rasch hinzu, denn die junge Prinzessin war so blass geworden, dass er eine Ohnmacht befürchtete.

«Typhöses Fieber? O Doktor! Wie ist das möglich...? Nie haben wir mehr vermutet als eine Erkältung oder einfach eine Übermüdung.»

«Der Prinz hat seit einigen Tagen hohes Fieber, glaube ich», fuhr Watson fort. «Die Krankheit hat bereits ihre Krise erreicht.»

«Dann wird es jetzt besser werden?»

Er war ein rauher Mann, und die Vernachlässigung, die Unwissenheit, mit denen ein Leben aufgeopfert worden war, hatte ihn so aufgebracht, dass er ohne Zaudern erwiderte:

«Nein, das wird es nicht. Wie ich Eurer Königlichen Hoheit schon sagte, es tut mir ausserordentlich leid. Der Prinz hat nicht mehr als zwei, höchstens drei Tage zu leben. Da Ihre Majestät mich nicht empfangen will, kann ich nur empfehlen, dass irgendwer ihr mitteilt, wie es steht. Ich habe getan, was ich konnte. Jetzt gibt es nichts mehr, was man tun kann, als sein Leiden lindern und das Ende abwarten.»

«Das wird meine Mutter töten», sagte sie langsam. «Es wird sie töten! Sie begreifen wohl, dass ich es ihr beibringen muss, Doktor? Ich habe sie gebeten, Sie zu empfangen, bevor ich das wusste ... was soll ich ihr jetzt sagen? Sie wird nicht auf mich hören, dass weiss ich! Sie wird nicht auf mich hören!»

«Um ihrer selbst willen hoffe ich doch, dass sie auf Sie hört», erwiderte Watson. Die Königin interessierte ihn nicht sehr. Eine Frau, die verstockt genug sein konnte, ihren Gatten diesem Esel von Clark anzuvertrauen, mitanzusehen, wie der Kranke vor Fieber brannte und vor ihren Augen dahinschwand, und sich dennoch an das klammerte, was sie glaubte, hatte keinen Anspruch auf sein Mitgefühl.

«Wenn sie sich weigert, Sie oder mich anzuhören, dann wird sie leider binnen kurzem das glauben müssen, was sie mit eigenen Augen sehen wird. Nochmals – es tut mir furchtbar leid. Der Prinz ist unersetzlich. Und könnte ich auch nie wieder meinen Beruf ausüben, so wäre meine medizinische Laufbahn doch nicht wertlos gewesen, wenn es mir vergönnt gewesen wäre, sein Leben zu retten.»

*

«Ich verbiete dir, so zu reden!»

Victoria presste die Hand ans Herz. Es pochte so rasch und heftig, dass es ihr den Atem verschlug.

«Ich verbiete dir, Alice, dieses unverantwortliche Gerede eines Menschen zu wiederholen, der überhaupt keine Ahnung von dem Fall hat!»

«Mama ...» Alices Stimme zitterte. «Mama, er ist nicht unverantwortlich. Er ist ein sehr tüchtiger Arzt, und ich glaube ihm. Er sagt, dass Papa ein typhöses Fieber hat und nicht mehr gesund werden kann.»

«Er ist ein Lügner!» Victorias Augen blitzten sie an; sie glänzten vor Furcht. Die Königin stand da wie eine in die Enge getriebene Löwin und erregte sich, um das Gefühl eines unerträglichen Entsetzens zu bekämpfen. «Wie kannst du hier stehen und so von deinem Vater reden? Wie kannst du wagen, zu behaupten, dass er nicht mehr gesund wird? Du musst die herzloseste, unnatürlichste Tocher auf der Welt sein! Ich glaubte immer, du wärst ein vernünftiges Mädchen. Und jetzt schwätzst du wie ein dummes Ding! Aber ich lasse mich nicht von dir aus der Fassung bringen. Und dieser Doktor Watson – ich wollte ihn gestern nicht empfangen, und ganz gewiss will ich es heute auch nicht. Ich glaube nicht an seine Diagnose, und kein Ehrenmann hätte dich mit so einer Botschaft zu mir geschickt.»

«Mama, ich flehe dich an –», die Prinzessin sprach unter Tränen, «ich flehe dich an, hör auf mich! Ich habe ja nur solche

Angst vor dem Schlag, den es für dich bedeuten wird, wenn Papa uns verlässt. Und sag nicht, dass ich herzlos bin, weil ich davon rede; du weisst, wie sehr ich Papa liebe ...»

«Lieben?» Die Stimme ihrer Mutter war rauh von Tränen. «Was ist deine Liebe verglichen mit meiner? Ich liebe ihn, wie er es verdient. Versuch nicht, dich da einzudrängen! Und verlass sofort das Zimmer!»

Da blieb nichts übrig, als zu gehorchen; Victoria wartete, hatte ihrer Tochter den Rücken gedreht, und sie hörte, wie die Tür sich schloss. Sekundenlang blieb sie reglos stehen und wusste nicht, dass ihre Wangen nass waren. ‚Er sagt, dass Papa ein typhöses Fieber hat und nicht mehr gesund werden kann.'

Sie legte die Hände an die Ohren, als könnte sie damit das Urteil von sich fernhalten, das in ihrem Denken kreiste. Typhus! Ja, er hatte gefiebert, hatte über Kopfschmerzen, über Hitze geklagt, die mit einem Frösteln abwechselte ... und über Schmerzen in den Gliedern. Sie konnte sich an die geliebte Stimme erinnern, die selbst im Leiden noch so geduldig klang und fragte, ob Clark ihm nicht irgendein Erleichterungsmittel geben könnte.

Schliesslich machte sie eine Bewegung, griff nach einem Stuhl, und als sie hineinsank, war sie mit einem Mal alt und verloren. ‚Er kann nicht mehr gesund werden!'

Ihr war es, als sähe sie das bleiche, verstörte Gesicht, das mit jenem abwesenden Ausdruck zu ihr aufschaute, den sie erst in den allerletzten Tagen wahrgenommen hatte; es war ein gütiger Ausdruck, doch wie aus der Ferne, und als Victoria in diesem Augenblick der Erkenntnis, hier, allein in ihrem Zimmer, dessen gedachte, da wusste sie plötzlich, was er zu bedeuten hatte.

Albert glaubte nicht daran, dass er gesund werden konnte. Jedesmal, wenn er ihr die Hand drückte oder ihr deutsche Liebesworte zuflüsterte, war das seine Art, Abschied zu nehmen, und sie, in ihrer Vertrauensseligkeit, hatte sich gewehrt, das zu begreifen. Er lag da, ihr Liebster, das Licht ihres Daseins, bereitete sich ruhig auf den Tod vor, und Fremde wie Alice und Doktor Watson hatten es gemerkt, nicht aber sie selbst. Hatte Clark es gewusst? Er musste es wohl gewusst haben; aber seine Güte hatte ihn daran gehindert, es ihr zu sagen.

Sie zog das Taschentuch und trocknete die strömenden Tränen; nie zuvor hatte sie so lautlos geweint. Sekundenlang glitt das Bild ihrer Mutter durch ihren Geist, auf dem Totenbett liegend, die Hände friedlich auf der Brust gefaltet, die vertrauten Züge entstellt und verändert, so dass es das Gesicht einer Fremden war... als das Bild drohte zu Alberts Antlitz zu werden, da war das Zimmer jäh dunkel. Eine letzte Spur von Willenskraft, übermenschlich in ihrer Stärke selbst in diesem Augenblick, verdrängte das Schrecknis, und damit wich auch die Ohnmacht, der sie so nahe gewesen war.

Albert! Albert lag da, leidend und geduldig, von dem furchtbaren Gedanken an den Tod beherrscht, so schwach und elend, während sie Kraft und Leben genug für zwei hatte und ihm doch nichts davon geben konnte.

Wo war ihre Macht, ihre Majestät, dass sie diese Trennung nicht ertragen konnte? Nein, er durfte sie nicht verlassen! Er konnte nicht sterben! Das würde Gott ihr nicht auferlegen!

Sie liess sich aus dem Stuhl auf den Boden gleiten, kniete nieder, flehte zu einer Macht, die grösser war als ihre! Sie möge ihr Albert nicht rauben! Es waren die ersten Minuten echter Demut, die sie seit mehr als zwanzig Jahren empfunden hatte.

Als sie aufstand, war sie ruhiger. Gott würde ihr Gebet erhören. Gott wusste, was Albert ihr bedeutete; er wusste, dass sie ein gutes Leben geführt hatte. Nur die Übeltäter wurden bestraft. So grausam konnte Gott nicht gegen sie sein. Was man auch sagen mochte, sie würde immer noch hoffen.

Die Uhr auf dem Kaminsims schlug zwei. Er würde sein Mittagessen bekommen haben, und sie hatte versprochen, ihm vorzulesen. Sie trat vor den Spiegel, richtete ihr Kleid und wischte sich abermals die Augen. Wenn er gesund war, wenn sie in Balmoral waren, wie sie das vorhatte, würde sie ihm von dieser Stunde erzählen, da sie in ihrem Arbeitszimmer niedergekniet war und Gott angefleht hatte, sein Leben zu schonen.

Der Roman Walter Scotts lag auf dem Tisch neben seinem Bett, das Lesezeichen zwischen den Seiten, doch an jenem Tag las Victoria nicht daraus vor. Der Himmel draussen war grau, das Zimmer aber war hell erleuchtet. Kerzen und Lampen waren angezündet worden, und Albert sass, auf seine Kissen gestützt. Als sie näher trat, sah sie, dass er sich das Haar kämmte, als wollte er sich für eine Reise vorbereiten. Als er zu ihr aufschaute, war sein Gesicht bläulich und mit Pusteln bedeckt; kein Zeichen des Erkennens war in seinen Augen, und sie sagte kein Wort. Sie bemerkte Lady Lyttelton in einer Ecke und die beiden Pflegerinnen, die Tag und Nacht um ihn bemüht gewesen waren, und noch verschiedene andere Gesichter. Auch Alice war da und weinte still vor sich hin. Victoria winkte ihr zu.

«Schick eine Botschaft nach Cambridge», sagte sie langsam. «Dein Bruder muss sofort kommen, wenn er seinen Vater noch sehen will.»

Man rückte ihr einen Stuhl zurecht, und sie setzte sich neben Alberts Bett und nahm seine Hand in die ihren.

*

Es war beinahe Tag, als sie endlich bereit war, in ihr Zimmer zu gehen und sich auszuruhen. Diesen ganzen endlosen Tag war sie an seinem Bett gesessen und hatte seine kalten Hände gestreichelt; als er merken liess, dass er sie erkannte, hatte sie in deutscher Sprache zu ihm geflüstert, so leise, dass kein Mensch hören konnte, was sie sagte. Die Zeit war ausgeschaltet, und die zwanzig Jahre, die sie verheiratet gewesen waren, schienen nicht länger zu sein als diese wenigen Stunden. Selbst das Eintreten ihrer Kinder störte sie kaum. Sie kamen, ihre Söhne und Töchter, Bertie voran, der weinte und den Kopf hängen liess, sie berührten die Hand ihres Vaters und sagten einige Worte zu ihm. Und dann zogen sie sich zurück, liessen ihre Eltern allein, waren ihnen fern, wie sie es immer gewesen waren. Ein Augenblick folgte, da Albert sich aufrichtete und nach Vicky fragte; dann sank er wieder zurück. Sie war in Preussen, er würde sie nie wiedersehen. Er hatte Vicky geliebt, doch es war Gottes Wille, dass er ohne sie sterben sollte. Er würde England verlassen, wie er da gelebt hatte; allein – nur Victoria an seiner Seite.

Wie er da lag, konnte er die Kraft ihrer Liebe spüren, die ihn am Leben erhalten wollte; aus ihrer Berührung strömte diese Kraft in ihn, sie war in ihrer Stimme, in ihren Augen, und sie kämpfte seinen Kampf gegen den Tod für ihn. Victorias wegen allein wünschte er, er hätte die Stärke oder auch nur das Verlangen, ihren Kampf mitzukämpfen. Doch er hatte nicht den Willen zu leben. Zum ersten und einzigen Mal in ihrem Eheleben war ein restloses Verständnis zwischen ihnen; jetzt konnte sie empfinden, was er dachte und fühlte und konnte seine Gedanken, seine Regungen spüren, als wären sie die ihren. Die Fernwirkung der Liebe drang zu ihr, als er hier im Sterben lag. Seine schlaffe Hand in den ihren, innerlich um sein Leben kämpfend, begriff Victoria das volle Ausmass seines Bewusstseins des Versagens und der Enttäuschung. Seine Kämpfe, seine Leistungen waren die Triebfedern seines Daseins gewesen. Er hatte sich danach gesehnt, richtig zu handeln, von dem Volk anerkannt und sogar geliebt zu werden, das ihn schliesslich verworfen hatte. Er hatte sein Bestes getan, hatte sich in diesem Streben erschöpft, und nun lag er da, in den letzten Stunden seines Lebens und hiess den Tod willkommen, weil er wusste, dass alles fehlgeschlagen war. Und sie wusste es auch und empfand es mit jener neuen Einsicht, die beinahe eine Umwandlung ihres Ichs war – anstatt des alten zornigen Gemeinschaftsgefühls, das nur die Oberfläche dessen streifte, was ihn so sehr geschmerzt hatte. Die innerste Seele ihres Gatten mit den starren Mängeln und den leuchtenden Tugenden war ihr bis zu diesem Augenblick immer unbekannt gewesen; sie hatte ihn durch einen romantischen Dunst gesehen, hatte ihm gelauscht, ohne zu verstehen, aber bereit, alles gelten zu lassen, weil er es sagte, und weil sie ihn liebte und ihn so bewunderte. Jetzt sah sie den Menschen selbst in all seinem Elend, müde, besiegt, und ihre Liebe umhüllte ihn, nicht besitzerhaft oder gierig, aber mit einer reinen Leidenschaft der Zärtlichkeit, die über ihren eigenen Kummer, über das Entsetzen der nahenden Einsamkeit hinausreichte.

«Mein Liebster», flüsterte sie, «wie wünschte ich, ich hätte dich glücklicher gemacht. So vieles gab es, was ich hätte tun können!»

Er schüttelte sachte den Kopf; schon diese Bewegung schien ihn zu erschöpfen.

«Du hast mir all das Glück gegeben, das ich in diesen zwanzig Jahren gekannt habe. Ich bin deiner nie wirklich wert gewesen ...»

Er schloss die Augen, und sekundenlang versagte sein Atem. Er hatte sie nie geliebt. Er wäre als glücklicher Mann gestorben, wenn er je die Liebe gefühlt hätte, die sie ihm aus so vollem Herzen schenkte. Selbst jetzt wollte sich diese Liebe nicht einstellen; Zärtlichkeit und Dankbarkeit und Mitleid mischten sich mit Schuldgefühl, doch nie jener Aufschwung der Seele, der ein Teil der Liebe war. Das wusste er, obgleich er ihn weder für sie noch für eine andere Frau empfunden hatte. Darin wenigstens war seine Ehre unangetastet. Nie hatte er in Gedanken oder Gefühl einer andern gegeben, was er seiner Frau versagt hatte.

«Jetzt solltest du gehen und dich hinlegen», flüsterte er. «Ich fühle mich viel besser, Liebste, ich könnte schlafen ...»

«Ich sitze gern bei dir. Ich werde nicht sprechen, Liebster, ich werde mich nicht rühren, damit ich dich nicht störe. Mach nur deine lieben Augen zu und ruh dich aus.»

Sanft zog sie die Decken über seine Brust und legte sie ihm um die Schultern; ihre Finger zitterten, als sie über seine Stirn strichen und die feuchte Kälte der Haut spürten. Ohne zu antworten oder die Augen zu öffnen, lächelte er ihr zu, und nach wenigen Minuten ging sein Atem ruhiger und gleichmässiger.

Zwei Stunden später näherte sich Lady Lyttelton der Königin.

«Madam, er schläft ganz friedlich», flüsterte sie. «Ich bitte

Sie, ruhen Sie sich ein wenig aus, solange es möglich ist. Sobald er erwacht, rufe ich Sie.»

Victoria sah zu ihr auf. Ihre Augen waren rot und verschwollen.

«Sehen Sie nur! Die Hautfarbe ist doch besser!»

Lady Lyttelton beugte sich über das Bett; beim Licht der Kerzen sah sie deutlich eine leichte Rötung auf den Wangen des Prinzen. Ja, wirklich, er schien besser auszusehen. Der unheimlich verzerrte Ausdruck war verschwunden.

«Madam, ich glaube, dass es ihm besser geht...» Ihre Stimme zitterte vor Tränen. «Gott hat Ihre Gebete erhört – die schreckliche Blässe ist verschwunden, und er schläft ganz tief. O Madam, ich bete darum, dass alles wieder gut werden möge!»

«Sie können nicht glühender beten, als ich es getan habe», sagte Victoria langsam. «Jetzt aber bin ich so erschöpft, dass ich keine Gebete mehr habe. Wenn ich mich in den Kleidern hinlege, versprechen Sie mir, dass Sie mich wecken, sobald er aufwacht?»

«Sofort», versprach Lady Lyttelton. «Nehmen Sie meinen Arm und erlauben Sie, dass ich Ihnen aus diesem Stuhl aufhelfe.»

Sie war so steif, dass sie sich ohne Hilfe kaum bewegen konnte. Sie stützte sich auf den Arm der grösseren Frau und ging langsam durch die Verbindungstür in ihr eigenes Zimmer. Es war Lady Lyttelton, die früher so wenig mit ihr übereingestimmt hatte, die sie jetzt beinahe auf das Bett hob und, den schwachen Protesten zum Trotz, Kragen und Ärmelaufschlag des Kleides öffnete und ihr die Schuhe abstreifte. Und als eine Decke über sie gelegt wurde, schlief Victoria schon.

*

Seltsam war es, dass sie Melbourne vor sich sah, denn am Ende war er doch tot und sie hatte seit Jahren nicht mehr an ihn gedacht. Doch jetzt sagte er ihr, wie klug, seiner Meinung nach, ihre Wahl des Gatten gewesen war. Er war da, elegant und schön wie immer, und sagte, der Prinz sei ein so vortrefflicher junger Mann und würde sicher gut zu ihr sein. Und dann hörte sie ihre eigene Stimme, sehr klar und gebieterisch, wie sie es in der Jugend gewesen war, und sie unterbrach ihn, um zu sagen, dass Albert weit mehr als das alles sei. Er sei der vollendetste Mann auf Erden, und bald würde jedermann seine Vollkommenheit ebenso erkennen, wie sie es tat. Und Lord M. könnte jetzt gehen, denn sie habe Albert und brauche ihn nicht länger. Die Gestalt in ihrem Traum schien sich zu bücken, schien einzuschrumpfen, und im Verschwinden trug sie plötzlich ein Bombasinkleid und sah aus wie die Lehzen.

Und dann war Albert da; bestimmt grösser als sonst, aber so göttlich schön, dass sein Gesicht buchstäblich strahlte. Er lächelte jenes wunderbare, nachdenkliche Lächeln, mit dem er sie bezaubert hatte, als sie es zum ersten Mal in Windsor sah. Seine Hand war auf ihrem Arm, und sie gingen zusammen durch eine grüne, farbenfrohe Anlage, und sie wusste, dass es der wohlangelegte Garten in Rosenau war. Sie fühlte sich so glücklich, sie konnte ihr eigenes Lachen hören, und es war ihr, als tanzte sie mehr, als sie ging. Es gab Augenblicke, da sie tatsächlich neben Albert schwebte. So rasch und leicht konnte sie sich bewegen, dass sie seinen Arm losliess, vorausglitt und ihm heiter zurief. Da, wie es im Traum geschieht, veränderte sich alles; der sonnige Garten von Rosenau verschwand, sie schwebte nicht mehr wie eine Wolke, sondern stand allein in der Mitte eines weiten Raumes mit steinernen Wänden und schmalen Fenstern wie das alte Burgverlies in Windsor, und Albert war nicht mehr bei ihr. Sie war allein und im Kerker, und Albert war fort.

Sie begann entsetzt seinen Namen zu schreien, aber das Wort wollte sich nicht formen; sie schrie nach Albert, und ihre Stimme klang wie «Mama ... Mama ...»

Und diese Stimme war es, die sie schliesslich weckte. In furchtbarer Angst richtete sie sich auf und sah Alice an ihrem Bett stehen.

«Mama, Mama, um Himmels willen! Wach auf und komm, ich glaube, es geht mit Papa zu Endc.»

Sie sprang aus dem Bett und eilte in Strümpfen in das Nebenzimmer. Das Himmelbett und die reglose Gestalt darin waren wie in einem Weiher von Kerzenlicht gebadet. Victoria sank neben dem Bett auf die Knie. Kein Laut war im Zimmer vernehmbar, nur der rasselnde, aussetzende Atem, der Vorbote des Todes.

«Albert – Albert – Liebster!»

Ihre Stimme erhob sich zu schmerzlichem Jammer, und als sie verhallte, war es ganz still. Sekunden vergingen, bevor Victoria erfasste, dass Alberts Atem verstummt war. Langsam, vor Grauen, vor Unglauben bebend, erhob sie sich von den Knien, schaute in die eingesunkenen Züge, die blass waren wie altes Wachs, auf die Hand, die schlaff dalag, die Flächen aufwärts über der Decke, und dann wieder auf die geschlossenen Augen. Geschlossen für immer.

Durch das Zimmer, durch den Vorraum und hinaus in den Korridor von Windsor drang der Widerhall eines wilden, durchbohrenden Schreies.

*

Sie sass an ihrem Schreibtisch, wie sie in den vergangenen zwanzig Jahren jeden Morgen zur gleichen frühen Stunde davor gesessen war. Zu beiden Seiten von ihr brannten Kerzen. Das grünbeschattete Licht auf dem andern Schreibtisch, ihr gegenüber, war nicht angezündet worden. Das Licht, die Federn, das Papier, die Bücher, der Schreibtisch selbst sollten nie wieder benützt werden. Eine schwarze Witwenhaube bedeckte ihr Haar, der dunkle Schleier hing über den Rücken ihres Trauerkleides herab. Ihr Ehering und ein Armband mit Alberts Miniaturbild waren der einzige Schmuck, den sie trug. Von Zeit zu Zeit hob sie die Hand, um die Feder in die Tinte zu tauchen und ein Blatt ihres Tagebuchs umzuwenden; das schwache Kratzen der Feder und das Knistern des Papiers waren die einzigen Geräusche. Das Zimmer und das ganze Schloss lagen in tiefster Stille. Draussen auf dem Turm flatterte die königliche Fahne auf Halbmast.

Die Königin wandte wieder ein Blatt um, tauchte die Feder in das goldene Tintenfass und begann zu schreiben. Langsam glitt die Feder dahin, die feste, kräftige Schrift zitterte plötzlich, als wäre es die Schrift einer alten Frau –

‚Gestern abend, ein Viertel vor elf, starb mein geliebter Albert. Mein Herz ist völlig gebrochen.'

ENDE

Bailey, Douglass
Shimabara
Japan 1630: Soldaten im Dienste ehrgeiziger Jesuiten kämpfen mit den kaiserlichen Armeen des Shogun. Und inmitten von Krieg, Blut und Gewalt wächst die verbotene Liebe zweier Menschen, die für ihr Glück ihr Leben aufs Spiel setzen…
400 S. [1591]

Africano, Lillian
Straße der Sehnsucht
Nach vielen Ehejahren, in denen sich Kate nur ihrem Mann und den Kindern gewidmet hatte, wird sie von ihrem Partner verlassen. Doch sie geht ihren Weg – aus der Tiefe ihrer Verlassenheit zu Erfolg und Glück. 368 S. [1431]

Demski, Eva
Scheintod
Frankfurt, Ostern 1974. Ein Anwalt der linken Szene wird in seiner Kanzlei im Bahnhofsviertel tot aufgefunden. Natürlicher Tod, Mord oder Selbstmord? Seine Frau, die von ihm seit Jahren getrennt lebte, ist plötzlich gezwungen, sich mit seiner Arbeit, seinem Leben und auch mit ihrer Liebe zu ihm auseinanderzusetzen.
368 S. [1240]

Ferolli, Beatrice
Fährt ein Schiff nach Apulien
Seit Jahren ist Simone, Dozentin an einer Universität, mit Sebastian verheiratet. Als ihr Mann nach Amerika geht und ihr Sohn auszieht, entdeckt sie, daß einige ihrer Studenten sie mehr als nur verehren… 496 S. [1446]

Sommerinsel
Im Mittelpunkt dieses Liebesromans steht die erfolgreiche Bühnenautorin Karen und der berühmte amerikanische Dichter Thornton King – es ist Liebe auf den ersten Blick. Schon drei Tage später ist Karen auf dem Weg nach Amerika, um mit King zusammenzuleben. Doch nicht nur Freunde besuchen die beiden Liebenden auf der Sommerinsel…
496 S. [1401]

Die Kürbisflöte
Das Mädchen Angharad wird in einem englischen Klosterinternat streng erzogen. Erst der Tod des Adoptivvaters beschert dem Mädchen und seiner Mutter in Indien ein gemeinsames, schöneres Leben. Doch die rätselhafte Melodie des Schlangenbeschwörers in Delhi erzählt von drohendem Unheil… 464 S. [1463]

Hunter, Evan
Alles Liebe, Dein Daddy
Wenn der Vater anfängt, sich zu emanzipieren, kommt so manche progressive Tochter ins Schleudern. Die bekenntnishafte Geschichte der spannungsreichen Liebe zwischen Vater und Tochter. 368 S. [1460]

Saat der Gewalt
Terror und Gewalt, Haß und Argwohn erwarten einen jungen Lehrer an der Schule eines der verrufensten Bezirke New Yorks. Doch nach harten Kämpfen gelingt es ihm, seine Schüler in den Griff zu bekommen.
352 S. [1249]

Jong, Erica
Fallschirme und Küsse
Erica Jong beschreibt das turbulente Leben der seit »Angst vorm Fliegen« überaus bekannten Isadora Wing. Voller Klugheit wird der Weg einer Frau zu sich selbst geschildert.
544 S. [1511]

Kary, Elizabeth
Liebe, Ehre und Verrat
Die atemberaubende Geschichte einer großen Liebe vor dem Hintergrund des britisch-amerikanischen Krieges.
512 S. [1502]

Romane

Bronnen, Barbara
Die Tochter
Katharina Bebra, vierzig, geschieden, ein Kind, will nicht länger nur »die Tochter« sein – Tochter in einer »Frauenfamilie«, aber auch Tochter eines berühmt-berüchtigten Vaters, den sie nur aus Erzählungen und der Literaturgeschichte kennt. Sie erkennt, daß sie selbst einen anderen, neuen Weg gehen muß. 256 S. [1327]
Die Überzählige
»Anfänge gibt's zuhauf, aber Ende gibt's nur eins. Ich will ein gutes Ende, das habe ich verdient.« Die diese Worte spricht, ist 94. Urgroßmutter und Pflegefall. Ihre Enkelin Franziska ist die Ich-Erzählerin eines Leidensweges, der damit beginnt, daß man ihr die Pflege der Großmutter »zuschanzt«. 304 S. [1466]

Brown, Dee
Du folgtest dem Falken, Amayi
Eine indianische Familiensaga. Im Mittelpunkt steht eine ungewöhnliche, faszinierende Frau: die Häuptlingstochter Amayi. 432 S. [1166]

Kazan, Elia
Der Mann aus Anatolien
Manhattan in den ersten Jahrzehnten unseres Jahrhunderts: Ein junger, anatolischer Grieche sucht und findet den Weg nach oben. Kazan schildert die Zähigkeit, mit der der junge Geschäftsmann dem »amerikanischen Traum« nachjagt. 592 S. [1454]

Spungen, Deborah
Einstichpunkte
Eine wahnsinnige Sucht nach Liebe.
Deborah Spungens Buch ist der erschütternde Bericht über den Tod ihrer Tochter Nancy, die von ihrem Freund Sid Vicious von der Punk-Gruppe »Sex Pistols« im Drogenrausch getötet wurde. 384 S. [1512]

Stevenson, Richard
Todesnummer
Der Mord an einem Disc-Jockey macht Schlagzeilen. Der Hauptverdächtige Billy Blount ist verschwunden. Ein nervenkitzelnder Krimi aus der Gay-Scene New Yorks. 336 S. [1391]

Kotzwinkle, William
Jack in the Box
William Kotzwinkle ist der Autor des Weltbestsellers »E.T.« und gilt als Geheimtip unter den modernen Autoren. 288 S. [1198]
Königin der Schwerter
Nach fünfzehn Ehejahren verläßt der wenig erfolgreiche, aber um so eifriger joggende Schriftsteller Eric über Nacht Frau und Haus, um an der Seite einer vorzeitig ergrauten, raubtierhaften Komponistenwitwe glücklich zu werden... 240 S. [1578]
Weihnachten für Wellensittiche
Im Kaufhaus Fontaine's geschehen in der Weihnachtsnacht wundersame Dinge. Eine bezaubernde Geschichte voller Witz, Schärfe und Humor. 240 S. [1186]

Susann, Jacqueline
Yargo
Als Janet auf Yargo trifft, weiß sie, daß nur er der Mann ihres Lebens sein kann. Leidenschaftlich beginnt sie, um ihr Glück zu kämpfen. 224 S. [1015]

Romane